KB260870

朝鮮後期 賑政과 還穀運營

文 勇 植

景仁文化社

머 리 말

조선후기의 賦稅제도는 田政·軍政·還穀의 三政體制로 재편되었다. 특히 환곡은 본래의 농민안정책으로서의 역할을 상실하고 부세화되어 국가재정의 기능을 담당하게 되었고, 그로 인하여 환곡이 수탈의 도구로 변질되었다는 견해가 지배적이다.

그러나 조선후기의 전기간에 걸쳐서 환곡이 수탈의 도구로 변질된 것은 아니었다. 조선후기의 환곡이 국가재정을 보충하기 위한 방편으로 이용된 것은 사실이지만 이와 함께 빈번히 발생하였던 흉년에 대비하기 위하여 비축곡물을 확보하기 위한 수단으로도 활용되었다. 즉 조선후기의 환곡운영은 국가재정의 보충과 흉년에 대비한 진휼곡물의 확보라는 2가지 기능을 유지하고 있었던 것이다.

환곡문제와 더불어 흉년이 들었을 때 농민의 재생산을 보호하기 위하여 무상으로 각종의 곡물을 지급하는 진휼제도를 살펴본 결과 무상으로 분급하는 곡물의 다수는 환곡에서 사용되고 있음을 확인할 수 있었다.

그러므로 필자는 조선후기의 사회경제정책을 부세수취 중심의 삼정체제로 이해하기 보다는, 三政에 救荒政策·賑恤政策으로 표현되는 荒政을 포함하여 四政體制로 이해해야 한다는 생각을 갖게 되었다. 부세수취를 목적으로 하는 田政과 軍政, 그리고 흉년이 들었을 때 飢民에게 곡물을 무상으로 지급하는 荒政이 있고, 이 양자를 연결시키는 것이 환곡제도였다.

이 책은 필자의 박사학위논문을 수정·보완하여 조선후기의 시기에 재정보충과 농민보호의 기능을 수행하였던 환곡제도가 어떻게 변화하는지를 밝혀보고자 하였다. 그러나 제도운영의 문제 즉 '還穀政策', '賑恤政策'에 대한 검토와 財政史 전반에 대한 분석이 미흡하여 부끄러움이 앞서지만 환곡연구의 새로운 출발점으로 삼고 더욱 노력하기 위해 책을 출간하기로 하였다.

이 책이 출판되기까지는 여러분들의 학문적 도움이 있었다. 지도교수이신 趙珖 선생님은 필자가 자신감을 갖고 논문을 쓸 수 있도록 격려해 주셨고, 柳承宙 선생님께서는 사회경제사의 방향을 제시해 주셨다. 鄭萬祚·崔完基·崔德壽 선생님은 논문을 읽고 많은 지적과 조언을 해 주셨다. 姜萬吉·金貞培·閔賢九·朴龍雲 선생님은 학부때부터 지도해 주셨고, 汕巖 邊時淵 선생님은 장성의 巽龍精舍에서 조선시대의 방대한 文集을 읽을 수 있도록 지도해 주셨다. 또한 필자의 논문을 읽고 날카로운 지적과 토론을 해 준 고려대학교 대학원 조선후기전공자들에게 감사를 드린다.

끝으로 이 책의 출간을 주선해 주신 柳承宙 선생님, 景仁文化社의 한정희 사장님과 편집진에게 감사드린다.

2000년 12월
저 자

兩亂 이후의 조선사회에서는 다방면에 걸쳐 사회변동이 진행되고 있었다. 특히 조선 사회 경제체제의 근간을 이루는 농업 분야는 17세기 후반 농법상의 변화와 더불어 생산력이 크게 향상될 수 있었다. 그 결과 생산관계의 변화도 수반하여 농민층은 소수의 부농층과 다수의 빈농층으로 분화하였다.

한편 조선후기에는 빈번한 자연재해로 인하여 빈농층의 생활은 더욱 어려워지고 있었다. 이같은 상황에 직면한 조선왕조 정부는 농민의 생활을 안정시키고 그들에게 부세를 안정적으로 수취하기 위해서는 근본적인 대책을 마련하여만 하였다. 이에 조선왕조 정부는 17세기 후반부터 환곡 비축량을 증가시키기 위해 노력하였으며, 18세기에 들어서는 흉년이 들었을 때 飢民에게 곡물을 무상으로 분급하는 진휼정책을 본격적으로 정비하였다.

환곡제도는 농민의 재생산 기반을 보호하기 위한 제도로써 애초부터 '財政補用'의 의미를 띤 것은 아니었다. 그러나 17세기 전반 환곡 이자의 일부를 재정에 충당하는 '取耗補用'의 시행을 계기로 환곡은 점차 재원 마련의 수단으로 변화하였다. 그리고 18~19세기 환곡 이자를 재정에 충당하는 부분이 증가하면서 조선왕조의 부세수취제도는 田政·軍政·還穀이라는 三政體制를 형성하였다고 파악되었다. 이처럼 조선후기의 환곡제도는 재정보충과 농민재생산의 보호라는 이중적인 목적을 수행하였다.

농민의 재생산 보호를 위하여 시행되었던 환곡제도가 부세로 기능하게 된 것은 조선후기 농민 처한 상황과 재정정책과 밀접한 관련을 맺고 있다. 조선후기의 부세제도는 각종 세가 토지에 집중되는 방향으로 나아가고 있었다. 토지 1결당 세 부담액은 米 20두로 규정되었지만, 각종의 부대비용과 지방재정의 부담을 추가하면 실제로는 租 100두에 달하는 양이었다. 그러므로 더 이상 토지에서의 징수를 추가하기에는 어려운 상황이었다. 또한 균역법 실시 이후 軍役은 총액제 운영방식으로 변하였고, 빈한한 良人層에게 집중되어 각종의 폐단이 발생하고 있었다.

이같은 田政과 軍政의 운영은 더 이상의 과다한 對農民 조세수취를 어렵게 하였다. 이에 따라 새로운 재정 수요가 발생하였을 경우나, 기존의 세를 탕감하였을 경우, 그것을 보충할 수 있는 방안은 환곡에서 찾을 수 밖에 없었다. 왜냐하면 환곡은 '현물재정'체제 하에서 예비재정의 역할을 담당하여 왔으며, 전정과 군정에 비하여 상대적으로 여유가 있었기 때문이었다. 이에 18세기 후반에는 보유 환곡 모두를 분급하는 盡分穀이 증가하고, 분급율이 급격히 늘어갔으며, 이에 따라 환곡의 과도한 분급과 포흠곡의 과다함을 호소하는 지역도 급증하였다. 그러나 18세기 후반에도 빈번한 흉년시에 징수를 연기해 주고 飢民에게 무상으로 곡물을 분급하는 사용된 戶曹·常賑廳·備邊司 등의 三司穀은 여전히 전체 환총에서 가장 큰 비중을 차지 하고 있었으며, 이를 통하여 반복되는 자연재해에 대처하고 있었음은 주목해야 할 대목이다.

조선후기의 환곡제도는 곡물비축의 기능을 중심으로 운영된 三司穀과 재정을 보충하기 위한 各營穀과 일부 중앙아문의 환곡 등으로 구분되어 운영되었다. 18세기에 급증한 환곡의 총량은 천만석 정도로 19세기 초반까지 그 액수가 유지되었다. 그러나 18세기 후반 이후에는 비축을 목적으로한 환곡은 감소의 추세를 보이고 있는 반면 재정충당을 위한 환곡은 증가하고 있었다. 19세기 들어 환곡의 폐단이 심화되어 농민저항이 발생하는 근본적인 원인의 하나는 비축을 목적으로 한 환곡의 감소로 인하여 농민재생산 기반을 보조해 줄 재원을 상실함에 따라 환곡의 운영이 재정보충에 치중하게 됨으로써 나타난 현상이었다.

　환곡에 대한 연구는 이미 여러 방면에 걸쳐 검토되었다. 첫째 환곡 耗穀의 기능을 중시하여 고리대적 형태로 운영된 과정을 다룬 연구가 있다. 金埈憲은 환곡을 '현물적 고리대부의 국가적 집중형태'로 규정하고, 1862년 농민저항의 주요 원인으로 파악하였다.[1] 宋贊植은 환곡의 耗穀을 국가재정에 충당하는 會錄法의 시행을 제도적으로 추적하여, 17세기 전반 三分耗會錄부터 본격적인 고리대로서의 성격을 띠게 되었다고 파악하였다.[2] 송찬식의 연구는 이후 환곡 연구 방향의 큰 흐름을 이루었다. 鄭允炯은 고리대 자본의 특성을 설명하며 환곡을 고리대 자본으로 규정하였다.[3] 그는 환곡은 분배에 강제가 수반되었다고는 하지만 전형적인 고리대인 민간의 債錢처럼 자기증식의 매커니즘을 갖고 있으므로 환곡을 일단 고리대자본으로 규정하되, 강력한 국가권력이 작용하는 특성을 조선 봉건사회의 성격과 결부시켜 설명해야 한다는 견해를 제시했다. 대부분의 論者들은 조선후기의 환곡은 고리대적 성격, 혹은 국가 고리대, 관영 고리대로 운영되었다고 파악하였다.[4]

---

1) 金埈憲, 1962, 「李朝後期에 있어서 糶糴制度의 經濟的位置」-糶糴穀의 機能을 中心으로 해서-, 『靑丘大學論文集』 5.
2) 宋贊植, 1965, 「李朝時代 還上取耗補用考」, 『歷史學報』 27.
3) 鄭允炯, 1985, 『朝鮮王朝 後期의 財政改革과 還上問題』, 서울대대학원 박사학위논문
4) 白鍾基, 1979, 「李朝後期에 있어서의 還政(穀)의 惡弊에 관한 小考」, 『人文科學』 8.
　　鄭德基, 「李朝後期의 糶糴(還上)制度 論考-還穀紊亂을 中心으로-」, 『忠

이와는 달리 徐吉洙는 법정이자율 보다 높은 이자율을 고리대로
파악하여, 환곡이 고리대화 되었다는 견해를 반박하고 있다. 환곡
운영의 폐단은 그 이자의 고리성에 있다기 보다는 환곡을 운영하
는 수령이나 吏胥들의 부정과 '取耗補用'이라는 賑貸의 본질적인
변질에서 그 원인을 찾고, 또 이에 따라 단계를 구분하는 것이 더
타당성이 있다고 주장하였다.5)

둘째, 환곡의 운영 실태를 다룬 연구가 있다. 朴廣成은 연대별
로 환곡 운영 실태 및 폐단양상을 정리하였고,6) 梁晋碩은 향촌 내
에서의 환곡운영을 고찰하면서 분급방식으로 統還과 結還 등이 사
용되었음을 밝혔다.7) 또한 統營穀,8) 整理穀,9) 軍作米,10) 羅里浦
倉,11) 浦項倉,12) 常賑穀13) 등의 설치와 운영에 관한 연구가 진행
되었고, 18세기 후반부터 환곡의 耗條가 金納化되는 과정을 추적한
연구가 있다.14)

셋째, 환곡제도 개혁안에 대한 연구가 있다. 정약용의 사회개혁

南大大學院論文集』1.
5) 徐吉洙, 1978, 「還穀利子의 變遷過程」, 『國際大學術論叢』2 ; 1982, 「조선
   전기의 貸借關係 및 이자에 관한 연구」, 『國際大學論文集』10.
6) 朴廣成, 1973, 「朝鮮後期의 還穀制度에 대하여」, 『仁川敎育大學論文集』
   7-1.
7) 梁晋碩, 1989, 「18·19세기 還穀에 관한 연구」, 『韓國史論』21.
8) 金鉉丘, 1989, 「朝鮮後期 統營穀의 운영실태」, 『歷史學報』124 ; 1989, 「
   朝鮮後期 統營穀의 구조와 전개」, 『釜大史學』13 ; 1990, 「朝鮮後期 地方
   官倉의 운영사례(上)」, 『釜大史學』14.
9) 鄭崇敎, 1996, 「正祖代 乙卯園幸의 재정 운영과 整理穀 마련」, 『韓國學
   報』82.
10) 文勇植, 「18세기 軍作米의 설치와 운영」, 『全州史學』4.
11) 鄭亨芝, 1995, 「조선후기 交濟倉의 설치와 운영 -18세기 羅里浦倉 사례를
    중심으로」, 『梨大史苑』28.
12) 鄭亨芝, 1997, 「朝鮮後期 浦項倉의 設置와 運營」, 『오산전문대학 산업기
    술연구소보』3.
13) 文勇植, 1997, 「朝鮮後期 常賑穀의 設置」, 『史叢』46.
14) 장명희, 1997, 「18세기 후반 ~ 19세기 중반 還穀 운영의 변화 -移貿立本
    과 耗條 金納化의 성립 배경을 중심으로-」, 부산대학교 석사학위논문.

안의 하나로 환곡문제를 다룬 연구와[15] 社倉制 개혁안을 다룬 金容燮의 연구가 있다.[16] 또한 19세기에 들어 환곡의 기능이 정지되고 結稅로 전환되어 근대적인 稅制가 성립되는 과정을 고찰한 宋讚燮의 연구가 있다.[17]

넷째, 환곡의 재정 기능을 분석한 연구가 있다. 18세기 이후 환곡의 총액이 급격히 늘어나 중앙재정에서 차지하는 비중이 증가했다는 오일주의 연구가 있다.[18] 오일주의 연구는 환곡 총액의 변화를 통계적으로 정리하여 환곡 연구에 큰 도움을 주었다. 이밖에도 재정사와 관련하여 대동법, 균역법 실시 이후 환곡의 기능 변화가 이루어졌음을 밝힌 鄭允炯의 연구가 있다.[19]

마지막으로 환곡 운영이 부세로서의 기능만을 수행한 것이 아니라 진휼의 기능을 가지고 있었다는 점을 강조한 연구가 있다.[20]

이상의 연구를 정리해 보면 조선후기 환곡제도는 대체로 환곡이 부세화 되어 국가재정의 기능을 담당하게 되었고, 그로 인하여 환곡이 수탈의 도구로 변질되었다는 점을 강조하고 있음을 알 수 있다. 이러한 경향은 조선후기의 진휼정책을 고찰한 연구에서 조차 확인된다.[21] 결국 환곡에 대한 기존의 연구는 회록법이 시행되면서 환곡이 부세화되었음을 지적한 송찬식 연구 이후 줄곧 동일한

---

15) 愼鏞廈, 1981, 「丁若鏞의 還上制度改革思想」, 『社會科學과 政策研究』 3-2.
　　韓相權, 1989, 「18·19세기 還穀紊亂과 茶山의 改革論」, 『國史館論叢』 9.
16) 金容燮, 1982, 「還穀의 釐正과 社倉法」, 『東方學誌』 34.
17) 宋讚燮, 1992, 『19세기 還穀制 改革의 推移』, 서울대대학원 박사학위논문.
18) 오일주, 1984, 「朝鮮後期 國家財政과 還穀의 賦稅的 機能의 强化」, 연세대대학원 석사학위논문 ; 1992, 「조선후기 재정구조의 변동과 환곡의 부세화」, 『實學思想研究』 3.
19) 鄭允炯, 앞의 논문.
20) 吉野誠, 1983, 「李朝後期の朝鮮における救荒政策」, 『東海大學紀要』 39.
　　文勇植, 1990, 「19세기 前半 還穀 賑恤機能의 變化過程」, 『釜山史學』 19.
　　鄭亨芝, 1992, 『朝鮮後期 賑恤政策 研究』, 이화여자대대학원 박사학위논문.
　　文勇植, 1995, 「18세기 후반 진휼사업과 賑資 확보책」, 『史叢』 44.
21) 鄭亨芝, 앞의 논문, 5쪽.

시각위에서 환곡을 본것이며, 농민재생산 기반의 보호라는 환곡 본래의 기능은 지나치게 소홀히 취급하여 환곡제도에 대한 총체적 이해에 도달하지 못한 것으로 판단된다.

한편 환곡의 부세화 경향을 살핀 연구에서도 구체성을 띠지 못한 몇가지 문제를 발견할 수 있다. 이에 대해 鄭演植은 환곡은 운영기관에 따라, 지역에 따라 다양한 운영방식을 지니고 있어 통일적인 파악이 어렵다는 것과, 환곡이 재정사 전반에 대한 명료한 인식이 전제되지 않고서는 구조적인 접근이 지극히 어렵다는 것을 들고있다.[22] 또한 韓榮國은 환곡 운영에 관한 구체적인 자료를 찾아보기 어렵기 때문에 각 관청의 환곡 조성방법이나 그 會錄이 차지하는 비중, 그리고 구체적인 용도 등 기초적인 문제들이 하나도 밝혀져 있지 않다고 파악하였다.[23]

이처럼 조선후기의 환곡연구는 조선후기 전기간에 걸쳐 부세로서 기능하였다고 파악하면서도 그 구체적인 실상을 밝히지 못하고 환곡의 운영실태와 운영상에 나타나는 폐단을 강조하고 있으며, 그에 대한 개혁안을 논의하고 있을 뿐이다.

결과적으로 조선후기의 환곡제도의 의미를 총체적이고도 정확히 파악하기 위하여서는 환곡을 바라보는 시각을 재검토할 필요가 있다. 즉 환곡이 부세로 기능했다는 점만을 부각시킬 것이 아니라 빈번한 자연재해에 대비해 비축곡물을 확보하기 위한 당시 왕조정부의 노력 또한 평가해야 할 것이다.

전근대사회에서 부세의 안정적 수취를 위해서는 농민생활의 안정을 필요로 하였고 이를 위해 진휼정책은 필수적이었다. 17세기 후반 이후 기근과 전염병이 주기적으로 반복되어 농민층은 심각한 피해를 입고 있었다. 이에 대해 조선왕조정부는 농민층을 보호하기

---

22) 鄭演植, 1987, 「조선후기 부세제도 연구현황」, 『韓國中世史會 解體期의 諸問題(下)』 257~258쪽
23) 韓榮國, 1991, 「朝鮮後期 收取制度와 그 硏究」, 『朝鮮後期 社會經濟史硏究入門』 255쪽.

위하여 무상으로 곡물을 지급하였다. 흉년시에 무상으로 지급한 곡
물은 공명첩과 富民願納을 통하여 마련하기도 하였지만 비축된 환
곡을 활용하는 것이 가장 큰 비중을 차지하고 있었기 때문에 조선
왕조정부에서는 환곡을 마련하고 운영하는데 상당한 노력을 기울
이고 있었다.

그러므로 조선후기의 사회경제정책을 부세수취 중심의 三政體制
로만 이해하기 보다는, 三政에 救荒政策, 賑恤政策으로 표현되는
荒政을 포함한 四政體制로[24] 파악해야 할 것이다. 부세수취를 목
적으로 하는 田政과 軍政, 그리고 飢民에게 곡물의 무상분급을 중
심으로 운영하는 荒政이 있고, 이 양자를 연결시키는 것이 환곡제
도였다.

조선후기의 환곡이 재정에 보충되고 있다는 점은 분명하지만 모
든 환곡이 비용조달을 목적으로 설치·운영된 것은 아니었다. 그러
므로 17세기 후반의 환곡증가는 국가재정이라는 측면에서 볼 때,
비축의 기능을 강조하는 일종의 예비재정의 기능을 담당했다고 파
악할 수 있다. 이렇게 비축된 곡물은 흉년시에 무상분급의 재원으
로 이용되었다. 이처럼 조선후기의 환곡제도는 재정기능과 진휼기
능을 동시에 가지고 있는 제도였다.

따라서 본고는 조선후기의 환곡제도가 진휼기능과 재정기능을
동시에 수행하였다는 점을 전제로 하고, 다음과 같은 방법으로 환
곡이 시대에 따라 진휼기능이 강조되거나, 재정기능이 강조되는 측
면을 살피고자 한다.

---

24) 19세기 前半 戶曹에서 편찬한 「四政考」(국립중앙도서관 한-31-507)는 還
政·荒政·田政·軍政으로 구성되어 있다. 「四政考」는 수령을 위한 牧民
書로서 조세수취 부분과 환곡운영 그리고 荒政의 부분만을 서술한 것이
특징이다. 당시 왕조정부에서 부세수취뿐만 아니라 농민층 보호에도 관
심을 기울이고 있다는 점을 파악할 수 있다. 이와는 달리 조선왕조의 부
세수취체제를 강조하는 입장에서 三政과 雜役稅를 아울러 四政으로 파
악하는 경우도 있다.

첫째, 본고에서 다루는 시기는 1650(효종 1)년 常平廳에 三分耗가 會錄되는 시기부터 1862년 임술농민항쟁을 하한으로 하였다. 1650년은 호조 원회곡 모곡의 3/10이 상평청에 移錄되는 시기로서 환곡의 모곡이 국가재정에 본격적으로 사용되는 시기이며, 호조 이외에 타아문이 재정구관아문으로 등장하는 계기가 된 시점이다. 1862년을 하한으로 잡은 것은 임술농민항쟁 이후 還穀制가 '罷還歸結'의 방향으로 전개되었기 때문이다. 이 시기의 환곡제도는 중세 '현물재정'체제 하에서 환곡제도가 어떤 과정을 거치며 변화·파탄에 이르는가를 보여주는 시기인 것이다.

한편 본고에서는 17세기, 18세기, 19세기 前半으로 시기 구분을 하여 고찰하고자 한다. 조선후기의 환곡은 진휼과 재정의 양 기능을 수행하고 있었고, 환곡제 내부에서 환곡의 종류에 따라 각기 다른 기능을 수행하고 있었다. 그러므로 환곡 총액의 변동과 각 환곡의 증감에 따라 환곡의 기능은 달라질 수밖에 없었다. 이를 통하여 조선후기의 환곡제가 가지는 의미를 보다 분명히 파악할 수 있으며, 1860년대의 환곡제의 모순을 밝힐 수 있다.

둘째, 조선후기에 환곡이 급증한 원인과 방법에 대하여 고찰하고자 한다. 18세기 초반 국가재정의 보충을 위해 환곡이 급증했다는 점은 이미 밝혀져 있으나, 그 이유와 과정에 대한 설명은 부족하였다. 재정보충이라는 측면 이외에도, 자연재해에 대비한 조선왕조의 비축곡물의 확보노력을 확인하고자 한다. 양난 이후의 재정 고갈을 극복하고 17세기 후반 이앙법의 보급과 함께 빈번히 발생한 자연재해에 대처하기 위하여, 조선왕조정부는 체제안정책의 일환으로 환곡제를 확대하였다.

셋째, 환곡이 국가재정에 보충되었다는 점을 확인하고자 한다. 양난 이후 17세기의 상황과 조선후기의 체제정비를 이룬 18세기를 동질적으로 파악할 수는 없다. 그러므로 환곡이 국가재정에 보충되었다는 점도 17세기와 18세기가 같은 의미로 파악될 수는 없는 것이다. 만일 17세기 후반에 환곡의 이자가 직접경비로 사용되었다면, 18세기에 환곡의 급격한 증가는 이루어질 수 없었다. 그러므로 17세기 후반부터 환곡이 국가재정에 보충되었다는 의미는 자연재해에 대비한 비축의 목적이 강하였다. 이것은 일종의 예비재정으로 파악할 수 있다. 그러나 18세기 후반에 들어서 재정수요의 증대로 인하여 환곡에서 재정에 충당하는 부분이 증가하기 시작하였다. 즉 환곡의 이자를 각 아문의 직접경비로 사용하는 부분이 증대하고 있었다. 이런 과정은 예비재정으로 비축을 강조했던 환곡제도가 경상재정으로 전화되어 가는 과정임을 확인할 수 있다.

이러한 연구를 통해 본고는 조선후기의 체제안정책과 재정확보책의 기능을 수행하고 있었던 환곡제의 의미를 총제적으로 파악할 수 있을 것으로 기대된다. 17세기 후반 이후 진행되었던 조선사회의 사회경제적 변동 속에서 환곡제도는 중세적인 體制 안정을 유지하는데 기여하였다. 그러나 중세 '현물재정'체제 아래서 곡물을 운영하여 그 이자를 재정에 보충하는 한 농민재생산보호의 기능만을 수행할 수 없었다. 더욱이 재정확대가 이루어지고 있었지만 별다른 재정보충 방안을 마련하지 못하였던 조선왕조정부에서는 환곡에서의 재정 충당을 확대하였으며, 이로 인해 환곡에 대한 징수를 강화할 수밖에 없었다. 조선후기의 환곡제도는 중세적체제안정을 유지하기 위하여 설치, 운영되었으나 재정기능이 강화되면서 그 역할을 수행하지 못하여 농민의 저항을 불러일으킨 것이다. 본고를 작성하는데 있어서 환곡 진휼기능의 변화과정에 대해서 초점을 맞추다보니 제도운영에 대한 문제, 즉 '賑恤政策', '還穀政策'에 대한 검토가 제대로 이루어지지 못하였다. 이는 향후 연구에서 보완되어야 할 부분이다.

이상의 연구를 위해 본고에서는 『備邊司謄錄』·『朝鮮王朝實錄』·『承政院日記』·『日省錄』 등의 연대기와 지방관청 문서인 『各司謄錄』을 이용하였다. 연대기 자료를 통하여서는 환곡 운영의 변화 및 진휼행정의 실태를 파악할 수 있었다. 또한『輿地圖書』·『增補文獻備考』·『穀簿合錄』·『穀總編攷』·『萬機要覽』 등은 18세기 후반에서 19세기 초의 기간에 전국적인 환곡 총액을 지역별·아문별로 기록한 자료로서 환곡운영의 구체적인 실상을 파악할 수 있었다. 특히『穀總編攷』를 통해서 각 환곡의 조성시기와 구체적인 재정운영의 실태를 정리할 수 있었다. 19세기의 환곡운영에 대해서는 각 도별 還餉案을 이용하였다. 한편「松都設賑啓錄」·「八道賑穀假令」·「惠政年表」·「惠政要覽」·「湖南賑飢錄」·「賑恤謄錄」 등의 古文書를 통해서는 조선후기 왕조정부의 진휼시행 과정과 결과를 파악할 수 있었다. 그밖에 17세기 후반에서 18세기 전반에 활동하였던 官僚·學者들의 文集과 法典類 등을 이용하였다.

제1장

17세기 賑政과 새로운 還穀制의 시행

Ⅰ. 賑恤機構의 常設과 賑恤施行

1. 常平廳·賑恤廳의 설치와 還穀 운영

농업을 주산업으로 하는 전근대사회에서 기근의 발생은 사회전반에 막대한 피해를 입혔다. 조선왕조는 기근에 대한 대응책으로 진휼청을 설치하여 진휼사업을 수행하였으나 진휼청은 원래 상설기구가 아니라 기근이 발생하였을 때만 설치되는 임시기구였다.[1] 그런데 조선후기에는 진휼청 뿐만 아니라 상평청을 따로 설치하여 진휼을 시행하였다. 그러므로 19세기에 편찬된『萬機要覽』에는 진휼을 실시할 때는 진휼청이라 이름하고, 진휼을 끝내면 상평청이라 개칭한다고 기록되어 있다.[2] 또한 18세기에 편찬된『度支志』에 의하면 1626(인조 4)년 상평청이 복설되어 진휼청 堂上의 印信을 사용하고,[3] 비변사구관 구황청을 상평청에 합하여 선혜청에 속하게 하고, 八道 모곡 및 發賣·設粥의 일을 전담케하면서 진휼청이라 이름하였다.[4] 이처럼 18·19세기 기록에 의하면 상평청과 진휼청

---

1) 16·17세기 진휼청의 연구는 다음 논문을 참고로 하였다.
   姜德雨, 1997,「16세기 救濟施策에 대한 一考,『仁荷史學』5.
   金昊種, 1994,「17세기 賑恤廳과 賑恤政策에 관한 연구」,『國史館論叢』57.
2)『萬機要覽』,「財用編」四, 宣惠廳各項事例 附均·常·賑合廳條, '賑恤廳
   初名救荒廳 備局句管矣 仁祖丙寅移屬宣惠廳 與常平廳合 專管京外恤典
   設賑則稱賑恤 罷則改稱常平 英宗癸酉 合付於均役廳 各立廳號'
3)『度支志』20,「經費司」, 常平廳條, '仁祖 四年 丙寅 六月 復設常平廳 都
   提調 依賑恤廳例 三公兼管 … 堂上印信一顆 以賑恤廳印信 行用'
4)『度支志』20,「經費司」, 賑恤廳條, '仁祖 四年 丙寅 以備局句管救荒廳 合
   常平廳 移屬於宣惠廳 專管八道耗穀及發賣設粥等事 名曰賑恤廳'

은 실제로는 하나의 관청으로서 흉년이 들었을 때는 진휼청의 이름으로 활동하고 평상시에는 상평청의 이름으로 활동하였던 것으로 이해할 수 있다.

그러나 위에 언급한 18·19세기의 기록이 17세기의 상평청과 진휼청의 상황을 정확히 설명한다고 보기는 어렵다. 1661(현종 2)년까지는 상평청 혹은 진휼청 중에서 하나만 설치되어 운영되었으며, 따라서 상평청이 설치된 때에는 상평청이 진휼의 기능을 담당하기도 했다.

상평청이 상설된 1650(효종 1)년 이후에도 진휼청은 흉년에 설치되어 활동하다가 흉년이 끝나면 폐지되는 형태로 운영되었다. 비록 진휼청이 설치되었다가 상평청으로 이름이 바뀌는 경우처럼5) 兩廳은 상호 밀접한 관련을 맺기도 하였지만, 상평청과 진휼청이 하나의 관청으로 기능에 따라 명칭을 달리하였던 것은 아니었다.

조선시대의 진휼청에 관한 기록은 1511(中宗 6)년에6) 처음 보인다. 진휼청은 흉년이 들었을 때 설치되어 기민에게 곡식을 대여하거나 죽을 지급하는 일을 주관하다가 흉년이 끝나면 폐지되는 임시 기구였다.7) 한편 상평청은 國初에 설립되어8) 경기도의 사신의 비용을 담당하고 있는 것으로 기록되어있으나9) 조선전기 당대의 자료에는

---

5) 『備邊司謄錄』 12, 仁祖 26년 5월 23일, 1권 977쪽, ‘啓曰 今番賑恤用餘米布之數 當自本廳別單書啓矣 旣罷賑恤之後 因存其號 事涉未安 稱以常平廳 … 仍以宣惠堂上·郎廳兼管擧行 何如 答曰依爲之’ ; 『備邊司謄錄』 40, 肅宗 12년 6월 4일, 3권 959쪽.

6) 『中宗實錄』 14, 中宗 6년 10월 4일(辛巳), 14권 533쪽, ‘設賑恤廳 以金應箕爲體察使’

7) 『光海君日記』(鼎足山本) 155, 光海君 12년 8월 13일(戊午), 33권 337쪽, ‘賑恤廳 儺禮廳 掌樂都監等九處 權設衙門’

8) 『續大典』, 「吏典」, 宣惠廳條, ‘常平廳 自國初刱立’
위의 기록에서 常平廳이 국초에 설립되었다는 것은 常平倉을 설치한 것을 나타내고 있다.(『萬機要覽』, 「財用編」 四, 宣惠廳各項事例 附均·常·賑合廳條, ‘常平廳 成宗辛丑 置常平倉于兩京十二牧 今屬宣惠廳 專管京畿五站’)

9) 『增補文獻備考』 222, 「職官考」 9, 宣惠廳條 ‘本朝國初刱置常平廳 專管五

常平廳에 대한 기록은 보이지 않고 단지 常平倉에 대한 기록만이 나타나고 있다. 즉 곡식이 귀할 때는 값을 올려 면포를 사들이고 곡식이 흔할 때는 값을 내려 면포를 파는[10] 물가조절 기능을 가진 상평창을 설치하였던 것이다. 그러나 상평창은 상설기관으로 설치된 것이 아니어서 置廢를 거듭하였으며 운영상의 문제점으로 인해 상평창제의 시행을 포기하고 상평의창의 형태로 변질되었다.[11]

상평청의 정확한 설치시기는 파악하기 어렵지만 늦어도 선조 41년(1608) 경에는 상평청이 존재하고 있었던 것같다.[12] 그후 『度支志』에서는 1626(仁祖 4)년에 상평청이 복설되고, 진휼청이 팔도 모곡 및 발매·설죽의 일을 전담한다고 기록하고 있으나[13], 이는 후대의 일을 기록한 것으로 보인다. 왜냐하면 1626년 이후에도 진휼청은 지속된 것이 아니라 치폐가 반복되고 있었으며, 독자적인 환곡을 보유하지 못하였기 때문이다. 또한 이 때 복설된 상평청의 구조를[14] 살펴보면 1648(인조 26)년에 진휼청을 상평청으로 개칭하였을 때의 사실을 기록한 것으로 파악된다. 『탁지지』의 상평청 구조와 1648년의 상평청사목의 차이점은 단지 '提調 1員은 선혜청 당상이 兼官할 것'의 부분이 『탁지지』에는 빠져있을 뿐이다.[15] 이와

站供需'
10) 『經國大典』, 「戶典」, 常平倉條, '京外置常平倉 穀貴 則增價以貿布 穀賤 則減價以賣布'
11) 李正守, 1994, 「朝鮮前期 常平倉의 展開와 機能-物價變動과 관련하여-」, 『釜山史學』 27.
12) 『增補文獻備考』 222, 「職官考」 9, 宣惠廳條 '宣祖 41年 領議政李元翼 行大同之法 上命先施京畿 遂置京畿廳於常平廳 改稱宣惠廳'
13) 註 3), 4) 참조.
14) 『度支志』 20, 「經費司」, 常平廳條, '仁祖 四年 丙寅 六月 復設常平廳 都提調 依賑恤廳例 三公兼管 郎官二員 計士一人 宣惠廳郎廳計士兼察 書吏二人 庫直二名 使令三名 自本廳給料 書吏·使令各減一名 因傳敎減下 守直軍士 京倉二名 江倉四名 令兵曹定送 堂上印信一顆 以賑恤廳印信 行用'
15) 『備邊司謄錄』 12, 仁祖 26년 6월 13일 「常平廳事目」, 1권 979쪽.
상평청사목을 올린 직후에 사목에 규정된 서리 2人, 使令 3名을 각각 1명씩 감하고 있는데(『備邊司謄錄』 12, 仁祖 26년 6월 20일, 1권 980쪽)

같은 사실에 비추어 볼 때 1626(인조 4)년에 상평청이 복설되었는지의 여부는 분명히 파악할 수 없으나 화폐유통과 관련한 상평청의 역할을 감안하면 이당시 상평청이 복설되었을 가능성도 있다. 즉 전국적인 화폐유통이 시행된 1678(숙종 4)년 이전인 인조[16]·효종년간에도[17] 화폐가 주조되었으며 이를 주조하고 유통시키는데 상평청이 중심적인 역할을 하고 있었다. 1626(인조 4)년에도 호조에서 廳을 설치하여 화폐를 주조하였는데[18] 화폐를 주조한 청이 상평청이었을 가능성이 있다. 그후 상평청에서 국장의 비용을 보조하거나, 창덕궁의 수리비용을[19] 보조하는 것에서 알 수 있듯이 1632(인조 10)년 당시에는 확실히 상평청의 존재가 확인된다.

그후 1635(인조 13)년에는 상평청을 혁파하는데 이당시 상평청은 기민구제의 기능을 담당하고 있었다. 상평청을 혁파한 이유는 국가의 재정을 호조로 일원화하려는 의도에서 시행된 것이었는데, 상평청의 물화를 호조로 옮기되 쌀을 사들여 구황에 대비한 비축곡을 마련하도록 하고 있다.[20] 당시 상평청이 화폐유통 이외에 진휼의 기능을 담당하고 있었다는데 그 의의를 찾을 수 있다. 이전까지는 주로 진휼청이 진휼의 업무를 담당하고 있었으며 상평청이 진휼업무에 관여하는 기록은 없었다. 그러나 상평청이 화폐유통을 담당하는 가운데 재정에 여유를 갖게되자 진휼의 기능을 일부 담당하였던 점은 상평청의 기능이 확대되는 과정인 것이다. 물론 이

　탁지지의 내용도 동일하다.
16) 『仁祖實錄』 28, 仁祖 11년 11월 4일(壬辰), 34권 536~537쪽.
17) 『孝宗實錄』 6, 孝宗 2년 3월 13일(庚寅), 35권 471쪽.
18) 『仁祖實錄』 28, 仁祖 11년 10월 15일(甲戌) 34권 543쪽. '戶曹啓曰 … 丙寅(1626:仁祖 4년)年間 本曹設廳鑄錢'
19) 『仁祖實錄』 27, 仁祖 10년 7월 8일(甲辰), 34권 491쪽 : 『仁祖實錄』 28, 仁祖 11년 3월 28일(己未), 34권 519쪽.
20) 『仁祖實錄』 31, 仁祖 13년 5월 28일(丁丑) 34권 599쪽, '罷常平廳 … 尹昉曰 臣以國家財用 當出于一 以本廳用餘 移送該曹之意 … 上下敎曰 飢民賑救之物 用之於他事 似涉未妥 以本廳物貨 貿米儲置 爲他日賑救之資 而書啓其數 別令積置 切勿擅用'

당시 상평청이 폐지되었지만 후에 다시 설치되었을 때에 진휼기능을 명시하고 있으며[21], 이후 상평청이 진휼을 주관하는 기관이라 일컬은 것에서[22] 보듯이 이 시기를 전후해서 상평청이 진휼의 기능을 일부 담당하게 된 것으로 이해할 수 있다.

상평청을 폐지한 후 남은 물자의 처리방안에 대하여 호조에서는 주전을 하거나 조선초기에 시행되었다가 중지된 상평창을 다시 설치하려 하고 있다.[23] 이와같은 사실을 통하여 조선후기에 설치된 상평청은 물가조절을 목적으로 하는 상평창과는 분명히 다른 기구였음을 알 수 있다. 간혹 상평청과 상평창을 혼동하여 함께 사용하는 경우도 발견되지만[24] 상평청은 1648(인조 26)년 이후 상설된 이후 폐지되지 않고 곡물관리 아문으로서 계속 존재하였다. 반면에 조선후기의 상평창에 대한 논의는 대체로 환곡제도의 폐단을 거론하며 그 개혁안으로 제시되고 있으나 정작 그것이 전국적으로 시행된 적은 없었다.

이처럼 상평청이 폐지된 이후의 진휼사업은 진휼청을 설치하여[25] 시행하고 있었으며, 1639(仁祖 17)년에는 진휼청을 선혜청에 설치하고 있었다.[26] 진휼청은 이전과 마찬가지로 죽이나 건량을

---

21) 『備邊司謄錄』12, 仁祖 26년 6월 13일, 1권 979쪽.

22) 『備邊司謄錄』40, 肅宗 12년 6월 4일, 3권 959쪽, '領議政啓曰 在前則如値 凶年 常平廳主管賑恤之事'

23) 『仁祖實錄』31, 仁祖 13년 5월 28일(丁丑), 34권 599쪽, '戶曹又啓曰 … 窺見大典戶典有云 京外置常平倉 穀貴則增價而貿布 穀賤則減價而賣布 … 祖宗朝倣此設法 倉基尙在 而中廢不行 事實可惜 今因此會 復令設倉 以本 廳所儲銀貨 貿米留儲 觀歲豊凶 高下其價 以利民生 則可爲永遠之制 … 今此常平廳所儲銀貨 … 欲以鑄錢事 屬於本倉(廳?) … 上從之'

24) 효종 1년 청나라 사신의 접대비용을 상평청이 처리하는 과정에서 영의정 이경여가 올린 啓에서 상평청과 상평창이라는 용어를 혼용하고 있으나 내용상으로 보면 상평청임이 분명하다.(李敬輿, 『白江集』卷 12, 「備局請設常平倉啓」, 韓國文集叢刊(民族文化推進會刊, 이하 叢刊으로 略記) 87권 440~442쪽 ; 『備邊司謄錄』14, 孝宗 1년 4월 9일, 2권 141~142쪽)

25) 『仁祖實錄』34, 仁祖 15년 3월 11일(庚戌), 34권 680쪽; 『仁祖實錄』36, 仁祖 16년 1월 29일(癸巳), 35권 6쪽, '設賑恤廳'

지급하였으며, 진곡을 마련하기 위하여 공명첩 분급을 주관하고, 진휼을 위해 곡식을 마련한 수령을 포상하는 등 활발한 활동을 하고 있었다. 그러다가 1648(仁祖 26)년 진휼이 끝나자 진휼청을 상평청으로 개칭하였다.27)

이것은 상평청이 폐지된지 13년만의 일이었다. 당시의 상평청은 새롭게 설치된 것이 아니라 진휼청의 이름을 상평청으로 바꾼 것에 불과하였다. 조선왕조의 진휼정책에서는 진휼사업을 위해 상설기관을 설치하여 운영하는 것이 아니라 흉년이 들었을 때만 진휼청을 설치하여 운영하고 진휼이 끝나면 진휼청을 폐지하곤 하였는데, 진휼을 하고 남은 물자를 관리하기 위하여 상평청으로 이름을 바꾼 것이었다. 진휼을 위한 물자를 효율적으로 관리하기 위해 상평청의 관리인원, 진자 확보책으로서의 공명첩 판매, 경국대전의 상평청 규정을 원용 한 물가조절 기능 등을 주요 내용으로 하는 상평청사목을 제정하였다.28)

상평청사목에서 주목되는 점은 상평청의 관리에 대한 부분이다. 상평청의 都提調 三公은 진휼청의 예로 兼官하고, 提調 1員은 宣惠廳 당상이 兼察하고, 낭청은 선혜청 낭청 2員이 겸찰하며, 算員 1人은 선혜청 산원이 겸찰하게 하여 상평청의 관리인원의 대부분은 선혜청 관원의 겸관직이었다. 당시 진휼청의 명칭을 상평청으로 교체한 것이 외형상의 변화라면, 내용상의 변화는 선혜청의 속아문으로 소속되어 선혜청 관원이 상평청을 관리하게 됨에 따라 상평청이 상설기관으로 존재할 수 있게 된 것이었다. 이에따라 조선왕조 정부는 진휼에 대비한 물자를 안정적으로 관리할 수 있게 되었다.

---

26) 『仁祖實錄』 38, 仁祖 17년 2월 2일(庚寅), 35권 47쪽, '設賑恤廳于宣惠廳 以呂爾徵爲賑恤使'

27) 『仁祖實錄』 49, 仁祖 26년 5월 25일(己丑), 35권 325쪽. '賑恤廳 以賑恤所餘米租數 書啓上下備局 備局啓曰 旣罷賑恤之後 仍存廳號 事涉未安 稱以常平廳 以用餘米布 隨時轉換 一以爲卽今利民之地 一以爲他日救荒之用 爲當 官員 則請以宣惠廳堂上郎廳 兼官 上從之'

28) 『備邊司謄錄』 12. 仁祖 26년 6월 13일. 1권 979쪽.

조선왕조에서 진휼기구를 상설기관으로 하지 않고 임시기관으로
설치하여 진휼이 끝나면 폐지하였던 이유는 상설기관으로 설치하
였을 경우 발생하는 관청유지비용을 절약하기 위해서였다. 균역법
시행이후 창설된 균역청도 독립된 관청 유지비용이 년 1만여금이
나 든다는 이유로 1753(英祖 29)년에 賑廳에 합설된 바 있다.29) 그
러므로 상평청이 선혜청의 속아문이 됨으로써 조선왕조정부는 항
구적인 진휼기구를 유지할 수 있었으며, 새로운 관청을 유지하는데
드는 비용을 크게 절감할 수 있었다. 또한 임시기구로 존재할 경우
에는 독립된 관아를 갖지 못하고 다른 관청의 빈 방을 찾아 업무를
처리해야만 했는데30) 상평청이 선혜청의 속아문으로 되면서 선혜
청의 관아를 함께 쓰고 있었다.31)

　상평청이 선혜청의 속아문으로 같은 관아를 쓰고, 선혜청 관원의
관리하에 있었지만 그 재정의 운영은 선혜청과 구분되고 있었다.
또 상평청을 관리하는 선혜청의 관리중 당상·낭청 각 1원은 상평
청을 전담하고 있었다.32) 또한 상평청이 별도의 창고를 보유하고
있다는 점도33) 재정운영부분에 있어서 상평청의 독자성을 확인할
수 있다. 이처럼 1648(仁祖 26)년에 복설된 상평청에서는 재원을
확보하기 위하여 충청도의 공물가를 作米하여 비축하고 있으며34),

---

29) 『英祖實錄』79, 英祖 29년 1월 14일(庚午), 43권 476쪽.
30) 『備邊司謄錄』36, 肅宗 8년 12월 7일, 3권 585쪽, '本廳(賑恤廳)乃是權設
　　衙門 如有會議之擧 則他各司空廨 隨便開坐 當如諸都監已行之例矣'
31) 현종 12년 기근으로 서울의 3곳에서 훈련도감,한성부,상평청이 죽을 지
　　급하였는데 상평청의 경우 선혜청에서 設粥을 시행하려 하였으나 기민
　　이 들어갈 장소가 없어 태평관에서 시행하였다.(『顯宗改修實錄』23, 顯
　　宗 12년 2월 21일(癸卯), 38권 52쪽 ; 『顯宗實錄』19, 顯宗 12년 3월 6일
　　(丁巳), 36권 690쪽)
32) 『典錄通考』,「吏典」, 宣惠廳條
33) 『備邊司謄錄』45, 肅宗 17년 7월 3일, 4권 393쪽, '常平倉舍 倉舍年前啓達
　　營造五十間 而所儲不過四五百石 春間三南及畿甸移賑之後 餘存穀物數亦
　　不多 而庫舍狹窄 尙有露積者 前頭年事稍稔 如得還捧 則尤難儲積 倉舍不
　　可不加造 … 上曰依爲之'

공물의 防納을 통해 이익을 취하기도 했다.[35] 상평청이 복설되었지만 진휼의 기능이 강조되는 상황에서는 여전히 임시 기관으로 인식되고 있었다.[36]

이러한 과정에서 상평청이 고정적인 재원을 확보하여 재정아문으로 등장하는 것은 1650(孝宗 1)년에 호조 구관곡의 모곡 3/10을 상평청에 會錄한[37] 시기부터이다. 본래 '三分耗會錄'은 병자호란 이후 국가재정의 보충을 목적으로 환곡 모곡의 3/10이 호조에 회록된 것을 가리키는데,[38] 이것이 1650년에는 상평청에 회록되어 회록 관청의 변화를 가져왔다. 이러한 변화는 상평청의 기능이 크게 확대되는 계기가 되었다. 즉 상평청의 재원이 고정적으로 마련되는 계기가 된 것이었다. 이같은 상황은 사신을 접대하기 위한 비용 마련을 위해, 그 담당 아문으로 상평청을 설정한데에서도 의미를 둘 수 있다. 즉 상평청의 기능에 사신접대 비용의 마련이라는 기능이 부가되는 것이다. 경기에 선혜청이 설치된 이래 공물을 현물로 부담하지 않고 미 16두를 납부함에 따라 일체의 추가 징수를 없앴는데 1650년에 중국사신이 6차례나 방문하는 까닭에 그 접대 비용의 마련에 고심하였던 것이다.[39] 상평청에 삼분모를 회록하여

---

34) 『備邊司謄錄』 13, 仁祖 27년 2월 1일, 2권 6~7쪽.

35) 趙錫胤, 『樂靜集』 14, 「請禁革常平廳防納之弊堂上郎廳從衆推考啓」, 叢刊 105권 488쪽, '常平廳 卽賑恤廳之改號者也 … 今乃轉而爲聚斂牟利之地 京各司貢物之未納者 先買於主人 徵其價於外方 山郡 則收布 而其品倍於本色 海邑 則作米 而其數加於市値' 『孝宗實錄』 2, 孝宗 卽位年 12월 4일(戊子), 35권 407쪽.

36) 『孝宗實錄』 5, 孝宗 1년 9월 4일(乙卯), 35권 451쪽. '刑曹判書李時昉所上疏曰 … 所帶宣惠常平兩廳之任 係是三公例兼衙門 則臣於領右相 俱有相避之嫌 雖云權設 何敢晏然'

37) 『備邊司謄錄』 11, 孝宗 1년 4월 12일, 2권 143-144쪽.

38) 宋贊植, 1965, 「李朝時代 還上取耗補用考」, 『歷史學報』 27, 50쪽에서는 병자호란 직후의 재정 고갈과 빈번한 淸使왕래의 비용을 보충하기 위하여 인조 15년에 三分耗會錄法이 시행되었다고 파악하였다.

39) 『備邊司謄錄』 11, 孝宗 1년 4월 9일, 2권 141~142쪽.

사신접대 비용으로 사용케 한 것은 경기민의 부담을 덜어주려는 의도였다. 그러므로 1653(孝宗 4)년에 경기도에 量田을 실시하려 했을 때 영중추부사 李敬輿는 양전비용을 문제 삼아 상평청을 설치한 뜻과 같지 않다고 반대의 견해를 표명하고 있었다.[40]

이상에서 살펴본 바와 같이 상평청은 '權設'기관으로 치폐를 거듭하다가 1648(仁祖 26)년에 이르러 상설기관으로 변모하고 있었다. 상평청의 기능은 진휼을 위한 재정확보의 목적뿐만이 아니고 淸使의 비용 충당, 화폐유통의 담당 그리고 貢物을 담당하는[41] 등 크게 4가지로 요약할 수 있다. 특히 1650(孝宗 1)년에 삼분모가 상평청에 회록되기 시작하면서 상평청의 재정기능은 크게 강화되어 재정아문으로 등장하는 계기가 되었다.[42]

상평청에서 삼분모를 회록한 일은 두가지의 커다란 의미를 갖는다. 즉 상평청이 당시 환곡의 대부분이었던 호조구관곡의 모곡을 3/10을 매년 회록하게 됨으로써 상평청이 재정아문으로 등장하는 계기가 된 것이며, 이후 호조에서는 환곡 모곡의 1/10을 다시 회록함으로써 호조구관곡의 회록률이 4/10로 증가하는 계기가 된 점이다.[43] 이처럼 상평청과 호조에서 환곡의 모곡을 회록하여 원곡에 충당하고 다시 분급하는 상황하에서 일부지역에서는 환곡의 증가로 민폐를 초래하고 있었다.[44] 그러나 재정상의 이유로 인해 상평

---

40) 李敬輿, 『白江集』 11, 「請於豊呈時節損勿行圻內量田箚」, 叢刊 87권 418쪽.
　　『孝宗實錄』 11, 孝宗 4년 8월 25일(丁亥), 35권 648쪽.
41) 『備邊司謄錄』 45, 英祖 40년 1월 1일 「咸鏡道各邑外貢都納常平廳節目」,
　　14권 67~97쪽.
42) 金錫胄, 『息庵遺稿』 17, 「請蕩滌湖西所貸米銀啓」, 叢刊 145권 404쪽, '至
　　於常平 只是轉殖耗穀 以辦格外需用之資'
　　『顯宗實錄』 22, 顯宗 15년 2월 17일(壬子), 37권 60쪽.
43) 孝宗 1년 이후 언제 戶曹에서 1/10의 耗穀을 회록하였는지는 분명하지
　　않으나 孝宗 5년에는 호조에서 1/10, 상평청에서 3/10의 모곡을 회록하
　　고 있었다.(『備邊司謄錄』 17, 孝宗 5년 4월 4일, 2권 413쪽)
44) 金壽恒, 『文谷集』 16 「北道掌試時民瘼書啓」, 叢刊 133권 309쪽, '每當分糶
　　之時 民人輩輒訴本官 請勿分給元穀 只令備納當年之耗 … 以此名之曰臥耗'

청의 삼분모회록은 유지될 수밖에 없었다. 삼분모회록을 최초로 건의한 金應祖는 여러차례에 걸쳐 삼분모회록을 건의한 것을 자책하며 그 혁파를 위하여 노력하였다. 그가 사망하는 해까지, 삼분모를 회록함으로써 환곡이 증가하여 환곡이 가장 많은 곳에서는 1夫가 받는 것이 1백여석에 이른다며 혁파할 것을 주장하였다.45)

　1637(仁祖 15)년에 삼분모회록이 시행되고, 1650(孝宗 1)년 이후 호조에서는 1분모를 회록하며 상평청에서는 삼분모를 회록하였다.46) 그런데 1637년에 처음 시행된 삼분모의 회록은 八道에 걸쳐 시행된 것은 아닌 것같다. 1642(仁祖 20)년에 황해도의 5읍의 1/10 모곡을 평안도의 예에 따라 회록하여 왕래공행의 비용으로 會減하자는 건의를 보면47) 평안도와 황해도에서는 삼분모회록이 실시된 것이 아니라 일분모회록이 시행되고 있었던 것같다. 한편 함경도의 상황을 알려주는 기록에서는 상평청의 삼분모회록에 대하여 다른 기록을 전하고 있다. 함경감사 閔鼎重이 1664(顯宗 5)년에 올린 狀啓에 의하면 1636년 이후 국곡이 탕갈되어 상평청에서 2/3의 모곡을 취하고 호조에서 모곡의 일분모를 취하여 각읍에서 취하는 것이 거의 없다고 하면서 함경도의 상황을 설명하고 있다. 즉 함경도는 호조의 取耗이외에 상평청에서 取耗하는 일이 없다가 1650(孝宗 1)년에 비로소 상평청에서 取耗하는 법을 만들었다고 기록하고 있다.48) 이러한 기록으로 살펴보면 명종대에 一分耗會錄이 시행되

『備邊司謄錄』19, 孝宗 8년 4월 19일, 2권 555쪽.

45) 金應祖, 『鶴沙集』 3, 「丁未辭職疏」·「辭右尹疏」, 叢刊 91권 69～71쪽.

46) 宋贊植, 앞의 논문.

47) 『備邊司謄錄』 7, 仁祖 20년 6월 1일, 1권 563쪽, ‘牛·平·瑞·鳳·黃五邑 段置 亦依關西例 以耗穀十分之一會錄 往來公行竝爲會減事’

48) 閔鼎重, 『老峯集』 11 「北伯時應旨狀啓」, 叢刊 129권 290쪽(『顯宗改修實錄』 12, 顯宗 5년 12월 30일(丁亥), 37권 422쪽 참조)에 의하면 함경도에서는 孝宗 1년에 상평청에서 2/3의 耗穀을 회록한 것이되며, 다른 도에서는 병자년 이후에 상평청에서 2/3의 모곡을 취한 것으로 이해된다. 이와 비슷한 견해로는 南九萬이 顯宗 5년에 상평청에 모곡을 이록하는 일을 혁파할 것을 건의한 기록에서도 십수년전에 金應祖의 上疏로 모곡을

다가 1637(仁祖 15)년에 삼분모 회록이 시행되지만 그 시행은 삼남지역을 중심으로 시행된 것같고 황해·평안·함경도 등은 포함되지 않았던 것같다. 이들 지역은 전세를 上納하지 않는 등 수취구조가 삼남지역과는 다른 양상을 나타내고 있는 지역이었다.[49] 그후 1650(孝宗 1)년에 이르러서 淸使의 비용 충당을 위해 호조 원회곡의 모곡 3/10이 상평청에 회록되는 것을 계기로 전국적으로 호조 원회곡이 상평청에 이록되어 상평청이 재정아문으로 등장하는 계기를 마련한 것이었다.

이처럼 1650년에 호조 원회곡 모곡의 3/10을 상평청에 회록한 것은 당시 환곡 증가의 주요 원인으로 되었다. 상평청의 구관 곡물은 호조 원회곡 모곡의 3/10 회록 뿐만이 아니고 이렇게 마련된 상평청 구관곡을 다시 분급하여 그 모곡의 2/3 혹은 12/15를 다시 원곡에 회록함으로써 지속적인 증가 추세에 있었다. 이처럼 상평청의 곡물이 증가하여 재정에 여유를 갖게되자 1663(顯宗 4)년에는 경기의 공물가미를 충당하도록 하였다.[50] 또한 호조 원회곡 모곡의 3/10을 회록하는 규정도 『新補受教輯錄』에서는 원회곡이 3천석 이

빼앗아 상평청곡으로 하였다는 기록이 나타난다.(『藥泉集』13「請革還上耗數加錄啓」, 叢刊 132권 136~137쪽) 顯宗實錄에서는 仁祖 말년에 金應祖의 상소로 모곡을 빼앗아 상평청으로 회록하였다고 기록하고 있다. (『顯宗實錄』9, 顯宗 5년 11월 22일(己酉), 36권 440쪽) 金應祖의 상소로 상평청에 모곡을 회록하였다는 기록은 宋贊植의 지적대로 사실의 착오로 볼 수 있다. 그러나 민정중이 제시한 상평청에 모곡을 2/3회록한다는 기록은 호조 원회곡의 모곡 중에서 2/3를 회록한다는 것이 아니라 호조 원회곡의 모곡 3/10을 상평청에 회록한 상평청 구관곡의 회록률로 파악할 수 있다. 상평청곡의 회록률은 新補受教輯錄에 의하면 12/15로 기재되어 있어 현종 5년 이후에 상평청곡의 회록률에 변화가 있었던 것을 파악할 수 있다. 이러한 회록률의 변화는 호조 원회곡을 상평청에 회록하는 비율이 증가하는 新補受教輯錄의 기록과 비교하여 파악할 수 있다.

49) 『備邊司謄錄』40, 肅宗 12년 12월 4일, 3권 1015쪽, '兵曹判書李師命曰 兩西田稅 無上納之規 而乙巳丁巳年 兩次作木以用矣'
『續大典』,「戶典」, 收稅. '西北稅穀 並留本道 毋得擅自轉移'
50) 『顯宗實錄』6, 顯宗 4년 6월 20일(丙辰), 36권 371쪽.

하일 때에는 호조에만 회록하며, 3천~5천석일 때에는 3升 5合을, 6천~9천석일 때에는 6升, 1만석 이상일 때에는 8승 5合을 회록하도록 규정하여[51] 일률적으로 4升 5合을 회록하는 삼분모회록보다는 증가하고 있었다. 상평청에서 호조 원회곡의 모곡을 회록하는 비율이 삼분모에서 6升내지 8升 5合 등으로 증가하는 시기가 언제부터인가를 정확히 파악할 수는 없다. 삼분모곡이 상평청에 회록된 직후인 1651(孝宗 2)년에는 호조 원회곡의 多少에 관계없이 삼분모를 상평청에 회록하고 있었다.[52] 그러나 1665(顯宗 6)년 삼분모 회록은 3천석 이상의 지역에서부터 시행하고 있었다.[53] 그러므로 1665년 당시까지는 호조 원회곡의 삼분모를 삼천석 이상의 지역에서만 상평청에 회록하고 있었고 그 이후에 호조 모곡의 상평청 회록률이 증가되었음을 알 수 있다. 또한 1664(顯宗 5)년 이후에 상평청 구관곡의 회록률이 증가하고 있는 것과 더불어 상평청의 재정 지출이 이시기를 기점으로 증가하고 있었다. 즉 현종 5~7년 사이는 大同法의 세액이 경기·충청·전라도에서 매결 12斗로 감액되는 시기이며, 함경도에서 詳定法이 시행되는 시기이다.[54] 이와 함께 경기도에서는 대동법의 징수 액수가 감해지는 대신 청나라 사신의 雇馬價를 상평청에서 지급하도록 규정하였다.[55] 이처럼 재정아문으로 등장한 상평청의 지출이 증대되자 상평청의 재정을 확

---

51) 『新補受敎輯錄』「吏典」各道還上取耗式.

52) 洪宇遠, 『南坡集』 4 「應旨封事」任禮安時 辛卯(孝宗 2년), 叢刊 106권 103쪽, '常平廳所管 本縣己丑庚寅兩年 三分耗穀百餘石 曾於夏間 從願作木 時在民間 未捧者三百餘疋 而今年兩麥及秋糴三分之耗 計又僅可七十餘石'의 기록에서 禮安지역의 삼분모곡이 70여석이 최대로 나타나고 있다. 이것으로 계산하면 예안 지역의 호조 원회곡의 총액은 2,300여석으로 3천석 이하이다.

53) 宋浚吉, 『同春堂集』 106, 「應求言別諭仍乞解職疏」 乙巳(顯宗 6년) 11월, 叢刊 106권 451쪽, '近日 常平廳三分耗減給之命 … 糴穀滿三千之邑 始有三分耗載錄常平之規'

54) 金玉根, 1988, 『朝鮮王朝財政史研究 Ⅲ』.

55) 『顯宗改修實錄』 11, 顯宗 5년 6월 23일(甲寅), 37권 387쪽.

보하기 위하여 호조 원회곡 모곡의 상평청 회록률을 증대시키고 상평청 구관곡의 회록률도 증대시킨 것으로 이해되며, 그것이 법제화되는 시기는 18세기 초반이었다.[56]

1650(孝宗 1)년 호조의 원회곡 모곡을 상평청에 회록하면서 상평청이 재정아문으로 등장한 이래 상평청 구관곡은 호조의 원회곡과는 분명히 구별되는 곡물이었으며 그 관리도 조정의 논의를 거치지 않도록 규정되어있었다.[57] 당시의 환곡은 호조곡 상평청곡 그리고 지방아문곡인 統營穀, 감·병영곡 등으로 구분할 수 있다. 호조곡은 國穀으로서[58] 흉년이 들었을 때 원곡을 감하여 징수하거나 모곡을 징수하지 않는 경우가 있었는데 상평청곡과 감영곡 등은 호조곡과는 달리 징수를 하려고 해서[59] 탕감하거나 징수를 정지할 때에는 항상 상평청곡, 감영곡 등을 명시하도록 하고 있었다.

상평청에서 호조 구관곡 모곡의 일부를 회록하는 규정은 이후에도 계속되었으며[60] 이렇게 마련된 상평청 구관곡은 또다시 민간에

---

56) 『決訟類聚補』, 「還上除耗法」, '賑恤廳·常平廳穀 每石 全耗一斗五升內 一斗二升會錄 三升官用'

　　『決訟類聚補』는 1707(숙종 33)년에 수찬된 수령을 위한 법령서로서 16세기에 편찬된 『詞訟類聚』를 보완한 것이다. 1996년 韓國精神文化研究院에서 영인출판하였다.

57) 『備邊司謄錄』 20, 顯宗 1년 12월 8일, 2권 648쪽, '戶曹原穀 則有減捧之擧 而如常平廳及統營監兵營諸處還上 則各自句管 未經朝家處分 如此凶歲 不免督捧於飢民'

58) 南九萬, 『藥泉集』 13 「請革還上耗數加錄啓」, 叢刊 132권 136~137쪽, '請各邑還上無論常平廳監兵統水營 一依國穀收捧之例 其耗數加錄之事 並爲禁革'

　　『顯宗改修實錄』 12, 顯宗 5년 11월 22일(己酉), 37권 415~416쪽.

59) 李翔, 『打愚遺稿』 2, 「辭持平仍陳所懷疏」, 叢刊 124권 137쪽, '積滯官糶 只捧一年耗穀事 … 其所施者 只是戶曹會錄之穀 而如常平營穀之類 則依前計年捧耗'

60) 『新補受教輯錄』 이후의 『續大典』, 『大典通編』, 『大典會通』 등의 법전에는 호조 원회곡을 상평청에 회록하는 규정이 폐지되지 않고 계속 나타나고 있다.

분급하여 그 모곡을 상평청 원곡에 회록하고 있었다. 1650(孝宗 1) 년에 실시된 호조 원회곡의 상평청으로의 회록은 상평청이 주요 재정아문으로 등장하는 계기가 되었다.

한편 1648년 진휼청을 상평청으로 개칭한 이후 1658(孝宗 9)년 까지[61] 진휼청에 대한 기록이 보이지 않는다.[62] 즉 1648(仁祖 26) 년 이후의 진휼사업은 상평청이 주로 담당하고 있었던 것이다. 그 이유는 이 기간동안에 대규모 흉년이 발생하지 않았던 까닭에서 연유한 것이었다. 그러나 상평청은 기민구제 뿐만이 아니고 화폐의 유통을 담당하기도 하였고 특히 1650(효종 1)년 이후에는 경기도 의 사신 접대에 관여하고 있었기 때문에 극심한 흉년이 들었을 때 에 진휼에 전념하기는 어려웠다. 그러므로 1658(효종 9)년에는 상 평청이 존재함에도 불구하고 다시 진휼청을 설치하여야만 하였다. 그러나 복설된 진휼청 역시 임시로 설치된 '權設'아문으로 진휼이 끝나면 폐지되었다.

그후 1661(顯宗 2)년에 다시 진휼청을 설치하였다. 이는 당시에 대기근이 발생하였으나 독립된 진휼기구를 설치하지 않고 비변사 제조를 포함하는 몇몇 관료들로 하여금 진휼업무를 담당하게 하였 으나 계사를 올리고 行移할 적마다 비변사라 칭하자 대신이 사체 를 손상시키는 점이 있다고하여 다시 진휼청으로 부르게 된 것이 다.[63] 1661년에 설치되었던 진휼청은 다음해에 진휼사업이 끝나자 다시 혁파되고 있으며[64] 진휼청의 賑餘米布銀子는 호조에 이송하

---

61) 『孝宗實錄』 20, 孝宗 9년 8월 3일(戊辰), 35권 150쪽, '設賑恤廳 以鄭維城 李時昉洪命夏爲提調 以講救荒之政'

62) 이 기간동안 진휼청에 대한 기록은 2번 나타나고 있다. 효종 2년에 설치 한 賑濟廳은 진휼을 총괄하는 중앙기구로서의 진휼청이 아니고 粥 혹은 乾糧을 지급하는 粥所 혹은 賑所인 것같다.(『備邊司謄錄』 14, 孝宗 1년 1월 16일, 2권 98쪽, '賑恤廳 遺在 米則八千石 木則二百餘同' ; 『孝宗實 錄』 6, 孝宗 2년 3월 11일(戊子), 35권 471, '請於京中及畿甸兩西 各設賑 濟廳'

63) 『顯宗改修實錄』 6, 顯宗 2년 閏7월 6일(癸未), 37권 243쪽.

여 별도로 창고를 지어 저장하도록 하였다.[65] 그러나 현종(1659~
1674)년간의 빈번한 기근으로 진휼청은 거의 매해 설치되고 폐지
되는 과정을 반복하였다. 그후 1670 · 1671(顯宗 11 · 12)년의 대흉
년과 전염병의 유행은 사망자가 거의 백만에[66] 이를 정도로 참혹
하였으며, 진휼청은 1671 · 1672(顯宗 12 · 13)년의 진휼사업에서 상
평청과 함께 활발한 활동을 하였다. 그러나 현종년간의 진휼청은
상설된 기구가 아니었기 때문에 서울에서의 진휼 활동은 주로 상
평청이 담당하고 있었다. 다음의 〈표 1〉는 현종년간 서울에서 실시
된 진휼 시행을 정리한 것이다.

다음 표에 의하면 상평청과 진휼청이 동시에 서울에서 진휼을
시행한 경우는 현종 13년 등 몇차례에 불과하다. 이는 진휼청이 상
설되지 않아 진휼을 시행하기 위한 안정적 물자를 확보하지 못한
것에 원인이 있을 것이다.

이처럼 진휼청은 임시로 설치된 '權設衙門'으로 흉년이 들었을
때 설치되고 흉년이 끝나면 혁파되었다. 그러나 1661(顯宗 2)년 이
후에는 빈번한 기근으로 거의 매해 置廢가 반복되고 있어 실질적
으로 상설화되었다. 그러므로 상평청이 숙종(1674-1720)년간에 들
어서도 여전히 진휼의 기능을 일부 담당하고 있었다고는 하지만

---

64) 『備邊司謄錄』 22, 顯宗 3년 8월 22일, 2권 759쪽, '賑恤廳 今雖已罷 外方
多有文報來之者 而無主管之人 禮曹參判趙復陽 久爲賑恤廳堂上 祥之首末
備局堂上啓下 使之主管 何如 上曰依爲之'
그런데 『實錄』에서는 조복양으로 하여금 그대로 진휼청의 일을 관장하
게 하라고 기록하여 진휼청이 혁파되지 않은 것처럼 기록되고 있다.(『顯
宗實錄』 5, 顯宗 3년 8월 21일(辛酉), 36권 344쪽, '請令趙復陽 仍管賑恤
廳 上從之') 『實錄』의 기록은 현종년간에 진휼청이 설치되고 혁파되는
과정이 반복되는데 후에 실록을 기록할 때 발생한 착오로 보인다. 현종
4년에 다시 진휼청이 설치되고 있었다.
65) 『備邊司謄錄』 22, 顯宗 3년 8월 11일, 2권 758쪽, '賑恤廳用餘米布銀子 今
當歸之於戶曹 而若混置於戶曹庫中 則當此經費不足之日 不無混同用下之
弊 不可不別作一庫 以待不時之用也'
66) 『顯宗改修實錄』 25, 顯宗 12년 12월 5일(壬午), 38권 90쪽.

진휼을 전담하는 중앙부서의 위치는 진휼청에 넘겨주게 되었다.

〈표 1〉 현종년간 서울의 진휼

연 도	기 민	비　　고	출　　전
1659		상평청 3~5월 設粥	『현개』 현종 즉위년 5월 丁亥
1661	163	상평청 設粥	『현개』 현종 2년 2월 辛丑
1661	3,000	상평청 2월 21일부터 設粥. 양반 6백여 인 건량 지급. 동서활인서 병자 470여 인	『실』 현종 2년 5월 丙子
1662	2,000	상평청 2월 10일부터 현재까지 設粥. 士族 양식 지급, 서활인서 병자 양식 지급	『현개』 현종 3년 5월 癸未
1662	2,300	진휼청 設粥. 士族 및 老病者 6백 명, 동활인서 병자 1,090명 양식 지급	上同
1666	300	상평청 設粥. 士夫 건량 지급. 동서활인서 병막 건량	『현개』 현종 7년 3월 丁亥
1666	300	상평청 3월부터 設粥, 士夫 건량 지급 포함 안된 수	『현개』 현종 7년 6월 庚戌
1668	8,000	상평청 · 선혜청 2월부터 진휼	『현개』 현종 9년 5월 癸亥
1671	10,000	선혜청 · 한성부 · 훈련원 設粥 첫날 6천여 인	『실』 현종 12년 1월 戊辰
1671	20,000	진휼청 2월 設粥. 사망 60인	上同
1671	6,070	상평청 월초 진구. 1월 20일 이후 사망 50여 인	『실』 현종 12년 3월 丁巳
1671	23,000	3곳 設粥 기민 1만여 인, 7·8천 인, 5·6천 인. 이 달 사망 5백여 인	『실』 현종 12년 4월 庚戌
1671	32,040	3곳 진휼 중 서울 백성 19,570인	『실』 현종 12년 5월 乙丑
1671	200	홍제원 병자	『실』 현종 12년 5월 甲戌
1672		진휼청이 東郊와 造紙署에서 設粥	『현개』 현종 13년 3월 丁巳
1672	4,300	상평청 · 진휼청 設粥 적을 때 2천여 명	『실』 현종 13년 3월 乙亥
1672	7,000	3월~5월 30일 設粥. 東郊 기민 2,700~4,000명. 北郊 기민 2천~3천명	『현개』 현종 13년 12월 辛未

*『실』은 『顯宗實錄』을, 『현개』는 『顯宗改修實錄』을 나타냄.

　이는 상평청이 진휼의 기능만을 담당하는 것이 아니라 사신의
접대와 특히 1678(숙종 4)년에 상평통보를 주조하게 되면서 화폐
유통에 관한 엄무를 담당하게 되면서, 흉년이 들었을 때 진휼사업
에 전념할 수 없었기 때문이었다. 그러나 진휼청은 여전히 법적으
로는 임시로 설치된 기관으로 엄무를 담당할 독립된 청사를 갖지
못하고 刑曹의 直房을 빌어 쓰고 있는 형편이었다.[67] 또한 진휼청
이 이미 재정아문으로 등장하였지만 독자의 창고를 갖지 못하고
비변사의 창고를 빌어쓰고 있었다.[68]

　현종년간과 숙종초년의 계속된 흉년으로 인해 권설아문인 진휼
청이 상설화되었고 이과정에서 진휼청은 재정아문으로 등장하였
다. 흉년이 들었을 때에 賑政을 담당하는 관서는 진휼청이었다. 진
휼에 소요되는 비용을 마련하기 위하여 각종 공물을 裁省하여 진
휼청으로 이관하기도 하였고 각 지역의 곡물의 상황을 살펴 넉넉
한 곳에서 부족한 지역으로 이전하였으며, 서울에서는 賑所를 설치
하여 죽을 지급하기도 하였다. 이러한 일을 하기 위해서는 호조,선
혜청 그리고 각 도의 감사를 총괄 지휘할 수 있어야만 하였다. 그
러므로 호조판서를 진휼청 당상에 例兼시켜 공물재감을 함께 담당
하게 하였고 다른 진휼청의 당상도 비변사의 당상으로 하여금 겸
임시킬 수밖에 없었다. 비변사의 당상으로 진휼청의 당상을 겸임한
다는 점에서 진휼청은 비변사와 밀접한 관련을 맺고 있었으며, 그
러한 까닭에 진휼청이 비변사에 속해 있는 것처럼 보이기도 하였
다. 그러나 1661(顯宗 2)년과 1671(顯宗 12)년과 같은　대기근이
발생하면 진휼사업이 방대해져 비변사에서 진휼청을 독립시켜 진

---

67)『備邊司謄錄』36, 肅宗 8년 12월 7일, 3권 585쪽, ‘本廳乃是權設衙門 …
　　即今多有料理之事 別差郎廳 則堂郎當逐日會坐 而他無可合處所 姑以刑曹
　　直房設廳 郎廳所用印信一顆 亦令該曹輸送 何如 答曰允’
68)『備邊司謄錄』38, 肅宗 10년 1월 13일, 3권 711쪽, ‘賑恤廳本無府舍 廳中
　　布錢 留置慶德宮外備邊司庫間 … 如戶曹·宣惠廳則達夜巡更 賑恤廳亦足
　　有財貨衙門 坐更不可不還設 即今備邊司亦有貨物 兩處並設爲當 … 上曰
　　賑恤廳與他司有別 而兩處坐更還設 可也’

휼을 전담하게 하였던 것이다. 진휼청은 임시로 설치된 기관이었기 때문에 흉년이 발생하지 않으면 그 기구의 존속에 대하여 의문이 제기되었다. 이미 상평청이 존재하고 있었는데 대기근이 발생하지 않는 상황에서 진휼업무에 대한 처리는 상평청이 담당하여야 한다는 것이었다.

결국 1686(肅宗 12)년 진휼을 담당할 일이 없는데도 계속해서 진휼청을 유지하는 것은 온당치 않으며, 그렇다고 비변사에서 진휼의 업무를 담당하는 것도 사체에 맞지 않는다고하여 전에부터 진휼의 업무를 담당한 상평청에 진휼의 업무를 넘겨주고 진휼청의 財穀을 상평청에 이송하는 조치를 취하게 된다.[69] 진휼청을 혁파한 이유는 근래 여러 기관을 설치해 재곡을 모으는 것이 옳지 않고, 또한 진휼청을 비변사에 속하게 할 경우 財穀을 모으는 것이 비변사의 체통을 손상시킨다는[70] 것때문이었다. 이미 진휼청의 재정규모가 방대해 진 상태이기 때문에 진휼청의 당상으로 하여금 정리하게 해서 가을 이후에 상평청에 보내도록 하였다.[71]

1686년 진휼청을 상평청에 이속한 것은 결과적으로 진휼청을 선혜청의 속아문으로 편입한 것을 의미한다. 상평청의 관리를 선혜청 당상 2인중 1명이 전담하는 형태였기 때문에 진휼청이 상평청에 이속되었다는 것은 선혜청의 당상 1명이 진휼청과 상평청을 함께

---

69) 『備邊司謄錄』 40, 肅宗 12년 6월 4일, 4권 959쪽, '在前則如值凶年 常平廳 主管賑恤之事 自先朝辛丑年(1661:顯宗2년) 始爲別設賑恤廳 厥後又經辛 丑(1671:顯宗 12년)大無 因循不罷以至于今 設廳年久 財穀漸多 文書酬應 亦且活繁 作一新設大衙門 堂上則多以備局堂上兼管 郎廳亦備局郎廳兼差 財穀亦置於慶德宮備局矣 無賑恤之事 常常設廳 己減非宜 自廟堂兼管尤妨 事體 常平廳既是主管賑恤之衙門 賑廳財穀移送似宜 而宣惠廳事務甚殷 又 添賑恤廳財穀 則未易周察 宣惠廳堂上有二員 以其一員 使之專管常平之事 則誠爲便當'

70) 『備邊司謄錄』 40, 肅宗 12년 6월 4일, 3권 959쪽, '近來廣設各衙門 多聚財 穀 己非莊富於民之道 況備局 乃是廟堂訏謨之地 尤不當蓄聚財穀以損體統'

71) 『備邊司謄錄』 40, 肅宗 12년 6월 4일, 3권 959쪽, '賑廳財穀 散在京外 多有 收合之事 且文書磨勘其勢未易 故令賑廳堂上句管整頓 待秋後移送常平廳'

관리한다는 의미였다.[72] 진휼청이 상평청에 이속되어 선혜청 당상이 兩廳을 관리하고 있었지만 진휼청은 독자적으로 진휼을 위해 공명첩을 요청하거나[73] 대동·전세를 감하고 그것의 급대를 담당하는[74] 진휼사업의 수행을 충실히 하고 있었다. 또한 독자적인 환곡을 확보하기도 하였다.[75] 비록 진휼청이 상평청과 함께 선혜청 당상 1인에 의해 관리되고 있었지만 상평청과 진휼청은 독자성을 가지고 있었던 것이다. 상평청과 진휼청은 재정도 독자적으로 운영하였던 것같다. 진휼청은 경상도에서 虎贖布를 징수하고 있었으며[76], 흉년시에는 전처럼 서울의 藏氷米를 징수하지 않고 그의 급대를 진휼청이 담당하고 있었다.[77] 또한 재정보고를 할 때 상평청·진휼청을 구분하여 보고하고 있었다.[78]

진휼청이 상평청에 이속된 후에도 진휼청은 진휼사업에서 중심적인 역할을 하고 있었다. 1695(肅宗 21)년에서 1698(肅宗 24)년까지 4년간에 걸쳐 대기근이 발생하였는데, 1695년의 흉년은 현종 11·12년의 흉년에 버금갈 정도로 조선사회에 막대한 피해를 입혔

---

72)『備邊司謄錄』42, 肅宗 14년 3월 15일, 4권 121쪽, '今則賑廳合於常平 而常平在於宣惠廳 故李師命 自賑廳移去 亦兼宣惠堂上矣 今徐文重雖主管賑事 亦有如前數三人協心料理之事 而宣惠堂上 既有定數 又難爲此加出宣惠堂上 即今備局有司堂上四人中 徐文重己旣宣惠堂上兼常平 柳尙運亦以戶判例兼 李選·崔錫鼎二人 使之亦兼常平 賑事 以爲同議察任之地'
   『備邊司謄錄』43, 肅宗 15년 2월 15일, 4권 183쪽, '又所啓 吏曹參判吳始復 備局堂上差下 而宣惠廳有司堂上徐文重·崔錫鼎遞差代 亦以閔宗道·吳始復差下 宗道專管宣惠廳之事 始復則專管賑廳·常平廳之事 而臣近日點檢賑廳·常平廳文書 則銀錢布木及穀物 或稱還上 或稱貸下 散給未捧者 厥數無量'
73)『備邊司謄錄』59, 肅宗 17년 1월 3일, 4권 530쪽.
74)『備邊司謄錄』47, 肅宗 19년 3월 8일, 4권 511쪽.
75)『備邊司謄錄』47, 肅宗 19년 12월 27일, 4권 566쪽.
76)『肅宗實錄』22, 肅宗 16년 12월 14일(庚午), 39권 234쪽.
77)『肅宗實錄』25, 肅宗 19년 2월 20일(甲午), 39권 275쪽.
78)『肅宗實錄』20, 肅宗 15년 2월 13일(辛亥), 39권 158쪽 ;『肅宗實錄』25, 肅宗 19년 2월 20일(甲午), 39권 275쪽.

다.[79] 대기근으로 인해 진휼청의 역할은 다시 강조되었으며 이에 따라 선혜청의 속아문으로 있던 진휼청은 선혜청의 관리에서 벗어나 다시 독립아문으로 등장하게 되었다.[80] 또 진휼청의 업무가 많기 때문에 형조판서 민진장을 추가로 당상으로 선발하여 2명의 당상이 진휼청을 구관하게 하였다.[81]

대기근이 끝난 후에도 진휼청이 독립아문으로 기능하였는지는 확실하지 않다. 숙종 28년의 흉년이 발생하였을 때 賑資를 확보하기 위하여 역적의 籍沒재산을 진휼청에 이송하였는데 이를 위하여 진휼청 당상과 낭청을 차출하고 있었다.[82] 그러나 숙종 29년에는 진휼청 당상 뿐아니라 숙종 21년의 예에 의하여 예조판서 김진구와 형조판서 민진후를 監賑 당상으로 임명하였다.[83] 숙종 21~24년의 대흉년이 지난간 후 賑政을 주관하는 진휼청의 역할은 여전하였지만 그 기능은 분산되고 있었다. 예전에는 흉년으로 진자를 확보하기 위하여 공물을 감축하였을 때는 진휼청 당상이 참여하였으나 숙종 32년 당시에는 裁省廳을 별도로 설치하여 공물의 재감을 담당하게 하고 있었다.[84] 이후 편찬된 법전에 의하면 진휼청은 선혜청의 속아문으로 상평청과 함께 기재되어있다.[85]

---

79) 『肅宗實錄』 33, 肅宗 25년 11월 庚戌, 39권 545쪽, '比癸酉(1693;肅宗 19년) 減戶二十五萬三千三百九十一 口一百四十一萬六千二百七十四 乙亥(1695;肅宗 21년)以後 饑饉癘疫之慘 乃至於此'

80) 『備邊司謄錄』 49, 肅宗 21년 8월 6일, 4권 718쪽, '啓曰 丙寅年(1686;肅宗 12년)間 賑恤廳罷屬常平廳 以常平廳堂上郎廳兼官賑色矣 卽今賑政方殷事體不可仍屬他廳 依辛丑(1661;顯宗 2)・庚戌(1670;顯宗 11)等年例 復設賑恤廳名號 凡係賑政裁減等文書 竝自本廳擧行 而堂上・郎廳 則以時任常平廳堂・郎 仍爲啓下 使之專察 何如 答曰允'

81) 『備邊司謄錄』 49, 肅宗 21년 8월 14일, 4권 718쪽, '本廳且多講究定奪之事 刑曹判書閔鎭長賑恤廳堂上差下 使之察任 何如 答曰允'

82) 『備邊司謄錄』 52, 肅宗 28년 8월 11일, 5권 65쪽.

83) 『備邊司謄錄』 53, 肅宗 29년 4월 17일, 5권 157쪽.

84) 『備邊司謄錄』 57, 肅宗 32년 7월 12일, 5권 577쪽.

85) 『新補受敎輯錄』 『吏典』 京官職 宣惠廳條, '常平廳 自國初設立, 賑恤廳 初自備局句管 名之爲救荒廳矣 丙寅(仁祖 4) 移屬常平廳 常平堂上一員 惠

조선시대의 진휼청은 흉년이 들었을 때 기민을 구제하기 위하여 설치되었으며 흉년이 끝나면 폐지되었다. 현종 2년의 대흉년 이후에도 치폐가 반복되었지만 거의 매해 설치되어 상설화되었으며 현종 12년 이후에는 완전히 상설되었다. 숙종 12년에 상평청에 합설되었지만 진휼청이 상평청에 흡수된 것이 아니라 선혜청의 속아문으로서 상평청과 함께 선혜청 당상의 관리를 받는 것에 불과하였다. 그후 숙종 21년의 대기근으로 진휼청은 선혜청의 관리에서 벗어나지만 다시 선혜청의 속아문으로 이속되었다. 숙종 21년 이후에도 대기근이 빈번히 발생하였지만 이전처럼 선혜청에서 분리되지는 않은 듯하다. 이는 진휼사업에 소용되는 곡물의 구관에 변화가 있었기 때문이었다. 숙종년간에는 진휼청에서 흉년이 든 지역에 곡물을 내려보내곤 하였으나 환곡이 증가하면서 각 지역에 비축된 환곡을 이전하는 형식으로 진행되었다. 진휼청은 서울과 경기지역의 진자만을 담당하는 상황이었다. 각 지역의 환곡 이전문제는 비변사의 논의를 거쳐 이루어지고 있었지만 빈번한 자연재해가 발생하는 상황에서 진휼을 전담할 기구로 진휼청이 상설화될 수밖에 없었다. 이것은 진휼청이 독자적으로 재원을 확보하는 결과를 초래하였으며, 상평청과 진휼청이 호조와 선혜청과 함께 주요 재정아문으로 등장하는 계기가 되었다.[86)]

진휼청이 언제부터 독자적인 환곡을 가지고 재정아문으로 등장하는지는 정확히 파악할 수는 없다. 이는 진휼청이 1661(顯宗 2)년 이전까지는 치폐가 반복되어 진휼청의 재원이 지속적으로 유지될 수는 없었기 때문이다. 진휼청은 진휼사업에 소요되는 비용을 마련하기 위해서 공명첩을 판매하거나 중앙아문이나 지방아문의 여유

廳堂上兼管, 算員一員 賑恤廳兼察, 常平廳書吏二人, 庫直一名, 使令三名, 文書直一名, 賑恤廳書吏四人, 庫直四名, 使令三名, 文書直一名'
86) 朴世采,『南溪集』12,「陳時務萬言疏」, 叢刊 138권 241쪽, '宣惠·常平·賑恤之屬作 而戶部失其職' :『肅宗實錄補闕正誤』19, 肅宗 14년 6월 14일(乙卯), 39권 147쪽.

있는 곡물 등을 이전하여 사용하기도 하였다. 그리고 진휼이 끝나 진휼청을 혁파하면 남은 물자는 대체로 선혜청이나 호조에 이속되었다. 이러한 과정이 반복되는 속에서 독자적인 진휼청 환곡을 만들려는 시도도 있었지만[87] 시행되지 않았고[88] 17세기 전반기에는 진휼청에서 환곡을 분급하는 것은 불법으로 규정되었다.[89]

1661년 다시 진휼청이 설치되자 공명첩 판매를 통하여 진휼에 필요한 만여석의 곡물을 마련하려하고 있었으며[90] 다음해에는 진휼청 설치시에 진휼청 貿穀을 제 때에 징수하지 못한 전라감사를 파직하고 있었다.[91] 진휼청에서 진휼의 재원을 마련하는 방법의 하나는 각 아문에서 징수하는 공물을 재감하여 그것을 진휼청이 사용하는 것이었다. 흉년이 들면 각 아문의 공물을 감하고[92], 그 감한 액수를 진휼청으로 이송하도록 하고 있었다.[93]

그러나 왕조정부의 공물 감축 지시는 각 아문에 있어서는 공물

---

87) 『仁祖實錄』 20, 仁祖 7년 6월 29일(壬午), 34권 333쪽, '今此餘存雜物中 木布未納者則仍令督送 米穀則留置各邑 一一會計 而稱賑恤廳米穀 以別色目 常時則給糶改色 遇災則以爲賑救之用'

88) 인조년간에는 진휼청 환곡이 설행되지 않았으나 인조 26년에는 강원도의 진휼청 모곡으로 진휼을 하고 있고(『仁祖實錄』 49, 仁祖 26년 2월 29일(甲午), 35권 318쪽), 강화도의 진휼청 곡물로 강화 등 8읍에 종자를 지급하는 기록이 나타난다.(『仁祖實錄』 49, 仁祖 26년 閏3월 2일(丁卯), 35권 320쪽) 이는 인조 20~26년간 진휼청이 지속적으로 활동하는 과정에서 각 지역에 공명첩을 판매하고 진자에 사용하고 남은 곡물을 각 지역에 유치하여 환곡으로 운영한 것으로 볼 수 있다. 그러나 인조 26년 진휼청이 상평청으로 개칭되고 효종 1년에 삼분모가 상평창으로 회록되면서 상평청 곡물로 흡수된 것같다.

89) 『仁祖實錄』 35, 仁祖 15년 6월 9일(丙午), 35권 693쪽, '右議政崔鳴吉啓罷 戶曹判書李景稷 … 賑恤廳本無糶糴之規 而創開新例 以給其親舊 請先罷 後推 從之'

90) 『備邊司謄錄』 21, 顯宗 2년 8월 4일, 2권 702쪽

91) 『顯宗實錄』, 顯宗 3년 3월 27일(庚子),

92) 『備邊司謄錄』 22, 顯宗 3년 1월 6일, 2권 720쪽.

93) 『顯宗改修實錄』 22, 顯宗 11년 7월 28일(壬午), 38권 29쪽 ; 『顯宗改修實錄』 18, 顯宗 8년 8월 7일(己卯), 37권 578쪽.

감축액만큼의 희생을 요구하는 것이었다. 즉 공물 裁省이란 것이 직접적인 부담자인 民에게서는 일정액의 징수를 감하는 것이었지만 그 공물을 사용하고 있던 각 아문에서는 감축된 액수만큼을 절약하여 진휼청에 납부해야만 하였다.94) 그러므로 공물 감축으로 매년 일정 액수를 공물로 징수하여 비용으로 사용하고 있었던 각 아문의 재정 부족으로 인해 진휼청에서는 다시 최소한의 경비를 給代하여야만 하였다.95) 이와함께 서울에서 얼음을 저장하기 위해 징수하는 藏氷米도 진휼청에서 급대하는 것이 관례화되었다.96)

17세기 후반 충청도에서는 진휼청 회부원곡을 탕감하지 않고 그 모곡으로 징수하지 못한 환곡에 충당시키고 있으며97), 1667(顯宗 8)년 양남지역에서는 진휼청에서 진휼을 하고 남은 곡식이 14만여 석이 존재하였다.98) 또한 1675(肅宗 1)년에는 함경도의 상평청·진휼청 환곡 2만 2천여석을 탕감하고 있었다.99) 이처럼 진휼청이 관리하는 환곡은 황해도와 평안도를 제외한 6도에 걸쳐 있었으며100) 흉년시에는 징수액을 감하여 징수하고 있었다.101) 이처럼 진휼청은 17세기 후반에 이미 재정아문으로 등장하고 있었다.102)

---

94) 『顯宗改修實錄』 9, 顯宗 4년 10월 12일(丙午), 37권 346쪽, '今之所謂裁省 異於古之所謂裁省 古所謂裁省者 使民不納而已也 今之裁省 則國無儲蓄 出於無術 只省各司之用度 以其所餘 以爲減賦之償'

95) 『備邊司謄錄』 23, 顯宗 4년 10월 21일, 2권 805쪽, 상의원 급대, 현종 5년 사복시 급대(2권 841-2), 현종 11년 11월 14일(3권 75) 한성부 급대

96) 장빙미는 3천석 정도가 소여되었다. 현종 2년의 흉년에는 진휼청이 담당하면 1천석 정도로 감당할 수있다하여 비용을 절감하기 위하여 진휼청에서 담당하게 되었는데(『備邊司謄錄』 21, 顯宗 2년 10월 27일, 2권 714쪽) 이것이 常例化되어 지속적으로 장빙미의 급대액을 진휼청에서 담당하였다. 후에는 호조와 함께 담당한다.

97) 『顯宗實錄』 11, 顯宗 6년 12월 21일(壬申), 36권 492쪽.

98) 『備邊司謄錄』 26, 顯宗 8년 9월 30일, 2권 934쪽.

99) 『備邊司謄錄』 31, 肅宗 1년 7월 2일, 3권 175쪽.

100) 『肅宗實錄』 15 上, 肅宗 10년 3월 13일(己卯), 38권 683쪽.

101) 『備邊司謄錄』 27, 顯宗 9년 10월 5일, 2권 967쪽.

102) 金錫胄, 『息庵遺稿』 13, 「辭職疏」(戊午;1678, 肅宗 4), 叢刊 145권 339쪽.

진휼청 환곡이 증가하자 1684(肅宗 10)년에 예조판서 李端夏는 社倉 설치를 재차 건의하면서 진휼청의 곡식을 덜어내어 사창에 대여해 줄 것을 요청하였다. 이단하는 이미 1674년에 사창을 설치할 것을 건의하였으나 실패로 끝나자, 이때 다시 사창 설치를 건의하면서 사창의 원곡 판출 방법으로서 진휼청곡을 대여하고 진휼청 곡물이 없는 兩西에는 관향곡을 대여해줄 것을 요청한 것이었다.103) 진휼청 환곡은 상평청 환곡과 마찬가지로 그 모곡의 회록률이 4/5로 규정되어104) 자체 증식의 구조를 지니고 있어 급속히 증가했음을 추론할 수 있다.

흉년이 들었을 때 진휼청에서 진자를 확보하는 방안은 앞서 살핀바와 같이 각 아문의 재화를 확보한다거나105), 공명첩을 판매하거나106) 돈을 발행하는 것이었다.107) 특히 鑄錢하는 경우에는 진자 이외에도 이미 재정아문으로 기능을 하고 있었던 진휼청의 급대 재원을 마련하기위한 방편이기도 하였다.108) 진휼청의 역할이 진휼사업이었기 때문에 대기근이 닥치면 진휼청의 재원은 고갈될 수밖에 없었다. 1695~1698년의 대기근은 인구의 감소를 초래하였으며, 이는 다시 환곡 포흠곡의 증가를 초래하여 1669(肅宗 25)년에는 163만석에 이르렀다.109) 18세기 초반의 환총을 5백만석이라 추정한다면110) 이는 약 1/3에 달하는 수치이다. 흉년시에 급대해간

'度支·賑司之外 句管米穀者 又有四路惠廳·常平等廳 此則臣之所管也'
103)『肅宗實錄』15 上, 肅宗 10년 3월 13일(己卯), 38권 683쪽
104)『決訟類聚補』, 「還上分給法」, '賑恤廳·常平廳耗 俗所謂四分耗 愚意 十分耗 當作十一耗 四分耗 當作五四耗爲是'
105)『備邊司謄錄』44, 肅宗 16년 9월 29일, 4권 324쪽 ; 肅宗 16년 11월 4일, 4권 334쪽.
106)『備邊司謄錄』45, 肅宗 17년 1월 3일, 4권 352쪽.
107)『備邊司謄錄』49, 肅宗 21년 11월 21일, 4권 740쪽.
108)『備邊司謄錄』47, 肅宗 19년 7월 4일, 4권 530쪽.
109)『備邊司謄錄』50, 肅宗 25년 11월 19일, 4권 846쪽.
110) 오일주, 1992, 「조선후기의 재정구조의 변동과 환곡의 부세화」, 『實學思想研究』3, 83쪽.

진휼청의 재화를 회수하려 하였으나 모든 국가재정이 악화된 상황에서는 다시 회수하기는 상당히 어려웠고 결국은 대부분 탕감되고 있었다.111) 이처럼 대기근이 발생한 후에는 진휼청에서는 또다시 재원 확보에 주력해야만 하였다.

이처럼 진휼청이 전국적으로 환곡을 운영하고 있는 가운데 서울에 비축하는 진휼청 곡물은 9만석에서112) 11만석에113) 달하고 있었다. 이 액수는 고정된 것이 아니라 진휼에 사용되어 3만여석으로114) 감축되기도 하는 등 변동이 심하였다. 이처럼 진휼의 시행으로 진휼청의 비축이 감축될 때에는 재원확보를 위해 다방면으로 노력하고 있었다.

진휼청의 재원 확보방안으로 우선 들 수 있는 것이 삼남월과총약환가이다.115) 1685(肅宗 11)년 상평청의116) 재정고갈로 三南月課鉛丸을 상평청에서 공급하도록하여 상평청에서는 매년 미 800여석의 수입을 확보할 수 있었다.117) 그후 1702(肅宗 28)년에는 삼남

---

111) 1699년에는 전국의 포흠 32만여석을 탕감하고 있었으며(『肅宗實錄』33, 肅宗 25년 9월 29일(甲子), 39권 541쪽), 1702년에는 근래 1백만석을 탕감하였다고 기록하고 있다.(『肅宗實錄』37, 肅宗 28년 8월 29일(戊申), 39권 698쪽)

112) 『備邊司謄錄』63, 肅宗 37년 10월 26일, 6권 304쪽.
『備邊司謄錄』66, 肅宗 39년 9월 6일, 6권 585쪽에는 10만석을 비축하고 있었다.

113) 『備邊司謄錄』69, 肅宗 42년 10월 28일, 6권 847~848쪽.

114) 『備邊司謄錄』72, 肅宗 45년 1월 29일, 7권 116쪽.

115) 柳承宙, 1976, 「朝鮮後期 貢人에 관한 一研究-三南月課火藥契人의 受價製納實態를 中心으로-」,『歷史學報』71 ; 柳承宙, 1981, 「朝鮮後期의 月課銃藥丸 研究」,『韓國史論』9, 國史編纂委員會.

116) 月課銃藥丸價 문제에 있어서 상평청과 진휼청이 혼용되어 나타나고 있다. 이는 兩廳이 선혜청의 속아문으로 선혜청 당상 1員이 양청을 구관하는데서 기인한 것이라 생각된다. 숙종 30년에는 월과화약가 중에서 상평청 價米의 남은 것은 진휼청에서 取用하여 진자에 보충하는 것을 定式으로 삼아 시행하도록 하고 있다.(『備邊司謄錄』55, 肅宗 30년 7월 22일, 5권 340쪽)

117) 『備邊司謄錄』39, 肅宗 21년 6월 4일, 3권 862쪽.

의 本年條 月課火藥價米 전액이 진휼청으로 이관되었으며[118],
1711(肅宗 37)년에는 해서 총약환가를 상평청에 이관하고 이어서
1713(肅宗 39)년에는 선혜청에서 구관하고 있었던 삼남월과화약
중 間年條를 진휼청에서 흡수하였다. 상평청·진휼청 소관의 삼남
월과연환계와 화약계 및 해서총약환계 등 三契는 1754(英祖 30)년
에는 모두 鍊戎臺로 이설되어 총융청에서 관장하게 되었다.[119]

이외에 전라도 갈두산의 병든 소나무를 발매하여 곡식을 마련하
고 있었으며[120], 삼남의 폐제언을 절수받아 수세하여 재원을 확보
하고자 하였다.[121] 본래 제언은 호조 소관이나 제언의 수리는 진휼
청이 담당하고 있어 농민에게 蒙利의 혜택을 주고 있었으니 폐제
언을 조사해 진휼청에 보고하고 변통할 것을 지시하였다.[122]

위에서 살핀 바와 같이 17세기 후반 진휼청은 상설되어 독자적
인 환곡을 운영하기 시작하였다. 또한 그 회록률은 상평청 환곡과
마찬가지로 4/5로 규정되어 자체 증식의 구조를 지니고 있었다. 이
처럼 17세기 후반에서 18세기 초반에 환곡이 증가하는 주요한 원
인은 진휼의 목적을 지닌 상평청과 진휼청 환곡을 설치하였기 때
문이었다.

---

118) 『承政院日記』 403, 肅宗 28년 12월 18일
119) 柳承宙, '朝鮮後期의 月課銃藥丸 研究', 200쪽.
120) 『備邊司謄錄』 56, 肅宗 31년 5월 17일, 5권 438쪽.
121) 『備邊司謄錄』 72, 肅宗 45년 8월 14일, 7권 172~173쪽, '月課火藥 專屬
     本廳之時 則每年所剩爲三千餘石矣 大臣陳達 移屬於訓局 失此之後 尤無
     應入之穀 臣不得已以乾止山 屬之本廳事陳達矣 大臣又爲防塞 … 三南廢
     堤堰爲先盡屬本廳 … 雖或修築 終不可蒙利處 則許民耕墾 仍收其稅 …
     歲可收數千石穀物矣'
122) 『備邊司謄錄』 73, 肅宗 46년 3월 11일, 7권 255~256쪽, '凡堤堰 固是地
     部之所句管 而果自賑廳 有修築之意 … 某堤堰 永爲湮塞 不可修築者 一
     一區別 成冊懸錄 即爲上送于該廳 以爲隨便變通之地'
     이외에도 전주 乾止山의 개간지를 折受받으려 시도하였다가 실패하였
     다.(『備邊司謄錄』 71, 肅宗 44년 閏8월 24일,7권 67~68쪽)

2. 진휼시행 실태

자연현상의 급격한 변동으로 재해가 발생하였다면 그에 대한 대책으로 왕조정부에서는 어떤 대책을 세웠는가를 살펴봄으로써 자연재해의 규모를 추적할 수 있을 것이다. 본고에서는 자연현상의 변화를 추적하기보다는 자연재해의 결과로 나타난 조선왕조정부의 진휼대책과 진휼사업의 규모를 추적하여 조선후기의 자연재해의 규모를 역으로 추적해 보고자 한다. 물론 각 시기마다 국가재정의 충실도에 따라 자연재해에 대처하는 규모가 달라졌을 가능성도 있다. 자연재해의 규모를 보다 정확히 파악하기 위하여서는 자연재해가 발생하였을 경우 왕조정부에서 전세를 면제하는 給災結의 수치를 확인하는 것이 보다 정확할 것이다. 급재는 왕조정부의 재정 수입과 밀접한 관련을 맺고 있었기 때문에 가능하면 허용하지 않으려고 했기 때문이다. 그러나 조선시대의 각종 기록에서 급재결의 면적이 지속적으로 파악되는 시기는 18세기 이후이다. 그러므로 17세기의 조선사회에서는 급재결의 면적으로 자연재해의 규모를 파악하기는 불가능하다. 그러므로 불완전하지만 조선왕조 정부에서 시행한 진휼사업의 규모를 가지고 자연재해의 규모를 파악하고자 한다.[123]

다음 〈표 2〉는 효종년간의 진휼사업을 『惠政年表』를 통하여 정리한 것이다. 『惠政年表』가 정조대 이후에 정리된 것이기 때문에 이 기록이 완전하지는 않으나, 대체적인 추세는 살펴볼 수 있다. 이 표에서 보다 주목해야 할 것은 세의 감면보다는 賑資의 확보 문제이다.

---

123) 자연재해시에 각종 세금의 감면과 환곡의 확대 분급, 그리고 기민에게 무상분급하는 일 등은 국왕의 '善政'·'惠政'으로 인식되어 장려되었으며, 각종의 연대기 기록과 고문서류, 그리고 『惠政年表』 등에 정리되어 있다.

〈표 2〉 孝宗년간의 진자 기록

연 도	지역	田稅·大同	還穀	賑 資
1651년 효종 2	전라			三名日方物 特許停捧 江都納常平倉換米 1천석 許分賑沿海飢民 改色取耗 監司月課米 600석 除給賑資
1652년 효종 3	평안			安州 留庫木 20同 除出 貿穀 管餉雜貨중 不合公用者 貿穀 義州 橡 260석 分給水災處 許令會減 後勿爲例 管餉米穀 推移分賑
1652년	경상			老職通政帖 300장
1655년 효종 6	경상	尤甚邑 감·병영 米布者 除給 以充 歲幣		通政帖 200장 常平倉會付耗穀 및 賑餘公貿穀物租 2천석 許賑 前運穀 3천석 後運米租 각 1천석 分賑 常平廳 및 감·병·통영 所儲各穀 除出分賑 富戶穀物 亦爲搜出分賑
1658년 효종 9	충청	舒川 등 尤甚 7읍 田稅米太 3천석 許減 대동 春等收米 3斗 減, 秋等 2斗 減		通政帖 200장
1658년	전라	龍安 등 9읍 田稅 除減 龍安 등읍 대동 각항 공물가미 許免 錦城 등 대동미 13斗內 3斗 許減 大同餘米 2,500석 換貿種子 5천석 分給	笠巖山城軍餉許捧留各邑	통정첩 300장, 贈職帖 200장 巡檢營 置簿木 136同 우심 9읍 白給 巡檢營 本營 木棉換貿種子分給 待秋除耗 許捧 月課米已滿者 移用於春賑 南原회부미 4천석, 雲峰米 300석 移轉許賑 奴婢貢米 1,570석 除出補賑 失稔邑 統營租 1만석 분급 待秋除耗收捧 笠巖軍餉 量宜分賑, 巡檢營穀物 許令賑飢 統營米 900석 換貿種子分給 待秋除耗 許捧
1658년	제주			影職帖文 70장 本州 補軍資耗 1천석 許劃 統營租 2천석, 鹽 300석 許送
1658년	경상	尙州 등 7읍 依安東·比安例 稅米作木 許		月課米 移用分賑 감·병·통영 및 각 관 別備米布 除出分賑 監營別會米 失稔處 分賑

出典 : 『惠政年表』

병자호란을 겪은 이후 부족한 국가재정 속에서 진휼곡물을 확보하기 위한 왕조정부의 노력은 공명첩을 발급하여 진자를 확보하려고 하였으며, 統營穀과 남한산성곡을 이용하고 있었다. 또한 상평청을 설치하여 상평청의 모곡과 지방에서 자체적으로 마련한 감영곡 등도 진자로 사용하고 있었다.

17세기 후반 효종년간의 진휼사업에서 賑資로 사용된 항목은 18세기에 비하여 다양하지 못하다. 17세기에는 아직 양란 이후의 재정부족을 극복하지 못하였기 때문이다. 또한 상평청에는 환곡을 설치하였으나 그 외의 환곡은 아직 설치되지 못하였던 것에 기인한다. 그러므로 각 지역에서 사용한 진자의 내역을 살펴보면 경기도에서는 강화와 남한산성에 비축한 곡물을 주로 사용하였으며, 삼남지역에서는 통영곡을, 평안도에서는 관향곡을 주로 사용하였다. 또한 공명첩을 발급하여 진자에 보충하였다. 그러나 공명첩의 발급 규모는 수백장에 불과하여 아직 본격화되지는 못하였다. 흉년시의 전세·대동 등의 세감면과 환곡의 징수 문제를 살펴보면 숙종년간과 분명한 대비를 보이고 있다. 인조년간에는 흉년시 대동·전세를 감하고 또 진자를 마련한 경우는 거의 나타나고 있지 않다. 이는 인조년간에 발생한 호란으로 인해 국가재정이 악화되어 諸稅를 감하고 다시 진자를 마련할 수는 없었던 상황을 보여준다. 그러므로 각종의 세 감면이 이루어지면 진자를 마련하지 않고, 다른 한편으로 진자를 마련하면 세 감면이 이루어지지 않고 있는 것이었다.

환곡 역시 전쟁의 영향으로 크게 감축되었기 때문에[124] 흉년에도 징수하고 있었다. 즉 1650년대까지의 조선사회에서는 전쟁의 영향으로 인한 국가재정의 악화로 인하여 흉년시에 전세등 제세의 감

---

124) 『仁祖實錄』 21, 仁祖 7년 11월 29일(庚戌), 34권 357쪽, '公淸監司南以雄馳啓曰 道內各邑絶戶 糶糴蕩滌之後 雖有會計都案 而留庫甚少 至如稷山 爲畿甸兩南綰穀之地 而留庫實數 僅一百三十餘石'
李光庭, 『訥隱集』 17, 「鶴沙先生行狀」, 叢刊 187권 443~449, '初先生 以兵禍之餘 儲峙罄竭 無以供北使責應 而州郡糶糴所收耗 不領於軍國之費'

면을 하거나 혹은 세를 감하지 않고 따로 진자를 마련하는 방법으로 진휼사업을 시행하였던 것이다. 진자의 확보 방안으로 각 지역의 통영곡, 남한산성곡, 강도곡 그리고 관향곡 등이 주로 사용되었으며 결국 이러한 조치는 이들 곡물의 감소를 초래하게 되었다.[125]

이러한 재정부족의 상황 속에서 왕조정부는 당장의 재정위기를 극복하기 위하여 효종 1년에 호조 모곡의 3/10을 상평청에 이관하는 조치를 취하게 됨으로써 상평청 환곡이 등장하게 되었다. 상평청 환곡은 경기도의 청나라 사신 접대비용으로 설정되었지만 그 환곡의 범위가 전국에 걸쳐 존재하였고 지속적으로 증가하였기 때문에 흉년시에 통영곡, 관향곡 등의 곡물과 함께 진자로 이용되었다. 이는 상평청의 설치 목적이 본래 기민을 구제하기 위한 것이기 때문에[126] 군향의 비축 목적과는 달리 전국 규모의 진자에 사용할 수 있었다.

이외에 營置簿米 · 木 혹은 別會米 등도 진자로 사용되었는데 이는 지방에서 자체로 마련한 재원으로 왕조정부의 중앙재정과는 별도로 운영되는 것이었다.

연대기에 나타난 현종년간의 진휼기록은 前後시기와 비교하면 상당히 세밀히 기록되어있다. 현종년간의 진휼기록은 기민수를 중심으로 기록되어있고 기민을 구제하는데 사용된 곡물의 수치는 정리되어 있지 않다.[127]

---

125) 1647년 남한산성의 군향을 4만석으로 파악하고 있는데(『備邊司謄錄』 11, 仁祖 25년 5월 29일, 1권 905쪽), 18세기 초에 이르면 9만석으로 증가하고 있었다.(『備邊司謄錄』 59, 肅宗 34년 6월 28일, 5권 803쪽) 강화도 역시 17세기 전반에 3만 6천석의 곡물이 17세기 후반에 이르면 16만여 석으로 증가하고 있다.(『仁祖實錄』 仁祖 9년 8월 3일(甲辰);『顯宗改修實錄』 顯宗 6년 9월 28일(辛亥))

126) 『備邊司謄錄』 12, 仁祖 26년 5월 23일, 1권 977쪽.

127) 이는 『惠政年表』를 통해 추적이 가능하다. 그러나 18세기 후반 정조대 이후에 등장하는 畢賑 기록에 기민수와 소비된 곡물의 양을 기록하는 양식과는 차이를 보이고 있다.

이는 양란이후의 국가체제를 정비하고 비축곡물의 확보가 어느 정도 이루어지면서 조선왕조의 통치안정을 기하기 위한 노력이라 생각된다. 현종년간은 몇 해를 제외하고는 거의 매해 각 지역에서 진휼사업을 실시하고 있었다.[128] 또한 이 시기는 전염병이 만연하던 시기였으므로 기근과 전염병이 함께 닥쳐 심각한 피해를 초래하고 있었다. 특히 1671·1672(현종 11·12)년의 庚辛大飢饉과 전염병의 유행은 백만명이 사망했다고 기록될 만큼 참혹하였다.[129]

〈표 3〉 1671(현종 12)년의 기민상황 (단위: 명)

구분	1월	2월	3월	4월	5월	7월	8월
서울	10,000 13,000	20,000	6,070	23,000	32,040		
경기		100,067	45,600				
충청			66,420				
전라			133,590	180,000	212,300		
경상	5,100 11,553	23,553 38,967 74,850	98,360 115,670	200,000	242,500	132,897	163,149
강원		9,490					
황해		15,500					
함경		4,869	21,370 21,370				

* 出典 : 〈별표 1〉에 의함.
* 각 월을 3등분하여 1~10일 사이에 보고된 기록은 첫줄에, 11~20일의 기록은 둘째줄에, 21~30일의 기록은 셋째줄에 기록함.

---

128) 〈별표 1〉 현종년간의 진휼기록 참고
129) 『顯宗改修實錄』 25, 顯宗 12년 12월 5일(壬午), 38권 90쪽.

위의 〈표 3〉은 1671(현종 12)년의 기민을 정리한 표이다. 이 표에서는 기민 사망자의 수와 전염병 사망자의 수가 포함되지 않은 수치이다. 표에 의하면 1671년에는 평안도를 제외한 전국에서 기민이 발생하고 있음을 알 수 있다. 일반적으로 設賑을 하여 건량을 분급할 경우 10일 간격으로 월 3회 분급하는데 대개 정월 초순 전에 시작하여 3월 종순에 그친다. 그러나 보리가 익는 것이 더딜 때에는 혹 4월 초순과 중순에 회수를 배정하는 수를 더하기도 한다.

1월과 2월에는 기민의 수가 증가하고 3월부터는 날씨가 풀려 어염 채취나 용임을 통하여 생활할 수 있기 때문에 진휼대상자를 환곡 분급자로 전환시키는 수가 증가하고 있었기 때문에 기민의 수가 감소하는 것이 일반적인 현상이었다. 그리고 보리가 익는 4·5월에는 罷賑하는 것이 일반적이었다.[130] 그러나 현종 12년의 상황은 4·5월에 이르기까지 기민의 수는 증가하고 있었다. 또한 5월에 진휼을 끝내었으나 경상도의 경우는 다수의 기민 사망자가 발생하였기 때문에 7·8월까지 기민구제를 연장하고 있었다.

이러한 기민구제에 사용되는 진자는 전시기와 마찬가지로 통영곡, 관향곡, 남한산성곡, 江都 비축곡, 감영 비축곡 등이 사용되었고, 공명첩을 발급하여 진자를 마련하였다.

현종년간 진휼사업의 특징으로서는 서울에서는 상평청이 활발한 진휼사업을 벌이고 있다는 점이다. 물론 진휼청도 죽을 지급하는 사례가 있고, 상평청·진휼청이 함께 죽을 지급하는 경우도 있었지만 이 시기의 진휼청은 아직 상설된 것이 아니어서 상평청 중심으로 서울에서의 진휼사업이 이루어졌다. 그러나 빈번한 기근의 발생하는 과정에서 거의 매해 진휼청이 설치되어 상설화가 이루어 지고 있다는 점이다. 이후시기에 진휼청은 상평청을 제치고 진휼의

---

130) 『四政考』,「荒政考」, 賙賑, ‘正月初旬 先付一等飢民 中旬次付二等飢民 竝與一等飢民而給之 終旬次付三等飢民 … 二月初旬 盡付一二三等飢民 … 大體査拔者小 追付者多 … 三月 … 追付者極小 査拔者居多 … 四月 … 査付者絶無 董有査拔者 每巡輒增 … 五月卽罷賑之月也’

중심기구로서 활동하며 진휼청 환곡을 마련하게 된다. 또한 공명첩 발급 가격이 낮아지고 진휼의 주요 재원으로 등장하는 계기가 된 것이다.[131] 이외에도 유기아수양법의 본격적인 정비가 이루어지고 있었다.[132] 흉년시에 유민에 대한 안집책은 본적지 환송이 기본적인 대책이었으나 실효를 거두지 못하였다. 그러므로 왕조정부에서는 부민가에서 유민을 수양하는 대가로 노동력 확보를 용인하는 방법으로 유민의 안집책을 꾀한 것이었다.[133]

숙종년간에도 재해는 빈발하여 거의 매해 기근이 들었다.[134] 『惠政年表』를 통하여 각 지역의 설진 시기를 살펴본 것이 〈표 4〉이다.

숙종년간 진휼정책의 가장 큰 특징으로는 기민에 대한 구호활동이 죽의 지급에서 건량의 무상지급으로 전환하는데 있었다.[135] 죽의 지급보다 건량의 지급에 더 많은 곡물이 소요되는데도 이를 시행할 수 있었던 것은 이 시기에 진휼을 위한 비축곡이 전 시기에 비하여 증가하였던 것에서 찾을 수 있다. 이 시기에는 진휼청이 상설되어 환곡을 운영하고 있었으며, 공명첩을 발급하여 절반은 무상분급에 사용하고 절반은 회록하여 帖價穀이라는 새로운 명목의 환곡을 설치하였다. 또한 대동상납분을 제외한 儲置米를[136] 진휼에 사용하고 있었다.[137] 또한 지역간의 풍흉에 대비하기 위하여 각 지역에 창고를 설치하려는 시도가 있었다.[138]

---

131) 『備邊司謄錄』 20, 顯宗 1년 12월 4일 「募穀別單」, 2권 646~647쪽; 21, 顯宗 2년 8월 4일 「(募穀)別單」, 2권 702~703쪽.
　　　徐漢敎, 1993, 「朝鮮 顯宗·肅宗代의 納粟制度와 그 기능」, 『大丘史學』 45.
132) 金武鎭, 1993, 「조선사회의 遺棄兒 收養에 관하여」, 『啓明史學』 4.
133) 邊柱承, 1996, 「숙종 23년 都城流丐 栗島收容策의 시행과 그 결과」, 『全州史學』 4.
134) 정형지, 1997, 「숙종대 진휼정책의 성격」, 『역사와 현실』 25.
135) 정형지, 앞의 논문, 55~56쪽.
136) 17세기 후반의 삼남 儲置米의 액수는 20만석으로 파악하고 있었다.(『備邊司謄錄』 46, 肅宗 18년 6월 23일, 4권 470쪽)
137) 『新補受敎輯錄』, 「戶典」 還上, ‘大同儲置米 守令憑藉賙賑 或瞞報上司 或私自出庫 私賣推移充補者 論以贓’ 康熙丁亥(1707; 肅宗 33)承傳.

52 朝鮮後期 賑政과 還穀運營

〈표 4〉 숙종년간의 진휼시행

구 분	경기	충청	전라	경상	강원	황해	평안	함경
숙종즉위	○					○			
숙종 3			○					
숙종 4	○	○						
숙종 5	○	○						
숙종 6			*		○			
숙종 7					○			○
숙종 8			○	○	○			○
숙종 9			*					
숙종 10		○	○	○	○		○	○
숙종 11			○					
숙종 12	○	○	○*				○	
숙종 13	○				○			○
숙종 14					○			○
숙종 16			○*		○			
숙종 17					○			○
숙종 18	○	○						○
숙종 19							○	○
숙종 20							○	
숙종 21		○	○	○	○	○		○
숙종 22	○	○			○			○
숙종 23	○	○*						○
숙종 28	○				○		○	○
숙종 29		○	*		○			○
숙종 30		○	○					○
숙종 31	○		○*			○		○
숙종 33	○		*			○	○	○
숙종 34	○		○				○	
숙종 35				○			○	
숙종 36	○		○			○		
숙종 37				○	○			○
숙종 38					○	○		
숙종 39	○		○*	○			○	○
숙종 40			○*					○
숙종 41			○*	○		○		○
숙종 42	○	○	○*	○		○		○
숙종 43		○				○		○
숙종 45					○			○

出典 : 『惠政年表』 : * 제주

---

138) 2장 2절 18세기 前半 賑恤用 還穀의 확대 참조.

이처럼 17세기 후반에는 빈번한 자연재해로 인하여 지속적인 진휼을 시행할 수밖에 없었다. 17세기 후반 조선왕조정부의 진휼정책의 특징은 죽의 지급에서 건량의 무상분급으로 바뀌고 있다는 점이다. 이에 따라 왕조정부에서는 賑資마련에 많은 노력을 기울여야만 하였다. 흉년만이 아니라 평상시에도 진휼에 대비한 곡물을 확보하기 위하여 공명첩을 이용하여 첩가곡을 만든다거나, 수령의 자비곡을 확보하여 흉년에 대비하도록 하였다. 또한 중앙정부 차원에서는 상평청·진휼청 환곡을 설치하였고, 각종 창고 설치를 논의하며, 이를 실행에 옮기고 있었다.

Ⅱ. 새로운 還穀制의 시행

1. 帖價穀

17세기 후반에는 상평청과 진휼청에서 환곡을 설치하여 자연재해에 대비한 곡물을 비축하였을 뿐만이 아니라 공명첩을 발급하여 곡물을 비축하고 있었다. 조선왕조정부에서 민간에서 곡물을 모집하는 것은 이 당시가 처음이 아니었으나 17세기 후반에는 이전과는 다른 변화를 보이고 있었다.

納粟策은 국가적 변란이나 흉황으로 일어나는 재정적 위기 상태를 救急하기 위하여 백성들에게 官職除授·空名告身·免役·贖罪 등을 허락하고 재화를 마련하는 재정 보용책으로 고려 말·조선 전기에 빈민의 진휼과 군량의 확보를 위해 간헐적으로 시행된 바가 있고, 壬辰倭亂 동안 행해졌으나 일시적인 정책이었으며 그 성과도 미미하였다. 그러나 17·18세기의 納粟策은 꾸준히 실시됨으

로써 하나의 재정 보용책으로 제도화되었다.[139]

조선왕조정부에서 곡물을 모집하는 납속책으로서는 공명첩의 발급, 勸分의 시행 혹은 願納의 장려 등이 있었다. 권분이나 원납의 시행은 형식적으로 民의 자발적 참여를 유도하고 그에 대한 포상으로 직첩의 지급이나 實職의 제수 등이 이루어지고 있었으나, 공명첩은 대량으로 싼 가격에 공명첩을 발급하여 곡물을 모집하는 제도였다. 그러므로 공명첩에 대한 왕조정부의 인식은 국가 재정을 소비하지 않고 재정을 확보할 수 있는 방법으로 인식하고 있었다.[140] 이처럼 공명첩을 발급하여 확보한 곡물을 첩가미라고 하였다.[141]

이전시기에는 주로 각종 전란에 따르는 군량의 판출과 재건사업의 재정보충을 위해 시행되었던 납속제도가 17세기 후반에는 주로 진휼곡을 확보하기 위한 재정보충책으로 중요한 위치를 점하게 되었다.[142] 특히 1660년(顯宗 1년)의 흉년 이후 공명첩을 발매하여 진휼곡을 모집하는 방법이 일반화되었으며, 공명첩의 가격도 점차 하락하고 있었다.

공명첩 중에서 가장 많이 발급되었던 老職帖과 加設僉知·同知帖의 가격 변동을 통하여 공명첩의 가격하락을 나타낸 것이 다음의 〈표 5〉이다.

17세기 후반 공명첩 가격은 17세기 전반에 비하여 1석 하락하고 있으며, 18세기 초반에 이르러서는 지급대상을 50세 이상으로 확대하였다.

---

139) 徐漢敎, 1990, 「17·8세기 納粟策의 實施와 그 成果」, 『歷史敎育論集』 15.
17·18세기의 납속책을 光海君~孝宗代의 재개시기, 顯宗~肅宗代의 남설기, 英祖~正祖代의 정리기로 3시기로 구분하고 있다.
140) 『備邊司謄錄』 60, 肅宗 36년 4월 21일, 5권 920쪽, '不費公家之物 而無中生有'
141) 『肅宗實錄』 62, 肅宗 44년 10월 乙卯, 41권 41쪽, '朝廷於凶歲 賣加資空名帖貿米 謂之帖價米'
142) 徐漢敎, 1995, 『朝鮮後期 納粟制度의 運營과 納粟人의 實態』, 慶北大 박사학위논문, 57쪽.

〈표 5〉 공명첩의 가격변동[143]   (단위: 米 石)

	현종 1년	현종 2년	숙종 16년	숙종 44년	숙종 44년
通政 50세이상				5	
60세이상	5	4	5	4	
70세이상	3	3	3	3	
80세이상		2	2	2	
通政→嘉善	3	2	3	2	
僉知	40	30	8	30	8
同知	50	40	10	40	10
비고	良人 10석加	良人 10석加	良人 4·5석加 謝恩·封贈除外	良人 10석加	良人 2석加 謝恩·封贈除外

出典 : 顯宗 1·2년, 숙종 16년 募粟別單, 숙종 44년 『新補受敎輯錄』

또한 良人은 양반에 비해 10석 혹은 공명첩 가격의 1/2을 더 부담하여야만 하였다. 이외에도 僉知·同知의 경우 본인에게만 해당하는 공명첩과 謝恩·封贈을 할 수 있는 공명첩을 구분하여 판매하였으며, 〈표 6〉에 나타나는 바와 같이 천인에게도 折衝帖을 판매하였다. 이는 공명첩 발급을 통하여 보다 많은 곡물을 확보하기 위한 왕조정부의 노력이었다.

〈표 6〉 折衝帖의 가격   (단위: 石)

	50세 이상	60세 이상	70세 이상	80세 이상	
良人·公私賤	5	4	3	2	
士族·良人		6	4	2	加設職, 良人 10석 加

出典 : 『新補受敎輯錄』

공명첩을 통해 확보한 곡물로 각종 산성의 축조와 軍資를 마련

---

143) 1637년(仁祖 15)년의 노직첩의 가격은 다음과 같다.(徐漢敎, 1995년 논문, 52쪽)

納粟者	納粟價	賞典	納粟者	納粟價
60세 이상	6석	通政	通政 → 嘉善	5석
70세 이상	4석	通政	嘉善 → 資憲	7석
80세 이상	2석	通政		

하기도 하였으나, 주로 흉년시 기민에게 무상으로 분급하거나,[144] 환곡으로 분급하였다.[145] 공명첩을 통하여 마련한 곡물이 진자로 사용되었지만 반드시 공명첩 발급 지역의 진자로 사용된 것은 아니었다. 1690년(숙종 16)에 다시 공명첩별단이 작성되어,[146] 각 도에 2만장의 공명첩을 내려보냈다.[147] 당시 황해도, 전라도, 개성, 경기도, 강춘도, 평안도 등에 만여 장의 공명첩이 발급되어 4만 3천여 석의 곡물을 확보하였다. 이 중 전라도만 本道에서 취용하고 나머지는 모두 진휼청에 이송되었다.[148]

이처럼 공명첩을 통하여 마련한 첩가곡은 주로 무상분급과 환곡으로 사용되었다. 무상분급에 사용된 첩가곡은 탕감되는 것이 일반적이었으나, 환곡으로 사용된 첩가곡은 징수여부가 쟁점으로 떠올랐다.

흉년시에는 무상분급하는 白給 곡물과 환곡이 모두 賑資에 포함되었다. 특히 첩가미는 무상분급과 환곡에 모두 사용되었기 때문에 그 처리문제에 논란이 발생하였다. 1685년(肅宗 11)에 예조판서 趙師錫이 진휼에 사용한 첩가미를 징수하지 말 것을 건의하였으나

---

144) 『備邊司謄錄』23, 顯宗 3년 1월 24일, 2권 728쪽, '設粥而給類 則以職帖
募穀 · 校生免講納穀 · 各邑官需所餘穀物 · 兵監營別色米 · 常平廳耗穀等
推移均賑爲白乎矣'
145) 『備邊司謄錄』32, 肅宗 2년 4월 17일, 3권 246쪽, '開城留守 … 賑恤廳帖價
米 每戶白給各一石 以救目前之急 且以其餘 分運均給還上 俾得保存之意'
146) 『備邊司謄錄』44, 肅宗 16년 8월 19일, 4권 315~316쪽.
147) 『肅宗實錄』22, 肅宗 16년 11월 10일(丁酉), 39권 232쪽.
148) 『承政院日記』343, 肅宗 16년 11월 9일; 肅宗 16년 11월 23일; 肅宗 16
년 12월 12일; 肅宗 16년 12월 20일; 肅宗 16년 12월 23일; 344, 肅宗
17년 1월 3일. 다음의 표는 徐漢敎 1995년, 앞의 논문 139쪽의 표를 요
약하고 사용처를 추가한 것이다.(단위: 공명첩 張, 곡물 石)

지 역	황해도	전라도	개성부	경기도	江春道	평안도	합 계
공명첩	1,368	1,811	24	548	731	5,782	10,254
곡 물	5,848	9,620	114	2,171	2,472	23,740	43,965
사용처	上送 補賑	本道取用	賑恤廳	賑恤廳	운반	운반	

허가되지 않았다.149) 그러나 다음해에는 진휼에 사용한 첩가미의 탕감을 두고 치열한 논쟁을 벌이고 있었다.

공명첩의 발급은 부득이 해서 실행한 것이고 분급받은 飢民이 사망하거나, 유망하여 징수가 불가능하다는 점이 탕감의 이유로 제시되었다. 또한 1661년(顯宗 2)·1671년(顯宗 12)의 경우를 보아도 設粥에 첩가미를 모두 사용하여 징수하지 않았고, 건량을 분급하는 것은 근래의 일이나 적은 양을 분급하고 징수하는 것은 옳지 않다는 것이었다.150) 參贊官 洪萬鍾 역시 첩가미는 진휼을 위한 것인데 징수하여 진휼청에 회록하는 것은 부당하다고 주장하였다.151)

이에 대한 반대 논리는 근래 공명첩을 많이 발매하여 40·50대의 사람들은 모두 帖文을 지니고 있어, 만약 흉년이 들면 다시 공명첩을 원하지 않을 것이니, 첩가미를 징수하지 않으면 다음 번의 진자를 마련하기 힘들다는 것이었다.152)

결국 첩가미 징수 논의의 핵심은 진휼에 대비한 곡물의 비축을 강조할 것인가, 혹은 현실적으로 징수할 수 없는 첩가미를 탕감할 것인가 하는 문제였다. 17세기 후반에 지속된 흉년으로 포흠을 탕감하였기 때문에 진자를 확보하기 위하여 1685년(肅宗 11)에 자비곡과 첩가미를 건량으로 분급하고, 가을에 징수하도록 하였기 때문에 이러한 논란이 벌어진 것이었다. 따라서 자비곡을 탕감한 상황에서 또다시 첩가곡을 탕감하기는 곤란하다는 주장이 제기되기도

---

149) 『肅宗實錄』16, 肅宗 11년 11월 3일(己未), 39권 48쪽, '(禮曹判書趙)師錫 又請勿捧帖價米之用於賑救者 右議政鄭載嵩力以防塞 上遂無發落'

150) 李頤命, 『疎齋集』3, 「玉堂應旨箚」, 叢刊 172권 108쪽, '帖價米還徵之事 … 又分賑 入於飢民口吻之中 亦或有死亡流徒者 乃從而追徵不已 … 假令近年設粥賑民 如辛丑辛亥之爲 則帖價之穀 必當盡費 … 許給乾粮 只是近例 分升勺之粟 以救其急 苟延命脉之後 反事侵督 亦豈國家之大體也'

151) 『備邊司謄錄』40, 肅宗 16년 5월 1일, 3권 945쪽, '參贊官洪萬鍾曰 … 帖價米本爲賑恤而收捧 則會錄於賑恤廳還捧 似爲不可矣'

152) 『備邊司謄錄』40, 肅宗 12년 5월 1일, 3권 945쪽, '或云 人民爲增年歲四五十之人 皆受帖文 若復值凶歲 則更無願受之人 不若收捧其米 以爲日後賑飢之資云 亦未知利病之如何耳'

하였다.153)

1685년 논쟁은 결국 첩가미를 탕감하는 것으로 결정되었다. 당시
의 흉년으로 인하여 환곡도 징수할 수 없는 상황이었고, 첩가곡과
감사·수령의 자비곡은 다를 것이 없는데, 자비곡은 무상분급하고,
첩가곡만 징수하는 것은 부당하다고 하여 결국 탕감되었다.154)

그러나 진휼에 사용한 첩가미를 항상 탕감하도록 결정한 것은
아니었다. 조선왕조정부에서는 공명첩을 분급하여 마련한 곡물을
진휼청에 회록하려 하였고, 이에 대해 지방 수령은 흉년에 기민에
게 건량의 지급예로 분급한 첩가미의 탕감을 요구하는 사례가 지
속되었다.155) 이에 대한 왕조정부의 입장은 무상분급과 환곡은 명
목이 다르므로 환곡의 명목으로 분급한 첩가미는 탕감할 수 없다
는 태도를 견지하고 있었다.156)

첩가미의 탕감 논쟁을 통하여 17세기 후반 환곡정책의 일면을
파악할 수 있다. 17세기의 빈번한 자연재해로 인하여 많은 진자가
소비되었고, 또한 환곡의 징수가 원활하게 이루어지지 못하였다.
그러므로 흉년을 대비한 비축곡물의 확보가 절실히 요청되었다. 그
중에서 공명첩 발매를 통해 마련한 첩가미는 왕조정부의 입장에서

---

153) 『備邊司謄錄』 40, 肅宗 12년 5월 5일, 3권 950쪽, '上年諸道募粟帖文下送
     時 當積年逋欠多數蕩滌之後 爲慮前頭賑穀之難繼 凡募得帖價米及守令自
     備穀 使之以乾粮分給 秋後還捧 … 而自備穀之許其蕩滌 已違於當初分給
     之意 則到今經年之後 又許蕩滌帖價 恐不爲恤民之實惠'

154) 『備邊司謄錄』 40, 肅宗 12년 8월 29일, 3권 977~978쪽, '今年凶歉如此
     還上各穀 亦難準捧 … 帖價則與監司守令之私備無(異?)矣 私備則白給
     帖價則還捧 事甚不當 上曰 … 特爲蕩滌可也'

155) 宋徵殷, 『約軒集』 3, 「在牙山縣陳弊疏」, 叢刊 163권 462쪽, '今春帖價米
     分給飢民者 自賑廳盡令會錄於糶糴 … 臣亦於春間 募得數十石米 抄出飢
     餓瀕死之人 計口分給 一依乾糧之例 率是無田殘丐之類 … 伏願聖明特令
     蕩減'

156) 宋徵殷, 『約軒集』 3, 「備局回啓」, 叢刊 163권 463쪽, '給帖募粟 雖非會穀
     之比是白乎乃 白給與還上 名目各異 春間分給之時 若以還上爲名 則不可
     輕易蕩減是白去乎 令本道查考成册 其中白給上下之類乙良 報賑廳蕩減
     宜當爲白乎旀'

는 큰 힘을 들이지 않고 비축곡물을 확보할 수 있었던 방안이었다. 1685년의 첩가미 탕감 논쟁을 거친 이후 공명첩을 통하여 마련한 첩가곡은 절반을 회록하는 규정이 마련되었다.[157]

첩가미의 절반을 회록하라는 규정이 확립된 후에도, 첩가미를 탕감해 달라는 요구는 계속되었다.[158] 1713년(肅宗 39) 전라감사 유봉휘는 첩가미 1/2 징수를 탕감해 달라는 요구를 하였으나, 좌의정 이이명은 첩가미는 수령자비곡과 다르고, 1/2 징수 규정이 있으므로 징수해야 한다고 주장해 결국 가을에 첩가미를 징수하도록 결정하였다.[159] 그러나 12월 감진어사의 요청에 의해 첩가미를 회록하지 않고 모두 무상분급하였다.[160]

이처럼 첩가미의 절반 회록규정이 시행되었으나, 흉년에 징수하기 어려운 점을 이유로 대부분 탕감되고 있었다. 이에따라 무상분급을 줄이기 위하여, 그 기준을 60세 이상과 15세 이하의 老弱者만을 대상으로 할 것을 건의하고 있었다.[161]

17세기 후반의 조선왕조정부는 빈번한 자연재해에 대처하기 위하여 비축곡물 확보에 상당한 노력을 기울이고 있었다. 특히 이전

---

157) 『新補受教輯錄』,「禮典」惠恤, ‘帖價米段 依定式 折半會錄’

158) 趙泰億, 『謙齋集』 24,「陳兩湖瘼弊疏」兼文學時, 叢刊 189권 429~432쪽, ‘丙戌條帖價米 飢民白給者 有一半還捧會錄之令 臣以爲不可也 … 況其白給之類 都是無依丐乞之人 今過數年之後 寧復有指懲推得之理哉 … 伏望亟命一體蠲滌’

159) 『承政院日記』 478, 肅宗 39년 閏5월 15일, 25권 948쪽, ‘(兵曹判書趙)泰采啓曰 春間全羅監司柳鳳輝 以上年分賑帖價米蕩減事狀聞 而其時以一半蕩減 一半收捧之意 回啓矣 … (左議政李)頤命曰 帖價與守令自備穀有異 有難一倂蕩減 而況以一半收捧 一半蕩減 旣已定式 … 待秋成一半收捧似好矣 上曰 依前定式 一半收捧 一半蕩減 可也’

160) 『備邊司謄錄』 66, 肅宗 39년 12월 20일, 6권 632쪽, ‘監賑御史洪錫輔所啓 空名帖 本出於一時補賑之擧 元無公家所費 一半會錄 實未知其由 … 帖價異於元會 勿錄其半 盡數白給 何如 上曰 依爲之’

161) 『備邊司謄錄』 73, 景宗 즉위년 8월 5일, 7권 300~301쪽, ‘工曹判書閔鎭遠所啓 … 年六十以上 十五歲以下 … 或設粥 或時時白給 … 至帖價 亦有會錄之法 而守令 輒稱已入於飢民口吻中 難於徵捧 每請蕩滌’

시기와는 달리 공명첩을 다수 발급하여 흉년의 무상분급에 활용하였다. 또한 흉년이 들었을 때 공명첩을 발급하여 모두 무상분급하는 것이 아니라 그 절반을 회록하여 비축해 두고자 하였다. 그러므로 17세기 후반 이후 첩가곡이라는 새로운 환곡이 등장하게 되었다. 처음에 첩가곡은 진휼청에 회록되었으나 18세기 후반에 이르게 되면 비변사에서 관할하게 되었다. 이는 진휼청 환곡이 증가함에 따라 비변사에서 새로운 진휼용 환곡을 담당하였기 때문이었다.

2. 守令 自備穀

17세기의 빈번히 발생한 자연재해에 대처하기 위하여 왕조정부에서는 비축곡물 확보에 많은 노력을 하였다. 17세기 전반에도 각 지역의 수령은 官用을 절약하여 비축한 재물을 중앙에 보고하여 포상을 받고 있었다.[162] 17세기 전반의 상황은 전반적인 국가재정의 부족으로 인하여 수령의 別備는 중앙에 상납되어 국가재정에 사용되는 경우가 많았으나, 17세기 후반에 이르러서는 국가재정 확충이 어느 정도 이루어진 상태였으므로 수령의 별비는 주로 진휼에 사용되었다. 특히 17세기 중엽 이후 진휼정책이 죽의 지급에서 건량지급으로 변화함에 따라,[163] 賑資 확보에 더 많은 노력을 기울여야만 하였다.

흉년시에 무상으로 분급한 곡물은 공명첩 발매곡 및 상평청 모곡 등과[164] 함께 수령 자비곡이 사용되었다.[165] 수령이 자비곡을

---

162) 『仁祖實錄』49, 仁祖 26년 1월 24일(庚申), 35권 316쪽, '加昆陽郡守李廷
　　顯通政階 以別備租五百石也'
163) 정형지, 앞의 논문, 54~55쪽.
164) 『備邊司謄錄』22, 顯宗 3년 1월 24일, 2권 727쪽.
165) 『備邊司謄錄』36, 肅宗 8년 1월 24일, 3권 477~478쪽.
　　『繡衣錄』(奎古 4250-102) 甲午(1714;숙종 40) 全羅道監賑御史 洪錫輔의
　　書啓에 의하면 병사·우수사와 각읍 수령들이 自備穀을 마련하여 진휼

마련하는 방법은 본래 官用을 절약하거나,[166] 屯田 소출과 환곡의 모곡을 이용하는 것이었다. 그러나 실제로는 상품화폐경제의 발달에 편승한 移貿 등을 통해 자비곡을 마련하는 것이 일반적인 방법으로 사용되어 많은 폐단을 야기하였다.[167]

자비곡의 마련은 수령의 의무사항은 아니었으나, 전혀 마련하지 않으면 처벌되었다.[168] 17세기 후반에 각 지역에서 자비곡을 마련하는 것은 진휼에 대비하여 진자를 확보하려는 의도도 있었지만, 각 군현에서 필요한 재원을 확보하기 위하여 환곡을 마련하여 그 모곡을 활용하고 있었다.[169]

17세기 후반 왕조정부에서는 각 군현에서 진휼에 대비한 자비곡을 마련하도록 독려하고 있었다. 수령의 참여를 유도하기 위하여 자비곡을 마련한 정도에 따라 포상을 하고 있었다. 이런 과정에서

을 한 기록을 남기고 있다. 당시 마련한 자비곡을 18세기와 비교하여 보면 그 액수가 많다. 18세기 초반의 진휼의 시행은 국가적 사업보다는 수령이 자체적으로 진행하는 양상을 보이고 있다. 이는 당시의 비축곡물의 확보상황과 관계가 있는 것으로 파악된다.

166) 李宜顯, 『陶谷集』, 「原州牧使壬公墓碣銘」, 叢刊 181권 99~100쪽, '府庫二歲飢荒 捐俸得米千斛 以與民'

167) 朴泰輔, 『定齋集』 7, 「湖南廉察啓本別單十一條」 丁卯(1687년;肅宗 13) 6월 29일, 叢刊 168권 148쪽, '近來各道設賑時 別令各官私備穀物 私備之穀 當問所出 若是官需餘米 屯田穀物 倉穀官耗等物 則豈不甚善哉 各邑之出 此補賑者幾希 而各務興販取利 巧者多設利端 潛奪民財 拙者箕斂虐取 騷動小民 若又不足 則多張虛數 馳報營門 以要功賞 其爲弊端 不可勝言'

168) 『備邊司謄錄』 45, 肅宗 17년 2월 19일, 4권 358쪽, '啓曰 即見慶尙監司李聃命上送道內留在穀物都數成册 則各邑皆有私備穀物 而晋州 以道內雄府大都 物力最優 而無一石私備 … 晋州牧使任堂 姑先從重推考 何如 答曰允'

169) 『穀摠編攷』에 의하면 각 지역에 私儲穀 명목으로 각종의 환곡이 설치되었음을 알 수 있다. 설치목적은 부세에 충당하기 위한 목적과 養士齋 등을 운영하기 위한 비용마련에 있음을 알 수 있다. 특히 전라도 지역의 경우 이러한 私儲穀은 17세기 후반에 집중적으로 설치되었다. 그러므로 수령 자비곡은 왕조정부에서 각 군현의 진자 확보를 위해 마련하도록 지시하기 이전에 이미 재정을 확보하기 위해 각 지역에서 자비곡을 확보하고 있었다.

자비곡 마련에 대한 폐단을 지적하며, 그 시정을 요구하였지만 금지되지 않았다. 이는 17세기 후반 왕조정부의 진휼곡물을 확보 노력의 일단면을 보여주는 것이다. 17세기 후반은 앞에서 살핀 바와 같이 상평청·진휼청의 환곡을 설치하였고, 공명첩을 발급하여 첩가미를 확보한 것과 같이 각 군현의 수령에게 다시 진휼을 목적으로 자비곡의 확보를 독려하고 있었던 것이다. 이는 당시의 조선사회에서 비축곡물을 확보하려는 노력이 집중적으로 진행되었음을 알 수 있게 해 주는 사례인 것이다.

특히 진휼에 대비한 곡물을 비축하기 위하여 상당한 노력을 경주하였다. 공명첩은 숙종대에 집중적으로 발급되어 여러 폐단이 노정되었다. 그러나 공명첩 발매는 중단되지 않았다. 이러한 공명첩 발급에 대한 반대 여론을 무마시키고자 나타난 것이 자비곡 확보책이었다.

1704년(숙종 30)에는 이제까지 권장 사항이었던 자비곡의 마련을 일종의 의무사항으로 변화시키고 있었다. 우의정 李濡는 흉년에 공명첩을 팔아 곡식을 확보하는 정책을 비판하면서 평시에 진휼곡을 마련하자고 건의하였다.170) 즉 각 고을에 賑廳을 설치하여 鄕所로 하여금 주관하면서 자비곡을 관리하도록 하였다. 賑廳 원곡의 마련 방법은 각 읍의 진휼곡을 획급하여 마련하고, 수령이 수시로 곡물을 마련하여 수령교체시에 원곡에 첨가하도록 하였다. 운영 방안으로서는 일체 분급을 하지 않고, 3년이 지나면 본읍의 환곡과 바꾸어 개색하는 방법을 제시하였다. 자비곡에 대한 관리는 감영과 진청에 보고하도록하고 있다. 이러한 내용으로 절목을 만들어 각 고을에 분부하여 시행할 것을 청하여 왕의 허락을 얻었다.171)

---

170) 『肅宗實錄』 40, 肅宗 30년 9월 10일(丁未), 40권 106쪽.
171) 『肅宗實錄』 40, 肅宗 30년 9월 10일(丁未), 40권 106쪽, '自今爲始 竝令 各邑設賑廳 以解事鄕所主管 先以本邑所置賑恤穀若干石劃給 而隨邑大小 酌定穀數 作爲根本之後 守令隨其所得 每於遞歸時 添入於其中 成册報知 于監營及賑廳 厥穀切勿糶糴 至三年以其邑元糶糴 相換改色 每以此爲例

자비곡의 운영에서 주목되는 부분은 일체 분급을 하지 않는다는 점이다. 평시에는 분급을 하지 않고 비축만을 하다가 흉년시에만 진자로서 분급을 한다는 것은 17세기 후반의 비축곡물 확보노력의 일 단면을 나타내고 있다. 다른 환곡처럼 분급하면 징수하지 못할 우려가 있기 때문에 자비곡의 손실을 염려하여 분급하지 않고 단지 비축만을 하도록 하였다. 또한 현물의 비축의 문제는 일정 시간이 경과하면 곡물의 부패가 우려되어 개색을 하여야 하는데, 이 때에도 직접 민간에 분급하여 새로운 곡물로 바꾸는 것이 아니라 본읍의 환곡으로 교환하게 하여 민과의 관계를 원천적으로 봉쇄하였다.

17세기 후반에 새로 설치된 상평청·진휼청 환곡의 경우 비축곡물의 성격을 지니고 있었지만, 또 한편으로는 재정보충의 역할도 하고 있었다. 이와 달리 자비곡의 경우는 순전히 진휼에 대비한 비축곡물의 성격이 강하게 드러나고 있었다.

그러나 자비곡은 중앙아문의 환곡이 아니라 각 지역에서 자체적으로 마련하여 운영하는 것이었기 때문에 왕조정부의 입장이 그대로 반영될 수는 없었다. 왕조정부의 입장은 재정보충과 진휼에 대비하는 호조곡과 상평청·진휼청 환곡을 유지하면서, 각 지역에 진휼만을 목적으로 한 곡물을 마련하려 한 것이었다.

1704년 각 지역에 자비곡을 마련하도록 지시한 사항이 충실히 이행되지는 않았다. 일부 수령의 경우 진청을 설치하여 자비곡을 마련한 경우도 있었으나 순전히 진휼을 목적으로 비축만을 할 수는 없었다. 1718년(肅宗 44) 順天府使 黃翼再는 賑廳을 설립하여 운영한 기록을 남기고 있다.[172]

순천의 賑廳 운영과 1704년의 진청 운영규정과는 상당한 차이

___

値凶年後 始爲分賑 … 宜令賑廳磨鍊節目 分付諸道各邑而行之 上可之'
172) 黃翼再, 『華齋集』(奎15585) 6, 「雜著」 賑廳節目.
　　順天에서 황익재의 활동은 社倉 설치를 중심으로 분석한 조원래의 연구가 자세하다.(1985, 「18世紀初 順天府의 地方行政動態」, 『南道文化硏究』1)

를 보이고 있다. 순천에서 진청의 원곡 마련은 미 100석과 租 300
석을 근본으로 한다고만[173) 하여 판출 방법을 정확히 알 수는 없
으나, 社倉의 경우로[174) 미루어 보면 관에서 징수할 곡식을 이용한
것으로 볼 수 있다. 또한 진청의 관리 인원을 都有司 1원, 都監 1
원, 監官 1원, 色吏 1인, 庫子 1인을 두도록 하였는데 모두 관원은
아니었다.[175) 이처럼 원곡의 판출과 운영은 1704년의 진청규정을
따르고 있으나, 그 운영은 왕조정부가 규정한 것과는 전혀 달랐다.

가장 큰 차이점은 곡물의 관리이다. 왕조정부에서는 비축만을 강
조하고 있었으나, 순천의 경우는 분급을 하고 있다는 점이다. 곡물
만을 분급하는 것이 아니라 錢布, 魚物과 수시로 교환하여 일종의
물가조절 기능을 수행한다고도 할 수 있다.[176) 그러나 이것은 수령
이 자비곡을 마련할 때 비판 받았던 '料理'였다.

특히 곡물을 분급하는 경우 長利의 이자를 받고 있다는 점이다.
이는 진휼에 대비한 곡물을 확보하려 한 것으로 파악되며, 곡물이
3천석에 이르면 사창의 예에 따라 1석당 2두를 징수하고, 5천석에
이르면 3승으로 낮추려고 하였다.[177) 조선후기의 환곡 이자율이
1/10인 것에 비하면 상당히 높은 이자율인 것이다. 결국 당시의 일
반적인 이자율인 장리를 그대로 적용하여 그 이자를 가지고 비축
곡물을 확보하려 한 것이다. 흉년이 들었을 때에도 원곡을 탕감하

---

173) 黃翼再,『華齋集』6,「雜著」賑廳節目, '賑廳穀物 米則限百石 租則三百石'
174) 黃翼再,『華齋集』6,「雜著」社倉節目, '故除給各里應納斗升之穀 使之立
本 從便斂散'
175) 黃翼再,『華齋集』6,「雜著」賑廳節目, '本廳上下任掌 必得人然後 可免
有始無終之歎 都有司一員 都監一員 監官一員 色吏一人 庫子一人差出
而都有司·都監 則鄉中齊會望報 而都監 則以大同都監例 兼監官 色吏·
庫子 俱以有幹辦之才家計稍優者 各別擇定事'
176) 黃翼再,『華齋集』6,「雜著」賑廳節目, '勿論錢布魚物 賤則貿置 貴則發
賣 隨時料理 從便買賣 俾無害及商賈 及民間之弊事'
177) 黃翼再,『華齋集』6,「雜著」賑廳節目, '限數三年 以長利例取息 元數如
滿三千石 則一依社倉舊法 每石取息二斗 如滿五千石 則每石只收耗米三
升事'

지 않고 소규모의 흉년이면 이자를 1/2 탕감하고, 큰 흉년이면 이
자를 모두 탕감하도록 하였다.[178] 또한 이자 이외의 부가 징수는
色 3合, 落庭 1升으로 규정하였다.[179] 또한 곡물과 분급을 10戶 단
위로 하였으며, 곡물을 분급받은 사람이 납부하지 못할 경우가 발
생할 경우 10호 단위로 마련하여 납부하도록 규정하였다.[180]

순천의 진청 운영사례에서 파악할 수 있는 점은 그 운영이 지극
히 현실적이라는 점이다. 조선후기의 현물재정시대의 관행을 그대
로 적용하여 운영하고 있었다. 당시 민간의 이자율인 장리를 적용
하면서도, 관청에서 징수할 때 부가징수하는 色과 落庭을 추가로
징수하고 있었다.[181] 이는 향촌 자치적인 운영 형식이지만, 실제로
는 관의 영향이 강하게 작용하는 형태였던 것이다. 또한 당시에 시
행되고 있던 공동납의 형태를 그 징수에 그대로 적용하고 있었다.

조선후기에 빈번히 발생한 자연재해에 대처하기 위하여 왕조정
부는 비축곡물의 확보를 위해 다각도로 노력하였으며 자비곡을 설
치한 것도 이를 위한 것이었다. 왕조정부의 입장에서는 중앙아문의
환곡을 통하여 재정과 진휼에 대비하고, 각 지역에서는 따로 진휼
을 목적으로 곡물을 비축하려는 의도로서 각 군현에 자비곡을 설
치하게 한 것이었다. 그러나 이는 중앙아문의 입장만을 고려한 이
상적인 정책이었다. 지방 수령의 입장에서는 과도한 부세와 중앙아

---

178) 黃翼再, 『華齋集』 6, 「雜著」 賑廳節目. '分給之後 或遇小歉 卽蠲其息之
半 大饑 卽盡蠲之 以紓民力事'
179) 黃翼再, 『華齋集』 6, 「雜著」 賑廳節目. '官家收捧之規例 多浮濫 故民不
願受 今此本廳穀物斂散之際 務從省弊 收捧之時 色不過三合 落庭亦不過
一升 其餘則勿論多寡 還給民間事'
180) 黃翼再, 『華齋集』 6, 「雜著」 賑廳節目. '抄給於其隊內十戶願受者 及其還
捧時 保長亦如分給例收合 一時畢納 若有升合未收 勿爲許捧 隊內如有逃
故指徵無處者 使其隊中十戶 擔當備納事'
181) 조선전기부터 官에서 미곡을 징수할 때 1石 당 4升 이하의 추가징수는
허용하고 있었다. 이는 현물을 운영하는데 따른 것이었으나 항상 규정
이상을 징수하는 것 때문에 문제가 되었다.(『大典續錄』, 「戶典」, 雜令,
'凡官收米穀時 每一石 贏四升以下勿論')

문과 감영의 환곡을 관리하기에도 벅찬 지경이었는데 다시 진휼만을 위하여 곡물을 비축할 수는 없었다. 그러므로 자비곡을 자체적으로 마련하고는 있지만, 그것이 진휼만을 목적으로 운영될 수는 없었다. 왕조정부에서 순수 진휼을 목적으로 자비곡을 강요하면 수령의 입장에서는 형식적으로라도 따를 수밖에 없었으나 다른 명목으로 비용을 마련하여야만 하였고, 이는 고스란히 민의 부담으로 귀결되었다.

18세기 초반 자비곡을 설치한 이후 1735년(英祖 12)에 다시 한번 자비곡을 설치하라는 강력한 지시가 하달되었다.[182) 18세기 전반 두 차례의 자비곡 운영규정을 비교·정리한 것이 다음의 〈표 7〉다.

〈표 7〉 18세기 전반의 자비곡 운영규정

	1704년(숙종 30)	1736년(영조 12)
명　　칭	賑廳	私賑廳
주　　관	鄕所	
원곡 판출	本邑 賑恤穀 劃給	
원곡 보충	수령 所得 遞歸時 添入	官用節約, 穀賤時 取用, 勸分禁
관리아문	감영, 진청	감영, 비변사
운　　영	糶糴禁, 3년마다 元糶糴과 개색	
용　　도	흉년시 分賑	設賑

出典 : 1794년『肅宗實錄』40, 肅宗 30년 9월 10일(丁未), 40권 106쪽.
　　　　1736년『備邊司謄錄』99, 英祖 12년 4월 23일, 10권 234~235쪽.

1704년과 1736년의 자비곡 규정을 살펴보면 대체로 비슷하다. 명칭이 진청에서 사진청으로 바뀌고 있는데, 이는 서울에 있는 진휼청과 구분하기 위해서였다. 자비곡의 운영에 있어서는 1704년에는 분급하지 못하도록 하고 있으나, 1736년에는 규정이 없다. 규정이

---

182)『備邊司謄錄』99, 英祖 12년 4월 23일「諸道各邑儲穀節目」, 10권 234쪽,
　　'一.各邑有流來私賑廳處　時在穀物數爻　自本道爲先査問　都成册從實開錄
　　上送本司　以爲前頭憑考之地是白齊.　一.各邑中無流來私賑廳處段　必皆自
　　今設立　以爲穀物儲積之地是白齊'

없다는 것은 분급하지 않는다는 것을 의미한다. 그러므로 1736년의 자비곡 규정 역시 진휼을 대비하여 순수하게 비축만을 목적으로 설치되었다고 볼 수 있다.

두 규정의 가장 큰 차이점은 자비곡의 관리아문이다. 처음에는 진휼청에 보고하다가, 비변사로 바뀌고 있다. 앞서 살핀 첩가곡의 경우도 진휼청에서 비변사로 그 곡물구관 아문이 변화하는 것을 살펴보았다. 이는 18세기에 이르러 호조곡과 상평청·진휼청 환곡이 확고한 위치를 차지하면서, 새로 설치되는 진휼용 환곡의 관리는 비변사에서 담당하는 역할의 분화가 이루어지는 것을 의미한다 하겠다.

1736년에 자비곡규정을 제정한 이후, 수령에 대한 통제를 강화하기 위하여 다음해에는 자비곡의 상벌기준을 제정하였다. '각도 居首者는 陞敍하고, 居末者는 越俸 3等하고, 居末 중 10석에 미치지 않는 자는 越 5等하고, 전혀 준비하지 않은 자는 越 7等한다'는 규정을 마련하였다.[183] 이같은 강제규정을 마련한 것은 1704년의 실패를 반복하지 않기 위해서였다.

이처럼 17세기 후반에서 18세기 초반의 기간에서 왕조정부는 자비곡이라는 이름으로 각 지역에 진휼을 위해서 곡물을 비축하도록 강요하고 있었다. 자비곡의 마련을 강제함에 따라 移貿·料辦 등의 행위로 말미암아 그 폐단이 노정되었지만, 왕조정부로서는 비축곡물의 확보에 더 힘을 기울였기 때문에 자비곡의 확보노력은 지속될 수밖에 없었다.[184]

17세기 후반의 조선사회는 양란의 피해를 극복하고 국가체제를 정비하던 시기였다. 또한 이 시기는 빈번한 자연재로 인해 활발한

---

183) 『備邊司謄錄』 102, 英祖 13년 9월 24일, 10권 478쪽.
184) 18세기 중엽 이후 帖價穀 혹은 自備穀이라 명칭의 환곡을 운영하는 지역은 많지 않았다. 그러나 공명첩 혹은 自備를 통하여 확보한 곡물은 다른 진휼 명목의 환곡에 충당되었다. 이는 17세기 후반 이후에 각 지역의 수령에게 自備穀의 마련을 강제함으로써 진휼에 대비한 환곡을 확보하고자 한 것이었다.

진휼사업이 시행되었다. 이 과정에서 진휼정책을 주도하는 기구로
서 상평청·진휼청이 상설되었다. 17세기 전반까지의 진휼청·상
평청은 임시 기구로 치폐가 반복되었으나 1648년(인조 26)에 상평
청이 상설되어 진휼에 대비한 물자를 관리하였다. 곧이어 1650년
(효종 1)에 청나라 사신의 접대비용을 마련하기 위하여 상평청 환
곡이 설치되어 상평청은 곡물구관아문으로 등장하였다. 이후 상평
청은 서울에 대한 진휼사업을 전담하는 한편, 상평청 환곡을 각 지
역의 진자로 사용하였다. 진휼청은 현종년간의 빈번한 자연재해 속
에서 치폐가 반복되다가 1671년(현종 12)에 상설되었다. 이후 숙종
년간부터는 상평청을 제치고 진휼을 주관하는 관아로 자리잡는다.
이 과정에서 진휼청도 독자적인 환곡을 운영하게 되었다.

　17세기 후반 조선의 진휼정책의 특징은 빈번한 자연재해에 대처
하기 위하여 임시 기관으로 존재하였던 진휼 주관기구를 상평청·
진휼청이라는 상설기관을 설치하였고, 이들 양청에서는 독자적인
환곡을 운영하고 있었다는 점이다. 18세기 초반에는 전국의 환곡
총액이 500만석으로 증액되었다고 추정되는데 이러한 환곡의 증가
를 주도한 것이 바로 상평청·진휼청의 환곡이었다. 이외에도 공명
첩을 발급하여 마련한 곡물의 절반을 첩가미라는 명목으로 비축하
였으며, 지방수령에게는 진자를 확보하기 위하여 자비곡을 마련하
도록 하고 있었다. 이처럼 17세기 후반의 왕조정부는 자연재해에
대비하기 위하여 비축곡물의 확보에 노력을 하고 있었다.

　16세기이래 환곡의 모곡을 국가재정에 보충하는 '取耗補用'이 실
시됨으로서 환곡은 재정보충의 역할을 담당하게 되었다. 그러나 17
세기 후반에 등장하는 상평청·진휼청의 환곡은 국가재정의 일부
였지만 경상비로서 사용되는 것은 아니었다. 즉 전세·대동·군포
처럼 국가의 경상비로 지출되는 것이 아니라 일종의 예비비로서
비축되었던 것이다.185) 양청의 환곡은 주로 기근시에 진자로 사용

---

185) 『備邊司謄錄』 82, 英祖 3년 12월 26일, 8권 229~230쪽, '還上元會付 乃

되었다. 이런 점에서 상평청·진휼청의 곡물은 환곡 본래의 목적인 농민진휼의 기능을 충실히 수행하고 있다고 할 수 있다.

戶曹所管　而外方祭享等物用下　自然日漸縮少　雖常平·賑恤廳耗穀　無他用處　積年漸多矣'

제2장

18세기 賑政과 還穀運營

I. 賑恤制度의 再整備와 賑恤實態

1. 賑恤規定의 確立

17세기 후반 이래 왕조정부는 빈번한 자연재해 발생에 대처하여 활발한 진휼을 시행하고 있었다. 왕조정부의 진휼은 諸稅의 감면과 환곡분급의 확대, 그리고 기민에게 무상으로 곡물을 분급하는 것이었다. 그러므로 빈번한 자연재해는 비축곡물의 고갈을 가져왔을 뿐만 아니라 국가재정을 악화시켰다. 특히 급재결의 지급은 호조 수입 감소의 직접적인 원인이 되었다. 또한 지방 수령은 이 기회를 이용하여 과다한 급재결을 요구하여, 왕조정부에서는 급재결에 대한 통제를 강화하게 되었다.[1] 재결에 대한 등급도 초실·지차·우심 등의 3등급만 매기되 우우심의 명목은 혁파하도록 하고, 급재결의 보고도 반드시 9월까지 호조에 보고하도록 하였다.[2]

이와 함께 기민에게 무상으로 곡물을 분급한 상황을 파악하기 위하여 월말에 기민의 수와 分賑 회수, 그리고 流亡의 유무를 각 도의 감사로 하여금 보고하도록 하였다.[3] 물론 이전에도 진휼을 시행하면서 기민의 수와 곡물 지급액 등을 보고하였으나 통일된 기준이 있었던 것은 아니었다.[4] 1763년(영조 39)에 매달 말 진휼

---

1) 『承政院日記』746, 英祖 8년 6월 22일, 41권 414쪽, '(宋)寅明曰 近來國用
之蕩竭 專由於年分災結之減縮 外方報災 終涉過濫 近來非不嚴飭 而各邑
終不無擅用之弊 … 各邑或稱補賑 或稱大同災 所用災結 極其狼藉云 …
自今以後 守令之擅用災結者 無論大同災補用賑資 許多公用 一倂依律重勘
事定式'
2) 『英祖實錄』31, 英祖 8년 6월 22일(丁丑)
3) 『英祖實錄』39, 英祖 39년 2월 8일(丙申)

의 상황을 보고하도록 한 것은 왕조정부에서 진휼의 시행을 정확히 파악하기 위해서 였다.

18세기 후반의 이러한 변화는 진휼정책에 있어서 큰 의미를 갖는다. 17세기 후반에 기민에 대한 구제가 죽의 분급에서 건량의 무상분급 중심으로 변화한 이후[5] 18세기 후반의 변화는 진휼에서 국가의 통제를 강화하려는 목적이 내포되어 있었다. 무상분급을 위한 賑資는 왕조정부에서 일부 지급하고 나머지는 지방에서 스스로 해결하여야만 하였다. 공명첩을 발급하더라도 그것을 곡물로 바꾸는 것은 일선 수령의 책임이었다. 또한 중앙아문의 돈을 빌려서 料辦을 통하여 진자를 확보하여야 하였으며, 수령 스스로 진휼 곡물인 자비곡을 마련하여야 하였고, 향촌의 부민에게서 곡물 납부를 독려하여야만 하였다. 왕조정부에서 각 지역에 구획한 진자의 대부분은 무상이 아니었다. 무상분급으로 사용하라는 지시가 없는 한 상진곡을 비롯한 환곡의 모곡을 제외하고는 상환해야만 하였으나 기민에게 무상으로 지급된 곡물을 다시 회수할 수는 없었다.

이와같이 왕조정부의 진휼정책에서 중앙정부는 일부 진자를 구획하고 실제 진휼의 담당은 지방 수령이 전적으로 책임져야 하는 구조로 이루어졌다. 그러므로 중앙정부에서는 지방에서 진휼의 시행을 정확히 파악할 필요가 있었다. 진휼의 시행과정을 매달 보고하게 함으로써 수령의 책임을 확인시키고, 진자의 양을 확인하려는 의도였다.

18세기 후반 진휼정책에서 중요한 변화는 진휼방식이 확립되고 있었다는 점이다. 흉년이 들었을 때에는 환곡 분급을 확대하는 것

---

4) 뒤의 〈표 10〉「八道賑穀假令」에서 보이듯이 영조년간의 진휼기록은 지역간에 차이를 보이고 있었다.
5) 정형지, 1997, 「숙종대 진휼정책의 성격」, 『역사와 현실』 25, 54~61쪽. 건량의 무상분급은 粥을 지급하는 것보다 많은 곡물을 소비하였다. 이는 당시의 비축곡물이 전시기보다 증가한 것과 관련이 있다. 또한 진휼정책이 토착민 위주로 전환한 것으로 파악할 수 있다.

이 가장 중요한 일이었으나 환곡은 회수하여야만 하였다. 그러므로 다수의 민인들은 무상으로 분배하는 賑民으로 뽑히기를 원하였다.[6] 환곡을 분급받는 還民과 진휼곡을 무상으로 분급받는 賑民은 기본적으로 토지소유 여부를 기준으로 하였다.[7] 그러나 기민 가운데는 토지가 없어도 생활을 유지할 수 있는 자도 있었기 때문에 賑民과 還民의 구분은 家坐成册에 나타난 생활정도에 따라 구분하였다. 다음은 1762년(영조 38) 충청도 禮山지역의 기록이다.

> 兩班·常漢을 논하지 않고 본래 家計가 稍實한 자는 그 이름 아래 초실로 기록하고, 혹 田土가 있거나 혹 타인의 전답을 並作하여 금년 移秧者는 作農으로 기록한다. 비록 농사를 짓지 않더라도 수공업 혹은 상업으로 스스로 살아 갈 수 있는 자는 自活로 기록한다. 그 중에서 牛馬가 있는 자는 牛馬가 있다고 기록한다. 지극히 빈궁하여 아침에 저녁을 도모하지 못하는 자는 貧窮으로 기록하고, 표주박을 쥐고 떠돌며 구걸하는 자는 丐乞로 기록한다.[8]

이렇게 진휼대상이 되는 飢民의 생활능력과 自活여부를 구체적으로 파악한 다음, 다시 환곡을 받지 않고 살아갈 수 있는 자를 '上'으로 하고, 환곡을 받아야 살아갈 자는 '中'으로, 浮黃丐乞하며 朝夕을 잇기 어려워 賑救에 들지 못하면 보전하지 못하는 자를 '下'로 구분하였다. '下'에 포함된 자는 賑民으로서 그 중에서 다시 완급을 고려하여 하일등, 하이등, 하삼등으로 세분하고 있었다. 이렇게 등급을 세분화 한 것은 환곡 분급대상자와 무상분급 대상자를 정밀히 구분하기 위한 것이며, 또한 무상분급 대상자를 3등분 한 것은 가장 빈궁한 자에게 우선적으로 무상으로 곡물을 지급하기 위해서였다.

---

6) 『四政考』, 「荒政考」, 賙賑, '賑穀則白給者也 還穀則當報者也 飢民每每願賑 而不願還'
7) 尹淳, 『白下集』 「行狀」, '辛亥(1731:英祖 7년) 九月 … 盖賑饑之法 有土飢民 則以還上穀分給 無土流乞 則守令除出月廩 或以他道料理而賑之'
8) 『烏山文牒』 壬午(1762:영조 38) 7월 傳令(정문연 2-3364)

또한 乾粮 지급액도 18세기 후반에 이르면 성인 남자 1일 지급액이 米 5合으로 고정된다.9) 곡물의 무상분급의 경우 朝鮮前期에는 어른에게 매일 미 1승, 어린이에게 미 5合이 지급된 사례가10) 있고 성인에게는 대체로 米·豆·醬 합 8合11) 혹은 米·豆 합 1升을12) 지급하였으나 임진왜란 이후에는 그 액수가 감축되었다. 다음의 〈표 8〉은 賑廳式으로 성인 남자에게 1일 미 5合을 지급하기까지의 변화과정을 나타낸다.

〈표 8〉 乾粮 및 粥 분급 액수의 변화

년도	죽 분급액(作粥之式)		건량 분급액
1662년 현종 3년	壯男女 老弱男女	每時 米 2合 米 1合 5勺	口粮은 作粥之式에 의해 시행
1671년 현종 12년	壯 兒	每時 米 2合 5夕 米 2合	
1683년 숙종 9년	壯男女 米 2合, 粟米는 2合半 老弱 米 1合, 粟米는 2合		乾粮은 作粥之式에 의해 시행
1762년 영조 38년	男壯 每時 米 2合 5勺 女壯男女老 每時 米 2合 男女弱 每時 米 1合 5勺		作粥과 동일

1662년 : 『備邊司謄錄』顯宗 3년 1월 10일, 賑救事目
1671년 : 『備邊司謄錄』顯宗 12년 3월 30일
1683년 : 『備邊司謄錄』肅宗 9년 1월 23일, 「咸鏡道賑恤御史賚去事目」
1762년 : 『增補文獻備考』, 「市糴考」, 賑恤 2

이러한 곡물 지급은 기민이 생존하기에 충분한 양이 될 수 없었다. 당시 생존을 위한 최소 곡물 소비량이 어느 정도인지 파악하기 어렵지만 추정해 볼 수는 있다. 즉 군인에게 지급된 군량은 조선전

---

9) 『度支志』「荒政」事實 英祖 30년
10) 『太宗實錄』太宗 11년 3월 丁亥 : 金勳塡, 1993, 『朝鮮初期 義倉制度研究』, 서울대학교 국사학과 박사학위논문, 73쪽.
11) 『世宗實錄』世宗 1년 3월 癸丑, 김훈식 앞의 논문 75쪽
12) 『燕山君日記』燕山君 9년 3월 己巳
李相協, 1994, 「朝鮮前期 漢城府의 賑濟場에 대한 考察」, 『鄕土서울』 54, 122쪽.

기부터13) 1일 米 2升14), 혹은 各穀 3승으로15) 나타난다. 또한 『度
支志』에서는 연간 곡물 소요량을 1口 1日 1升으로 계산하면서 성
인 남녀는 2升을 소비하는 경우를 상정하고 있으며16), 1783(정조
7)년에 반포된 「字恤典則」에서 7-10세의 行乞兒에게 1日 米 7合,
醬 2合, 藿 2立, 4-6세는 米 5合, 醬 1合, 藿 1立, 그리고 流乞女人
중 젖있는 여인에게는 1일 米 1승 4合, 藿 3立, 유걸여인이 아닌 경
우는 1일 미 1승, 장 2합, 藿 2立을 지급토록한 규정을17) 미루어 보
면 성인 남녀의 경우 최소 1일 米 1승이 생존을 위해 필요하였을
것으로 추측할 수 있다.18) 그러나 기민에게는 최소 필요량의 절반
정도만 지급될 수 밖에 없었으므로 솔잎, 도토리 등의 구황식물을
이용하는 방안이 논의 되기도 하였고,19) 곡물을 한꺼번에 지급하
지 않고 10일 간격으로 지급하였다.20)

　이처럼 기민에게 지급된 곡물이 적을 수밖에 없는 것과 마찬가
지로 흉년에 분급되는 환곡의 양도 斗・升에 불과하였다. 흉년들었
을 때 대다수의 농민이 환곡에 의지할 수밖에 없었으며21) 다수의

---

13) 『太宗實錄』 太宗 12년 1월 庚子, 김훈식 앞의 논문 75쪽
14) 『仁祖實錄』 仁祖 9년 9월 丙子
　　 『文貞公遺稿』 卷 6 「江華御史時書啓」 (顯宗 5년 3월 :필자주)
15) 『備邊司謄錄』 肅宗 5년 7월 24일
16) 『度支志』 度支志總要 八道三都田民錢穀總數
17) 『度支志』 字恤典則
18) 국가의 진휼사업은 아니지만 正祖 13년 함경도 吉州에서 閑良 都啓彩가
　　 200석을 마련해 兄弟姉妹에게는 每日 每口 2升을, 遠近親戚에게는 每日
　　 1升을 분급하는 民間私賑을 시행하였다.(『日省錄』 正祖 13년 7월 13일
　　 北伯畢賑別單)
19) 顯宗, 肅宗代에는 李端夏의 松葉服用論이 주목된다.
20) 10일 간격으로 월 3회 진휼을 시행한 시기가 언제 인지는 정확히 파악
　　 할 수 없다. 17세기 후반에도 월 3회 진휼을 시행한 사례도(현종 12년)
　　 있으나, 확정된 것은 아니었다. 1695년(肅宗 21) 함경도 감사가 다음해
　　 정월에 월 2회 진휼을 시행하려고 하자 慶源都護府使 申益恬은 10일에
　　 1회 진휼을 시행하자고 주장하였다.(申益愰, 『克齋集』 11, 「先兄嘉善大夫
　　 咸鏡北道兵馬水軍節度使兼鏡城都護府使府君行蹟記」, 叢刊 185권 481쪽)
21) 1762년(영조 38) 충청도 禮山에서는 봄에 호적을 정리하였는데도(『輿地

농민이 抄飢에 포함되었다.[22] 이것은 환곡이 18세기 농민생활에서 차지하는 비중을 말해 준다.

이처럼 기민에게 무상으로 곡물을 분급하는 양이 미 3·4·5승으로 고정되어[23] 10일 1회꼴로 1달에 3회 분급하는 제도가 확립되었다. 이제도가 확립되면 흉년이 든 당해연도에 抄飢를 하여 다음 해에 設賑을 하였을 때 소요되는 곡물의 수량을 대체적으로 파악할 수 있었다. 즉 賑資의 양을 미리 파악하여 그에 대한 대비를 할 수 있게 되는 것이었다. 조선전기에 비하여 무상분급되는 양이 축소되기는 하였지만 보다 많은 민인들에게 곡물을 분급할 수 있게 된 것이었다.

그러나 영조년간에는 賑式의 규정에 의해 월 3회 실시한 진휼의 기록을 왕조정부에서 전국적으로 정리하여 파악한 것 같지는 않다. 물론 지방에서는 이전부터 진휼이 끝난 후 그 기록을 정리하여 남기고 있었으나[24] 진휼이 끝나고 전국적인 상황을 기록한 畢賑의

圖書』) 불구하고 抄飢에 포함된 無籍之類가 475戶에 달하여 전체 編戶의 1/6을 넘고 있다. 이는 土豪·兩班·官屬輩 및 富實頑民輩가 그 率下 奴婢를 分戶하고 거듭 환곡과 賑穀을 받으려 한 것이다.(『烏山文牒』, 壬午(1762:영조 38) 11月 傳令)

22) 1809년 충청도 唐津의 진휼기록을 살펴보면 元戶 3,676戶 중에서 飢民으로 파악된 것이 948戶이고, 환곡을 받는 戶는 2,122戶였다. 기근시에 자립적 농업재생산이 가능한 戶는 전체의 약 1/6인 600여 戶에 불과하였다.(『賑恤謄錄』己巳(1809:순조 9) 12月 7日)

23) 16~50세는 壯으로, 51세 이상은 老, 11~15세는 弱, 3~10세는 兒로 구분하여, 壯男에게는 米 5升, 壯女와 老男女에게는 米 4升, 兒에게는 米 3升을 지급하였다. 나이는 設賑하는 해를 기준으로 한 것으로 만약 전해 12월에 抄飢하여 다음 해 1월부터 設賑을 시작한다면 抄飢할 때 다음 해의 나이로 구분하고 있다. 米이외의 곡물로 지급할 때에는 곡물의 비율에 따라 지급하였다.(『賑恤謄錄』,『湖南賑飢錄』)

24) 金鎭圭,『竹泉集』10,「丁丑救荒錄序」, 叢刊 174권 125~126쪽. 金鎭圭는 1696(숙종 22)년 겨울에 淮陽 수령으로 부임하여 진휼행정을 하였다. 이를 정리한 것이「丁丑救荒錄」인 듯하나 단지 그 序文만이 남아있다.

기록은 정조년간부터 나타나고 있다. 이는 영조년간까지는 진휼에 대한 지속적인 관심과 시행이 전개되었으나 아직까지는 제도의 완비가 이루어지지 않았음을 의미한다고 하겠다.

18세기 후반의 정조대에는 특히 진휼정책에 대한 관심 크게 증대되었다. 영조대에 『續大典』이 편찬되었으나, 정조년간에 와서는 역대 진휼사업을 정리한 「八道賑穀假令」,25) 「惠政年表」26)와 「惠政要覽」27)이 편찬되었다. 한편 『正祖實錄』에서는 飢民數와 分給穀物을 정리한 畢賑기록이 나타나고 있는데, 이러한 기록 양식은 이후의 『朝鮮王朝實錄』 진휼관련 기록의 원형이 되었다. 또한 정조 11년 이후의 『日省錄』 진휼관련 기록은 畢賑의 기록뿐만이 아니라, 設賑을 하여 진휼을 마칠때까지의 각 지역 진휼사업의 내역을 飢民數와 분급곡물의 수를 전하고 있어서, 이전과는 다른 양상을 보이고 있다. 요컨대 이러한 편찬과 기록양식의 변화는 18세기 조선왕조의 진휼사업이 확대되고, 전형화하는 과정으로 파악할 수 있다.

18세기 후반 조선왕조의 진휼정책에 대한 관심이 고조되고 있는 속에서 진휼곡물의 무상분급 제도가 보다 구체적으로 구분되어 추진되고 있었다. 즉 진휼곡물의 무상분급은 公賑, 私賑, 救急으로 구분되어 시행되고 있었다. 公穀을 사용하면 公賑이라 하고, 守令이 自備하여 賑給하면 私賑이라 하고, 진휼할 인구가 적어서 공곡을 소비하지 않으면 救急이라고 하였다.28)

---

25) 「八道賑穀假令」(奎章閣圖書 3238)은 英祖 32년부터 正祖 6년까지 실시된 진휼사업의 결과를 飢民數, 확보 곡물, 진휼을 시행하고 남은 곡물 등을 기록한 문서이다.

26) 『惠政年表』(精神文化研究院 556)는 太祖부터 正祖까지의 기간에 田稅, 大同, 舊還餉, 新還餉, 軍布, 身布, 奴婢貢, 山海稅, 物善 등의 蕩減이나 징수의 정지 혹은 연기한 사항을 기록하고 있으며, 賑財로 空名帖을 분급한 것, 賑穀을 마련한 기록을 정리하 였다.

27) 『惠政要覽』(奎章閣圖書 4723)은 정조년간의 기간에 농작상황을 尤甚·之次·稍實로 分等하고 新舊還穀의 停退, 仍停, 加分, 代捧, 作錢 등과 空名帖과 賑穀을 획급한 기록을 정리하고 있다.

28) 『萬機要覽』「財用編」五 荒政 外邑分賑式

이처럼 진휼 방법의 구분은 사용곡물에 따른 것이외에도 매월 10일 간격으로 3회의 분급을 賑式의[29] 규정대로 시행하였는가의 여부로 구분된다. 즉 公賑은 월 3회 賑式의 규정에 따라 公穀을[30] 사용한 경우이고, 私賑은 진식의 규정을 따르고 있으나 공곡을 사용하지 않는 경우를 말하며, 救急은 진식의 규정을 따르지 못하고 각 지역의 형편에 따라 곡물을 지급하는 경우를 말한다.[31] 그러나 18세기 후반과 19세기에 들어서는 私賑을 할 경우에도 공곡을 사용하는 경우가 나타나고 있으며[32] 救急의 경우에도 공곡을 사용하는 경우가 있다.[33] 이것은 왕조정부가 재정형편상 公賑을 적극적으로 시행하지 못하고 다만 私賑과 救急의 시행에 공곡을 일부 보조한 것이다.

公賑과 私賑의 구분은 관 주도의 진휼사업에서 사용되는 곡물에 公穀을 사용하였는가의 여부로 구분하고 있지만, 민간차원에서 개인이 진휼사업을 시행하는 것도 私賑이라 하였다.[34] 民間私賑은

---

29) 주 9)과 〈표 8〉에서 살핀 바와 같이 건량의 지급액은 18세기 후반에 男壯 米 5升, 女壯·老男女 米 4升, 男女弱 3升으로 고정되어 각종 기록에 나타나고 있다. 죽의 지급량은 지역에 따라 다소의 차이를 보이고 있다.

30) 公穀은 왕조정부에서 관리하는 곡식을 말한다. 즉 진휼사업을 할 때에 획급한 곡물은 常賑穀, 營賑穀, 私賑穀 등이 있는데, 『續大典』에 수령의 곡물 自備가 명문화된 이후 設賑할 때에는 거의 모든 設賑邑에서 수령이 자비곡을 마련하고 있다. 당해년도의 자비곡은 公賑邑에서는 公穀과 함께 진곡으로 사용되었으며, 私賑·救急 邑에서는 공곡의 소비없이 자비곡과 부민원납곡 등으로 진휼사업을 시행하고 있다.

31) 『日省錄』正祖 14년 6월 25일. 平安道 畢賑

32) 『四政考』「荒政」賙賑

33) 경상도 지역에서는 救急邑에도 公穀을 지급하는 것이 관례였다.(『正祖實錄』 48, 正祖 22년 6월 14일(丙午))

34) 조선후기의 재정관계 史料에 나타나는 '公', '私'의 개념은 그것이 국가 재정체계에 포함되는가의 여부에 따라 규정할 수 있다. 軍役의 경우 '私募屬'이란 "왕조정부에서 파악 공인 한 군액이외의 것으로 관청 및 기관들이 각종 명목으로 良丁을 '사사로이' 募入하던 현상을 이르는 것이다." 고 규정하여(김우철, 1991,「均役法施行 前後의 私募屬研究」,『忠北史學』 4) 국가 재정체계와는 구별하고 있다. 田政의 경우도 大同法이 시행되기

전통적으로 장려해온 것으로 흉년이 들었을 때 승려로 하여금 구제하도록한 賑救事目[35]·監賑御史賷去節目[36] 등과, 富民들이 관에다 진휼곡을 납부하거나 민간차원에서 진휼사업을 하는 것을 장려하기 위한 私賑人과 富民願納人에 대한 포상규정에서[37] 그 실체를 확인할 수 있다.

또한 公賑의 경우 元賑과 別賑 혹은 別巡으로 구분된다. 원진은 10일 간격으로 월 3회 곡물을 분급하는 것이며, 별진은 국왕이 내탕전을 하사하여 원진이 시행되는 중간에 추가로 곡물을 분급함으로써 국왕의 은혜를 과시하는 경우이다. 국왕의 내탕전 하사는 숙종대부터 관례화되어 나타나기 시작한다.[38] 임금의 하사로 진휼에 보태지는 물자는 胡椒, 丹木, 白礬, 내탕은, 내탕전 등이며, 그밖에 각 지역에서 進上하는 물종을 정지시켜 진자로 돌리기도 하였다. 이러한 물품으로 곡식을 구입하여 별진을 실시하는데 실제로는 그

전에 이미 일부 지역에서는 수령이 자의적으로 米,布를 징수하는 私大同이 시행되고 있었다. 또한 『牧民心書』에서는 수령이 진휼을 위해 마련한 곡물을 自備穀 혹은 私備穀이란 명칭으로 파악하여 국기의 재정체계와는 다른 계통으로 파악하고 있다.
이처럼 '私'의 용례는 중앙정부의 재정체계에 포함되지 않고 京·外의 각 아문이 '사사로이' 모집한 것 이외에 官이 아닌 民間에서 '사사로이' 시행한 것도 '私'로 기록하고 있다. 이때에는 官賑과 대비되는 私賑의 개념으로 지방 관아에서 수령이 곡물을 마련하여 시행한 것 이외에 민간이 주체가 되어 '사사로이' 飢民에게 곡물을 나누어 준 것도 '私賑'으로 호칭하고 있으며(「嘉林報草」 戊午 10월 26일. 報巡營, 『지방사자료총서』 2, 547쪽), 『續大典』에 포상 규정을 두고 있다.

35) 『備邊司謄錄』 22. 顯宗 3년 1월 10일, 2권 721쪽.
36) 『備邊司謄錄』 92. 英祖 8년 12월 24일, 9권 479쪽. 三南監賑御史賷去節目
　　『備邊司謄錄』 107. 英祖 16년 12월 19일, 11권 25쪽, 關東慰諭安集御史賷去節目
37) 『續大典』「戶典」備荒, '私賑飢民濟活多者 出私穀補官賑者 隨其多少論賞有差'
38) 『牧民心書』,「賑荒六條」, 備資, '補賑諸物 厥有內頒 繼述之政 遂以成例 賑恤事目云 肅宗己未以來 內下賑資 … 臣謹案此事 遂爲故常英宗·正宗以至當宁'

액수가 많지 않아, 별진에 소요되는 곡물은 대부분 지방에서 자체
적으로 마련한 수령 자비곡이나 감영에서 마련한 곡물이었다.[39]
이처럼 별진은 국왕이 善政을 베풀고 있다는 상징적인 정책으로
이용되었다.

　이처럼 정조대에는 진휼의 시행을 公·私賑과 救急으로 구분하
여 시행하고 있었다. 진휼이 끝나고 포상을 할 때 원칙적으로 公賑
邑의 수령만을 대상으로 하였으나, 私賑邑의 수령도 포상하는 경우
가 종종 있었다. 원칙적으로 공진을 시행할 경우에만 중앙관아의
곡물을 사용하도록 한 것은 진휼에 사용하는 국가비축 곡물을 가
능하면 줄이려는 의도였다. 사진의 경우에도 공진과 크게 다르지
않았으나, 그에 사용되는 곡물은 지방수령이 독자적으로 마련하여
야 하였다. 그러므로 흉년이 들면 지방 수령의 입장에서는 자비곡
을 마련하고, 부민들에게서 원납을 독려할 수밖에 없는 입장이었
다. 조선왕조정부는 진휼의 규정을 세분함으로써 많은 곡물을 절약
하는 한편, 지방수령에게 진휼을 독려할 수 있었고, 진휼 시행의
범위를 확대할 수 있었다. 이에따라 정조대에는 전후시기에 비하여
자연재해의 강도가 심하게 나타나지는 않고 있었지만 활발한 진휼
을 시행할 수 있었다. 정조대에 진휼행정을 활발히 할 수 있었던
점은 정책적으로 진휼의 구분을 세분화하여 지방 수령의 책임을
강조하였던 것과 영조대에 마련한 비축곡물이 확대되었던 것으로
이해할 수 있다.

---

39) 『日省錄』 正祖 17년 5월 19일. 全羅 畢賑
　　이 해 전라도에서는 원진이외에 별진이 시행되어 飢口 106,036口 分賑米
　　3,130石이 소요되었는데 국왕이 하사한 분량은 507석에 불과하고 나머지
　　는 수령 自備穀과 營別備로 충당되고 있다.

2. 賑恤施行의 擴大

17 · 18세기에는 이앙법의 보급과 反畓에 의해 水田농업이 확대됨에 따라 수리시설의 확충이 요구됨에도 불구하고 이것이 미비하였기 때문에 재해가 더욱 빈발하게 되었다.[40] 이러한 자연재해의 피해는 국가의 부세수취의 감소와 직결되어 있으며, 그 피해규모는 田稅를 면제해 주는 給災結의 규모로 그 강도를 짐작할 수 있다.[41] 흉년시에 전세를 면제해 주는 급재결이 증가한다는 것은 곧바로 호조의 수입이 축소된다는 것을 의미하였다. 호조의 전세 수입은 평균 12만 석 정도로 1/3은 관료들의 녹봉으로 지급되고, 2/3는 훈련도감에 지급되었다.[42] 이 수치는 감축할 수 없는 것이었기 때문에 12만석 이하일 경우에는 다른 아문에서 부족한 액수만큼을 이전해야만 하였다. 1777년(정조 1)의 가을에 흉년을 예상하며 다음해의 전세 수입이 9만에 미치지 못할 것을 예측하면서 그에 대한 대비책으로 남한산성 환곡을 송파창에 유치하고 있었다.[43]

계속되는 흉년 속에서 급재결의 지급으로 호조의 재정수입이 감소하였을 뿐만 아니라, 진휼에 소요되는 곡물이 증가하면서 국가의

---

40) 宋讚燮, 1985, 「17 · 18세기 新田開墾의 확대와 經營形態」, 『韓國史論』12, 235쪽.

41) 『度支田賦考』에는 田稅比摠制 실시 직전인 영조 20년부터 급재결과 수세실결이 기록되어 있다. 급재결수가 6만 結을 넘으면 전국적 규모의 기근이 발생하였음을 알 수 있다.

42) 『肅宗實錄』11, 肅宗 7년 5월 19일(辛未), 38권 530쪽, '護軍李敏敍上疏曰 … 臣聞地部歲入 僅十二萬石 而軍倉居八萬 其餘爲祭祀 · 官祿 及國之凡百費用者'

43) 『備邊司謄錄』158, 正祖 1년 10월 22일, 정조 2년의 기록에 의하면 정조 1년의 전세 수입이 9만 6천여 석으로 1만 7천석의 곡물이 부족하여 남한산성 환곡 1만석과 총융청 환곡 7천석을 사용하였다.(『備邊司謄錄』159, 正祖 2년 11월 21일)

경상비뿐만 아니라 비축곡물도 감축 수밖에 없었다. 조선왕조정
부에는 이러한 재정난을 극복하기 위하여 돈을 발행하기도 하였
고,44) 평안도의 小米를 해마다 옮겨 사용하곤 하였다. 이처럼 급재
결의 지급은 호조의 재정수입과 밀접한 관련을 맺고 있었기 때문
에 지방에서의 급재 요청을 그대로 들어 주는 경우는 드물었다. 그
러므로 급재결을 가지고 자연재해의 강도를 파악한다는 것은 유효
하다 하겠다.

조선후기 호조의 재정기록인 『度支田賦考』에는 1744년(영조 24)
부터 1883년(고종 20)까지의 급재결이 기록되어 있다. 이를 통해서
급재결이라는 기준을 가지고 18·19세기의 자연재해의 강도를 추정
할 수 있다.

급재결 통계에서 함경도는 대부분 제외되고 있다.45) 이는 함
경·평안도의 전세를 중앙에 상납하지 않고 지방에 비축하고 있는
구조46) 하에서 함경도의 토지 면적이 적은 것에 기인한다 하겠다.
또한 강원·평안도의 급재결은 많은 경우 1천여결 혹은 2·3천결
정도로 나타나고 있다. 강원도, 평안도의 전체 토지 면적에 비하면
이 같은 액수는 의미를 가질 수 있으나 전체 급재 면적에서 차지하
는 비율은 크지 않다. 경기·황해지역도 평균 수천결의 급재를 시
행하고 있으나 간혹 1만결 이상의 급재결을 기록하는 경우도 있다.
삼남지역에서는 평균 수만결의 급재를 시행하고 있어 급재결 변

---

44) 『正祖實錄』 47, 正祖 21년 9월 10일(丙子)
45) 〈별표 2〉에 의하면 함경도의 급재결은 대부분 기록되어 있지 않으나, 예
   외적으로 1762년(영조 32)에 527결, 1763년에 80결이 기재되어 있으나
   이해에 함경도에 기근이 들어 設賑을 한 것은 아니었다. 또한 정조 5년
   에 1,269결, 정조 10년에 993결로 나타나 있다. 정조 6년과 11년의 함경
   도에서는 소규모의 진휼사업을 시행하고 있었지만 급재결이 0인 해와
   비교해 특별히 심한 기근이 들었다고는 생각되지 않는다.
46) 『續大典』, 「戶典」, 收稅, '西北稅穀 並留本道 毋得擅自轉移'
   『惠政年表』에서 1724~1743년까지는 함경·평안도의 급재결을 기록하고
   있지 않다. 이는 중앙 상납을 안했기 때문이다.

동을 주도하고 있었다. 그러므로 전국 급재결의 수치로는 삼남지역의 급재결 변동을 파악하는데 유효하며, 다른 지역의 급재결 변동을 정확히 확인할 수 없다. 특히 급재결이 적은 양을 차지하는 강원·평안도 등은 해당 도의 급재결 변동을 통해서 재해의 규모를 파악해야 할 것이다. 비록 전국 급재결이 평균 이하를 기록한다고 하여도 이들 지역에서 흉년이 들어 수천결의 급재를 시행한 경우에는 設賑을 하는 경우가 종종 있었다.

1744년 이전의 재해의 규모는 부분적으로 파악할 수 있다. 정조 년간에 간행된 『惠政年表』에는 영조대 이후로 기근이 들어 設賑을 한 지역의 급재결을 기록하고 있으므로 이를 활용할 수 있다. 〈별표 2〉는 『惠政年表』와 『度支田賦考』를 가지고 1724년(영조 즉위) 이후의 급재결을 정리한 것이다. 이를 토대로 18세기 급재결의 변동을 표시한 것이 〈그림 1〉이다.

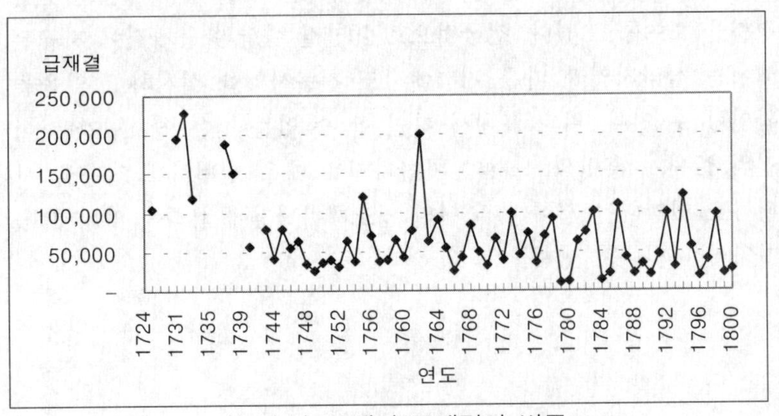

〈그림 1〉 18세기 급재결의 변동

〈그림 1〉에서 1724~1743년까지의 급재결은 전국의 급재결이 아니라 設賑한 지역의 급재결만을 합산한 것이며, 또한 3道 이상의 지역에서 設賑을 하였을 경우에만 합계를 내었다. 그러므로 1743년 이전의 급재결의 전국 합계는 실제보다 축소되어 나타난 것이다.

〈그림 1〉에 의하면 전국의 급재결이 10만결 이상을 기록한 해는 영조 1년, 7~9년, 13~14년, 31년, 38년 등 8번이다. 대체로 10만결 이상의 급재결이 지급된 해에는 삼남지역을 중심으로 전국적인 진휼사업이 시행되고 있었다. 1732년(영조 8)의 급재결이 227,798결로 최고치를 나타내고 있다. 이 수치는 19세기 후반까지 확인할 수 있는 급재결의 최고치이다.[47] 이처럼 영조 초반에 빈번하게 자연재해가 발생하고 있었으며, 특히 영조 7~9년의 3년간 집중적인 기근이 발생하였다. 영조 후반에도 전반에는 미치지 못하지만 급재결이 10만결에 육박하는 기근이 빈번히 발생하였다.

급재결의 변동을 통해서는 대체적인 기근의 강도를 파악할 수 있으며, 각 지역에서 실제로 진휼을 시행한 사례는 『惠政年表』를 통하여 확인할 수 있다. 다음의 〈표 9〉는 영조년간의 設賑지역을 『惠政年表』를 중심으로 파악한 것이다.

〈그림 1〉과 〈표 9〉가 정확하게 일치하는 것은 아니지만 비슷한 경향을 보여주고 있다. 전국적으로 10만결 이상의 급재결이 지급된 해에는 삼남지역과 다른 지역에서도 진휼사업을 실시하고 있음을 확인할 수 있다. 위의 표에서 확인 할 수 있는 점은 영조년간은 이전의 17세기 후반의 시기와 마찬가지로 매우 빈번하게 진휼을 시행하고 있었다는 점이다. 53년의 영조재위년간에 41회에 걸쳐 設賑지역이 나타나고 있다.

---

47) 〈별표 2〉에 의하면 20만결의 급재결에 근접한 시기는 1762년(영조 38), 1809년(순조 9), 1814년(순조 14)으로 모두 심각한 재해가 발생한 시기였다. 그러나 1732년의 급재결 수치는 황해도 지역의 계산에 착오가 있는 듯 하다. 이해 황해도의 급재결은 40,108결로 기록되어 있는데 아마 4천여결을 4만결로 기록한 듯 하다. 왜냐하면 황해도의 급재결은 수천결 정도였고 예외적으로 1753년(영조 29)에 10,959결을 기록하고 있다. 그러므로 4만여결은 지나치게 높은 수치이므로 신뢰할 수 없는 것이다.

〈표 9〉 영조년간의 진휼 시행 상황

구 분	경 기	충 청	전 라	경 상	강 원	황 해	평 안	함 경
영조즉위		○	○*					
영조 1		○	○	○				
영조 2			○					
영조 3			○	○				
영조 4								○
영조 6								○
영조 7	○	○	○	○	○		○	
영조 8	○	○	○	○	○	○	○	
영조 9		○	○	○	○	○	○	
영조 10					○			○
영조 11						○		
영조 12						○		○
영조 13	○	○	○	○		○		○
영조 14	○	○		○		○		○
영조 15						○		○
영조 16	○					○		○
영조 17	○		○	○		○	○	○
영조 18	○			○				○
영조 19	○	○	○	○				○
영조 21								○
영조 22	○							
영조 23	○	○	○	○				
영조 25					○		○	
영조 26					○			
영조 27						○	○	
영조 28					○			
영조 29	○	○			○	○		
영조 31	○	○	○	○	○		○	
영조 32	○	○	○		○			
영조 33							○	
영조 35	○	○						
영조 36	○	○						
영조 37		○	○					
영조 38	○	○	○	○			○	
영조 39					○			
영조 40	○	○	○	○				
영조 44	○		○	○	○			
영조 47			○*	○			○	
영조 48	○							
영조 49	○	○	○	○				
영조 51							○	

出典 : 『惠政年表』, * 濟州 포함

〈그림 1〉에서 삼남지역의 자연재해 상황을 파악할 수 있었다면, 〈표 9〉를 통해서는 좀 더 구체적으로 전국 각 지역에서의 진휼시행 실태를 파악할 수 있다.

18세기 이후 급재결을 정리한 〈별표 2〉와 〈표 9〉을 통해서 각 지역의 급재결과 設賑을 시행하는 시기의 상관관계를 살펴볼 수 있다. 경기도는 대체로 급재결이 8천결 이상일 경우 설진을 실시하고 있으며, 평안도는 2천결 이상일 경우 설진을 시행하고 있었다. 경기도는 설진이 빈번히 시행되었는데, 이는 영조년간 경기도에 자연재해가 집중적으로 발행하여서라기 보다는 경기 지역의 특수성으로 파악해야 할 것이다. 함경도에서는 영조 4~21년까지 집중적으로 기근이 발생하였으며, 황해도 지역도 영조 8~17년 사이에, 강원도는 영조 25~32년 사이에 집중적으로 기근이 발생하고 있었다.

위의 〈표 9〉에서는 設賑지역에서 구체적으로 어느 정도의 飢民을 구제하였는가를 파악할 수는 없다. 이를 보충할 수 있는 자료가 「八道賑穀假令」이다[48].

다음의 〈표 10〉는 1756(영조 32)년 이후 각 지역에서 기민에게 무상으로 곡물을 분급한 액수를 정리한 것이다.

---

48) 「八道賑穀假令」(奎章閣圖書 3238)은 1756년(영조 32)부터 1782년(정조 6)까지 실시된 진휼사업의 결과를 飢民數, 확보 곡물의 내역, 분급액, 남은 액수 등을 기록한 문서이다. 이 문서는 후대에 정리된 것이므로 1756년 이후의 진휼 내역을 정확히 기재한 것은 아니다. 실제 진휼이 시행된 지역임에도 불구하고 빠진 경우가 있고, 특히 영조 후반기인 1762년(영조 38)의 흉년으로 인해 1763년에 시행된 진휼부분이 대부분 빠져 있다. 그러므로 「八道賑穀假令」은 『惠政年表』와 대조하여 이해하여야 한다. 단 『惠政年表』는 기근이 발생하여 다음 해의 設賑을 위한 진자 확보과정을 보여주고 있으며, 「八道賑穀假令」은 기근이 발생한 다음 해에 설진을 하여 기민에게 곡물을 무상으로 지급한 결과를 보여주고 있다. 그러므로 『혜정년표』와 「팔도진곡가령」은 1년의 차이가 있다. 예를 들어 영조 31년에 기근이 발생하여 진자 확보과정을 나타낸 것이 『혜정년표』라면, 영조 32년에는 이를 바탕으로 진휼사업의 결과를 기록한 것이 「팔도진곡가령」인 것이다.

〈표 10〉 1755(英祖 31)년 이후 飢民數 및 무상분급 곡물 액수

年度	道	飢民數	合各穀	分賑穀	賑餘穀
1756 英祖 32	京畿道		21,932		
	全羅道	157,049	90,150		
	慶尙道	304,409	236,530	223,230	13,300
	江原道	*39,716	*32,224	*29,018	*3,206
	平安道	34,161	25,436	22,618	2,818
1757 英祖 33	京畿道		28,621	17,104	11,517
	江原道	**42,253	**31,736	**29,768	**1,968
1758 英祖 34	平安道	20,449	18,466	12,592	5,874
1760 英祖 36	京畿道	***3,780	2,619		
1761 영조 37	京畿道		3,548		
	洪忠道	8,982	7,760		
1762 영조 38	全羅道	16,143	9,963		
	慶尙道	30,844	27,235	17,389	9,846
1763 영조 39	京畿道	124,590	16,573	8,593	7,980
	平安道	16,441	18,488	5,817	12,671
1765 영조 41	京畿道	217,327	21,298	13,765	7,533
	全羅道	12,156	7,370		
	慶尙道	29,299	32,137	22,137	10,000
1769 영조 45	京畿道	17,475	4,208		
	江原道	15,417	16,005	1,915	2,113
	咸境道	38,889	38,948	14,036	1,969
1772 영조 48	慶尙道	25,686	43,264	18,930	24,334
	平安道	39,609	17,854	15,827	2,027
1773 영조 49	京畿道	124,590	16,573	8,593	7,980
1774 영조 50	京畿道	52,320	9,641		
	洪忠道	26,704	18,319	3,295	6,346
	全羅道	131,718	84,978		
	慶尙道	34,518	44,110		
	黃海道	4,117	4,205	25,810	18,300
1776 正祖 즉위년	平安道	34,324	24,381	16,381	8,000
1777 정조 1	江原道	9,167	7,061	6,938	
	咸境道	48,816	93,670	48,746	123
	平安道	28,829	****27,217		44,924

연도	道				
1778 정조 2	京畿道	60,424	11,460	3,881	7,579
	洪忠道	23,394	23,394		
	慶尙道	13,283	20,918	9,528	11,390
	江原道	784	730	700	30
1779 정조 3	京畿道	39,364	5,000	2,955	2,045
	洪忠道	12,038	8,923		
	慶尙道	186,961	182,769	135,087	47,682
	江原道	10,847	8,589	6,548	2,041
	咸境道	87,848	16,356	8,241	8,115
	平安道	5,520	6,279		
1782 정조 6	全羅道	66,888	50,770	36,980	13,790
	慶尙道	1,364,504	162,065	94,704	67,360
	江原道	873	409	392	17
	咸境道	128,176	11,344	9,403	1,941

出典 :「八道賑穀假令」

  * 1756년의 강원도 기록중 洪忠移轉穀 4천석, 嶺南移轉穀 3천석을
有土民人에게 환곡으로 분급한 것은 제외함.
  ** 1757년 강원도 기록중 洪忠·嶺南·北關移轉各穀 2,500석, 5천석, 3천석
을 有土 民人에게 환곡으로 분급한 것은 제외함.
  *** 1760년 경기도 飢民數는 南陽 등 5邑의 飢民.
  **** 1777년 평안도 合各穀 27,217석은 37,247석의 착오인 듯.

위 표에서는 각 지역마다 기재 방식의 차이를 보이고 있다. 전라
도·충청도의 경우는 확보한 곡물 액수만을 기록하고 실제 기민에
게 분급한 액수는 기록하고 있지 않다. 또한 기민 수의 기록에서도
지역마다 차이를 보이고 있다. 〈표 10〉에서 분진곡을 기민수로 나
누면 1인당 분급액을 산출할 수 있다. 경기도는 0.94~1.64斗를 기
민에게 지급하고 있는데, 다른 지역은 대체로 8斗 이상 많으면
11.21斗까지 분급하고 있었다. 영조년간에는 기민에게 곡물을 지급
하는 양이 10일간 壯男 米 5승, 壯女·老男女 4승, 兒 3승으로 확
정되는 시기였다. 그러므로 경기도의 지급액은 쌀이 아닌 피곡으로
이해하면 될 것이다. 즉 경기도의 기민 수는 10일에 1회 곡물을 지
급받은 기민의 연인원으로 추정된다.
  다른 지역의 경우 지급액이 지나치게 많은 것은 기민 1인에게 1
회 지급한 것이 아니라 10회 이상의 건량을 지급하였기 때문으로

보인다. 이 경우 기민의 수는 연인원이 아니라 실재 기민 수를 나타낸다고 하겠다. 그러므로 이 경우 기민 수에 10배 정도를 연이원으로 파악할 수 있다.

〈표 10〉의 통계가 완전하지 못하고 또한 지역마다 파악방법이 다르므로 「八道賑穀假令」을 통해서는 진휼의 성과를 파악하기는 힘들고 추세를 알 수 있을 따름이다. 그러나 「팔도진곡가령」에는 무상으로 지급한 곡물의 내역이 기록되어 있으므로 진휼에 사용한 곡물을 파악하는데 유용하다.

위에서 살핀 바와 같이 18세기 초·중기에도 17세기 후반에 이어 활발한 진휼을 시행하고 있었으며, 이 과정 속에서 진휼제도의 정비가 이루어지고 있었다. 또한 진휼의 시행과정에서 기민에게 곡물을 무상으로 분급하는 곡물은 환곡이 다수를 차지하고 있음을 살펴 보았다. 이를 통해 환곡의 진휼기능은 18세기 중반에도 여전히 존재하고 있음을 알 수 있다. 조선후기의 빈번한 자연재해가 발생하는 상황은 특수한 상황이 아니라 일반적인 상황이었다. 이 과정에서 비축된 곡물을 사용하는 것은 당연한 일이었으며, 비축된 곡물은 환곡이었다. 또한 환곡은 기민에게 무상으로 지급되었을 뿐만이 아니라 농민에게 분급되고 회수되는 것이었다. 특히 기근 발생시에는 환곡분급을 확대하기 위하여 규정된 분급량을 초과해서 분급하는 加分이 흉년이 들면 일상적으로 시행되었다. 이를 통하여 확인할 수 있는 점은 환곡이 농민 보호를 위한 진휼기능을 충실히 수행하고 있다는 점이다.

정조년간에 이르면 급재결과 함께 기민에게 무상분급한 곡물의 액수 및 기민의 연인원을 파악할 수 있다. 이를 나타낸 것이 다음의 〈표 11〉과 〈그림 2〉다.

〈표 11〉 正祖年間의 畢賑기록

연도	구분/합계	지 역	飢民(口)	賑穀(石)
1776년 정조 즉위		關 西	34,324	28,891
		關 東	4,162	2,892
	합계	2道	38,486	31,783
1777 정조 1		南 關	469,021	32,759
		北 關	204,460	14,265
	합계	1道	673,481	47,024
1778 정조 2		京畿道	64,024	4,225
		湖 西	29,531	23,397
		嶺 南	13,283	9,527
		關 東	784	100
	합계	4道	107,622	37,249
1779 정조 3		京畿道	39,364	3,106
		江原道	10,847	6,548
		慶尙道	741,558	135,087
		南 關	48,014	3,726
		北 關	35,838	3,869
		平安道	5,520	6,279
		洪忠道	12,038	8,930
	합계	6道	893,179	167,545
1782 정조 6		湖 南	66,888	36,979
		嶺 南	1,364,500	94,703
	公賑	咸境道	14,535	13,114
	합계	3道	1,445,923	144,796
1783 정조 7	公賑	京畿道	550,052	25,200
	公賑	湖 西	406,889	23,900
	私賑	湖 西	11,314	753
	公賑	嶺 南	629,873	52,670
	합계	3道	1,598,128	102,523
1784 정조 8		京畿道	343,838	*18,372
		강 화	29,235	795
		嶺 南	203,400	16,650
		湖 南	2,210,466	111,340
	公賑	關 東	24,777	21,735
	私賑	關 東	725	654
	公賑	湖 西	656,291	49,648
	私賑	湖 西	23,915	1,746
		南 關	420,057	36,691
	公賑	北 關	202,960	16,256
	私賑	北 關		1,789
	합계	6道	4,115,664	287,936

연도		지역		
1785 정조 9		濟 州	58,960	12,798
1787 정조 11		京畿道	178,939	13,444
		강 화	4,232	186
		嶺 南	1,088,287	83,531
		湖 南	1,556,439	86,171
	私賑	湖 南	275,438	16,900
		湖 西	279,877	17,075
	私賑	湖 西	32,657	2,338
		關 東	1,603	994
		咸境道	90,531	2,414
		제 주	47,300	8,400
	합계	6道	3,555,303	231,453
1789 정조 13		南 關	296,508	29,985
		北 關	247,012	26,310
	합계	1道	543,520	56,295
1790 정조 14	公賑	關 西	808,501	8,571
	私賑	關 西	228,798	7,440
		海 西	153,376	6,932
	公賑	南 關	246,668	19,393
	私賑	北 關	125,571	11,355
	합계	3道	1,562,914	53,691
1792 정조 16		湖 西	25,082	2,249
	公賑	關 西	238,279	7,823
	私賑	關 西	200,068	6,359
	합계	2道	463,429	16,431
1793 정조 17	公賑	湖 南	1,038,697	60,353
	私賑	湖 南	200,172	13,168
		제 주	61,413	22,182
	公賑	湖 西	201,497	15,984
	私賑	湖 西	255,851	29,618
		江原道	7,509	5,713
		嶺 南	2,829,596	205,756
	합계	4도	4,594,735	352,774
1794 정조 18		교 동	19,333	1,124
		海 西	135,689	11,742
	합계	2道	155,022	12,866

연도	구분	지역		
1795 정조 19		嶺　南	1,424,008	105,407
		제　주	725,329	25,905
	公賑	湖　南	2,200,752	109,969
	私賑	湖　南	61,664	93,547
	救急	湖　南	40,995	2,019
	公賑	湖　西	626,470	45,340
	私賑	湖　西	21,995	1,489
	救急	湖　西	80,484	4,977
		關　西	153,462	4,882
		咸境道	49,575	11,332
		京畿道	148,490	12,330
		수　원	52,704	3,399
	합계	6도	5,585,929	420,596
1796 정조 20	公賑	湖　西	118,171	5,311
	私賑	湖　西	6,321	418
	救急	湖　西	19,879	1,373
	합계	1道	144,389	7,102
1798 정조 22	公賑	湖　南	469,072	27,504
	私賑	湖　南	253,651	14,967
	救急	湖　南	20,744	1,023
		湖　西	28,308	2,115
	公賑	嶺　南	360,478	26,190
	私賑	嶺　南	82,153	5,361
	救急	嶺　南	122,202	8,760
	私賑	關　東	368	252
	합계	4도	1,336,976	86,172
1799 정조 23	公賑	湖　西	509,722	45,810
		嶺　南	463,948	34,340
		湖　南	652,693	41,563
	합계	3道	1,626,363	121,713

出典 :『正祖實錄』各年 畢賑기록

* 1784년 경기도의 진곡은『正祖實錄』에는 30,632석으로 기록되어 있으나, 이는 진휼을 위해 모은 곡물의 총액을 기록한 것이고 실제 기민에게 지급된 곡물은 18,372석 3두 5승 4합이고 남은 곡물은 12,044석 1승 3합이었다.(『各司謄錄』1)

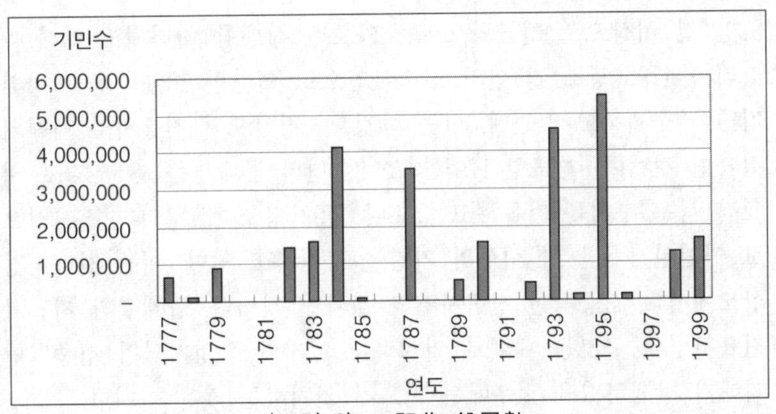

〈그림 2〉 正祖代 飢民數

   진휼사업은 기근이 발생한 다음해 정월부터 시행하는 것이 일반
적이기 때문에 給災結과 진휼사업의 관계를 살펴보기 위해서는 기
근이 발생한 다음해 진휼사업의 결과와 전년도의 급재결을 비교해
야 한다. 〈그림 1〉과 〈그림 2〉를 통해 급재결을 6만 결 이상 지급
한 다음해는 대체로 연인원 1백만 명 이상이 곡물을 무상으로 분
급받는 진휼사업의 혜택을 입고 있었는 사실을 확인할 수 있다.[49]

   급재결의 변동은 出稅實結의 변동과 반비례하여, 급재결이 9만
결 이상의 해에는 출세실결이 75만결 이하로 떨어지고 있다. 정조
년간 출세실결은 대략 71만결 이상 84만결 이하로 나타나고 있어
10만결 이상의 심한 변동을 나타내고 있다. 출세실결과 급재결의
변동은 삼남지방을 중심으로 이루어지고 있었기 때문에 함경·평
안도 등의 북부지역과는 상관관계를 갖지 않는다.

   1789(정조 13)년의 전국 급재결수는 34,000여 결이고 출세실결은

---

49) 정조 1·2년의 급재결은 70,750·92,279결로 높은 수치를 기록하고 있으
    나 정조 2·3년의 진휼사업의 결과는 107,622명과 893,178명으로 100만
    명 이하를 기록하고 있다. 이러한 결과는 전국적으로 급재결의 수가 정
    조 3년의 경상도(기민은 74만여 명으로 정조 3년 진휼사업의 가장 큰
    부분을 차지하고 있다.)를 제외하고 고루 분포한 결과인 것이다.

81만 결 이상으로 전국적으로는 양호한 상태를 나타내고 있다.[50] 그러나 1790(정조 14)년의 진휼사업으로 연인원 150만 명 이상의 기민을 구제하고 있는데, 이는 함경도·평안도의 진휼사업 시행의 결과인 것이다.[51] 또한 1797(정조 21)년의 급재결은 38,862결로 비교적 적은 수치를 기록하고 있으나 1798(정조 22)년의 진휼사업으로 연인원 128만 명 이상의 기민을 구제하고 있다. 이는 전라·경상도에서의 집중적인 진휼사업의 결과인 것이다. 급재결의 지급과 진휼사업의 규모는 대체로 일치하고 있지만 특정지역의 집중적인 피해가 발생하였을 경우에는 반드시 일치하는 것은 아니다.

왕조정부가 재해가 들었을 때 곡물을 무상으로 분급한 기록이 구체적으로 기록된 1756(영조 32)년부터 1863(철종 14년)년까지 108년간에 걸쳐 54회의 진휼사업이 시행되고 있어 평균 2년에 1회 꼴로 전국적인 대규모 기근이나 일부 지역에 국한된 기근이 발생하였음을 알 수 있다.[52]

조선후기에 기근이 들었을 때 왕조정부 혹은 지방 수령이 飢民에게 곡물을 무상으로 분급한 기록은 위 〈표 10〉, 〈표 11〉를 통해서 그 실상을 살필 수 있다[53]. 2년에 1회 꼴로 자연재해를 당하는

---

50) 『度支田賦考』 結數表

51) 1789년에는 함경도에 급재결을 지급하지 않았다. 평안도 지역의 정조년간의 급재결은 1천 결 이하가 대부분이었으나 정조 13년에는 3,205결로 최고치를 나타내고 있다. 또한 정조 14년 평안도 진휼사업으로 103만 명 이상의 기민을 구제하고 있었다.

52) 기존의 연구에서는 17세기 중엽에서 19세기 중엽까지 200여년 동안 3년에 1회 꼴로 기근이 발생한 것으로 파악하고 있으나(조광, 「19世紀 民亂의 社會的 背景」, 『19世紀 韓國 傳統社會의 變貌와 民衆意識』, 188쪽) 곡물을 지급 받은 기민의 숫자와 분급한 곡물의 숫자를 확인할 수 있는 기록으로는 英祖 32년 이후 영조년간의 진휼사업을 기록한 「八道賑穀假令」(규장각도서 3238)에 13회, 『正祖實錄』 畢賑기록 17회, 19세기 철종년간까지의 기록은 24회로 나타나고 있다.(文勇植, 1990, 「19세기 전반 還穀 賑恤機能의 변화과정」, 『釜山史學』 19)

53) 〈표 10〉과 〈표 11〉에서 겹치는 시기는 정조 1·2·3·6년으로 지역에 따라 다른 수치를 나타내는 경우도 있다. 이 점은 「八道賑穀假令」과 『正祖

상황에서 조선왕조정부는 무상분급에 소용되는 곡물을 확보하기 위해서 諸施策을 마련하여야만 하였다.

정조대의 빈번한 진휼의 시행은 특별한 경우가 아니라 조선후기의 일반적인 상황이었다. 그러므로 진휼의 비용을 公穀으로만 충당할 수는 없었다. 조선왕조정부의 입장에서 비용을 들이지 않고 진휼곡물을 확보하는 방법이 공명첩의 분급과 부민원납의 장려였다.[54]

공명첩을 통하여 확보한 곡물은 진휼시에 우선적으로 사용되었다. 흉년시에 진휼사업에 사용되는 곡물은 朝家區劃穀·자비곡·공명첩가곡·부민원납곡 등이 주류를 이루고 있는데 분급을 하고 남은 곡물은 조가구획곡에 다시 회록되어 원곡의 감축을 최소화하려 하였다. 즉 지방에서 마련한 자비곡과 공명첩가곡·부민원납곡은 모두 사용되었지만, 왕조정부의 관리곡물은 획급한 곡물 모두를 사용하는 것은 아니었다. 공명첩가곡은 무상분급에 사용되기도 하였으며 진휼사업의 부대비용으로도 사용되었다. 진휼사업시에는 곡물의 분급이외에 된장·소금·미역 등을 함께 분급하였는데 그 비용은 지역에 따라 차이가 있다.[55]

숙종년간에 일반화되었던 공명첩의 발매는 영조대 『續大典』에서 큰 흉년에만 발매하도록 규정하였으나[56] 제대로 지켜지지는 않았

實錄』의 기재방식의 차이와 公賑·私賑·救急을 포함했는가의 여부와 관련이 있다. 〈표 11〉에서는 『日省錄』의 기록과 차이를 보이는 경우도 역시 공진·사진·구급의 구별 여부와 관계가 있다. 『日省錄』의 기록이 보다 구체적으로 파악된 것이나 정조 11년부터 구체적인 기록이 제시되고 있어 기록의 통일성을 기하기 위하여 『正祖實錄』의 畢賑기록을 정리하였다.

54) 徐漢敎, 1990, 「17·8세기 納粟策의 實施와 그 成果」, 『歷史敎育論集』 15.

55) 『四政考』荒政考 賙賑 ; 『公移占錄』(奎章閣圖書 7622, 韓國地方史資料叢書 7, 여강출판사) 丙戌賑濟事例에 의하면 殷山 등 5邑의 진휼사업에서 各穀 392석 6두 9승과 공명첩 16장으로 租 171석 10두를 마련하였는데 공명첩으로 마련한 곡물의 사용은 粥米·미역·소금·된장과 땔나무 그리고 운반비 등으로 사용되고 있다.

56) 『續大典』, 「吏典」, 雜令, '空名帖 一切防塞 〈細註〉雖當大歉 營賑 不得已

다. 정조대에 다시 한번 이 규정이 확인되며[57] 1794(정조 18)년에
는 공명첩의 발매를 허가하지 않고 있다.[58] 이와 함께 부민원납도
금하고 있었다.

　민에게서 곡물을 모집하는 방법으로 공명첩이외에 權分 혹은 富
民願納의 방법이 있었다. 권분은 흉년시 부민이 자발적으로 기민에
게 곡식을 분급하거나 관진에 보조하는 것을 말하는데[59] 실제로는
부민수탈에 이용되기도 하였다. 특히 수령이 자비곡을 비용절감에서
마련하지 않고 부민에게서 곡식을 염출하여 마련하기도 하였다.[60]

　이처럼 대민수탈로 인해 권분을 금하였으나 기근시에 진휼곡물
을 마련하기 위하여 원납이라는 명목으로 지속될 수밖에 없었다.
공명첩의 매득이 단순히 명예를 추구하는 것이라면 원납은 보다
실질적인 이익을 추구하였다. 따라서 공명첩의 발매가보다 월등히
높은 액수를 권분하는 경우가 대부분이었다. 영조년간에 제정된 부
민권분논상별단에서는 1,000석 이상이면 실직을 제수하도록 하고
있었고, 500석, 100석, 50석이상 등으로 구분하여 시상하도록 하고
있었다.[61] 이러한 권분이 시행되더라도 공명첩의 판매가 중지된
것은 아니었다. 또한 원납은 민의 자발적인 참여보다는 관의 강제
에 의해 억지로 참여하는 경우도 종종 발생하여 폐단을 일으키
자[62] 원납을 금하는 규정이 마련되었다.[63] 권분·원납에서의 폐단
은 주로 소액을 납부하는 민에게 집중되었다. 1,000석 이상을 납부
하는 사람에게는 실직을 제수하고 있었기 때문에 고액 납부자들은

　　許之'
57)『大典通編』吏典 雜令, '荒年賑政 非通一道設賑 則勿許首裦加資'
58)『備邊司謄錄』182, 正祖 18년 12월 1일, 18권 330쪽.
59)『備邊司謄錄』130, 英祖 32년 1월 3일, 12권 716쪽.
60)『續大典』,「戶典」, 備荒, '各邑賑穀 每年隨力備儲 〈細註〉托以備穀 勸分民
　　間者 嚴禁'
61)『備邊司謄錄』92, 英祖 8년 7월 5일「富民勸分論賞別單」, 9권 371~372쪽.
62)『備邊司謄錄』91, 英祖 8년 5월 6일
63)『續大典』戶典 備荒

관직을 위하여 자원하여 납부하기도 하였다.64) 이점은 50석 이상
을 납부하여 포상의 기록에 든 원납의 액수와 진휼사업에 시행된
액수를 비교하면 분명해 진다.

원납을 금하는 명령은 종종 내려지지만65) 공명첩과 마찬가지로
지속적으로 금할 수는 없어 치폐가 반복되었다. 1794(정조 18)년에
는 국왕의 강한 의지로 공명첩과 부민원납을 금하여, 1799(정조
23)년까지는 권분66)과 공명첩의 발매가 중지되기도 하였다.

부민원납과 함께 권장한 것은 민간사진이었다. 민간사진은 전통
적으로 장려되는 부분이었다. 권분이 주로 官賑을 위해 부민이 진
휼곡을 관에 납부하는 것이 주류를 이루고 있지만 민간사진이 완
전히 없어진 것은 아니었다. 관에 원납을 하면서 동시에 자신의 친
척에게 사진을 행하기도 하였다67). 그러나 조선후기의 일반적인
상황은 관진이 주류를 이루고 있었고 민간사진이 주류를 이루는
것은 아니었다. 이러한 사진인에 대한 포상규정은 원납인에 준하여
이루어지고 있었다.

18세기 후반 진휼사업에 사용된 각종의 곡물을 중앙정부관리곡,
지방에서 마련한 곡물, 민의 부담곡으로 나누어 그 변화의 추세를
살펴보기로 하겠다.

중앙정부관리곡은 비변사구관곡과 상진곡이 주류를 이루며, 지
방에서 마련한 곡물은 수령자비곡과 감영에서 마련한 곡물로 구분

---

64) 徐漢敎, 1992, 「英·正祖代 納粟制度의 實施와 納粟富民層의 存在」, 『朝
    鮮史硏究』 1, 〈부표 1〉에서는 영·정조대의 원납·사진인의 납부실적과
    포상기록을 정리하고 있다.
65) 『備邊司謄錄』에서 권분을 금하는 해는 영조 8·13·14·38년과 정조 18
    년의 기록이 있다.
66) 『日省錄』 正祖 19년 5월 8일
    각 지역에서 이미 징수하여 사용한 부민원납곡을 賑餘穀에서 다시 환급
    하도록 지시하고 있다.
67) 正祖年間의 원납·사진인 포상기록을 살펴보면 民間私賑은 함경도 지역
    에서 정조 8·13년에 이루어지고 있음을 알 수 있다.(『日省錄』 正祖 8년
    7월, 13년 7월 14일)

할 수 있다. 자비곡의 경우 부민에게서 강제로 징수한 경우가 있기는 하나 요판을 통해 마련하는 것도 주요한 자비곡의 마련방법으로 사용되었기 때문에 지방에서 마련한 곡물의 범주에 넣었다. 공명첩가곡은 중앙정부에서 공명첩을 발급한 것이지만 실제 곡물의 마련을 민간에서 모집하므로 원납곡과 함께 민의 부담으로 분류하였다. 이처럼 중앙정부 부담곡과 지방부담곡 그리고 민간부담곡으로 구분하여 그 변화의 추세와 의미를 파악하고자 한다.

〈표 12〉 18세기 후반 무상분급 곡물 액수 (단위: 石)

구 분		정조 11	정조 17	정조 19	정조 20	정조 22	정조 23
충청	合	27,500	17,064	51,465	6,529		38,350
	중앙곡	24,645	4,874	31,987	5,500		21,485
	지방곡	1,467	7,183	14,978	1,030		8,676
	民	1,386	5,007	4,500	0		8,194
전라	合	86,171	60,353	109,969		27,504	37,941
	중앙곡	39,525	35,155	89,752		26,829	37,301
	지방곡	19,326	10,482	14,217		675	640
	民	27,318	14,714	6,000		0	0
경상	合	83,531	205,756	105,407		40,314	25,135
	중앙곡	60,192	131,397	105,407		22,952	24,230
	지방곡	20,527	40,982	0		17,363	905
	民	2,811	33,377	0		0	0

出典 :『日省錄』각년조.

〈표 12〉는 1787(정조 11)년 이후의 삼남지역에서 실시한 진휼사업의 소비곡물을 살펴본 것이다.

위 표에서 알 수 있는 점은 대체로 진휼사업에서 소비되는 곡물은 정조년간과 마찬가지로 중앙정부의 획급곡물인 공곡이 가장 높은 비중을 차지하고 있다.[68] 또한 1794(정조 18년) 공명첩과 부민

---

68) 具琓會는「八道賑穀假令」을 분석하며 무상분급으로 사용된 賑穀의 대부분이 군현 내부의 지배관계에 의하여 동원되었다고 하였다.(1992,『朝鮮後期의 守令制運營과 郡縣支配의 性格』, 경북대학교 사학과 박사학위논문, 213~215쪽) 그러나 그는 자료에 나타난 모든 시기의 전 지역을 다루지 않았고 일부 시기와 지역만을 대상으로 하였다. 또한 각종 환곡의

원납을 금지한 이후 예외적인 때를 제외하고는[69] 민간에서 모집하
는 곡물은 사라지고 있으며, 이와 짝하여 지방곡물의 주류를 이루
는 수령 자비곡이 현저히 감소하고 있는 것도 확인할 수 있다.

이러한 분석은 공진읍을 중심으로 하였기 때문에 진휼곡물은 公
穀이 중심적으로 소비되고 있었다. 그러나 앞서 살펴본 바와 같이
공진읍이라도 歲前, 歲後에 무상분급을 실시하는데 소비된 곡물은
포함되어 있지 않다. 또한 사진읍이나 구급을 실시하는 읍에서 소
요되는 곡물은 자비곡이나 감영 별비곡이 중심을 이루고 있었다.
그러므로 전체 진휼사업에서 소비되는 지방곡물은 적지 않은 양이
었을 것이다.

위에서 살핀 바와 같이 정조대의 빈번한 자연재해 속에서 시행
된 진휼정책으로 인하여 진휼곡물은 상당량이 감축되고 있었다. 진
휼곡물의 감축 상황은 다음 절에서 살펴본다.

성격을 정확히 파악하지 못하고 있었기 때문에 이런 결론에 도달하였다.
그가 수령이 군현 내에서 동원하는 환곡으로 自備穀·私賑穀·私賑帖·
富民願納·空名帖 등을 제시하고 있는데, 이중에서 自備穀과 私賑穀은
비변사구관의 환곡으로 수령이 임으로 사용할 수 없는 환곡이었다. 또한
私賑帖의 경우 구체적으로 무엇인지는 알 수 없다고 하였는데(209쪽 註
60), 이는 경상도 지역에서 운영하던 私賑穀·備荒穀·帖價穀의 三賑穀
의 하나였던 私賑穀을 의미한다. 물론 이러한 환곡은 비변사에서 관리하
였다. 또한 帖價穀의 경우 이미 공명첩을 발급하여 절반은 진휼에 사용
하고 절반은 환곡으로 운영하였던 환곡이었고, 당년도에 발급한 공명첩
을 사용할 때는 공명첩가곡으로 기록하였다. 이런 賑資의 내역은 『日省
錄』을 통하여 확인할 수 있다. 그러므로 18세기 전기간을 통하여 무상분
급에 사용되는 賑資는 왕조정부에서 관리하는 환곡이 중심을 이루고 있
었음을 확인할 수 있다.
69) 『日省錄』 正祖 23년 5월 忠淸 畢賑에서는 첩가곡 4,503석과 부민원납곡
3,691석을 허가하고 있다.

Ⅱ. 還穀의 增大와 運營

1. 18세기 前半 賑恤用 還穀의 확대

18세기에 이르러서도 자연재해는 거의 매년 발생하였고 이에 대한 대책으로 조선왕조정부는 비축곡물의 확보를 위하여 부단히 노력하였다. 그 결과 영조대의 환곡은 18세기 초반의 5백만석에서 8·9백만석으로 급격히 증가하였다.[70]

18세기 전반에는 자연재해에 대비하기 위하여 새로운 대책이 강구되기도 하였다. 흉년을 대비하기 위하여 평상시에 곡물을 비축하자는 논의 속에서 등장한 軍作米가 그것이었다.[71] 軍作米란 軍布 납부 대상자에게서 군포대신 쌀을 징수하여 비축하는 것이었다. 군작미는 흉년이 발생하였을 때 目前의 다급함을 구제하기 위하여 설치된 것이 아니라 비교적 풍년인 때에 비축곡물을 확보하여 기근에 대비하고자 설치된 것이다. 풍년이 든 해에는 미가가 낮기 때문에 정부로서는 손쉽게 곡물을 비축할 수 있었고, 군포를 납부하는 민의 입장에서는 풍년이 들어 미가가 하락하고 면포가 비싼 시기에 군포대신 쌀을 대신 납부하는 것이었기 때문에 부담을 덜 수 있었다. 이로 인하여 정부의 당로자들은 '귀한 것을 꺼내어 천한 것을 취한다'는 '常平之道'를 군작미 창설의 명분으로 내세우고 있었다. 즉 민에게 혜택이 돌아가면서도, 손쉽게 비축곡물을 마련할 수 있

---

70) 오일주, 1992, 「조선후기 재정구조의 변동과 환곡의 부세화」, 『實學思想研究』 3, 83쪽.
71) 文勇植, 1996, 「18세기 軍作米의 설치와 운영」, 『全州史學』 4.

는 방안으로서 군작미를 인식하였던 것이다. 군작미를 만드는 재원은 기본적으로 각 군문에서 징수할 군포를 쌀로 징수하는 것이었으나, 추가로 각 아문의 돈을 사용하기도 하였다. 즉 군포를 징수하는 시기에 각 아문에 비축된 전화를 군문에 옮겨 군포의 수요에 충당하게 하고, 그 대신 각 군문이 징수하여야 할 면포대신 쌀로 징수하여 곡물을 비축하였다. 이는 錢荒이 일어났을 때 전황의 해소책이 되면서, 손쉽게 곡물을 비축할 수 있는 방안이기도 하였다.

군작미는 영조년간 7회에 걸쳐,[72] 최소 3만석에서 최대 11여만석에 이르기까지 조성되었다.[73] 이렇게 만들어진 군작미는 항상 증가하는 것은 아니었다. 각종 비용에 사용되어 감축되기도 하였다.

1750년(英祖 26) 均役法의 실시는 양역운영에 커다란 변화를 가져왔을 뿐만 아니라 군작미의 운영에 있어서도 영향을 끼치고 있

---

72) 『備邊司謄錄』 86, 英祖 5년 8월 7일 「作米節目」, 8권 707~709쪽 ; 『備邊司謄錄』 96, 英祖 10년 10월 12일 「作米節目」, 9권 905~906쪽 ; 『備邊司謄錄』 98, 英祖 11년 8월 19일 「三南京畿作米節目」, 10권 83~84쪽 ; 『度支志』 15, 經費司 五, 禮部 三, 三手米條 ; 『備邊司謄錄』 120, 英祖 25년 8월 15일 「三南京畿軍作米節目」, 11권 949~951쪽 ; 『備邊司謄錄』 127, 英祖 30년 8월 28일 「三南軍作米節目」, 12권 523~525쪽 ; 『備邊司謄錄』 154, 英祖 46년 8월 24일 「三南軍作米節目」, 14권 991~992쪽.
1767(英祖 43)년에도 군작미를 만들려고 절목까지 작성하였으나 정지되었다.(『備邊司謄錄』 150, 英祖 43년 8월 28일 「三南軍作米節目一度」 停止, 14권 589~590쪽)

73) 군작미 설치 액수   (단위: 石)

연 대	경기도	충청도	전라도	경상도	합 계
英祖 5년	7,000	15,000	58,000	32,000	112,000
英祖 10년		6,600	13,000	13,000	33,000
英祖 11년	10,000	26,000	33,000	44,000	113,000
英祖 24년					30,000
英祖 25년	4,000	22,000	30,000	36,000	92,000
英祖 30년		10,300	32,000	18,000	60,300
英祖 46년		15,000	15,000	12,000	42,000

* 出典 : 각 년 「作米節目」에 의거해 작성.
* 節目의 최소 折定價로 계산하고 백단위 이하는 버림.

었다. 균역법의 제정 이후 감필한 50만필을 보충하기 위해 비변사 구관 군작미를 전용하였던 것이다. 비변사구관의 군작미 10만석을[74] 균역청에 옮겨와 경기도에 2천석, 호서에 2만석, 영남에 5만석, 호남에 2만 8천석을 배정하여 절반을 糴糶取耗하도록 하였다.[75] 이처럼 균역법이 완성된 후의 군작미의 운영은 커다란 변화를 초래하였다. 이제까지 군작미의 관리는 비변사에서 주로 하였는데 균역법이 완성되면서 10만석의 군작미를 균역청으로 이관한 것이었다. 균역법이 제정되기까지 5차례의 군작미가 만들어졌는데 앞의 3차례는 그동안 진자와 비용으로 소모된 것같고 英祖 24·25년에 3만석과 9만여 석의 군작미를 만들었는데 이 수의 거의 대다수가 균역청으로 이관된 것으로 보인다. 균역법 실시 직전인 英祖 25년에 만들어진 군작미의 경우 경상도에서 38,000석, 전라도에서 30,000석, 충청도에서 22,000여석이 작미되었을 것으로 보이는데 「均役事目」에서 각 도에 분배한 수는 경상도를 제외하고 이 수치를 밑돌고 있다. 경상도의 경우는 이전에 창설한 군작미의 남은 것을 합하여 균역청에 이관하였을 것이다. 균역법 시행 이후의 군작미는 비변사가 관할하는 것보다는 균역청에서 관할하는 양이 더 많아져 군작미 중에서 균역청 군작미가 주류를 이루었다.

군작미는 그 운영에서 볼 때 환곡부족으로 가분을 한다든지[76] 진휼을 목적으로 발매를 요청하는 등[77] 환곡의 역할을 충실히 시행하고 있었다. 또한 山郡과 沿海邑의 곡식 不均을 해소하기 위하여도 사용되었다. 즉 삼남에 있는 선혜청구관의 군작미의 운영을 보면,[78] 山郡에 있는 것을 연해로 옮겨 수송하는데 편하게 할 것을

---

74) 『英祖實錄』 75, 英祖 28년 1월 13일(乙亥), 43권 427쪽.

75) 「均役事目」(奎章閣圖書 1123) 會錄 第十.

76) 『備邊司謄錄』 151, 英祖 44년 3월 12일, 14권 640쪽.

77) 『英祖實錄』 111, 英祖 44년 10월 20일(甲戌), 44권 304쪽.

78) 영조 29년 균역청이 선혜청에 合設되었기 때문에 선혜청구관 군작미라는 표현을 사용하였다.(『增補文獻備考』 222, 職官考 9, 均役廳)

청하여 허락받고 있었다.[79] 또한 호조에서 부족한 경비에 충당하기도 하였다.[80] 군작미가 호조의 경비에 충당되는 것은 군작미의 감축을 의미하는 것이다.

군작미의 운영은 환곡운영과 동일하게 시행되었으나, 그 명색은 환곡·군향과는 구분되어 파악되고 있었다.[81] 이는 군작미가 창설될 때 군문의 재원으로 창설되었고 이후 군작미를 보충할 때 군문의 재원을 사용하지 않더라도 군포납부를 대신하여 작미하였기 때문이었다. 균역법 시행 이후의 군작미는 비변사 이외에 균역청에서도 구관하는 변화가 있었다. 18세기 후반 이후 환곡이 급증하는 상황 속에서 군작미가 전체 환곡에서 차지하는 비중은 얼마 안 되더라도 창설 이후 일정한 수준을 계속 유지하였으며, 감축되는 경우 지속적으로 보충되었다는 점은 군작미에 대한 영조의 관심이 지속되었다고 볼 수 있다. 이러한 군작미 총액의 변화를 살펴보면 〈표 13〉과 같다.

다음 표에서 확인할 수 있는 점은 비변사 군작미는 영조년간 이후 급격히 감소하고 있다는 점이다. 영조년간에 7차례에 걸쳐 만들어진 비변사 군작미는 균역법 시행 이후 10만석을 분할하여 균역청 군작미를 창설하였으나 그 이후에도 보충되어 1769(영조 45)년에는 16여만석을 유지하였다. 그러나 정조년간에는 4·5만대를 유지하다가 1807(순조 7)년에는 3만석대로 하락하였다.

반면 균역청 군작미는 10만석으로 시작해 1769(영조 45)년 15만여석으로 최고치를 기록하고 그 후 감소하였으나 10만석 이상은 유지하고 있었다. 이것은 균역청 군작미의 창설이 減匹給代를 보충한다는 명목으로 창설되었기 때문이다.

---

79) 『英祖實錄』 112, 英祖 45년 1월 4일(戊子), 44권 315쪽.
80) 『英祖實錄』 122, 英祖 50년 5월 25일(丁丑), 44권 475쪽.
81) 『備邊司謄錄』 154, 英祖 46년 4월 10일, 14권 934쪽에서는 환곡의 징수 상황을 파악할 때 환곡, 군향, 군작미, 別餉 등의 명목으로 파악하고 있다.

〈표 13〉 군작미 총액의 변화　　　　　　　　（단위: 石, 石이하는 버림）

지역	구분	英祖28	英祖45	正祖즉	正祖12	正祖21	純祖7
京畿道	均役廳	2,000		17,241		11,069	23,244
	備邊司		1,614		957	638	215
	합					11,707	23,459
忠淸道	均役廳	20,000		19,610		8,737	17,209
	備邊司		15,937		5,055	4,482	79
	합					13,219	17,288
全羅道	均役廳	28,000		34,529		54,894	74,720
	備邊司		31,818		10,117	15,060	7,319
	합					69,954	82,039
慶尙道	均役廳	50,000		79,033		42,034	34,233
	備邊司		114,341		36,367	23,640	26,716
	합					65,676	60,949
合計	均役廳	100,000		150,414		116,734	149,406
	備邊司		163,710		52,496	43,820	34,329
	합					160,554	183,735

出典 : 英祖 28년은 『均役事實』, 英祖45·正祖12년은 『增補文獻備考』, 正祖 卽位年은 『穀簿合錄』, 정조 21년은 『穀總編攷』, 純祖 7년은 『萬機要覽』.

　　비변사의 군작미를 이관하여 환곡을 운영하기 시작한 균역청은 다른 환곡을 창설하여 1797(정조 21)년에 52만여석, 1807년에 110만여석으로 급격히 증가하였다.[82] 그러나 군작미는 10만석에서 출발하여 15만여석에 이르는등 급속한 증가는 보이지 않고 일정한 수준을 유지하고 있었다. 즉 영조년간에 환총의 급격한 증가가 이루어지고 있었는데, 군작미의 창설도 이런한 노력의 일환이었다. 영조년간에 7차례나 만들어진 군작미는 본래의 목적이었던 진휼에 대한 비축과 군향 보충이라는 본래의 목적을 충실히 이행하고 있었다. 그러나 전반적인 재정부족으로 인해 영조 후반부터는 각 아문의 비용부족에 충당되기 시작하여 감소의 경향을 보이고 있었다.

　　17세기 후반에 상평청과 진휼청이 환곡을 운영하게 되면서 양청은 호조·선혜청과 더불어 재정아문으로 확고하게 자리잡게 되었

---

82) 오일주, 앞의 논문, 80쪽.

다. 그러나 선혜청 당상 1員이 상평청과 진휼청을 동시에 구관하는
구조였으므로 주전할 때나[83] 월과미 문제에[84] 있어서는 상평청과
진휼청이 동일한 아문인 것처럼 표현되고 있으나 실제에 있어서는
상평청과 진휼청이 각기 다른 아문이었다. 다만 兩廳이 선혜청 당
상의 관리를 함께 받았기 때문에 진휼사업에서는 상평청·진휼청
곡물이 함께 거론되는 경우가 빈번하였다. 흉년을 당해 곡물을 탕
감할 경우 상평청·진휼청 양청의 곡물은 함께 탕감되었으며[85],
주전할 때에도 함께 거론되었으며[86], 징수할 때도 함께 거론되었
다.[87] 또한 진자를 획급할 때도 함께 거론되었다.[88]

18세기 전반에 들어서는 상평청과 진휼청의 곡물을 뚜렷이 구분
하지 않고 진휼을 할 때 상진곡이라 지칭하는 사례가 더욱 증가하
고 있었다. 1732(英祖 8)년의 전라·경상도 진휼사업에서는 상진곡
을 백급하고 있으며,[89] 황해도에 상진미 8백석을 획급하였다.[90]
1752(英祖 28)년에는 함경도의 진자로 경상도의 상진곡을 획송하
고 있으며[91] 균역청을 설치할 때 상진모를 이획하였다.[92] 또한 應
辦法을 개정할 때에 '상진청'과 '진휼청'의 용어가 혼재되어 나타나
는데 이는 상평청의 역할이 약화되고 진휼청의 기능이 확대되는
과정에서 곡물의 구관은 양청이 함께 하면서 진휼청 중심으로 변

---

83) 『備邊司謄錄』54, 肅宗 30년 3월 20일, 5권 291쪽
84) 『備邊司謄錄』55, 肅宗 30년 7월 22일, 5권 340쪽, '又所啓 月課火藥 …
　　常平廳價米之餘剩者 又自賑廳取用 則其有補於賑資者尤大 以此定式 以爲
　　永久施行之地 何如 … 上曰依爲之'
85) 『備邊司謄錄』31, 肅宗 1년 7월 2일, 3권 175쪽.
86) 『備邊司謄錄』47, 肅宗 19년 7월 4일, 4권 530쪽; 肅宗 21년 12월 29일, 4
　　권 761쪽
87) 『備邊司謄錄』51, 肅宗 26년 8월 27일, 4권 954쪽.
88) 『備邊司謄錄』54, 肅宗 30년 3월 20일, 5권 291쪽; 肅宗 33년 6월 25일, 5
　　권 677쪽; 肅宗 33년 9월 13일, 5권 709쪽.
89) 『英祖實錄』32, 英祖 8년 11월 20일(癸卯), 42권 323쪽.
90) 『英祖實錄』32, 英祖 8년 12월 8일(辛酉), 42권 323쪽.
91) 『英祖實錄』75, 英祖 28년 1월 4일(丙寅), 43권 423쪽.
92) 『英祖實錄』75, 英祖 28년 1월 13일(乙亥), 43권 426쪽.

화하는 것을 나타내는 것같다.[93]

이처럼 상평청·진휼청이 선혜청의 속아문으로 양청을 합칭하여 상진청이라 부르거나 양청의 곡물을 상진곡이라 부르는 일이 빈번하자 1770(英祖 46)년에는 지돈녕 정홍순의 청에 의해 양청의 곡물은 공식적으로 상진곡으로 통합하여 관리하게 되었다.[94]

상평청·진휼청 곡물의 액수가 어느 정도였는지는 『輿地圖書』를 통해 부분적으로 파악할 수 있다. 이미 1759(英祖 35)년 당시에 8도에 걸쳐 상평청·진휼청의 곡물이 상당량 존재하고 있었다. 양청의 곡물은 강원도에 27만여석, 황해 10만여석, 경상 87만여석, 평안도 12만여석으로 나타나 있다.[95] 영조년간의 각 지역의 상평청·진휼청 곡물의 총량을 나타내는 것이 다음의 〈표 14〉이다.

〈표 14〉 영조년간 상진곡의 액수　　　　　　　　　　　　　　(단위: 石)

구분	1759(英祖 35)년			1769(英祖 45)년		
	상평청	진휼청	합 계	상평청	진휼청	합 계
경 기				57,318	340,286	397,604
충 청				268,254	271,695	539,949
강 원			271,022	97,937	205,815	303,752
황 해	83,218	21,688	104,906	121,760		121,760
전 라				198,880	19,393	218,278
경 상	658,860	218,137	876,997	685,786	246,869	932,655
평 안	124,742		124,742	137,385		137,385
함 경				131,295	115,256	246,551
합계				1,698,615	1,199,319	2,897,934

出典 : 英祖 35년 『輿地圖書』, 英祖 45년 『增補文獻備考』「市糴考」
　　　* 石 단위 이하는 버림.

---

93) 『英祖實錄』 79, 英祖 29년 1월 14일(庚午), 43권 476쪽.
94) 『備邊司謄錄』 154, 英祖 46년 9월 15일, 15권 4쪽, '知敦寧鄭弘淳所啓 常平廳·賑恤廳 始則各衙門 中間以來 以堂郎通同句管 便成一廳 穀物需用 無拘推移 而獨於外方穀簿尙存 舊例凡於出入 加減之際 必爲分排兩廳之故 反有錯亂瑣細之弊 自今爲始 兩廳所付各邑穀物 合而一之 名爲常賑穀 以便管檢似好 故敢達矣 上曰依爲之'
95) 『輿地圖書』의 각 도별 기재 양식은 일정하지 않으나 각 도별 환곡 총액이 기재된 것 중에서 상평청·진휼청 곡물이 명시된 지역의 수치이다.

위의 표에 의하면 각 지역에서 상평청·진휼청 곡물은 1759년에서 1769년 사이에 완만한 증가추세를 보이고 있다. 평안도에는 진휼청 곡물이 존재하지 않으며, 황해도에서는 1759년 2만여석의 진휼청 곡물이 존재하였으나 1769년에는 존재하지 않는다. 또한 경기·충청·강원도는 환총이 적은 지역으로 진휼청 곡물이 상평청 곡물보다 높은 수치를 나타내고 있다.

『輿地圖書』의 환총 기록 중에서 충청도의 경우 軍資·常平·賑恤 三倉會付穀으로 기록하고 있으며, 함경도에서는 3衙門穀을 함께 기록하고 있다. 三倉會付 혹은 3아문곡물은 호조 구관곡과 상평청·진휼청 곡물을 의미한다. 이는 『萬機要覽』의 호조구관곡, 상진곡, 비변사구관곡의 三司穀과 구분된다. 즉 1759(영조 35)년 당시까지 비변사구관곡이 진휼곡물로서 아직 확고하게 자리잡지 못하고 있음을 나타내고 있는 것이다.

진휼의 기능을 담당하고 있었던 상평청·진휼청의 곡물이 전체 환총에서 차지하는 비율을 살펴본 것이 다음의 〈표 15〉다.

〈표 15〉 전체 환곡에서 상진곡의 비율

구분	1759(英祖 35)년			1769(英祖 45)년		
	환 총	상진곡	비 율	환 총	상진곡	비 율
경 기				682,714	397,604	58%
충 청				750,535	539,949	72%
강 원	332,815	271,022	81%	422,034	303,752	72%
황 해	441,306	104,906	24%	491,428	121,760	25%
전 라				757,374	218,278	29%
경 상	2,015,531	876,997	44%	2,250,004	932,655	41%
평 안	1,998,728	124,742	6%	2,301,147	137,385	6%
함 경				696,471	246,551	35%
합계				8,351,707	2,897,934	35%

出典 : 英祖 35년 『輿地圖書』, 英祖 45년 『增補文獻備考』「市糴考」

위의 표에서 호조곡·상진곡·비변사구관곡을 합계한 환곡 총액에서 상진곡의 비율은 평균 35%로 나타나고 있다. 평균치에 미달

하는 지역은 평안도 6%, 황해도 25% 그리고 전라도 29%로 나타
나고 있다. 평안도와 황해도의 경우는 管餉穀이 다수 존재하여 진
휼에 대비한 별도의 곡물을 보유하고 있었으므로 상진곡이 적은
것으로 파악할 수 있다. 전라도의 경우 1769년의 환총이 75만여석
으로 1761년의 기록보다 절반 정도에 불과한 수치를 나타내고 있
다.96) 전라도의 환총이 급격히 감소한 원인은 1762(英祖 38)년의
대기근 때문이었다. 당시의 기근은 삼남지역에 집중적으로 발생하
였으며, 전라도의 피해가 가장 심하였다.97) 18·19세기를 통하여
전라도에서 가장 심각한 기근의 피해를 당한 시기는 바로 이 때였
다. 당시에 진휼사업을 위해 전라도에 획급된 진자가 40만석에 이
르렀으며98), 환곡의 분급까지 포함하면 120만석에 달하였다.99) 그
러므로 전라도의 환총은 크게 감축되어 1763년에는 90만석에 불과
하였다.100) 그 후에도 전라도의 진휼사업으로101) 환총은 점차 감
축되어 75만여석으로 축소되었던 것이다. 이같은 상황 속에서 진휼
에 우선적으로 사용되는 상진곡은 급격히 축소되었을 것이며, 전라
도 환총에서 상진곡이 차지하는 비율도 저하된 것으로 추론할 수
있다. 그 후 1776(正祖 즉위)년 이후 전라도의 환총은 예전의 수준
을 회복하였다.102) 1776년 이후 전국의 상진곡 총액은 감소하고 있
는 경향을 보이고 있는데 비하여 전라도 지역의 상진곡은 63만여
석에서 83만여석에 이르기까지 지속적으로 증가하고 있었다.103) 즉

---

96) 『備邊司謄錄』 140, 英祖 37년 10월 15일, 13권, 599~605쪽에는 전라도의
　　환총이 1,498,805석으로 나타나 있다.
97) 『度支田賦考』「田摠」給災條에 의하면 1762년의 급재결은 199,676결로
　　18·19세기 급재결 중 최고치를 기록하고 있으며, 전라도의 급재결은
　　97,963결로 역시 최고치를 기록하고 있었다.
98) 『備邊司謄錄』 42, 英祖 38년 12월 25일, 13권 856쪽.
99) 『英祖實錄』 110, 英祖 44년 4월 9일(丙寅), 44권 281쪽.
100) 『備邊司謄錄』 44, 英祖 39년 7월 6일, 13권 968쪽.
101) 『惠政年表』 英祖 40·44년.
102) 전라도의 환총은 정조 즉위년 134만여석, 정조 12년 129만여석, 정조 21년
　　181만여석, 순조 7년 208만여석으로 파악된다.(오일주, 앞의 논문, 82쪽)

전라도 지역에서는 1776년 이후 상진곡의 비축에 많은 노력을 기울였음을 알 수 있다. 1762년 대흉년으로 전라도의 환총이 전에 비하여 절반으로 감축된 것에서 18세기 후반의 환곡의 진휼기능을 분명히 확인할 수 있다.[104] 이와함께 흉년에 대비하기 위하여 삼남 지역에 제민창을 설치하는 계기가 되었다.[105]

이와는 달리 경기·충청·강원도의 경우는 상진곡이 비율이 높은 수치를 나타내고 있는데 이들 지역은 환총이 적은 지역이다. 상대적으로 환곡의 액수가 적은 지역에서 상진곡의 비율이 높았다는 점은 이 지역에서 17세기 후반 이후 환곡의 증가가 주로 상평청·진휼청 곡물의 증가로 인해 이루어졌다는 것을 의미한다. 즉 17세기 후반 진휼에 대비하기 위한 곡물의 비축으로 인하여 환곡의 증가가 이루어진 것으로 이해할 수 있다.

그러나 상진곡은 지속적으로 증가한 것은 아니었다. 18세기 후반 정조년간에 이르면서부터 상진곡은 점차 감소의 추세를 보이고 있었다. 상진곡 감소의 주된 원인으로는 기근시의 무상분급과 정퇴·탕감, 그리고 각종의 비용에 충당되었기 때문이었다. 다음의 〈표 16〉는 18세기 후반 상진곡의 변동을 정리한 것이다.

〈표 16〉 常賑穀 변동 (단위: 石, 石이하는 버림)

	1769년	1776년	1788년	1792년	1795년	1797년	1807년
환 총	8,351,707	8,696,667	8,003,934			9,380,653	9,995,599
상진곡	2,897,934	3,444,413	3,227,257	2,774,464	2,330,667	2,507,489	2,155,833
비 율	35%	40%	40%			27%	22%

출전 : 1769년·1788년 『增補文獻備考』, 1776년 『穀簿合錄』

---

103) 전라도 지역의 상진곡의 총액은 정조 즉위년 636,165석(『穀簿合錄』), 정조 12년 756,365석(『增補文獻備考』「市糴考」還摠), 정조 21년 766,485석(『穀總便攷』), 순조 7년 837,603석(『萬機要覽』)으로 나타나고 있다.

104) 18세기 중반의 永春縣 사례에서 보이는 것처럼 40~50%의 환곡 탕감이 이루어지고 있었다.(『英祖實錄』 93, 英祖 35년 閏6월 16일(甲午), 44권 14쪽)

105) 117~120쪽 참조.

1792년 · 1795년『日省錄』正祖 20년 6월 22일, 955쪽
1797년『穀摠便考』, 1807년『萬機要覽』
1769년, 1776년, 1788년의 환총에는 감영곡이 빠져있다.

영조년간은 환총과 함께 상진곡이 증가하는 추세를 보이고 있다[106]. 그러나 정조년간에 들어서는 환총이 1776(정조 즉위)년 869만여 석에서 1797(정조 23)년 938만여 석으로 증가추세를 보이고 있는데 상진곡은 344여만 석에서 250여만 석으로 오히려 감소의 경향을 보이고 있다. 이점은 상진곡이 진휼의 성격을 강하게 띠고 있는 곡물이라는 점에 기인한다. 환곡의 원곡은 그 기능상 징수하지 못하는 곡물이 있게 마련이고[107] 이외에 기근이 발생하였을 경우 무상으로 분급하는 곡물의 주요한 몫을 상진곡에서 충당하고 있었기 때문이었다. 1776(정조 1)년에서 1795(정조 19)년간의 상진곡 감축은 111만여 석에 이르고 있었다. 기근이 발생하였을 때 무상분급의 곡물 내역이 구체적으로 드러나고 있는 1787(정조 11)년 이후의 상진곡의 무상분급 상황을 〈표 17〉을 통해 살펴본다.

〈표 17〉 상진곡의 무상분급 액수 (단위: 石)

	1787년	1793년	1795년	1796년	1798년	1799년
충청도	15,000	2,500	20,000	3,000		3,000
전라도	19,413	27,525	*		26,829	30,301
경상도	40,000	107,899	75,000**		55,000	35,599
합계	74,413	137,924	95,000	3,000	81,829	68,900

출전 :『日省錄』각년 畢賑기록
　* - 賑穀 혹은 私賑賑餘帖價常賑濟倉穀의 획급곡 합계는 88,920石
　** - 상진곡 75,000석 劃給기록[108]

---

106) 오일주, 앞의 논문, 84쪽에서 전국 환총의 변동 경향을 18세기 중엽(영조대)을 통하여 환총이 500만 석에서 1,000만 석으로 증대한 시기, 18세기 후반에서 19세기 초에 걸쳐 대략 1,000만 석 내외를 유지한 시기, 19세기 이후 1862년에 이르기까지 감소하는 시기 등으로 구분하고 있다.

107)『萬機要覽』,「財用編」3, 糶糴, '元會常賑備局句管穀 謂之三司穀 凡有停退 輒於此穀爲之 而如各司各營取耗以用之穀 皆不許停退 故三司穀 漸致耗竭'

위의 표에 나타나는 곡물의 숫자는 무상곡물로 사용된 상진곡의 양을 나타내는 것이므로 상진곡에서 감축되는 부분을 대략적으로 파악할 수 있다. 1793(정조 17)년과 1795(정조 19)년의 두 해에 하삼도에서 무상분급으로 인해 20여만 석의 상진곡이 감소되었음을 추정할 수 있다. 하삼도 이외의 5도 역시 진휼사업에서 상진곡을 사용하였으므로 무상곡물의 지급으로 감축되는 상진곡의 양은 더욱 많았다. 이외에 기근이 발생하였을 때는 환곡의 분급을 확대하고 있었으므로 분급한 환곡을 제때에 징수하지 못하고 停捧되어 舊還에 포함되어 결과적으로 蕩減으로 이어지는 상진곡의 수량도 적지 않았음을 감안한다면 〈표 16〉에서 나타나는 상진곡의 감축경향은 당연한 것이다. 특히 1792(정조 16)년에서 1795(정조 19)년의 4년간의 상진곡의 감소는 44만여 석으로 나타나고 있어 진휼대책의 위기상황을 초래하고 있었다.[109]

---

108) 1795년(정조 19) 경상도의 상진곡 사용 수치를 정확히 파악할 수는 없으나 다음을 통해 짐작할 수 있다.

A 요청		B 확정		C 분급액	
3진곡	20,000석	賑穀	20,000석	合各穀	152,451석
備局軍作租皮牟	5,000석	비국군작조피모	5,000석	分賑	105,407석
常賑米太租皮牟	105,000석	常賑미태조피모	75,000석	補縮	7,027석
空名帖	1,000장			賑餘	40,016석

* 출전 A,B는 『惠政要覽』, C는 『日省錄』 正祖 19년 5월 8일
* B와 C의 차이는 C에는 自備穀과 富民願納穀이 포함된 액수이다. 富民願納을 금하고 있으므로 賑餘 40,016석에서 환급하도록 지시하고 있으며(2,446석 이상) 그 나머지를 三賑穀과 상진곡에 다시 會錄하였으므로 실제 상진곡이 사용된 것은 75,000석이 못 되었으나 최소 37,000석 이상 사용되었을 것이다.

109) 『日省錄』의 기록과 『備邊司謄錄』(正祖 20년 7월 14일)의 기록이 차이를 보이고 있다. 『備邊司謄錄』에서는 壬子(1793년) 會案의 상진곡이 2,774,400여 석으로 乙卯(1795년) 會案까지의 감축이 470,900여 석으로 기록하고 있으나 『日省錄』에서는 壬子會案 피잡곡 합 2,774,464석이고 그 중에서 米 72,370석, 乙卯會案 각곡 합 2,330,677석 그 중 米 35,190석으로 4년사이의 감축 각곡 443,799석 米 27,180석으로 기록하고 있다.

〈표 17〉에서 나타나는 바와 같이 1793(정조 17)년과 1795(정조 19)년 두 해동안 기근으로 인한 무상분급으로 20여만 석의 상진곡이 감축되었으며 나머지 24만여 석의 감축은 흉년이 발생하였을 때 停減의 명령, 각 아문으로 移錄 등으로 인해 감축하고 있었다. 1795(정조 19)년 현재 타 아문의 비용부족으로 상진곡에서 給代한 수가 14만 석이므로[110] 기근이 발생하여 무상분급한 20여만 석을 제외한 나머지 10만 석 정도가 停退, 蕩減 등으로 상진곡을 징수하지 못한 부분일 것이다. 이처럼 진휼적 기능이 강한 상진곡은 흉년이 발생하였을 때에 정퇴, 탕감이 우선적으로 시행되었으며 또한 무상분급이 이루어지고 있었다. 그 뿐아니라 기근이 발생하였을 때 각종 세의 징수연기 혹은 탕감으로 왕조정부의 부세 수입은 감소하였고, 재정 부족분을 상진곡에서 移錄해 가는 것으로 급격히 감소하였다. 이와 같이 상진곡은 감소하는데도 전체 환곡의 총량이 증가하는 것은 진휼의 기능을 가진 곡물은 축소되고 재정보충의 목적을 갖는 곡물의 수가 증대하는 것을 의미한다. 이것은 18세기 후반에 이르러서는 환곡의 기능이 진휼의 기능을 여전히 담당하고 있었지만 점차 재정 부족의 보충을 위한 부문이 증대하고 있다는 점을 시사해 준다.

그러나 1797(정조 21)년에는 250여만 석으로 상진곡이 17여만 석 증가하고 있는데 이 점은 1796(정조 20)년 이후 상진곡에서 재정충당 부분을 회수하려는 노력의 결과로 보여진다.

상진곡의 비율이 높은 지역에서 상진곡의 감축은 곧바로 재정부족과 직결되어 애로를 겪고 있었다. 상진곡은 정퇴·탕감시에 우선적으로 시행되어 1797(正祖 21)년에서 1807(純祖 7)년까지 30여년간 350만석 250만석으로 현저히 감소하고 있었다. 상진곡의 감소는

『備邊司謄錄』에서 470,900여 석이 감축했다고 기록하는 것은 각곡에 포함된 米를 이중 계산한 것으로 보인다.
110) 『備邊司謄錄』 184, 正祖 20년 7월 14일.

그 모곡을 경비에 사용하던 지방아문에서는 매년 경비를 지출하기 위하여서는 상진곡의 보충을 요구할 수밖에 없었다. 특히 충청도의 경우는 지방비용을 대부분 상진곡에 의지하고 있었기 때문에 상진곡의 감축은 심각한 재정난을 초래하여 연례적으로 1만석 이상을 상진곡으로 移劃할 것을 요구하고 있었다. 이외에도 경기도, 황해도 등도 상진곡의 부족을 보충하기 위하여 다른 곡물을 상진곡으로 이전하기를 요청하고 있었다.[111]

18세기 전반 비축곡물의 확보노력은 '常平之道'를 강조한 軍作米와 常賑穀 뿐만 아니라 각종의 창고를 설치하여 곡물을 비축하려 하였다. 빈번한 자연재해 속에서 지역간의 풍흉이 다를 경우 재해가 발생하지 않았거나 비축곡물이 여유가 있는 지역에서 재해지역으로 곡물을 移轉하는 것은 당연한 일이었다. 조선후기 지역간 移轉은 풍흉의 차이와 수송문제를 고려하여 이루어졌다. 대개 경상도는 전라·강원·함경도로 이전했고, 강원도는 경상·함경·경기도로, 평안도는 경기·전라·충청도로, 황해도는 충청·경기·전라도 등으로 이전하는 하는 것이 상례였다.[112]

지역간의 풍흉을 고려하여 다른 지역으로 이전할 곡물을 위하여 창고를 설치하려는 노력은 18세기 초반부터 시작되었다.[113] 1704년(肅宗 30) 行吏曹判書 李濡는 함경도로 곡물을 이전하기 위하여 경상도 寧海와 平海사이에 창고를 설치하자고 하였고, 또한 강원도의 通川과 歙谷사이와, 함경도의 安邊과 德源사이에 창고를 설치하여 흉년시의 곡물이전에 대비하자고 하였다. 그리고 濟州로 이전을

---

111) 3장 1절 참조.
112) 鄭亨芝, 1995, 「조선후기 交濟倉의 설치와 운영 −18세기 羅里浦倉 사례를 중심으로 −」, 『梨大史苑』 28, 190쪽.
113) 1704년 李濡는 평상시 각 읍에 私賑廳을 설치해 수령 자비곡을 마련하도록 건의해 시행을 보았다.(1장 3절 참조) 수령 자비곡의 설치와 마찬가지로 각 지역에 이전을 위한 창고를 설치하자는 논의도 진휼을 목적으로한 비축곡물의 확대에 그 목적이 있었으며, 이 논의를 주도한 인물은 李濡였다.

위하여 康津과 海南 등의 지역에 창고를 설치하고자 하였다. 이 곡
물은을 분급하지 않도록 한 것은 흉년에 대비한 비축에 그 뜻을 두
었기 때문이다.114)

함경도의 北關과 濟州는 지역적 특성으로 인하여 흉년시에는 항
상 비축곡물이 부족하였다.115) 그러므로 濟州로 이전을 위하여 羅
里浦倉을 설치하였다.116) 한편 함경도로 곡물 이전을 위하여 창고
를 설치하자는 논의는 계속되었는데117) 잘 시행되지 않았다. 그러
던 중 나리포창에서 제주에 곡물 이전이 순조롭게 진행되면서 창
고의 설치가 상당히 긍정적으로 평가되었다.118) 그리하여 1732년
(英祖 8)에 경상감사 趙顯命에 의하여 延日에 浦項倉이 설치되었
다.119)

---

114) 『備邊司謄錄』 54, 肅宗 30년 2월 25일, 5권 275쪽, '(行吏曹判書李濡) 又
所啓 … 今若設倉於寧海·平海之間 儲置數萬石之米 如楊津倉之例 又於
通川·歙谷及安邊·德源之間 亦爲設倉儲穀 以便凶歲 次次移轉之路 如
濟州移轉 分定於兩南遠邑 其弊亦多 宜於康津·海南等處 設倉預儲 俾無
臨時窮迫之歎 而各倉所儲之穀 勿爲年年糶糴 以本官及附近邑還上之新捧
者 相換分給 以爲改色之地'

115) 鄭亨芝는 "숙종 후반이후 연속된 흉년에서 환곡의 견감증대로 저치곡
이 줄어들면서 각 군현에서 구제곡 부족분을 이전곡으로 채우는 일이
빈번해졌다."고 서술하여(鄭亨芝, 1995, 앞의 논문, 191쪽), 마치 숙종년
간에 전국적인 비축곡물의 부족을 초래하고 있는 듯이 파악하고 있다.
그러나 17세기 후반에 환곡은 증가하고 있다는 점은 1장에서 살펴보았
다. 단지 문제가 되는 지역은 제주와 함경도의 北關 지역이었다. 그러
므로 이들 지역에 곡물을 이전하기 위한 창고를 설치하자는 논의가 숙
종 후반에 집중되는 것이었다.

116) 羅里舖倉은 1720년(肅宗 46)에 公州·燕岐 접경에 설치하였다가, 1722
년(景宗 2) 제주를 구제하기 위하여 臨陂에 옮겨 설치하고 別將을 두
었다.(『增補文獻備考』 168, 「諸倉」 羅里舖倉條. 나리포창의 설치와 운영
에 대한 연구는 정형지의 논문이 자세하다.(1995, 앞의 논문)

117) 『備邊司謄錄』 55, 肅宗 30년 9월 11일, 5권 363쪽; 57, 肅宗 32년 4월 23
일, 5권 550쪽; 58, 肅宗 33년 5월 27일, 5권 667쪽.

118) 『承政院日記』 721, 英祖 7년 4월 5일, 39권 928쪽, '自羅里浦設置之後 湖
南除送米之弊 朝家忘濟州之憂 而濟民亦得以資活'

119) 『備邊司謄錄』 448, 英祖 8년 10월 29일, 9권 448쪽, '嶺南前監司趙顯命

포항창은 경상감사의 別備穀 3만석으로 창설되었다.[120] 포항창 곡물은 함경도에 흉년이 들었을 때 이전되었지만 평상시에는 총액의 1/3만을 분급하는 '二留一分'의 원칙으로 운영되었고,[121] 興海·淸河·延日·長鬐·慶州 등 5읍을 屬邑으로 하여 분급하였다.[122] 이들 지역은 숙종 때부터 稅穀을 州倉에 會錄시켜 두었다가 함경도에 흉년이 들면 북도민 구제를 위해 곡물을 이전하던 곳이었다.[123] 포항창 곡물 비축의 특징은 곡물 마련 방법이 중앙아문의 환곡을 이용한 것이 아니라 감사의 別備로 충당하고 있었다는 점이다. 설치 당시의 원곡 마련도 감사의 별비로 충당하였으며, 그후 포항곡을 보충할 때에도 감사의 별비로 충당하고 있었다.[124]

운영상의 특징은 일반적인 환곡의 분급률인 절반 분급보다 적은 1/3 분급을 하고 있다는 점이다. 이는 17세기 후반과 18세기 전반에 환곡이 증가하는 상황 속에서 따로 비축을 목적으로 곡물을 마련하기 위하여 분급률을 최소화하려는 의도였다. 흉년에 대비한 진휼곡을 위해 수령 자비곡을 설치한 경우에도 왕조정부에서는 분급을 하지 않고 비축만을 강조하고 있음을 살펴보았다. 그러나 현실적으로 곡물을 오래 비축할 경우 부패 문제가 뒤따랐다. 이를 방지하기 위하여 改色할 때 부근 지역의 환곡과 교환하도록 하고자 하였으나, 수많은 환곡의 종류와 운반할 때의 폐단[125] 등으로 인하여

爲賑資設倉於延日 而儲穀三萬石'. 浦項倉에 관한 부분은 鄭亨芝의 연구가 자세하다.(1997, 「朝鮮後期 浦項倉의 設置와 運營」, 『오산전문대학 산업기술 연구소보』3)

120) 『備邊司謄錄』92, 英祖 8년 10월 29일, 9권 449쪽, '設倉於延日 … 上曰 道臣別備' ; 趙顯命, 『歸鹿集』18, 「浦項倉記」.
121) 『穀總編攷』4, 浦項倉分留米各穀, '該倉穀分留之法 雖是二留一分'
122) 『備邊司謄錄』正祖 2년 9월 6일, 15권 639쪽.
123) 鄭亨芝, 1997년, 앞의 논문, 436쪽.
124) 『穀總編攷』4, 浦項倉新貯分留米各穀, '乾隆癸亥(1743 ; 英祖 19) 監司金尙星 別備穀物二萬石 又以統營風落松發賣價貿穀三萬三千一百三十三石 合租太五萬三千一百三十三石 分置沿邊各邑 名之曰浦項新貯穀'
125) 『備邊司謄錄』159, 正祖 2년 閏6월 7일, 15권 603쪽.

시행될 수 없었다. 그러므로 비축곡을 제대로 관리하기 위하여서는 독자적으로 개색을 하거나, 분급을 최소화하여 곡물을 교환하여야만 하였다. 이에따라 분급률을 총액의 1/3로 정하여 묵은 곡물이 3년을 넘지 못하도록 조치한 것이었다. 일반적인 환곡의 분급률이 1/2인 것에 비하여 1/3을 분급한 것은 포항곡이 비축의 성격이 강했다는 것을 의미한다.

포항곡은 함경도의 흉년시에 빈번히 이전되었는데126), 이를 충당하기 위하여 감사가 다시 別備를 보충하였다. 1743년(英祖 19) 감사가 다시 별비하여 浦項新貯穀이라 이름하였는데, 이 곡물의 운영은 1/3분급이 아니라 1/2분급으로 운영되었다.127) 본래 포항곡은 延日을 중심으로 주변 해안에 위치한 4읍에서 환곡을 분급하고 연일에 있는 포항창에 납부하도록 하고 있었다. 그러므로 延日을 제외한 나머지 4읍에서는 분급과 징수에 있어서 먼 거리를 운반해야 하는 폐단이 있었다. 이러한 폐단을 감안하여 각읍에 포항곡을 마련하고 각 읍에서 관리하도록 하였다. 처음 포항곡이 설치될 당시 분급하는 읍을 5읍으로 정하였기 때문에 蔚山과 盈德이 새롭게 포항창 곡물을 운영하여도 1/2분급을 할 수밖에 없었다.128)

포항곡은 이전을 목적으로 한 것이었기 때문에 해안에 설치할 수밖에 없었으며, 주변 지역에서 분급과 징수를 하여야만 하였다. 그러나 이미 다른 환곡을 운영하고 있었던 각 고을에서는 포항곡이 커다란 부담으로 작용하였으나, 함경도의 운반을 위해서는 포항창의 운영을 폐지할 수도 없었다. 그러므로 임시 방편으로 이름은 포항곡으로 하면서 각 고을에서 다른 환곡과 마찬가지로 1/2을 분

---

126) 영조년간 포항곡이 함경도에 이전된 상황은 1734년(英祖 10년) 2만석, 1737년(英祖 13) 1만 5천석, 1740년(英祖 16) 1만 4천석, 1741년(英祖 17) 1만석, 1742년(英祖 18) 1만석 등이다.(『惠政年表』3, 英祖)

127) 『穀總編攷』3, 浦項新貯分留米各穀, '折半分給 全耗會錄 以作北運之需 而每歲末自本營磨勘本司'

128) 『穀總編攷』3, 浦項倉分留米各穀, '蔚山·盈德則旣非元定屬邑 故所俵穀 物 折半分給 全耗會錄'

급하는 형식을 취하였던 것이다. 이에 따라 1762년(英祖 38)에 이르면 포항곡 원곡 6만석 중 포항창에 보관된 것은 1만여 석에 불과했고 나머지는 각읍에 산재해 모두 분급되었다.[129] 결국 비축만을 목적으로 한 포항창은 현실적인 어려움으로 인하여 본래의 목적을 수행하지 못하고 환곡의 증대만 가져왔을 뿐이었다.

포항창이 설치된 이후 새로운 폐단을 야기하였지만 설치 초기에는 어느 정도 그 본래의 역할을 수행하고 있었다. 그러므로 왕조정부에서는 새로운 창고를 설치하고 있었다. 함경도의 교제창이 그것이었다.

나리포창과 포항창이 설치된데 힘입어 1733년(英祖 9)에 奉朝賀 閔鎭遠은 함경도의 창고설치를 건의하였다.[130] 그는 함경도 뿐만 아니라 兩西의 해안에도 창고를 설치하고자 하였다.[131] 민진원의 이러한 건의는 18세기 초반에 진행되었던 李濡의 논의와 일맥상통하는 것이었다. 당시에 환곡의 비축이 증가하고 있는 가운데 진휼용 곡물을 별도로 비축하고자 한 것이었다. 그러나 흉년으로 인하여 창고가 설치되지 못하고, 곡물이 여유있는 곳부터 차츰 시행하기로 결정되어다.[132]

18세기 전반의 영조 초반에는 극심한 기근이 발생하였는데,[133]

---

129) 『備邊司謄錄』142, 英祖 38년 12월 8일, 13권 849쪽, '浦項元穀 不過六萬 而本倉留庫者 只是萬餘石 餘外散在各邑 既盡分給 其所捧必不滿折半之 數'

130) 『備邊司謄錄』93, 英祖 9년 2월 7일, 9권 546쪽, '奉朝賀閔(鎭遠)所啓 … 湖南臨陂海邊 建立倉舍 … (趙)顯命果建倉舍於迎日 儲置皮穀三萬石云 … 關北德源・文川地 建倉蓄穀 則嶺南及本道 雖有荐凶 可以舡運 故尹 憲柱爲北伯時 往復相議 事未成而遞來矣 … 建倉文・德之間而儲之 則必 有所益'

131) 『備邊司謄錄』93, 英祖 9년 2월 7일, 9권 546쪽, '兩西邊建置倉舍 儲蓄數 萬石穀 則不但接濟兩西 雖運米京城 可爲便好矣'

132) 『備邊司謄錄』93, 英祖 9년 4월 29일, 9권 597~598쪽.

133) 〈그림 1〉에 의하면 영조년간 급재결이 10만결 이상이었던 해가 8회였 는데, 영조 14년까지 급재결이 10만결 이상인 해는 6회였다. 특히 영조

이러한 상황 아래서 비축곡물의 확보는 절실한 문제였다. 따라서 이미 설치되었던 나리포창의 운영을 활성화 하고,[134] 軍作米를 설치하기 시작하였으며 포항창을 설치하였다. 그리고 1736년(英祖 12)에 곡물 비축의 필요성을 강조하며 '諸道各邑儲穀節目'을 반포하고 각 군현에 私賑廳을 설치하여 수령 자비곡 마련을 의무화 하였다.[135] 이해 11월 함경도 北關의 구제를 위해 德源에 元山倉을 설치하도록 결정되어,[136] 다음해에 설치되었다.[137]

德源에 설치된 元山 교제창의 원곡 마련 방법은 북관의 내수사 奴婢貢米를 기본으로 한 것이었다. 이미 숙종대부터 북관의 노비 공미를 상납하지 않고 1인당 1斛씩을 거두어 그 고을에 저장해 두었다가 흉년을 구제하는 물품으로 삼게 하였으며, 그 수는 1만여 斛에 이르렀다.[138] 이를 원산창으로 옮겨 교제창의 원곡으로 삼으려 하였다. 그러나 1737년(英祖 13) 북관의 흉년으로 이 계획은 실현되지 못하여,[139] 1741년(영조 17)까지 교제창은 제 모습을 갖추지 못하였다.[140]

8년은 급재결이 20만결을 넘어서 급재결 통계로 보면 이 해가 가장 심각한 기근이 발생하였다고 파악할 수 있다.

134) 鄭亨芝의 연구에 의하면 나리포창이 제주 구제 기능을 발휘하기 시작하는 것은 1726년(英祖 2년)부터라고 파악하고 있다.(1995, 앞의 논문, 200쪽)

135) 『備邊司謄錄』 99, 英祖 12년 4월 23일, 10권 234~235쪽.

136) 『備邊司謄錄』 100, 英祖 12년 11월 23일, 10권 359쪽, '右議政宋(寅明)所啓 德源立海倉事 頃年有奉朝賀閔(鎭遠)所達 … 尙未擧行 … 左議政金(在魯)曰 德源元山立倉處 水路距北關六鎭爲捷徑 … 上曰 立倉事 竝依爲之'

137) 『正祖實錄』 18, 正祖 8년 11월 8일(己未), 45권 477쪽, '英宗丁巳(1737: 英祖 13) 因廷臣言 設交濟倉於德源之元山'

138) 『增補文獻備考』 168, 「市糴考」 6, 諸倉 交濟倉條, '先是內帑奴多在六鎭 歲收米人一斛易布而貢 至肅廟朝時罷易布 儲置其邑 以爲救荒需 仍命備局主之每年糶糴 已至萬餘斛'

139) 『備邊司謄錄』 104, 英祖 14년 9월 2일, 10권 686쪽 : 105, 英祖 15년 1월 8일, 10권 749쪽.

140) 『備邊司謄錄』 109, 英祖 17년 8월 2일, 11권 128~129쪽.

德源의 元山 교제창이 제 모습을 갖게 되는 것은 1741년의 함경도의 흉년으로 인하여 영남의 곡식이 대량으로 운송된 이후의 일이었다. 1741년의 흉년으로 영남에서 13~14만석의 곡물이 함경도에 이전되었는데,[141] 이를 바탕으로 원산창의 기본곡을 마련하고, 德源이외의 지역인 咸興과 利城에 교제창을 설치하여 그 액수가 18만 9천여 석에 이르렀다.[142]

1742년(英祖 18)에 영남 이전곡을 중심으로[143] 德源 元山倉, 咸興 雲田倉, 利城 者外倉의 함경도 남관의 交濟 3本倉 체제가 성립되었다.[144] 그후 함경도 北關에도 南關과 마찬가지로 富寧과 鍾城에 교제창을 설치하려 하였으나, 흉년으로 인하여 창고를 건축하지 못하고 대신 연해 각읍의 海倉 하나를 交濟庫로 이름하여 강원도와 경상도에서 이전한 곡물을 비축하려 하였다.[145] 그후 北關에 교제창을 설치하려는 노력은 계속되어 1754년(英祖 30)에는 節目까지 만들었으나,[146] 시행되지 않았고 1784년(正祖 8)에야 「北關交濟

---

141) 『惠政年表』 3, 英祖 17년에 의하면 당시의 흉년으로 타지역에서 함경도로 이전된 곡물의 명색은 다음과 같다. 浦項 田米 1만석, 京賑穀 1만석, 嶺南 牟耗 2만석, 海西穀 1만석, 嶺南 沿海邑穀 2만석, 關西穀 7천석, 嶺南 貿牟 2천석, 浦項太 1천석, 嶺南 軍作米 1만석, 大同米 2만석, 稅太 2만 5천석 등이다.

142) 『正祖實錄』 18, 正祖 8년 11월 8일(己未), 45권 477쪽, '壬戌(1742:英祖 18) 又設交濟倉於咸興 · 利城 米凡二萬四千五百七十三石 各穀凡十六萬五千三十石'

143) 『備邊司謄錄』 124, 英祖 28년 8월 11일, 12권 304쪽, '旣欲營建交濟 則所謂嶺東 · 南移轉穀'

144) 『續大典』에는 함경도의 교제창 설치 지역으로 德源 · 高原 · 咸興을 거론하고 있으나, 예조참판 徐命應은 당시에 高原에 교제창을 설치하려한 것이라고 지적하고 있다.(『英祖實錄』 111, 英祖 44년 7월 14일(己亥))

145) 『備邊司謄錄』 124, 英祖 28년 8월 11일, 12권 304쪽, '北關之設置交濟倉 實爲儲穀備荒之一大政 … 審得基址於富寧之淸津 鏡城之楊花 · 漁郞等津 … 而目今荐飢之餘 … 故營建一節 姑爲停止之令 沿海各邑 皆有海倉庫舍 間架亦多廣闊 故各取一庫 名之曰交濟庫 南關交濟穀北運者 及嶺東南移轉穀 並令捧留於各邑交濟庫 以待前頭設倉後 移捧之意'

146) 『備邊司謄錄』 127, 英祖 30년 8월 23일 「咸鏡道吉州以北各邑交濟倉節目」,

倉節目」을 만들어 시행하였다.147)

함경도 南關의 交濟倉 운영방식은 浦項倉과 유사하였다. 교제창은 다른 지역의 흉년시에 이전을 목표로 설치되었기 때문에 운송이 편리한 해안에 위치하였다. 南關에 교제창이 3곳 설치되었는데 각 倉은 3~5읍을 屬邑으로 곡물을 관리하였다. 함흥의 운전창은 定平·咸興·洪原을 屬邑으로 하였고, 利城의 者外倉은 北青·利城·端川을, 德源의 元山倉은 安邊·德源·文川·高原·永興을 屬邑으로 하였다.148) 결국 남관의 11읍 모두 교제창 곡물을 운영하여야만 하였다.

흉년시의 신속한 이전을 위하여서는 교제창에 항상 곡물이 비축되어야만 하였고, 이들 곡물을 유지하기 위하여는 분급과 징수를 철저히 해야 하였는데, 이 과정에서 포항창과 마찬가지로 운반의 어려움이 폐단으로 등장하였다. 함경도 南關 11읍이 3곳의 교제창의 곡물을 분급받고 납부했기 때문에 고을을 넘어 운반해야 하는 어려움을 극복하기 위하여 추가로 교제창을 설치할 것을 건의하였다. 특히 德源에 설치된 元山倉은 5읍을 屬邑으로 두고 있는데, 덕원에서 멀리 떨어진 永興과 高原지역에 교제창을 설치하려는 노력은 계속되었으나149) 시행되지 않았다.

그러나 교제창 곡물이 점차 증가하여 24만여 석에 이르게 되어서는,150) 그 폐단을 제거하지 않을 수 없었다. 운반의 어려움을 극

12권 518쪽.

147) 『正祖實錄』 18, 正祖 8년 11월 26일(丁丑), 45권 480쪽.

148) 『備邊司謄錄』 152, 英祖 44년 7월 20일, 14권 670쪽.

149) 『備邊司謄錄』 112, 英祖 19년 4월 11일, 11권 368쪽, '交濟倉設置本末 且及賑餘銀錢穀經紀儲積 末端以爲永興·高原之屬於元山倉 不無轉輸難之端 兩邑則別爲合設一倉 而備局下送 元山倉節目中 拔去爲宜'; 152, 英祖 44년 7월 20일, 14권 670쪽; 153, 英祖 45년 1월 23일, 14권 767쪽;.

150) 교제창 곡물은 1742년(英祖 18) 189,623석(『正祖實錄』 18, 正祖 8년 11월 8일(己未)), 1749년(영조 25)에 17만석(『備邊司謄錄』 英祖 25년 11월 6일), 1754년(英祖 30) 18만석(『備邊司謄錄』 英祖 30년 7월 17일), 1759년(英祖 35) 239,125석, 1763년(英祖 39) 24만석으로 파악된다.

복하기 위한 방안으로는 각 고을에 교제창을 설치하는 방안이 있었다. 이 방법은 함경도 北關에 교제창을 설치하려 했을 때 논의된 방안이었다.[151] 1754년 北關에 교제창을 설치하려 했을 때 北關 10州 중 1,2곳에 창고를 설치하면 분급하고 징수하는데 폐단이 있어, 각 읍의 海倉 중에서 선박이 드나들기에 편한 곳을 交濟倉이라 이름하여 곡물을 저장하려 하였다.[152] 그후 1784년(正祖 8)에 시행된 북관 교제창의 제도는 각 고을의 海倉 뿐만이 아니라 平倉에도 교제창을 설치하도록 하였다.[153]

함경도 南關의 각읍에 교제창을 설치하려는 계획은 교제창 설립의 근본 취지를 강조하는 반대에도[154] 불구하고, 1763년(英祖 39) 시행되었다. 당시의 교제곡이 24만석 이었는데, 그 절반인 12만석을 각 고을에 유치하여 1/2을 분급하도록 한 것이었다.[155] 이로부터 교제창의 운영은 포항창과 마찬가지로 이원화되었다. 德源·咸興·利城에 설치된 교제창에서 수납하는 곡물은 久置穀이라[156] 하여 원곡의 1/3만 분급하는 '二留一分'의 방식으로 운영되었고,[157] 각 고을에서 운영하는 것은 散在穀이라 하였다.[158]

함경도의 교제곡이 久置穀과 散在穀으로 구분되어 운영되면서, 그 분급률도 원곡의 1/3, 1/2로 구분되어 시행되었다. 이는 교제창

---

151) 『備邊司謄錄』 124, 英祖 28년 8월 11일, 12권 304쪽.
152) 『備邊司謄錄』 127, 英祖 30년 8월 23일, 12권 518쪽, '今此北關交濟倉營建 其論已久 而十州中一二處設倉 則遠邑民人 欲散有弊 故各其邑海倉中 廣闊完固船泊便好處 名之交濟倉 使之捧留事'
153) 『正祖實錄』 18, 正祖 8년 11월 26일(丁丑).
154) 『備邊司謄錄』 141, 英祖 38년 3월 17일, 13권 672~675쪽.
155) 『備邊司謄錄』 144, 英祖 39년 12월 2일, 14권 45쪽, '今在穀二十四萬石內 … 十二萬石分置於南關十一邑北關九邑 各倉使之半分半留'
156) 『正祖實錄』 48, 正祖 22년 1월 12일(己丑), 47권 62~63쪽, '北道交濟穀 有久置·散在兩名色 … 久置穀 即正穀而必糴于交濟倉'
157) 『正祖實錄』 30, 正祖 14년 4월 4일(甲寅), 46권 117쪽.
158) 『正祖實錄』 48, 正祖 22년 1월 12일(己丑), 47권 62쪽, '散在穀 即皮穀而 捧留所在倉'

을 설치한 원래의 의도에서 크게 벗어나는 것이었다. 그후 각 고을
의 海倉에서 교제곡을 운영하라는 지시는 제대로 지켜지지 않았고,
南關의 경우 이미 交濟三倉에 6만석의 비축곡이 있는데 반드시 海
倉에 곡물을 비축할 필요는 없다는 견해가 제시되었다.[159] 단지 北
關에서만 교제곡을 해창에 유치하자고 하여 1만 6천석 만을 해창
에 유치하도록 하였다.[160] 또한 北關 뿐만이 아니라 南關에서도 端
川·洪原·高原 등의 지역에서는 海倉이 거리가 멀다는 이유로 本
邑의 창고에서 교제곡을 운영하였다.[161]

교제곡의 운영은 그 설치 목적이 흉년에 대비한 것이었기 때문
에 처음에는 전혀 분급을 하지 않았다.[162] 그러나 곡물의 보관이
장기화 되면 부패하기 때문에 새로운 곡물과 교환하여야만 하였다.
1737년(英祖 13) 德源에 원산창을 설치한 이후 9년 만인 1745년(英
祖 21)부터 改色을 하기 시작하여 1750년(英祖 26)까지 改色을 하
지 못한 곡물이 2만 8천여 석에 달하였다.[163] 당시 교제창 곡물이
17만석이었으므로[164] 매년 원곡의 1/6을 개색하는 방식이었다.[165]

---

159) 『備邊司謄錄』 153, 英祖 45년 9월 26일, 14권 859~860쪽, '北路交濟穀
　　其數爲數十萬石 當初朝家已慮其無 以盡輸於海倉 命設交濟三本倉 使之
　　各儲二萬石 其餘則從便散儲 以爲糶糴之資矣 … 而山面居民之納糴受糴
　　或有道里之爲三百里外者 其弊有不勝言 以見淺見南關 則旣有三本倉六萬
　　石所儲 固不必更收 散在條於海倉'
160) 『備邊司謄錄』 153, 英祖 45년 9월 27일, 14권 862쪽에 의하면 北關 각
　　고을의 海倉에 유치해 둔 수는 吉州 2천석, 明川 1천석, 鏡城 3천석, 富
　　寧 1천석, 鍾城 3천석, 會寧 2천 5백석, 穩城 1천석, 慶源 1천 5백석, 慶
　　興 1천석이었다.
161) 『備邊司謄錄』 157, 英祖 51년 1월 25일, 15권 295쪽.
162) 『備邊司謄錄』 121, 英祖 26년 2월 19일, 12권 51~52쪽, '當初交濟倉設置
　　儲穀 盖爲南北備荒之資 而不爲糶糴 意非偶然矣'
163) 『備邊司謄錄』 121, 英祖 26년 2월 19일, 12권 51~52쪽, '交濟倉穀物 乙
　　丑(1745;英祖 21)以後 次次改色 而卽今未改色各穀 二萬八千餘石 積年久
　　置 便成塵土'
164) 『備邊司謄錄』 120, 英祖 25년 11월 6일, 11권 983쪽.
165) 1750년의 기록에 6년 1차 개색한다는 명확한 언급은 없으나, 17만석의
　　1/6은 대략 2만 8천 3백여 석이다. 그후 1754년(英祖 30)에 반포된 「咸

그후 교제곡의 증가로 인한 운반상의 폐단을 덜어주기 위하여 24만석의 교제곡 중에서 교제 3本倉에 납부하는 곡물의 수를 줄이고, 모곡의 징수도 1/2로 감하는 조치를 취하였다. 또한 부패로 인한 곡물의 손실을 막기 위하여 총액의 1/3을 분급하는 방식으로 변화하였다.166) 이와 함께 12만석을 각 고을에 유치하여 일반 환곡처럼 1/2을 분급하는 것을 허용하였고, 나머지 6만석은 元會穀으로 옮겼다.167) 이같은 조치는 교제창의 비축 곡물을 15만석에서 6만석으로 크게 줄여 곡물을 운반하는 폐단을 크게 줄인 것이었다.168)

한편 이전을 위하여 설치한 곡물은 그 액수가 정확히 맞아야 했기 때문에 곡물 관리자는 가혹하게 징수할 수밖에 없었다.169) 그러나 이런 노력 때문에 교제창의 곡물은 알차게 유지되고 있었다.170)

결국 진휼용 곡물의 확보와 민의 부담 경감이라는 문제 속에서 조선왕조정부는 애매한 태도를 취하였다. 본래의 의도를 유지하는 交濟三倉과 다른 환곡과 마찬가지로 각 읍에서 운영하는 교제곡을 1763년(英祖 39)부터 설치하여 이원적으로 운영하였다.

교제곡의 이원적 운영에서 환곡의 부실화를 초래한 것은 각읍에서 운영하는 환곡이었다. 교제창에 수납하는 환곡은 충실히 유지되

鏡道吉州以北各邑交濟倉節目」에도 6년에 1차 改色하여 分給한다는 규정이 나온다.(『備邊司謄錄』127, 英祖 30년 8월 23일, 12권 518쪽)

166) 『備邊司謄錄』144, 英祖 39년 12월 2일, 14권 45쪽, '交濟穀事 … 今在穀 二十四萬石內 六萬石留置於三本倉 三分一糶糴 而陳穀若捧全耗 則必不無民怨 只捧半耗'

167) 『備邊司謄錄』144, 英祖 39년 12월 2일, 14권 45쪽, '十二萬石 分置於南關十日邑 · 北關九邑 各倉使之半分半留 其餘六萬石 則移作元會穀'

168) 『備邊司謄錄』152, 英祖 44년 7월 20일, 14권 670쪽, '甲申(1754;英祖 40) 改爲定式 … 自此以後 曾前三倉恒留十五萬石 減爲六萬石 … 此癸酉(1753;英祖 29)以前 遠民轉輸之弊 獲減三分之一'

169) 『備邊司謄錄』137, 英祖 35년 10월 3일, 13권 317~318쪽, '交濟倉穀 乃是移轉他邑之物也 移轉之時 若有欠縮於斗量 則監色輩被罪 故捧糴之際 濫捧罔有紀極 民不能支堪'

170) 『正祖實錄』30, 正祖 14년 4월 4일(甲寅), 46권 118쪽, '交濟倉者 … 穀品斗量 最稱精實 石繩包裹 十分用力'

고 있었음에 비하여, 각읍에서 운영하는 교제곡은 제대로 징수하지 못하고 있었다.171)

다른 지역에 이전을 목적으로 설치된 교제창이 그 빛을 발하게 되는 것은 흉년시였다. 1762년(英祖 38)에 삼남에 큰 기근이 들었을 때 교제창에서 11만석의 곡물을 삼남에 이전하여 각 지역의 환곡으로 만들었다.172) 이를 계기로 남쪽에도 창고를 설치하여 남쪽의 곡식으로 남쪽을 구제하고, 북쪽의 곡식으로 북쪽을 구제하기 위하여 濟民倉을 설치하게 되었다.173)

1763~1764년 사이에 경상도 泗川과 전라도 順天·羅州, 그리고 충청도 庇仁에 제민창이 설치되었다.174) 삼남 濟民倉은 함경도의 교제창을 모델로 하여 만들어져 해안가에 위치했으며, 각기 屬邑에 환곡을 분급하고 있었다. 경상도의 경우 右道의 泗川에만 제민창을 설치하였는데, 이는 이미 左道에 포항창이 존재하고 있었기 때문에 左道는 포항창이 이 역할을 담당하도록 하였다.175) 삼남 제민창의 운영구조를 다음의 〈표 18〉를 통해 알아본다.

---

171) 『備邊司謄錄』152, 英祖 44년 11월 15일, 14권 733~744쪽, '三倉遺在 少無欠縮 俱皆精實云 … 各海倉枵然云 … 各海倉無一石納'

172) 당시 삼남에 이전된 액수는 충청도 3만석, 전라도 5만석, 경상도 3만석이었다.(『備邊司謄錄』142, 英祖 38년 11월 16일, 13권 828쪽; 英祖 38년 11월 24일, 13권 834쪽)

173) 『備邊司謄錄』143, 英祖 39년 4월 28일, 13권 928쪽, '今則南北各有倉 又命他道設倉 其與互相苦待南穀濟南 北穀濟北 豈不愈哉 此後南道無穀 或請北穀 北道無穀 或請南穀 或不若今年 吁嗟飢民幾萬塡壑 無辜船格幾藏魚腹 以此推之 勞心運穀 不若各道之濟民 名曰交濟 故南恃於此 北恃於彼 於本道全不着意 設或有南北運穀之事 豈拘倉名 況今則各道設倉 比前尤異 且今後 則勿論南北設倉處 依常平廳例 皆名曰濟民'

174) 『備邊司謄錄』144, 英祖 39년 10월 18일 「嶺南濟民倉節目」, 14권 24~26쪽; 145, 英祖 40년 6월 16일 「湖西濟民倉節目」, 14권 24~26쪽; 146, 英祖 40년 7월 11일 「湖南濟民倉節目」, 14권 180~182쪽.

175) 『備邊司謄錄』144, 英祖 39년 10월 30일, 14권 29쪽, '嶺南濟民倉 以左右道各一稟定矣 右道倉旣已營建 左道倉 不必新建 以浦項倉擧行'

〈표 18〉 삼남 제민창의 운영구조

구분	경상도	충청도	전라도
원 곡	元還·常賑穀 6만석	작년 北運穀 14,469석 元還·常賑穀 合 3만석	左·右倉 각 3만석 元還·常賑穀
분 급	매년 2만석 3년 1차 개색	매년 1만석 3년 1차 개색	매년 2만석 3년 1차 개색
屬 邑	泗川·晋州·固城·昆陽 등 4읍	庇仁·舒川·韓山·藍浦· 鴻山 등 5읍	左倉:順天·光陽 등 9읍 右倉:羅州·南平 등 6읍
모 곡	1석당 1斗 5升 色 : 米 5合, 皮穀 1升 落 : 米 1升, 皮穀 3升	左同	左同
모곡용도	1/5 각읍 획급 4/5 각읍 元還會錄	左同	左同
분급액	戶當 2石	戶當 2石	거리 民戶 헤아려 분급
운 반	右沿 北漕船 12척 濟民 倉에 移屬		移轉時 公私船 구분없 이 수시로 分定

出典 : 각도 濟民倉節目

    삼남 제민창의 운영구조를 통하여 파악할 수 있는 점은 우선 환곡의 증가 상황이다. 제민창의 원곡은 移轉穀이나 元還·常賑穀을 통하여 조성되었다. 이는 이후 새로운 명목을 만들 때도 적용되었다. 결국 기존의 환곡을 가지고 새로운 명목의 환곡을 만든다는 것은 결국 환곡 분급의 확대를 가져왔다. 18세기 전반의 영조대에는 극심한 흉년으로 인하여 기존의 환곡 이외에 순전히 진휼에 대비한 환곡을 비축하려는 의도가 강하였기 때문에 제민창을 설치하였다. 그러나 왕조정부에서도 지나친 환곡 증가를 억제하려 노력한 흔적은 보인다. 각 지역의 제민창 원곡을 설정하고 그 이상은 증가하기 못하도록 조치하였다. 즉 모곡을 원곡에 첨가하지 않고 元還에 移錄하도록 하여 제민창 곡물이 더 이상 증가하지 못하도록 하였다. 한편으로는 진휼용 곡물의 감소를 우려하여 징수를 철저히 하도록 지시하였다. 비록 흉년일지라도 반드시 징수하도록 하였으며, 이전할 때에 축난 것이 있으면 수령과 감색 등을 처벌하도록 규정하였다.

또한 새로운 환곡의 창설로 지나치게 많은 환곡을 받을 것을 우려하여 제민창 환곡을 받는 사람들은 읍의 환곡을 가분할 때에 대상에 포함시키지 말 것을 강력히 지시하였다.

제민창의 운영에 있어서 가장 큰 문제는 교제창과 마찬가지로 운반상의 어려움이었다. 진휼용 환곡을 항상 충실히 비축하여야만 하였는데 이를 유지하지 위하여는 반드시 분급하고 징수하는 과정을 거쳐야만 하였다. 그러므로 각 교제창은 4~9읍까지 속읍을 두어야만 하였다. 경상도의 경우는 40~50里의 거리의 각 屬邑의 面을 대상으로 하였고, 충청도는 20~30里 정도의 거리였다. 그러나 전라도의 경우는 100里를 설정하고 있었기 때문에 초기부터 그 폐단이 발생하였다.176)

이 문제를 해결하는 방법은 교제창과 마찬가지로 제민창에 납부하지 않고 각 읍에서 제민창 곡물을 운영하는 것이었다. 결국 거리가 가장 먼 전라도 지역부터 이러한 조치가 시행되었다. 전라도의 경우 1733년(英祖 49)에 운반상의 폐단을 이유로 각 읍의 海倉에 그 곡물을 유치하도록 하였다.177) 이는 곳 전라도 제민창의 폐지를 의미하였다.178) 전라도의 경우 이름만 제민창 곡물이지 그 운영은 일반 환곡과 같이 원곡의 折半만을 분급하는 형식으로 운영되었다.179)

충청도와 경상도는 1792년(正祖 16)년에 운반상의 문제로 인하여 제민창 곡물을 각 읍의 海倉에 이전하라는 지시를 내리고 있었다. 충청도에서는 庇仁과 舒川은 그대로 本倉에 두고 韓山과 藍浦는 각각 본읍의 海倉에 두며 鴻山은 곡식이 적고 海倉이 없으므로 이웃 읍에 소속시켰으며, 경상도에서는 泗川과 昆陽은 본읍에 두고

---

176) 『備邊司謄錄』147, 英祖 41년 4월 3일, 14권 319쪽.
177) 『穀總編攷』 3, 「全羅道內各樣還穀摠數」, 半分秩, '備局 濟民倉分留米各穀 … 癸巳(1733；英祖 49) 以屬邑之遠輸有弊 報備局 移捧於各其邑海倉'
178) 『大典通編』「戶典」 備荒條, '〈增〉順天·羅州濟民倉 今廢 只穀物捧留各該邑'
179) 『穀總編攷』 3, 「全羅道內各樣還穀摠數」, 半分秩.

晋州와 固城은 별도로 海倉을 설치하게 하였다.[180] 경상도와 충청도에서는 일부 지역에서 제민창 곡물을 각 읍의 海倉에 두도록 하였으나, 여전히 제민창은 존속하고 있었다. 그러므로 전처럼 제민창 곡물은 1/3을 분급하는 방식으로 운영되었다.[181]

제민창 환곡의 운영에 있어서도 교제창과 마찬가지로 진휼용 곡물의 확보라는 문제와 분급상의 폐단의 제거라는 문제를 해결하지 못하였다. 이과정에서 진휼용 창고 곡물의 이원적인 운영은 각읍에서 환곡의 관리를 어렵게 할 뿐만 아니라, 본래 의도했던 진휼용 비축곡물의 확보도 어렵게 하였다.

18세기 진휼 목적으로 설치된 당시 각 창고의 상황을 정리한 것이 〈표 19〉이다.

〈표 19〉 18세기 창고곡의 설치 현황

	설치년도	설치지역	구제지역	비고
나리포창	1720	충청 공주	제주 3읍	전라 나주(1722)→임피(1736)
포항창	1732	경상 연일	강원 · 함경	
蒜山倉	1745	김해	鳴旨島	소금 貿販, 25,000석 한도
교제창	1754	함경 덕원 · 고원 · 함흥	강원 · 경상	
제민창	1763	경상 사천 전라나주 · 순천 충청 비인		1/3개색 폐지

出典 : 『經世遺表』 倉廩之儲 一.

아래 표에서 보이는 것처럼 진휼곡물의 이전을 위하여 각 지역에 창고를 설치한 시기가 대체로 18세기 전반기에 이루어 진다는

180) 『正祖實錄』 34, 正祖 16년 閏4월 4일(壬午), 46권 294쪽, '先是 以三南濟民倉所屬各邑 轉輸之弊 詢問三南道臣 以移屬便否 至是湖西 · 嶺南道臣狀請 湖西則庇仁 · 舒川 仍置本倉 韓山 · 藍浦 各置本邑海倉 鴻山以穀少而且無海倉 分屬於倣邑 嶺南則泗川 · 昆陽 捧留本邑 晋州 · 固城 別設海倉 許之'

181) 『穀總編攷』 3, 「忠淸道 · 慶尙道內各樣還穀摠數」, 二留一分秩.

것은 18세기가 진휼사업의 전형을 이루는 시기임을 나타내고 있다. 이러한 창곡의 곡물 수효는 비록 많은 것은 아니지만 순수한 진휼의 목적을 지니고 있다는 점에서 재정 보충에 사용되는 환곡과는 분명히 구별되는 곡물이었다. 그나마 이러한 창고 곡물은 증가하는 것이 아니라 오히려 점차 감소하고 있었다.

〈표 20〉은 환총기록에서 확인할 수 있는 창고곡의 변화과정을 추적한 것이다.

〈표 20〉 창곡곡물의 변화과정

	설치당시	1769	1788	1797	1807
경상 포항창		74,715	28,218	8,080*	8,419*
제민창	60,000	58,024	57,548	49,599	59,512
蒜山倉		5,090	4,596	1,207	6,125
충청 제민창	30,000	33,312	8,870	7,170	3,671
원산창			16,358	22,217	37,947
전라 제민창	60,000	73,171	52,935	1,341	1,258
함경 交濟散在		189,603	67,770	103,967	74,586
交濟久置			137,036	188,335	177,347

出典 : 1769년·1788년 增補文獻備考, 1797년 穀摠便考, 1807년 萬機要覽
　　　* 포항창 新貯 포함

위의 표에서 나타나듯이 전반적으로 각 지역의 창고곡은 정조년간에 급격히 감소하고 있다. 경상도 포항창의 경우는 1769년(영조 45)에 7만 4천여석이 1797년(정조 21)에 8천여석으로 감소하였으며, 충청도의 제민창 역시 1769년 5만 8천여석에서 1797년 약 5만석으로 감축하였고 전라도의 제민창도 3만 3천여석에서 1,300여석으로 감축되고 있다.[182] 이러한 창고곡의 감소는 기근이 발생하였을 때 무상분급되는 곡물에 충당되어 감축되기도 하였지만 원래의 목적대로 他道에 이전되어 감축되는 경우도 큰 비중을 차지하고 있었다.

---

182) 전라도의 제민창은 『續大典』 편찬 당시에 이미 폐지되었다.

다음으로 주목되는 것이 비변사구관곡물이다. 비변사구관 곡물은 대체로 軍餉穀, 山城穀, 兵·水營穀이 주류를 이루고 있었고, 진휼을 목적으로 설치한 각종의 곡물을 포함하고 있었다. 진휼을 위해 설치한 환곡은 전라도의 私備穀 혹은 私賑穀, 경상도의 私賑穀·帖價穀·備荒穀, 황해도의 監營元賑穀과 私賑穀·自備穀, 경기·충청도의 營賑穀, 함경·평안도의 私賑穀 등이 그것이다. 이러한 진휼을 목적의 곡물이 비변사구관곡에서 차지하는 비중과 그 변화를 나타낸 것이 〈표 21〉이다.

〈표 21〉의 기록은 환총기록에서 비변사구관 진휼곡의 내역을 확인할 수 있는 해만 기록한 것으로 환총기록을 작성한 당해년도의 진휼곡 기록이다. 이를 통해서 확인할 수 있는 점은 18세기 후반 비변사구관곡 전체의 액수는 감소하고 있으며 여기에 비례하여 진휼곡물의 절대 총액도 감소의 추세를 보이고 있다는 것이다. 그러나 지역에 따라서는 진휼곡의 총액이 이와같은 추세를 나타내지 않는 곳도 있다. 이는 각 지역의 기근이 발생한 시점과 관계지어 생각할 수 있다. 경기·황해·함경도의 경우는 진휼곡이 증가하고 있는 것으로 나타나고 있고 그 나머지 지역에서는 대체로 감소의 경향을 나타내고 있다. 경기·황해·함경도의 경우 진휼곡이 증가하고 있는 이유는 18세기 후반의 상황에서 이러한 지역이 기근의 발생이 적었던 것과183) 진휼사업에서 확보한 곡물이 많아 公穀을 사용하지 않았던 것에 기인한다.184)

---

183) 경기도에서는 정조년간 정조 2년, 3년 7년, 8년, 11년, 19년에 진휼사업이 시행되었으나 진휼사업시 진휼한 飢口의 년인원이 30만 이상인 해는 정조 8년에 불과하고, 황해도의 경우에는 정조 14년, 18년에 진휼사업이 시행되었으나 기구의 년인원이 13·15만명대에 불과하다. 함경도의 경우 정조 1년, 3년, 6년, 8년, 11년, 13년, 14년, 19년 등 비교적 빈번한 기근이 발행하였고 기구의 년인원도 30만명 이상인 해가 대부분인데 진휼곡물이 증가하고 있는 점은 특이한 일이다.

184) 正祖 11년 경기도의 진휼사업에서 확보한 곡물은 상진곡 10,000석, 영진곡 5,000석, 공명첩발매곡 3,472석, 수령자비곡 2,631석, 사민보진곡

〈표 21〉 비변사구관 진휼곡

구 분		1769	1788	1797	1807
경기	영 진 곡	34,495	38,683	58,057	19,292
	비변사곡	333,909	211,838	89,679	26,416
충청	영 진 곡	56,660	49,869	37,384	36,195
	제 민 창	33,312	8,870	7,170	3,671
	진휼곡합	89,972	58,739	44,554	39,866
	비변사곡	182,601	232,313	311,437	385,871
전라	사 비 곡	15,809	45,199	38,540	66,348
	제 민 창	73,171	52,935	1,341	1,258
	진휼곡합	88,980	98,134	39,881	67,606
	비변사곡	359,348	349,041	192,601	228,163
경상	사 진 곡	139,412*	14,791*	5,181	23,892
	비 황 곡			527	654
	첩 가 곡			2,024	2,394
	제 민 창	58,024	57,548	49,599	59,512
	포 항 창	74,715	28,218	8,050**	8,419**
	蒜 山 倉	5,090	4,596	1,207	6,125
	진휼곡합	277,241	105,153	66,618	101,538
	비변사곡	968,694	961,055	329,940	422,929
강원	첩별비곡	75,759	98,134	136,733	118,243
	비변사곡	98,849	153,814	164,741	138,010
황해	원 진 곡	63,561	59,145	63,401	44,393
	사 진 곡	2,798	10,114	11,419	16,612
	자 비 곡	19,881	46,278	52,187	55,570
	진 휼 곡	86,240	115,537	127,007	116,575
	비변사곡	197,313	247,257	254,991	361,703
평안	사 진 곡	112,959	94,646	69,219	72,223
	비변사곡	1,116,006	620,081	538,435	329,856
함경	교 제 곡	189,603	204,815***	292,302***	251,933***
	사 진 곡	56,416	80,576	11,457	191,284
	진휼곡합	246,019	285,391	303,759	443,217
	비변사곡	282,152	320,963	630,857	704,921
전국	진휼곡물	935,906	812,641	731,312	898,262
	비변사곡	3,538,872	3,096,357	2,512,681	2,645,841

出典 : 1769년·1788년 增補文獻備考, 1797년 穀摠便考, 1807년 萬機要覽
　　　* 私賑·備荒·帖價穀의 합
　　** 포항창곡과 포항창 新貯의 합

14,650석으로 모두 35,754석의 곡물을 확보하였다. 그러나 실제 사용된 진휼곡물은 13,444석으로 상진곡과 영진곡을 다시 회록하더라도 7,309석의 곡물이 남았다.(日省錄 正祖 11년 5월 22일)

*** 交濟散在와 交濟久置의 합

비변사구관의 진휼곡물은 대체로 총액의 절반만 분급하고 절반은 창고에 유치하는 半留半分의 곡물로 그 耗穀을 다시 元穀에 첨가하도록 하고 있어, 기근이 발생하지 않으면 자연 그 총액은 증가하기 마련이었다. 비변사구관 진휼곡물이 감소하는 5道 가운데 경상도의 私賑穀·備荒穀·帖價穀의 三賑穀은 진휼에 사용되고 있는 대표적인 곡물로 그 감소의 추세를 명확히 확인할 수 있다. 〈표 22〉는 경상도 지역에서 기근이 발생하였을 때의 삼진곡 획급 혹은 삼진곡의 사용 액수를 나타내고 있다.

〈표 22〉 경상도 삼진곡의 소비상황

연 도	획급곡물	분급곡물	연 도	획급곡물	분급곡물
영조 32	83,000	113,000	정조 6	삼진곡부족	109,515
영조 38		20,540	정조 8	25,000	
영조 41	20,000	10,000	정조 11	30,000	20,192
영조 44	55,000		정조 17		14,405
영조 48	30,000	40,000	정조 19	20,000	
정조 2	20,000	20,000	정조 22	8,000	
정조 3	146,000	120,000	정조 23	2,530	

* 연도는 분급곡물을 기준으로 작성함. 획급곡물은 분급곡물의 前年.
出典 : 획급곡물은 영조 32년~정조 19년까지 「惠政年表」, 정조 22·23년은 『日省錄』 ; 분급곡물은 영조 32년-정조 6년까지 「八道賑穀假令」, 정조 11·17년은 『日省錄』

위의 표에서 획급곡물과 분급곡물이 차이가 나는 이유는 획급곡물은 기근이 발생하면 다음해에 진휼사업을 시행하기 위하여 미리 진휼곡을 확보하는 과정을 보여주고 있으며 분급곡물은 기근이 발생한 다음해 정월부터 진휼사업을 시행한 결과를 정리한 점에서 실제 모집하고 분급한 액수이므로 전년도에 획급한 곡물과는 차이를 보일 수 있다.

「八道賑穀假令」의 경우에는 진휼을 위해 모집한 곡물의 합계와 분급한 곡물 그리고 진휼을 시행하고 남은 賑餘穀으로 다시 구분하고 있다. 그러나 진휼곡물의 구체적 곡물 명칭은 합계곡에만 나타날 뿐 분급곡이나 진여곡에는 나타나지 않고 있어 각종의 곡물이 실제 얼마나 소비되었는가는 다만 合各穀과 分賑穀·賑餘穀의 비교를 통해 추론할 수밖에 없다. 『惠政年表』나 『惠政要覽』의 경우도 기근이 발생하는 당년도에 다음해의 진휼사업을 위해 곡물을 마련하고 있는 것이므로 다음해에 실제 사용된 곡물과는 차이를 보이고 있다. 『日省錄』 기록의 1787(정조 11)년, 1793(정조 17)년의 기록은 실제 진휼사업에 사용된 곡물의 수치이며, 1798·1799(정조 22·23)년의 기록은 획급한 수치로서 賑餘穀이 있으므로 실제 사용한 수치는 아니다.

〈표 21〉와 〈표 22〉를 정리하여 경상도 삼진곡 중에서 당해년도까지 진휼곡물로 획급된 수와 삼진곡 총액의 변화를 재정리하면 다음의 〈표 23〉과 같다.

〈표 23〉 경상도 삼진곡의 변동 　　　　　　　　　　　　　　　　　(단위: 石)

구 분	1769	1788	1797	1807
획급삼진곡	198,540	334,707	34,405	10,530
삼진곡총액	139,412	14,719	7,732	26,940

물론 삼진곡의 획급액수가 모두 진휼사업에 소요된 곡물은 아니었다. 하지만 〈표 23〉을 통해서 경상도 삼진곡의 감축과정을 분명히 파악할 수 있다. 사진·첩가·비황곡의 삼진곡은 1769(영조 45)년의 13만 9천여석에서 1797(정조 21)년 7천여석으로 급격히 감소하고 있었다. 이것을 통해 정조년간 경상도의 진휼사업에서 삼진곡이 집중적으로 사용되었고, 그 결과 정조 후반에 이르면 삼진곡이 거의 고갈되어감을 알 수 있다. 1756(영조 32)년에서 1782(정조 6)년까지 경상도의 진휼사업에서는 삼진곡이 주로 사용되었고 상진곡을 사용한 예는 보이지 않는다.[185] 경상도의 진휼사업에서 상진

곡이 사용되기 시작한 것은 1783(정조 7)년부터이며[186] 1787(정조 11)년 이후에야 본격적으로 사용되었다. 경상도의 경우 상진곡의 감소는 1788(정조 12)년 108만여석에서[187] 1797(정조 21)년 71만여석으로[188] 두드러지게 감소하고 있는데 이는 진휼사업에 사용된 진휼곡물의 변화와 비례하고 있었다. 다음으로 확인할 수 있는 환총 기록에서 삼진곡이 가장 많이 소비된 해와 가장 적게 소비된 해를 비교하여 삼진곡의 감축과정을 살펴본다.

1779(정조 3)년의 경상도 기근에 대한 진휼사업의 결과 혜택을 받은 飢口의 연인원은 741,558口이고 分賑穀은 135,087石이었다.[189] 1779(정조 3)년의 경상도의 진휼곡 확보상황과 진휼곡물의 분급상황을 나타낸 것이 다음의 〈표 24〉이다.

〈표 24〉 정조 3년 경상도 진휼곡물

惠政要覽		八道賑穀假令			
삼진곡	146,000석	삼진곡	120,000석	합각곡	182,769석
공명첩	4,000장	空名帖價穀	41,634석	分賑穀	135,087석
		자비곡	19,631석	진여곡	47,682석
		원납곡	1,504석		還會錄

위의 표에 의하면 1779(정조 3)년 진휼사업을 위해 확보한 18만여석의 곡물 중 삼진곡이 12만석으로 65.6%를 차지하고 있다. 그러나 이 수치가 실제 사용된 곡물을 나타내는 것은 아니다. 18만여석의 진곡 중 실제 사용된 곡물은 13만여석으로 4만 7천여석의 곡물은 다시 회록되었으므로 이 숫자가 모두 삼진곡에 회록되었을 경

---

185) 「八道賑穀假令」, 慶尙道
186) 『惠政要覽』, 正祖 6년 10월 20일
187) 『增補文獻備考』, 「市糴考」 5, 各道還穀數
188) 『穀摠便考』
189) 『正祖實錄』 7, 正祖 3년 5월 29일(壬子) 慶尙道 畢賑, 45권 107쪽. 「八道賑穀假令」에서는 飢口數를 186,961口로 기록하고 있는데 이는 飢民의 연인원이 아니라 실재 발생한 기민수를 기록한 것으로 보인다.(〈표 10〉 참조)

우 삼진곡의 실제 소비량은 72,318석이 된다. 이것과 실제 소비된 분진곡 135,087석과 비교하면 전체 분급진곡 중 삼진곡이 차지하는 비율은 약 54%로, 절반이 넘는 비율을 삼진곡이 차지하고 있음을 알 수 있다. 적어도 정조 초반의 경상도에서 삼진곡이 진휼곡물에서 차지하는 위치를 짐작할 수 있는 수치인 것이다.

이렇게 많은 수량의 삼진곡이 진휼사업에 소비됨에 따라 필연적으로 삼진곡 총량은 감축할 수밖에 없었다. 1797(정조 21)년 삼진곡이 7천여석에 불과한 이후인 1799(정조 23)년 경상도에서 진휼사업이 시행되어 기민 463,948口, 분진곡 34,340석의 결과를 나타내고 있다.[190) 1799(정조 23)년의 기록에서 公賑邑의 歲前救急과 元賑의 기록에 대한 곡물의 내역이 나타나고 있으므로 공진읍을 중심으로 전체 진휼곡물 속에서 삼진곡의 비중을 살펴보면, 공진읍의 세전구급과 원진의 총 기민수는 326,407口이고 진휼곡물의 확보액은 삼진곡 2,530석, 상진곡 35,599석, 자비곡 905석으로 도합 39,035석이었다.[191) 그 중에서 실제 사용한 분진각곡은 25,135석이었다.[192) 그러나 실제 사용된 각종의 곡물 내역을 구체적으로 확인할

---

190) 『正祖實錄』 正祖 23년 慶尙道 畢賑(앞의 〈표 11〉)과 『日省錄』의 기록과는 약간의 차이가 있다. 다음의 표는 『日省錄』의 기록을 정리한 것이다.

	세전구급 口	분진곡	기민	분급곡	행걸아	요미
公賑	8,891	568	371,516	24,597	41	19
救急			137,500	9,155	13	5
합계			509,016	33,752	54	24

『實錄』의 기록과 『日省錄』의 기록에서 飢民의 수는 차이를 보이고 있으나 진휼곡에 있어서는 비슷한 수치를 보이고 있다. 표의 기록에서 공진읍의 세전구급시 분급한 곡물과 공진·구급읍의 분급곡물과 행걸아에게 요미로 분급한 곡물의 합은 34,344석으로 『實錄』의 분급곡 34,340석과 비슷하다.

191) 石米만은 버림. 以下 같음

192) 이 해에는 公賑邑뿐 아니라 救急邑에서도 公穀이 사용되어 公賑·救急邑에서 회감된 公穀의 수는 26,402석으로 11,727석이 다시 회록되었다. 회록된 수는 상진곡과 삼진곡에 회록되었던 것이다.

수 없으므로 공진읍의 진곡확보 총액과 그중에서 삼진곡의 비율만을 추출하여 그 추세를 살펴보면, 경상도 공진읍의 확보곡물은 39,035석이고 그중 삼진곡은 2,530석으로 약 6.5%의 비율을 보이고 있다. 이것은 1779 (정조 3)년 경상도 진휼사업시 절반 이상의 비율을 차지하고 있던 삼진곡이 급격히 감소한 것에 기인한 것이며 상진곡이 그 역할을 담당하고 있었다.

이처럼 경상도의 삼진곡의 사례에서 알 수 있는 것처럼 진휼을 목적으로 설치된 환곡의 감소와는 달리 전체 환곡의 총액이 증가하는 것은 환곡의 기능변화가 이루어지고 있는 것을 나타내 준다 할 수 있다. 그러나 환곡의 진휼기능이 완전히 정지된 것이 아니라 그 기능이 점차 축소되어가는 과정이며 다른 한 부분인 중앙과 지방의 재정에 충당되는 부세적 기능이 강화되는 과정인 것이다.

흉년을 대비한 비상곡물의 확보는 이외에도 수령의 自備穀이 있다. 자비곡을 마련하는 방안은 원래 官用을 절약하여 마련하도록 하였으나, 이것은 애초부터 부민침탈의 소지를 안고 있는 것있었다. 자비곡의 마련을 위한 권분을 금하는 규정이 나타나고 있는 것은 이때문이었다.[193] 그러나 전적으로 부민침탈로만 자비곡을 마련한 것은 아니었다. 수령이 관리하는 창곡을 전용하여 자비곡으로 보고하기도 하였고,[194] 상품화폐경제의 발달에 편승한 移貿 등을 통해 자비곡을 마련하는 것이 일반적인 방법으로 사용되었다.

1784(정조 8)년은 함경도에 진휼사업이 시행된 해이다. 당시의 진휼상황은 飢口 623,027口, 分賑穀 54,736석으로 기록되어 있다.[195]

---

193) 『續大典』, 「戶典」, 備荒, '各邑賑穀 每年隨力備儲 … 托以備穀 勸分民間者嚴禁'

194) 「八道御史賚去節目」, 設賑時添入條件, '一. 名以勸分勒奪民財 割出公穀 歸 諸自備者 無異犯贓 另加探探爲白齊'

195) 『正祖實錄』 正祖 8년 함경도 畢賑의 기록인(앞의 〈표 11〉) 南關 飢口 420,057口, 賑穀 36,691石, 北關 公賑飢口 202,960口, 북관 공진 진곡 16,256石, 북관 사진 진곡 1,789石의 합계로 〈표 25〉의 『日省錄』의 기록과 약간의 차이를 보인다.

분급곡물의 구체적 소비내역이 나타나 있지 않으므로 진휼곡물 확
보과정을 통해서 그 곡물의 모집부분을 〈표 25〉를 통해서 살펴보
도록 한다.

〈표 25〉 정조 8년 함경도 진휼곡 상황

정조 7년 賑資 예정액			정조8년 자비·원납		정조 8년 진휼결과	
교제곡 折米	25,000석	白給	북관자비	19,889석	기민	639,628口
비국구관 사진곡 折米	10,000석		남관자비	7,384석	합각곡	64,200석
3아문 耗穀 皮穀	40,000석	劃給	원납 전	5,300냥	분급곡	53,900석
공명첩	1,000장		곡	10,089석		
內需司 錢 3,000냥 布 300疋		別巡				

出典 : 『惠政要覽』 癸卯(正祖 7) 9월 7일, 『日省錄』 正祖 8년 7월 16일.

　　1784(정조 8)년 함경도의 경우 자비곡으로 북관 자비곡 19,889석
이상[196] 남관 자비곡 7,384석으로 합계 27,273석 이상의 자비곡을
확보하였다. 특히 영흥·갑산의 자비곡은 3,000석이 넘어 자비곡을
마련한 방법이 '捐廩自備'가 아니라 반드시 賣鄕·料販 등의 폐가
있을 것이라 조정에서 우려하고 있었다. 대체로 조정의 신하들은
함경도 자비곡의 마련이 賣帖과 貿販에서 얻어진 것으로 인식하고
있었다.[197] 함경도 지역에서 자비곡의 마련이 賣鄕·賣帖·料販
등을 통해서 이루어진 것은 이 지역의 활발한 상업활동과 관련되
는 문제이다. 이 이전부터 함경도 지역에서는 기근이 발생하면 교
역을 통해서 곡물을 확보하는 사례가 종종 발견되고 있다. 1741년
(영조 17)의 자료에 의하면 함경도의 곡물 확보 방안으로 明太와
곡식을 바꾸기 위하여 영남의 米商에게 값을 감하는 뜻을 알리면
많은 곡식이 마련될 것이라 하여 이를 救民의 한 방법일 것으로 인

---

196) 『日省錄』 正祖 8년 7월 에서 수령의 자비곡 마련한 것을 포상하는 가
　　운데 안변부사 정윤순은 사망하였으므로 포상에서 제외하고 자비곡의
　　수량도 기록하지 않고 있으나 자비곡을 마련한 것은 사실이므로 '이상'
　　으로 표현한 것이다.

197) 『日省錄』, 正祖 8년 7월 16일

식하고 있었다.198) 또한 흉년시에 물자교역을 활발하게 하기위하여 각처의 米商의 선박에 대해 免稅해 通商을 넓게 할 것을 요청하기도 하였다.199) 이외에 함경도의 활발한 상업활동을 알 수 있는 기록은 기근시에 부민원납을 통해서 알 수 있다. 함경도의 부민원납 기록을 살펴보면 他道人 혹은 서울 거주자, 서울의 상인·邸人, 개성의 상인 등이 100석 이상에서 수천석까지의 곡식을 원납하고 있었다.200) 이들은 함경도에서의 상업활동을 통해 이익을 보고 있었던 사람들로 파악할 수 있다.

한편 移貿, 貿販 등도 단순히 수령의 부정행위로 인한 환곡의 폐단으로만 파악할 것이 아니라 보다 적극적으로 이해하여 중앙정부의 재정이 부족한 가운데 지방의 긴급한 비용을 마련하기 위한 요긴한 수단으로 파악해야 할 것이다. 물론 이 가운데는 수령의 부정행위로 인한 폐단도 있었지만201) 일반적으로는 지방재정 확보의 목적으로 이해해야 할 것이다. 특히 기근이 발생하였을 때에 중앙정부의 곡물획급이 이루어지는 公賑邑에 포함되지 못하면, 감사가 마련한 곡식이나 지방 수령이 자체적으로 마련한 곡물을 가지고 진휼사업을 실시해야만 하였다. 흉년든 해에 각종 조세의 견감과 환곡의 정퇴 등이 이루어질 때에는 일방적인 대민수탈의 자비곡 마련은 불가능하였을 것이다. 이 과정에서 중앙정부의 곡물을 획급받아 移貿하여 원곡을 상환하고 그 차액으로 진휼을 시행할 곡물을 확보하는 것이 일반적인 일이었다.202) 1754·1756(英祖 30·32)년 개성 지역에서의 진휼사업의 상황을 살펴보더라도 진휼감관의 주요한 임무는 移貿를 통해 곡물을 확보하는 일이었다.203)

---

198) 『備邊司謄錄』 109, 英祖 17년 10월 26일, 「北道監賑御史賚去節目」, 11권 164~167쪽.
199) 『日省錄』, 正祖 7년 10월 18일
200) 『日省錄』 正祖 8년 7월, 正祖 13년 7월 14일 함경도 원납인 포상기록
201) 『備邊司謄錄』 82, 英祖 3년 11월 3일, 「湖南御史節目」, 8권 178-180쪽.
202) 鄭亨芝, 1993, 『朝鮮後期 賑恤政策 硏究』, 이화여자대학교 사학과 박사학위논문, 138~144쪽.

　이외에 私賑곡이 아니라 公賑곡이라 할지라도 정월부터 시작하는 元賑 이외에 12월에 실시하는 歲前救急 혹은 元賑이 끝난 후에 실시하는 歲後白給204) 등에 소요되는 곡물을 公穀에서 회감할 수는 없었다. 또한 기근이 발생하였을 경우 곡물이외에 소금, 된장, 미역 등을 함께 지급하여야 하는데 이러한 부대비용 모두를 공곡에서 사용할 수는 없는 일이었다. 이러한 경우의 부대비용은 자비곡에서 충당하여야만 하였다.

　자비곡의 마련은 지방 수령이 자체적으로 하는 것이었지만 그 관리는 비변사의 통제하에 두었다. 환곡 원곡이 감축되는 상황하에서 왕조정부는 곡물확보를 위하여 지방에서 마련한 환곡을 국가관리 하에 두어 환곡의 확충을 꾀하려 하고 있는 것이었다. 평소에 마련한 자비곡으로 새로운 명목의 환곡을 창설하여 평상시에는 환곡이자 수입으로 비용에 충당하고, 기근이 발생하였을 때에는 진휼곡으로 사용하는 것이었다. 물론 기근 시에는 그 해 모집한 자비곡을 우선적으로 사용하고 있다.

　17세기 후반과 18세기 초반에 증가하기 시작한 환곡 중에서 중앙아문곡은 절반만을 분급하는 '半留半分'의 원칙으로 운영되었다. 그 모곡의 일부는 각종 비용과 수령의 몫으로 할당되었고, 나머지는 원곡에 충당되었다. 지방 감영곡은 전부 분급되어 그 모곡을 감영의 경비로 사용하고 있었다. 18세기 전반에 전국적인 환곡의 총량은 상당량으로 증가하였지만, 흉년이 들면 환곡 징수를 연기하는 停退와 징수하지 못한 未捧이 발생하였으며, 기민에게 무상분급의 재원으로 사용되었다. 그러므로 환곡의 총액이 많은 지역이라 할지

---

203) 「松都設賑啓錄」 1754년(영조 30) 송도의 진휼사업에서는 賑廳發賣大米 3천석을 이용하여 800석을 마련하여 분급하였다. 영조 32년도 동일한 양상을 나타내고 있다.

204) 『日省錄』 正祖 11년 5월 12일 忠淸道 畢賑기록에서는 공진읍과 사진읍을 구분하고 있으며 공진읍에서는 원진외에 세전구급과 세후백급이 실시되고 있었다.

라도 흉년시에 창고에 남겨둔 환곡의 액수는 많지 않았다. 이런 상황 속에서 심한 흉년이 든 지역에 곡물을 이전하는 일은 쉽지 않았다. 따라서 전국적인 환곡의 총액이 증가하는 상황이지만 별도로 다른 지역으로 이전을 목적으로 한 새로운 환곡을 설치할 수밖에 없었다. 이전을 목적으로 설치한 환곡은 항상 일정량을 비축하여야만 하였다. 그러나 한 지역에서 비축만을 목적으로한 환곡을 과다하게 설치할 수 없었기 때문에 인근 지역까지 그 분급을 확대하여야만 하였다. 창고 인근 지역의 입장에서는 창고곡의 분급과 징수는 운반상의 문제로 인하여 상당한 부담이 되었다. 왕조정부의 입장에서는 재정충당과 비축곡물의 확보라는 문제를 해결하기 위하여 환곡을 설치하여 운영하는 가운데, 전국적인 풍흉의 차이를 고려해 새로운 비축용 환곡을 운영하려 하였으나, 각 지역에서는 새로운 부담으로 작용하였다.

이러한 상황을 고려하여 명목은 타 지역 이전을 위한 창고곡으로 명색을 정하였지만 각 창고에 실재 보관하는 환곡의 액수를 줄이고, 각 지역에 보관하여 운영하는 형식을 취하였다. 이전을 위한 창고에 보관하는 환곡은 1/3만 분급하여 항상 일정 액수를 유지하려 노력하였지만, 각 고을에서 운영하는 창고곡은 이름만 창고곡이지 실제 운영은 일반 환곡과 다름없이 1/2을 분급하여 운영하였다. 이런 환곡은 停退, 未捧이 발생하여 흉년이 들었을 때 사용될 수 없는 경우가 종종 발생하였다.

18세기 전반에 집중적으로 설치된 타 지역 이전을 위한 창고곡은 왕조정부의 노력에도 불구하고 그 기능을 효과적으로 수행하지 못하였다. 이는 환곡의 운영이 재정충당의 목적을 수행하고 있는 상황 속에서 진휼을 목적으로 비축만을 목적으로 새로운 환곡을 운영하려 한 데서 나온 현실적인 문제였다. 이를 해결하기 위한 방편으로 제시된 것이 각 고을에서 창고곡을 운영하는 방안이었으나, 이는 환곡 운영의 혼란을 초래하였다. 같은 명목의 환곡이라 할 지라도 그 분급 비율이 다르고, 그 모곡이 사용처가 달라지면서 환곡의 총체적인 파악을 어렵게 하였다. 이에 따라 각 지역에서는 환곡의 중간 관리자인 吏胥輩와 창고 감색의 농간이 극성을 부리게 되었다.

이처럼 18세기 前半의 조선에서는 진휼곡을 확보하기 위하여 각종 창고의 설치와 환곡의 확대가 이루어지고 있었으며 지방에서 수령으로 하여금 자비곡을 마련하여 기근에 대비하도록 하고 있었다. 환곡의 증가는 빈번한 기근에 대한 대책으로 진휼을 위한 목적이 강조되고 있었던 것이었다. 그러나 18세기 후반에 들어서는 진휼을 목적으로 설치된 각종의 창고곡과 환곡은 오히려 감소하고 있는 상황이었다.

2. 18세기 後半 財政補充用 還穀의 증가

18세기 환곡은 중앙아문곡인 호조곡, 상진곡, 비변사 곡물 등이었고, 지방곡인, 감영곡과 통영, 병·수영 곡물이었다. 그후 영조년간에 이르러 균역법을 시행하면서 급대를 목적으로 군작미 10만석을 균역청에 이록하여 균역청 군작미를 만들면서 균역청이 환곡을 운영하게 되었다. 이를 계기로 중앙 각 관아들도 환곡을 운영하기에 이르렀다.

즉 장용영을 신설하면서 그 비용을 충당하기 위하여 환곡을 설치하였고, 이어서 총융청, 사복시, 주자소, 수어청, 병조, 형조, 한성부 등이 비용 조달을 목적으로 환곡을 설치하여 운영하였다. 균역청과 선혜청을 제외한 각 아문의 환곡 운영은 비용 조달을 목적으로 설치되었기 때문의 전부를 분급하는 盡分의 형식으로 운영되었다. 균역청과 장용영을 제외한 각 아문의 환곡 총량은 그 수가 많은 것은 아니나, 중앙아문에서 재정보충을 위한 환곡을 설치하였고, 그 시기가 정조년간에 주로 이루어진다는 점에서 18세기 말에 이르면 재정보충을 목적으로 한 환곡의 설치가 활발히 이루어지고 있음을 알 수 있다. 다음의 〈표 26〉은 중앙아문의 환곡을 정리한 것이다.

〈표 26〉 1797년 三司를 제외한 중앙아문 환곡

아 문	환 곡
총융청	경기도 餉米 3,500석, 평안도 小米 705석
사복시	충청도 溫陽太 21석, 경상도 각곡 1,578석
주자소	전라도 미 9,541석, 경상도 劃付米 5,162석
수어청	황해도 添餉小米 1,100석, 평안도 小米 3,018석
병 조	평안도 軍餉小米 17,543석, 沁都換銀 1만석
형 조	평안도 小米 892석
균역청	경기 · 충청 · 전라 · 경상 · 강원 · 평안도 524,596석
장용영	경기 · 충청 · 전라 · 경상 · 강원 · 황해 · 평안도 359,788석
선혜청	전라 · 경상 · 황해도 110,175석

出典 : 『穀總編攷』. 石 이하는 버리고 계산.

각 아문의 환곡 관리상태를 균역청, 장용영의 실태를 중심으로 살펴본다.

호조, 상진청, 비변사를 제외하고 환곡 운영에서 많은 액수를 차지한 것은 균역청이다. 균역법 시행 이후 급대를 목적으로 각 지역의 군작미를 10만석 이전하여 균역청 군작미를 운영한 이후 균역청의 환곡은 점차 증가하였다. 그러나 영조년간에는 균역청 군작미를 중심으로 운영하였고, 정조년간에 들어서야 본격적으로 재정 조달을 위한 환곡 운영을 본격화하였다. 균역청의 환곡 운영을 통하여 중앙아문에서 비용 조달을 위한 환곡운영의 실상을 파악할 수 있다.

1797년(정조 21) 당시의 균역청 환곡을 정리한 것이 다음의 〈표 27〉이다.

〈표 27〉 1797년 균역청 환곡

	반 분	진 분	二留一分
경기	군작미 5,534석 보환각곡 8,081석		
충청		군작미 4,055석 보환각곡 17,310석 가록군작미 4,681석 乙巳貿米 1,419석	
전라	군작미 33,229석	보환미 7,416석 계축회록 142,966석 진상첨가미 27,700석	
경상	군작미 26,636석 別均米 44,545석 갑진보환미 2,383석 丁未이무미 26,504석 통영이래전 2,516석	別均各穀 4,295석 乙卯移錄太 23,053석	군작미 254석 별균미 767석
강원	각곡 13,397석		
평안	改色 13,156석		

出典: 『穀總編攷』

균역청 환곡은 경기, 충청, 전라, 경상, 강원, 평안도 등 6道에 산재하고 있었다. 軍作米와 補還穀은 경기와 삼남에 걸쳐 존재하였으며, 각 지역에서 균역청의 비용을 마련하기 위하여 창설한 환곡은 충청도의 乙巳貿米, 전라도의 進上添價米와 癸丑會錄穀, 경상도의 別均米, 丁未移貿米, 統營移來錢穀, 乙巳移錄太 등의 곡물이 있었다.

충청도의 경우 균역청 환곡은 모두 盡分의 형식으로 운영되었는데, 이는 충청도의 환총이 적기 때문에 균역청의 재원조달과 분급의 확대를 위하여 진분의 형식으로 운영되었던 것으로 보인다.[205]

균역법 실시 이후 운영된 균역청 군작미는 절반을 분급하고 절

---

205) 1797년 충청도의 환곡 총액에서 분급하는 비율은 74%로 전국의 평균 분급률인 71%와 비슷하다. 그러나 호조곡과 상진곡은 半留半分으로 운영되었고, 나머지 환곡은 대부분 盡分으로 운영되었다. 충청도는 환곡이 적은 지역이었으므로, 還摠과 戸總을 비교하면 1戸當 전국 평균 분급액인 3.95石 보다 적은 2.56石으로 전국에서 최저치를 기록하고 있다.(『穀總編攷』)

반은 남겨두는 半留半分의 형식으로 운영되었다. 그러나 균역청은 재원 조달을 위하여 각 지역에서 점차 환곡을 만들어 운영하기 시작하였다.

전라도에서는 1752년(영조 32) 흉년시에[206] 각 邑浦의 稅錢으로 進上添價에 사용하고 남은 것으로 곡식을 만들어 모두 분급하는 盡分의 형식으로 만들어 進上添價米라는 환곡을 운영하였다. 진분으로 운영한다는 것은 비용 조달을 목적으로 한 것이었기 때문에 그 모곡은 대부분 각 아문의 비용으로 사용되었다. 그러나 균역청의 비용으로만 사용한 것이 아니라 재정이 부족한 각 아문의 비용으로도 사용되었다. 1797년(정조 21) 당시 진상첨가미의 모곡 사용처는 영문의 경비로 절반이 사용되었으며, 균역청과 장용영에 모곡의 일부를 作錢上納하였고, 상진청과 大同儲置에 일부의 모곡이 이관되었다.[207]

경상도에서는 1762년(영조 38)에 균역청 別均穀이 창설되었다. 1762년 역시 삼남을 중심으로 극심한 기근이 든 해였다.[208] 당시의 흉년으로 경상도 별회미 5백석과 租 4천석을 折米하여 2,100석으로 別會案付均廳米라는 환곡을 창설하였으며, 매년 折米 2,100석을 별균미에 첨가하도록 하였다. 경상도 균역청 별균미는 그 원곡이 모두 감영에서 마련한 별회곡이었다. 별균미는 절반만을 분급하는 반류반분으로 운영되었는데, 경상도에서의 비용 충당의 요청 때문에 매년 가분을 하여 그 모곡을 사용할 수밖에 없었다. 결국 12,090석을 매년 가분하는 응가분을 시행할 수밖에 없었으며, 그 응가분의 모곡은 선혜청에 이관되었고, 또한 義僧番錢 給代에 사용되었다.[209] 그러나 별균곡의 모곡의 사용처가 많아지자 그 모곡으로는

---

206) 『惠政年表』 英祖 丙子에 의하면 호남 급재결은 16,752결이었고, 賑穀 35,500을 획급하였다.
207) 『穀總編攷』 3,「全羅道內各樣還穀摠數」.
208) 1762년의 전국 급재결은 199,676결이었고, 경상도는 급재결은 44,140결이었다.

비용조달을 원활하게 할 수가 없게 되자, 감영곡의 모곡을 별균미에 이록하여 별균미를 보충하고자 하였다. 半留半分으로 운영되는 별균미 모곡으로 비용에 충당하여도 부족하자, 감영곡의 모곡을 충당하였고, 그것도 모자라 일부를 盡分하여 운영하게 되었다. 1797년 별균미 모곡의 수입보다는 지출이 많아 별균미는 적자 운영을 하게 되었다. 그러므로 별균곡의 감소를 방지하기 위하여 일부는 1/3을 분급하는 二留一分을 하여 모곡을 전부 원곡에 보충하기도 하였다.

경상도 別均穀의 운영에서 살펴본 바와 같이 그 모곡을 각종의 비용에 사용하는 경우에는 비용 사용이 증가함에 따라 적자 운영을 하기도 하였다. 그러므로 기본적으로는 반류반분을 하면서도 모곡의 증가를 위해 매년 일정액을 가분하는 응가분을 실시하기도 하였으며, 다른 환곡의 모곡을 첨가하기도 하였다. 또한 원곡의 감축을 보충하기 위하여 별균곡을 보충하면서 盡分하거나 二留一分하여 그 모곡을 전부 원곡에 보충하기도 하였다. 이처럼 별균미의 운영에서 파악할 수 있는 점은 흉년으로 인해 환곡을 새로 설치하였지만, 그 모곡을 비용에 사용하면서 적자 운영되기도 하였다. 환곡의 적자 운영으로 원곡이 감축하는 것을 방지하기 위하여 盡分이나 二留一分을 통하여 원곡의 감소를 줄이려고 노력하였다.

경상도의 丁未移貿米 역시 1786년(정조 10)의 흉년에 창설되었다. 당시의 경상도 흉년으로 인하여 곡물 분급을 확대하기 위하여 균역청 구관곡 1만 2천석을 발매하도록 하고, 그 발매하여 마련한 돈은 상납하도록 하였다. 그러나 다음 해의 賑資를 염려하여 발매하여 마련한 6만냥으로 租 6만석을 마련해 각 읍에 분산해 모곡 모두를 원곡에 보충하도록 하였다.[210]

흉년이 들면 급재결의 분급이 많아져 호조 재정 수입의 감축을

---

209) 『穀總編攷』 3, 「慶尙道內各樣還穀摠數」.
210) 『穀總編攷』 3, 「慶尙道內各樣還穀摠數」.

초래하였을 뿐만 아니라, 환곡도 징수하지 못하는 양이 많아 졌다. 또한 飢民에게 무상으로 곡물을 지급하여야 했기 때문에 곡물의 수요는 증가하였다. 그러므로 흉년시에는 새로운 환곡을 확보하기 위하여 많은 노력을 기울여야만 하였고, 이 과정에서 새로운 환곡이 만들어졌다. 경상도의 統營移來錢穀과 乙卯移錄太[211] 역시 이러한 상황에서 창설된 환곡이었다.

전국적인 흉년이 들면 각 지역에서 같은 명목의 환곡을 설치하는데 균역청 구관의 補還穀이 그것이다. 1784년(정조 8)년의 흉년시에 경기도와 삼남, 그리고 강원도에[212] 補還穀이 창설되었다. 각 지역에서 보환곡을 마련하는 방법은 경기도의 경우 균역청 돈으로 마련하고 있었고,[213] 충청도·전라도·강원도 역시 結錢이나 어염세로 곡물을 매입하여 마련하였다. 경상도의 경우는 奴婢貢給代條, 射木大米, 備局軍作米, 南倉錢作米 등을 이용해 보환곡을 마련하였다. 보환곡의 설치 동기가 각 지역에서 환곡의 분급을 호소하면서 만들어 졌으나, 모곡을 비용에 사용하게 되면서, 모곡을 확대하기 위하여 분급을 늘리는 응가분을 시행하기도 하였다.[214] 또한 전부 분급하는 盡分을 시행하여도 그 사용액을 감당하지 못할 경우에는 상진곡을 이전하여 원곡을 보충하기도 하였다.[215]

환곡의 모곡은 반드시 필요 경비로 지출되는 것만을 아니었다. 환곡 모곡의 사용되지 않고 원곡에 보충되어 여유가 있을 때는 다른 환곡에 이전되어 보충되기도 하였다. 충청도의 군작미를 보충하

---

211) 『正祖實錄』 40, 正祖 18년 8월 4일(戊午), 46권 493쪽.
212) 『穀總編攷』에는 정조 10년에 창설된 것으로 기록하고 있으나, 『萬機要覽』에는 甲辰補還穀으로 기록하고 있다. 또한 『正祖實錄』에서는 정조 8년에 賑恤廳 補還穀을 설치하였다고 기록하고 있으므로(『正祖實錄』 正祖 8년 2월 9일), 강원도에서도 균역청 補還穀이 정조 8년에 설치된 것으로 파악해야 한다.
213) 『穀總編攷』 3, 「京畿道內各樣還穀摠數」.
214) 『穀總編攷』 3, 「京畿道內各樣還穀摠數」.
215) 『穀總編攷』 3, 「全羅道內各樣還穀摠數」.

기 위하여 보환곡을 이전하여 加錄軍作米를 만들었으며,216) 전라
도에서는 보환곡의 모곡을 大同儲置와 癸丑會錄穀에 이전하고 있
었다.217)

이상에서 살펴본 바처럼 균역청 구관곡은 군작미를 제외하고는
흉년시에 부족한 환곡을 보충하기 위하여 설치되었다. 그러나 환곡
의 모곡을 비용에 조달하게 되면서부터 부족한 비용 조달을 위하
여 분급액을 확대하기 위한 應加分이나 盡分이 시행되기도 하였다.
이에 따라 원곡이 감축되는 것을 방지하기 위하여 또다시 盡分하
거나 二留一分의 방식으로 운영되기도 하였다. 환곡 운영에서 한가
지 환곡의 운영방식이 다양하게 나타나는 이유는 비축곡물을 일정
하게 유지하려는 노력과 현실적으로 비용충당을 원활하게 하기 위
한 방편으로 운영되었기 때문이었다. 그러나 호조곡과 상진곡 그리
고 비변사구관곡의 경우는 비교적 환곡 본래의 기능인 비축의 목
적을 강하게 지니고 있었다.

조선후기의 환곡에서 본격적인 재정 충당의 기능을 확인할 수
있는 시기는 정조대로 파악된다. 물론 호조곡과 상진곡 그리고 비
변사곡의 경우도 일부를 재정에 충당하고 있었지만 대부분 半留半
分으로 운영되어 본래 환곡의 기능을 유지하고 있었다고 볼 수 있
다. 그러나 균역청에서 군작미를 운영한 이후 정조대에 들어서 중
앙의 각 아문에서도 환곡을 운영하면서 본격적으로 그 모곡을 재
정에 보충하면서 환곡의 재정 기능은 강화되어 나갔다. 중앙아문의
환곡은 19세기 초반에 이르기까지 증가하고 있었는데, 그 대표적인
아문이 균역청이었다.218) 또한 지방재정을 보충하는 감영곡도 증

---

216) 『穀總編攷』3,「忠淸道內各樣還穀摠數」, 盡分秩 加錄軍作米.
217) 『穀總編攷』3,「全羅道內各樣還穀摠數」, 盡分秩 補還穀.
218) 1797년과 1807년의 균역청 환곡을 비교해 볼 때 환곡은 10년의 기간사
　　이에 52만여 석에서(『穀總編攷』) 104만여 석으로(『萬機要覽』) 약 2배로
　　증가하였다. 장용영이 혁파되면서 장용영 환곡을 균역청에 이록하여 壬
　　戌移劃穀을 설치한 것이 균역청 환곡의 주요한 증가 요인이었다.(『備邊
　　司謄錄』193, 純祖 2년 9월 2일,「壯勇營錢穀木布來歷及區處別單」, 19권

가 추세를 보이고 있었다. 이러한 곡물들은 대체로 전부를 분급하
는 盡分의 형식으로 운영되었기 때문에 환곡의 분급 비율은 증가
하고 있었다.[219] 결국 환곡의 모곡을 재정에 사용하면서 盡分의 형
식으로 운영하였기 때문에, 모든 환곡의 운영에서 절반만을 분급하
는 半留半分의 원칙은 지켜질 수 없었고 다양한 운영 방법이 등장
하게 되었다.

한편 壯勇營은 정조년간에 설치한 군영으로 그 재정운영은 환곡
에 의지하고 있었다. 장용영 설치와 함께 각 지역에서 장용영 환곡
을 마련하였는데 대체로 호조, 상진청, 균역청의 환곡을 사용하였
다. 호조, 상진청의 환곡이 대부분 半留半分의 형식으로 운영되었으
므로, 이러한 반류반분곡을 장용영에 이관하여 장용영 환곡을 설치
한 것은 결과적으로 환곡의 분급을 증가시키는 결과를 초래하였다.

장용영에서는 이들 환곡을 모두 분급하는 盡分의 형식으로 운영
하고 있었다. 18세기말에 이르면 장용영 환곡은 함경도를 제외한 7
道에 산재하고 있었으며, 그 총액은 35만여 석에 달하였다. 장용영
환곡의 설치 시기와 그 모곡의 용도를 정리한 것이 다음의 〈표 28〉
이다. 표에서 살핀 바와 같이 장용영의 환곡 모곡은 직접 장용영의
비용에 사용하는 부분(作錢上納)과 군향으로 비축하는 부분(陞錄)
으로 구분할 수 있다. 이처럼 장용영은 환곡 운영으로 인해 재정이
넉넉하였기 때문에 타아문의 급대 재원으로 장용영 재정이 사용되
기도 하였다.

이처럼 18세기 후반에 균역청, 장용영 등의 중앙아문이 환곡을
운영하면서 재원조달을 위한 환곡의 총량은 증가하였다. 또한 지방
에서도 비용충당을 위하여 감영곡을 확대하고 있었다. 이러한 환곡
의 증가가 환곡 운영에 어떠한 변화를 초래하는가를 살펴본다.

484~498쪽)
219) 1797년 전체 還摠의 분급률은 70%이고, 이중에서 중앙아문의 분급률은
  60%이고 지방아문의 분급률은 96%로 파악된다.(오일주, 앞의 논문, 92쪽)

〈표 28〉 1797년 장용영 환곡

경기	取耗租 1만석, 모곡 1천석 作錢上納
충청	經理各穀 12,369석, 모곡 1,236석 作錢上納 啓後加分耗 5,103석, 모곡 510석 作錢上納 移劃已卯貿米 5천석 모곡 500석, 華城城役 1,081석 모곡 108석 陞錄
전라	각곡 10,623석, 모곡 1,062석 중 1천석 移錄大同儲置 62석 陞錄元穀 啓後耗 7,871석, 耗穀 787석 作錢上納
경상	貿置각곡 11,131석, 모곡 1,113석 陞錄元穀
강원	屯倉각곡 2,800석, 모곡 280석 作錢上納
황해	각곡 49,662석, 모곡 4,966석 陞錄元穀 혹은 作錢 新昌小米 6천석, 모곡 600석 作錢上納
평안	각곡 238,145석, 모곡 23,814석 중 應下假令 70석, 1천석 作錢移送水原, 3백석 作錢移送兵營, 17,795석 作錢上納本營, 4,648석 陞錄元穀

出典 : 『穀總編攷』

환곡은 그 耗穀을 국가재정에 사용하면서 증가하고 있었다. 그러
나 환곡 총액의 증가 요인이 단지 재정 충당만을 위한 것만은 아니
었다. 조선후기의 빈번한 자연재해에 대처하기 위하여 비축곡물을
확보하기 위한 노력 또한 還摠의 증가 원인이었다.

그러나 조선후기의 빈번한 자연재해 속에서 환곡은 감축되기도
하였다. 18세기 후반의 충청도 永春 지역의 사례는 기근으로 인한
환곡의 감축과정을 구체적으로 보여준다. 1755년(영조 31)의 대기
근은 급재결이 10만결 이상[220]으로 충청도 지역도 큰 피해를 입었
다.[221] 영춘현의 경우 14,049석의 환곡이 1755~1756년의 흉년을 거
치며 포흠된 것이 6천여석에 이르렀다.[222] 이는 전체 환곡의 약
42%에 이르는 양이었다.[223] 흉년 이후 환곡의 탕감이 이루어지지

---

220) 『度支田賦考』에 의하면 이 해의 전국 급재결은 119,903결로 상당히 높
　　은 수치를 기록하고 있고, 충청도의 급재결은 29,483결로 역시 높은 수
　　치를 기록하고 있다.
221) 『惠政年表』(精神文化研究院 556)에 의하면 당시의 기근으로 왕조정부
　　에서 마련한 賑資는 공명첩 2천장, 營賑穀 6만석, 常賑穀 5천석, 영자비
　　곡 5천석이었다.
222) 『英祖實錄』 93, 英祖 35년 6월 11일(庚申).
223) 18세기 후반의 강원도 영춘 지역의 포흠은 환곡의 양이 지나치게 많아

않을 경우 사망자와 유망자의 환곡은 징수할 길이 없어 계속해서
장부상에만 기록된 포흠으로 남을 수밖에 없었으며, 이를 무리하게
징수하려할 경우, 민의 반발을 야기하거나 빈한한 농민의 일부는
다시 유망할 수밖에 없는 상황이었다. 결국 흉년 후에는 환곡의 탕
감이 이루어질 수밖에 없었다. 정부의 입장에서는 비축곡물의 감소
를 염려하여 탕감의 대상을 제한하려고 하였다. 즉 사망자와 유망
한 자를 제외하고, 남아있는 자에게서는 포흠곡을 징수하려 하였
다. 그러나 현존하는 자 역시 유망과 다름없는 존재였기 때문에 결
국은 모두 탕감할 수밖에 없었다.224)

영조 35년 장적을 기준으로 편찬된 『輿地圖書』의 환총 기록은
1755년의 흉년으로 상당량의 환곡이 탕감된 이후의 모습을 보여주
고 있다.225) 탕감 자체가 사망자나 유망한 자에게 실질적인 혜택을
주는 것은 아니었지만, 남아 있는 사람들의 부담을 덜어주고 또한
감축된 곡물을 보충하기 위한 노력을 통해서 재해에 대비하려 한
것이었다.

18세기 후반의 전국적인 환곡 상황을 파악할 수 있는 자료로서
는 『輿地圖書』,226) 『備邊司謄錄』227)이 있다. 다음의 〈표 29〉는

서 농민의 부담으로 인한 포흠으로 보이지는 않는다. 이 시기 영춘 지
역의 환곡이 14,049석이고 민호가 2,300여 호다. 환곡 총액의 절반인 7
천여 석의 환곡으로 2,300호에 분급하였다고 계산하면 1호당 3석이 좀
넘는 액수로 과다한 것이 아니었다. 또한 흉년으로 인한 加分을 고려하
더라도, 사망자와 유망자의 호수와 포흠액을 호당 계산하면 약 4~5석
으로 이해된다.

224) 『承政院日記』英祖 35년 閏6월 16일.
225) 『輿地圖書』江原道 永春縣의 환곡은 8,267석으로 1755년 이전의 1만 4
천여 석 보다 약 6천석이 감축하였다.
226) 『輿地圖書』는 己卯(1759년;영조 35)帳籍을 기준으로 편찬되었기 때문에
1759년의 환총을 파악할 수 있다. 그러나 『輿地圖書』의 기록은 지역별
로 곡물 파악 기준이 다르고 전국의 모든 邑을 포함하지 못하고 있다.
또한 도별 환곡 총액이 경기도와 전라도는 제시되어 있지 않았다.
227) 『備邊司謄錄』140, 英祖 37년 10월 15일,「六道結錢蕩減代還耗移施節目」,
13권 599쪽에는 이 해의 結錢을 탕감하는 대신 환곡의 모곡으로 보충

1759 · 1760년의 환곡 상황을 나타낸 것이다.

〈표 29〉 1759 · 1760(영조 35 · 36년) 환총[228]

도	연도	감 영	병 영	수 영	통 영	합 계
경기도	1759년					
	1760년	554,854	40,239*			595,093
충청도	1759년	811,106	33,238	14,445		858,789
	1760년	795,420	29,137	14,943		839,500
전라도	1759년					
	1760년	1,428,657	11,769	53,375		1,493,801
경상도	1759년	1,416,846	83,278	24,825	490,582**	2,015,531
	1760년	1,881,193	151,372	32,948	545,507	2,611,020
강원도	1759년	332,815				332,815
	1760년	391,056				391,056
황해도	1759년	390,821	34,519	15,966		441,306
	1760년	476,342	37,324	19,605		533,271
평안도	1759년	1,877,144	139,584			2,016,728
	1760년					
함경도	1759년	793,731	65,738			859,469
	1760년					

出典 : 1759년『輿地圖書』, 1760년『備邊司謄錄』, 140, 英祖 37년 10월 15일.
　　* 南漢山城 · 北漢山城의 還分 액수. 半留하였다면 80,478석.
　** 統營會外穀 370,675석은 三南의 합계
　　　兵營은 지역에 따라 左 · 右兵營 혹은 南 · 北兵營의 합계
　　　水營은 지역에 따라 左 · 右水營의 합계 혹은 左水營

하고 있는데, 환곡 총량의 기준은 庚辰年(1760년;영조 36)의 會案을 기준으로 하고 있다. 평안도 · 함경도는 전세를 상납하지 않는 지역이므로 통계에서 제외되고 있다.

228) 위의 표에서 1760년에는 평안도 · 함경도가 빠져있고, 1759년에는 경기도 · 전라도의 기록을 확인할 수 없다. 또한 충청, 경상, 강원, 황해도는 1759 · 1760년이 기록이 동시에 나타나고 있지만 차이를 보이고 있다. 이 점은『輿地圖書』의 기재양식 때문에 나타나는 차이라고 생각된다.

1759년의 강원도 기록을 살펴보면 監營의 환총 기록에서는 元還,
常賑穀, 軍餉穀, 帖別備穀의 항목으로 332,815석이 기록되어 있는
데,[229] 26읍의 환총을 기록하면서는 元會, 別會, 賑穀, 營穀, 軍需穀
의 항목으로 구분하고 있으며 이를 합산하면 350,275석이 된다.[230]
監營條의 환총 기록과 각읍의 환총 기록이 17,460석의 차이를 보이
고 있으며, 감영조의 기록보다 각 읍의 기록을 합산한 환곡이 더
많다. 강원도의 경우 감영조의 경우 중앙아문 구관곡만을 통계낸
것같고 각 읍의 환총에서는 營穀과 驛·鎭堡의 환곡도 포함하였기
때문에 차이가 난 것이 아닌가 한다.[231]

〈표 29〉에서는 충청도를 제외하면 1759년보다 1760년의 환총이
높은 수치를 기록하는데 이는 강원도의 사례에서 보이듯이 1759년
의 기록이 중앙아문을 중심으로 파악한 것에서 기인한 것같다. 각
지역의 驛과 鎭堡의 환곡은 1759년의 기록에서 생략된 것으로 보
아야 할 것이다. 왜냐하면 1759년과 1760년의 1년 사이에 큰 기근
이 들어 환곡의 감소가 이루어진 것이 아니기 때문에 두 사례 모두
사실을 반영한다고 보아야 할 것이다.

1760년 경에 약 932만여 석의[232] 환총이 존재하고 있음을 살펴
보았는데, 이러한 환곡의 내역을 정리한 것이 다음의 〈표 30〉이다.

---

229) 『興地圖書』 江原道 監營條 還摠(단위: 石)

元還	常賑穀	軍餉穀	帖別備穀	합계
15,902	271,022	3,224	42,667	332,815

230) 『興地圖書』 江原道 26邑 還摠(단위: 石)

元會	別會	賑穀	營穀	軍需穀	합계
204,919	23,842	101,628	13,919	5,967	350,275

231) 『興地圖書』에서 다른 지역의 환총도 감영·수·병영의 환총의 통계와
각 읍의 환곡 액수도 통계를 내어 비교하여야 하나, 지역별로 빠진 읍
이 많아 비교하기가 곤란하다.

232) 오일주, 앞의 논문, 82쪽.

〈표 30〉 1759년(영조 35) 각 지역의 곡물 명색(輿地圖書)

구분	3衙門穀	賑恤穀	監營穀	기타
경기도	호조 상평청 진휼청 (三倉會付)	營賑穀	營還上(巡營句管) 雇馬廳	均役廳(軍作米)
충청도	軍資·常平·賑恤 三倉會付	營賑穀, 備局軍作米	監營穀	均役廳軍作米, 統營穀, 經理廳穀
전라도	軍資倉, 賑色, 常平穀		別倉	山城穀
경상도	元會, 常平廳, 賑色	私賑	營別會	統營穀, 軍餉
강원도	元還, 常賑穀	帖別備穀	(營穀)	군향곡, (군수곡)
황해도	戶曹會付管餉, 倉元會付, 賑恤廳, 常平廳	備局會付賑恤, 賑恤會外, (各年自備穀)	巡營穀	惠廳會付詳定米, 均役廳會付, 管餉會外,
평안도	元會付軍餉, 常平, 田三稅, 巡錢穀	私賑賑餘穀	營各庫穀	補餉穀, 別軍餉, 管會外
함경도	三衙門(元會)	交濟穀(別會), 私賑穀, 營賑穀	巡營穀	

出典 :『輿地圖書』, ( )는 각 邑 還摠 기록에 나타난 항목

　　『輿地圖書』에 나타나는 각 지역의 환곡 종류를 살펴보면 호조·상평청·진휼청 등이 환곡운영의 중심을 이루고 있었다. 이들 三衙門穀을 일부 지역에서는 元會付로[233] 기록할 정도로 환곡 운영에서 밀접한 관련을 맺고 있었다. 그러므로 호조·상평청·진휼청을 三衙門 혹은 三倉穀으로 표현하는 사례가 빈번히 등장하고 있다. 이는 이 삼아문이 환곡 운영의 중심을 이루고 있었으며, 이 기관을 통하여 환곡의 본래 기능인 진휼의 기능을 수행하고 있었다고 파악된다.

　　19세기의 기록에는 진휼에 주로 사용되는 곡물을 호조곡·상진곡·비변사구관곡의 三司穀으로 파악하고 있으나,[234] 18세기 중엽에 이르기까지 진휼에 주로 사용되는 곡물은 호조·상평청·진휼청곡이었다. 이후 1770(영조 46)년 상평청곡과 진휼청곡을 합하여

---

233) 163쪽 註) 255 참조.

234) 『萬機要覽』,「財用編」3, 糶糴, '元會·常賑·備局句管穀 謂之三司穀 凡有停退 輒於此穀爲之 而如各司各營取耗 以用之穀 皆不許停退 故三司穀漸致耗竭'

상진곡이라 이름하면서 함께 관리하게 된다.235) 그리고 비변사에서 각종 창고곡물과 진휼 명색의 곡물을 관리하면서 三司穀이 진휼의 중심을 이루게 되는 것이었다. 이러한 변화는 18세기 후반에 이르러 나타나고 있었다.

〈표 30〉에 나타나는 진휼 곡물 중에서 타 지역의 이전을 위한 교제창곡과 풍년시에 곡식을 비축한 비변사 군작미를 제외하면 營賑穀, 私賑穀, 自備穀, 帖別備穀 등이 있다.

營賑穀은 진휼에 대비하기 위하여236) 각 지역에서 별도로 마련한 것으로 왕조정부에서 마련한 곡물은 아니었다.237) 『輿地圖書』에서는 영진곡을 설치한 지역이 경기도,238) 충청도, 함경도만239) 나타나고 있으나 황해도, 전라도, 경상도에서도 영진곡이 운영되었음을 알 수 있다. 이러한 영진곡은 그 마련한 액수를 비변사에 보고하기는 하지만 비변사에서 관리하는 것은 아니었다. 그러나 18세기 중엽에 이르면 영진곡의 구관을 비변사에서 하도록 규정하고 있었다.240)

私賑穀은 흉년시에 수령이 스스로 마련한 것과 富民의 願納穀物에 의하여 만들어 졌으며,241) 경상도·황해도·평안도·함경도 등

---

235) 『備邊司謄錄』 154, 英祖 46년 9월 15일, 15권 4쪽.
236) 『備邊司謄錄』 137, 英祖 35년 12월 26일, 13권 358쪽, '所謂營賑穀 本爲
    水旱備'；139, 英祖 36년 12월 4일, 13권 487쪽.
237) 『備邊司謄錄』 147, 英祖 41년 2월 26일, 14권 297~299쪽, '本道(黃海)營
    賑穀 皆自本營措備設置 而見今會付之數爲十四萬石 就其中除七萬石 永
    作臣營別會穀 依前取耗 以爲公私支放之地'
238) 『穀總編攷』 3, 「京畿道內各樣還穀摠數」, 盡分秩의하면 경기도의 營賑穀
    은 1626년(仁祖 4) 진휼청 곡물을 상평청에 이관할 때의 잉여곡으로
    설치하고, 그후 진휼을 하고 남은 것과 空名帖價穀을 보충하였다.
239) 다른 지역과는 달리 함경도의 영진곡은 비변사 구관곡이 아니라 監營
    에서 구관하였다.(『穀總編攷』 4, 「咸鏡道內各樣還穀摠數」)
240) 『備邊司謄錄』 142, 英祖 38년 10월 12일, 13권 793쪽, '湖南有營賑穀名色
    此乃道臣遞歸時別備 而報于備局者也 此與關西別備無異 而關西則自備局
    句管 此則備局無句管之事 事甚斑駁 自今以後 關西別備例 自備局句管事
    定式施行爲宜 … 嶺南 亦有營賑穀 亦依湖南例爲之何如 上曰依爲之'

의 지역에서 운영되었다. 이처럼 사진곡은 흉년시에 진휼을 마치고 다음번의 진휼에 대비하기 위하여 마련된 환곡이었다.242)

강원도의 帖別備穀 역시 진휼에 대비한 것으로 진휼시에 공명첩을 판매하여 진휼을 하고 남은 것과 매년 수령이 마련한 곡물로 운영되었다.243)

18세기 후반의 환총 기록에서 두드러지게 나타나는 점은 곡물의 명색이 다양해지고 있다는 점이다. 17세기 전반까지 호조곡과 감영곡, 그리고 통영곡과 군향곡의 명색만 있었는데, 17세기 후반 상평청·진휼청 환곡이 창설된 이후 호조와 함께 三衙門穀으로 환곡운영의 중심을 이루게 되었다. 그후 18세기에 들어서서 비변사구관의 다양한 환곡 명색이 등장하게 되는데 이들은 전술한 바와 같이 진휼에 주로 사용되는 자원으로서, 재해에 대비하기 위한 곡물이었다. 결국 17세기 후반에서 18세기 전반에 이르는 시기의 환곡의 증가는 재정보충이라는 측면을 무시할 수는 없지만, 다른 한편으로 빈번한 자연재해에 대처하기 위한 비축곡물의 증가로 이해해야 할 것이다. 이를 보다 분명하게 살펴보기 위해서는 17세기 후반, 18세기 초의 환총기록과 18세기 후반의 환총기록을 지역별로 나누어 비교해 보도록 한다(표 31).

경기도의 경우 1760년 환총이 59만여석으로 나타나 있다. 17세기 후반의 경기도 환총은 원회(호조), 강도·남한이전 분급액이 22만석으로 나타나 있는데 '半留半分'했다고 한다면 전체 환곡은 44만석으로 파악할 수 있다. 17세기 후반의 환총에는 진휼청곡, 영진곡, 營還上, 균역청군작미 등이 포함되지 않은 수치이므로 90여년의 기간 동안에 균역청군작미가 창설되었고, 비변사구관의 각종 진휼곡과 감영곡이 포함되었으므로 15만석의 환곡이 증가한 것을 알 수 있다.

---

241) 『穀總編攷』 3, 「慶尙道內各樣還穀摠數」
242) 『備邊司謄錄』 201, 純祖 11년 10월 16일, '其所私賑穀 本以各年賑餘 別立私賑各邑 而其本則 賑穀也'
243) 『穀總編攷』 4, 「江原道內各樣還穀摠數」

〈표 31〉 17·18세기의 환곡 총액 (단위: 石)

지 역	18세기 후반 이전	1760년
경기도	1671년 분급액 22만석	595,096
충청도	1731년 30,200석	839,503
전라도	1661년 분급액 192,000여석 1713년 80만석	1,498,805
경상도	1650년 통영곡 20만 석, 감영곡 23만 석 1715년 통영곡 30만석, 감영곡 40만석	2,611,025
강원도	1732년 호조·상진청회부곡 26만석	391,058
황해도	1662년 원곡과 관향곡 27만석	533,277
평안도	1665년 분급액 351,580석 1725년 1백만 석	1,985,974
함경도	1650년 元穀 41만석 1734년 會內外留庫還分 70만석 1749년 京司·營門句管 50만석	871,293

出典 : 오일주, 앞의 논문, 83쪽 및 〈표 29〉

충청도의 경우 1731년 환총이 30여 만석으로 나타나는데(半留면 60만석) 30년 후에는 83만석 혹은 85만석으로 23만여석 증가한 것으로 나타난다. 충청도 역시 주로 진휼 명목의 새로운 환곡의 창설로 인하여 환총이 증대한 것으로 파악할 수 있다.

전라도의 경우 환곡 총액의 변동이 급변하는 지역이다. 17세기 후반 40만석이 18세기 초반에는 그 배인 80만석, 그리고 18세기 후반에는 149만여석으로 급증하였다. 이는 18세기 초반까지 이 지역의 환곡이 부족하여 항상 분급의 부족을 호소하였는데[244] 이를 해결하기 위하여 각종의 환곡을 설치하였다. 특히 상평청·진휼청 환곡의 증가로 전라도 지역의 환총이 급등하였다.[245]

경상도 지역은 17세기 후반의 전체 환곡의 양을 파악할 수 있는

---

244) 『備邊司謄錄』52, 肅宗 28년 閏6월 27일, 5권 53쪽 ; 113, 英祖 21년 3월 8일, 11권 421쪽.
245) 『輿地圖書』에는 전라도 전체 還摠은 기재되어 있지 않고 단지 40邑의 환총만을 확인할 수 있다. 40邑의 환총을 정리하면 다음과 같다.(단위: 石)

軍資倉	別倉	賑色	常平廳	山城穀	합계
24,081	1,244	42,658	440,762	42,707	551,452

자료는 없다. 단지 통영곡과 감영곡의 액수만을 파악할 수 있다. 감영곡의 경우 경상도는 17세기 후반부터 상당량을 확보하고 있었다. 17세기 후반에 23만석에서 18세기 초반에는 40만석으로 증가하였다. 그러나 1759년에는 17만여석으로 감축하고 있어서 항상 증가하고 있는 것만은 아니었다. 18세기 후반의 환총이 261만여 석으로 전국 최고치를 나타내는데 이는 17세기 후반 이후에 각종의 환곡을 설치하였기 때문에 급증한 것으로 보인다. 17세기 후반 상평청·진휼청 환곡과 사진곡 등 새로운 진휼을 위한 곡물을 만들었고, 이들이 경상도의 환총 증가를 주도해 나갔다.[246)

강원도의 경우 18세기 초반의 기록만을 확인할 수 있는데 호조곡과 상진곡이 다수를 차지하고 있다. 강원도의 경우 17세기 후반이래 환곡의 증가를 주도한 것은 상진곡이었고,[247) 18세기에 들어서 비변사 구관의 진휼곡인 첩별비곡이 설치된 것으로 이해할 수 있다.

황해도 지역은 관향곡이 포함되어 있어 남도 지역과는 다르다. 17세기 후반 호조곡과 관향곡의 합이 27만석에서 18세기 후반 전체 환곡액수가 53만여석으로 증가되었다. 증가한 부분은 17세기 후반 이후 창설된 비국회부진휼곡, 균역청회부곡, 각년 자비곡 등으로 진휼을 목적으로 창설된 명색이 다수이다.

평안도 지역 역시 황해도와 마찬가지로 관향곡이 포함되었다. 이 지역의 환총은 17세기 후반의 분급액이 약 35만 석이므로 半留半分하였다면 환총은 70여만 석이 된다. 그후 18세기 전반에 1백만석, 18

---

246) 『輿地圖書』에 나타난 경상도 還摠 201만여 석 중 兵營·水營·統營穀을 제외한 監營條의 곡물 내역은 다음과 같다. (단위: 石)

戶曹穀	常平廳	賑色	私賑穀	營別會	합계
264,644	658,860	218,137	101,362	173,843	1,416,846

247) 상평청이 환곡을 운영한 이후 강원도에서는 상평청 환곡이 元穀(호조곡)보다 많아질 것이라고 우려하고 있었다.(許穆, 『記言』 37, 「兩倉稷糶變通便宜狀」, 叢刊 98권 222쪽, '常平之穀本耗之外 元穀三分之耗 并入歲增羸餘 將倍多於元穀之數')

세기 후반에 190만석으로 증가하였다. 증가의 원인으로는 17세기 후반 이후의 상평청곡과 진휼을 위해 설치한 사진곡 등의 창설이었다.

함경도 지역은 41만석에서 70만석, 87만여석으로 증가하는데 이러한 증가의 원인은 교제곡, 사진곡, 영진곡 등으로 진휼의 목적이 뚜렷한 환곡 명색의 창설이었다.

〈표 29〉와 〈표 31〉을 통해서 살핀 바와 같이 18세기 중반까지 환곡은 급격히 증가하고 있었으며, 그 원인으로는 진휼의 명분으로 새로운 환곡을 설치하였기 때문이다. 전국적으로 영진곡, 사진곡 명목의 환곡이 설치되었고, 경기·삼남에는 군작미, 강원도에는 첩별비미, 함경도에는 교제곡을 설치하였다.

이 시기 진휼을 목적으로 설치된 환곡은 대부분은 비변사가 관리하고 있었다. 18세기 후반의 비변사구관곡의 내역을 정리하면 다음과 같다.

〈표 32〉 1769년(영조 45) 비변사구관 곡물 명색

구분	진휼곡	군향 및 기타
경기도	營賑穀, 賑餘帖價會錄, 軍作米	巡牙兵軍餉, 帖價會錄巡牙兵, 雇馬廳 癸甲租, 각지역 軍餉
충청도	營賑穀, 軍作米, 北穀移轉, 濟民倉	각지역 군향
전라도	軍作米, 北關穀, 左右濟民倉	각종 船價, 別檢米, 兵船儲置, 군향 등
경상도	軍作米, 帖價私賑備荒米, 濟民倉, 蒜山倉, 浦項倉	別會, 統營會錄內外, 補餉, 군향 등
강원도	帖別備穀	비변사구관곡
황해도	監營元賑穀, 私賑穀, 自備穀	각종 산성곡, 군향곡, 管餉會外
평안도	私賑穀	비변사, 稅收, 산성곡, 勅需庫 등
함경도	交濟倉, 私賑穀	北兵營, 各鎭堡, 吉州別置

出典 : 『增補文獻備考』, 「市糴考」

이처럼 비변사구관의 환곡은 군향과 각종 진휼 명목의 환곡으로 구성되어있다. 18세기 후반의 환곡 운영의 변화는 비변사가 환곡 관리기관으로 큰 비중을 차지한다는 것이다. 18세기 전반에는 호조

와 상평청·진휼청이 환곡 운영을 주도하면서 三衙門穀 혹은 三倉穀 체제를 유지하였다. 그러나 18세기 후반에 이르러 비변사는 군향과 영조년간에 진휼 명목으로 설치한 각종의 환곡을 관리하게 되었고, 상평청과 진휼청의 환곡을 상진곡으로 통합함에 따라 호조, 상진청과 함께 환곡 관리 三衙門으로 등장하게 되었다.

비변사관리곡의 증가는 창고곡과 군향, 군작미를 제외하고는 중앙정부에서 그 재원을 마련한 것이 아니라 지방 자체에서 마련한 곡물이었다. 그러나 지방 재원으로 마련하였다고 하더라도 그 사용과 관리는 비변사의 허락을 얻어야만 하였다. 18세기 후반이후 비변사가 환곡관리에서 차지하는 부분이 증대하는 것은 이러한 이유에서였다. 이처럼 진휼의 명목으로 창설된 환곡이 중앙아문의 관리하에 편입되자 지방에서는 비용충당을 목적으로 새로운 환곡을 창설해 나갔다.

18세기 후반의 환곡 상황을 다음의 표를 통해서 알아 본다.

〈표 33〉 전국 환총 (단위: 石)

연도	1760년	1769년	1776년	1788년	1797년	1807년
환총	9,321,031	8,351,707	8,696,667	8,003,934	9,380,654	9,995,599

出典 : 오일주, 앞의 논문, 82쪽
1769년, 1776년, 1788년 환총에는 감영곡이 빠져 있다.

〈표 34〉 3아문 환총 (단위: 石)

구 분	1769년	1776년	1785년	1788년	1797년	1807년
호 조 곡	1,973,909	1,686,722	1,387,628	1,712,293	813,011	928,041
상 진 곡	2,897,934	3,444,413	3,428,641	3,227,257	2,507,489	2,515,157
비변사곡	3,479,864	2,942,792	3,025,115	3,096,358	2,513,166	3,025,603
3아문합계	8,351,707	8,073,927	7,841,384	8,003,934	5,833,666	6,468,801

出典 : 1769년과 1785년은 『增補文獻備考』, 「市糴考」, 1776년은 『穀簿合錄』,
1785년은 『典律通補』 別編, 1797년은 『穀總編攷』, 1807년은 『萬機要覽』

〈표 33〉에 의하면 감영곡을 포함한 18세기 후반의 환총은 약 930

만여 석으로 유지되고 있었다. 그러나 환곡 운영의 핵심을 이루고 있었던 호조곡과 상진곡 그리고 비변사곡은 크게 감축하고 있었다. 이러한 三司穀은 1769년 835만여 석에서 1797년 583만여 석으로 감축하였다. 전체 환총이 유지되는데 삼사곡이 크게 감축하고 있었다는 점은 다른 환곡이 증가하고 있었다는 것을 의미한다.

삼사곡은 흉년시에 징수를 연기하고 있었고, 賑資에 사용되는 등 환곡 본래의 기능인 농민재생산 보호의 역할을 수행하고 있었다. 이러한 환곡이 감축하는 대신 재정 충당을 목적으로 하는 환곡은 증가하고 있었다. 특히 지방재정에 사용되는 감영곡은 큰 폭으로 증가하였다.

〈표 35〉 18세기 감영곡

도	1759년	1797년	1807년
경기도	14,127①	113,486	95,781
충청도	69,897	92,981	108,815
전라도	400,000②	333,457	379,153
경상도	173,843	454,640	496,903
강원도	13,919③	46,597	78,008
황해도	5,641	116,714	122,479
평안도	78,801④	207,922	346,504
함경도	199,578	421,938	478,705
합계	955,806	1,787,735	2,106,348

出典 : 1759년 『輿地圖書』, 1797년 『穀總編攷』, 1807년 『萬機要覽』
    ① 경기도 28邑의 합
    ② 『承政院日記』, 1198, 英祖 37년 10월 7일.
    ③ 강원도 28邑의 합계
    ④ 평안도 監營各穀 77,801석, 巡營別置兵營穀 1,000석의 합계

감영곡이 전체 환총에서 차지하는 비중이 1759년에는 약 10% 정도였으나 1797년에는 19%로 증가하고 있었다.[248] 18세기 후반에

---

248) 감영곡은 대체로 전량을 분급하는 盡分으로 운영되었기 때문에 전체

전체 환총은 크게 변화하지 않고 있으나 환곡 본래의 기능을 수행하고 있었던 三司穀이 큰 폭으로 감소하는 대신, 지방재정의 수입원이었던 감영곡이 증가한 것은 환곡의 재정 기능이 강화되는 상황을 나타내 준다. 또한 감영곡 이외에도 중앙아문에서도 비용 조달을 목적으로 각종의 환곡을 설치해 운영하고 있었으므로 환곡에서의 재정 기능은 더욱 강화되었다.

3. 18세기 還穀制의 운영 실태

환곡은 농민에게 종자와 농량으로 사용되었을 뿐만 아니라 흉년시의 賑資와 비상시의 군량으로 사용되었기 때문에 항상 창고에 비축해 두는 留庫穀이 있었다. 조선전기에는 환곡의 분급 규정이 명확히 드러나지 않고 있으나, 17세기에 이르면 환곡의 부족에도 불구하고 총액의 절반만을 분급하고 있었다.249) 이어서 18세기의 『續大典』에 절반만을 분급하도록 명문화 되었다.250)

그러나 18세기에는 급격한 환곡의 양적인 증가와 더불어 환곡운영에 있어서도 변화의 조짐이 있었다. 기본적으로 총액의 절반만을 분급하는 호조곡과 상진곡251) 등의 중앙아문에서 관리하는 곡물과 달리 지방에서 관리하는 곡물은 전액을 분급하는 盡分의 형태로 운영되었다. 이는 조선왕조의 재정운영이 '經費自辦'의 형식으로 운영되었기 때문에 지방 환곡의 운영에 대하여서는 별도의 규정을

耗穀 수입에서 감영곡이 차지하는 비율은 더욱 높다.
249) 『備邊司謄錄』 6, 仁祖 19년 5월 11일, 1권 464~465쪽, '各邑元穀 常患不
　　敷 脫有兵興 或遭凶年 無以爲措 必多儲元穀 一半分給還上 一半留置官
　　家 以爲不時之用 似爲便當'
250) 『續大典』 「戶典」 倉庫條, '諸邑倉所儲軍資·常平及各色米穀 定爲糶糴之
　　法 春貸于民 折半留庫'
251) 1797년의 호조, 상진청, 비변사의 환곡 운영 상황을 정리하면 다음과
　　같다.(단위: 石)

두지 않은 것을 의미한다. 또한 전체 환곡의 총액에서 지방곡이 차지하는 비율이 크지 않았던 것도 이러한 결과를 초래하였다. 이외에도 원곡의 1/3만을 분급하는 二留一分, 모곡을 징수하지 않고 일정한 연한이 되면 새로운 곡물과 바꾸는 改色 등의 방법으로 환곡은 운영되었다.[252]

조선왕조는 환곡 운영을 통하여 비축곡물을 확보하려 하였고, 또한 그 모곡을 통하여 재정에 보충하고 있었기 때문에 18세기의 급격한 환곡의 증가 속에서 환곡의 운영을 다양화할 수밖에 없었다.

총액의 1/2을 분급하는 호조와 상진청 구관곡물은 그 모곡의 일부를 지방에서 사용하고 있다는 공통점이 있었다. 호조곡은 군자곡, 倉元穀, 혹은 元會穀으로 불려졌으며,[253] 절반은 분급하고 절반은 창고에 남겨두는 '半留半分'의 원칙으로 운영되었다.[254] '元會'[255] 혹은 '元會付'는 호조에 會付하는[256] 곡물로서 1/10의 이자를

구분	호조		상진청		비변사	
	액수	비율	액수	비율	액수	비율
半分	726,335	89.3%	2,321,767	92.6%	1,369,520	54.5%
盡分	35,178	4.3%	169,618	6.8%	582,658	23.2%
기타	51,490	6.3%	16,095	0.6%	560,976	22.3%
합계	813,003	100 %	2,507,480	100 %	2,513,154	100 %

* 出典 : 『穀總編攷』. 常賑廳句管穀은 황해·평안도의 常平廳구관곡과 전라·강원도의 賑恤廳구관곡을 합하여 계산함. 石 이하는 버림.

252) 『萬機要覽』,「財用編」 3, 糶糴, '折半留庫 折半分給卽常法 亦有二留一分者 有一留二分者 有盡分者 有全留者 有限年改色者'

253) 『萬機要覽』「財用編」糶糴, '此所謂軍資穀也 或稱元會穀 或稱倉元會 或稱戶曹穀 其實一也' ; 총액의 절반만을 분급하여 그 이자의 1/10을 會錄하고, 9/10는 수령이 사용하는 호조 元會穀은 경기와 廣州에서는 戶曹穀, 충청·황해·강원·함경도에서는 軍資倉穀, 전라도에서는 會付穀, 경상도에서는 元會穀, 평안도에서는 軍餉穀으로 불리웠다.(『穀總編攷』)

254) 『正祖實錄』 27, 正祖 13년 4월 1일(丁亥), 46권 32쪽, '元會穀則折半分留'

255) 송찬식은 '원회'를 경아문의 환자로도 파악하고 있고(宋贊植, 앞의 논문, 57~58쪽), 정윤형도 『度支志』를 근거로 중앙에서 파악하고 있는 환

징수하였다. 징수한 이자 중에서 1/10은 원곡에 보충된 후 각종의 비용에 사용되었으며, 나머지 9/10는 각 지역에서 수령이 사용하였다.[257] 호조 元會穀 이자의 사용처는 지방에서 제사 비용과 각종의 恤典 및 제반 비용에 사용되었다. 다음의 〈표 36〉은 호조곡의 사용처를 정리한 것이다.

〈표 36〉 1797년 半分 호조곡 용도

지 역	용 도
경 기	각종 제사 비용, 老人歲饌, 각종 비용, 別役所用 수시로 會減
충청도	각종 제사비용, 恩典·恤典·老人歲饌, 각종 비용
전라도	老人歲饌, 恤典, 각종 비용
경상도	각종 제사 비용, 각양 恤典, 각종 비용
황해도	각종 제사 비용, 각양 恤典과 管餉穀 互相放下
강원도	各樣公下 會減, 원회곡 적어 매번 常賑穀 容入移錄後 會減
함경도	耗穀 1/10 會錄, 9/10 守令·邊將取用
평안도	인조 1년 양서관향아문 신설, 숙종 11년 평안도 군향만 담당
개 성 (盡分)	耗穀 1/6 회록, 5/6 補用各樣公下 각종 제사 비용, 老人歲饌, 각양 恤典
廣 州	각종 제사 비용, 老人歲饌, 遺棄兒粮米, 각종 비용

出典 : 『穀總編攷』

곡을 모두 元會付로 이해하였다.(鄭允炯, 1985년, 『朝鮮王朝後期의 財政改革과 還上問題, 서울대 박사학위논문, 57쪽) 또한 『輿地圖書』 경기도 抱川의 元會付穀은 호조곡, 상평청곡, 진휼청곡으로 기록되어 있지만 이는 예외적인 사례이다. 조선후기에 이르면 호조 이외에 상평청·진휼청이 환곡을 구관할 뿐만 아니라 선혜청·균역청 등도 환곡을 관리하고 있었다. 그러나 호조 이외에 이러한 경아문의 환곡을 '원회' 혹은 '원회부'라고 하지는 않았다. 그러므로 '원회' 혹은 '원회부'라는 것은 호조의 곡물로서 호조가 관리하는 것을 의미한다고 하겠다. 이점은 원회의 용도를 살펴보면 더욱 분명해진다.
『顯宗改修實錄』 26, 顯宗 13년 10월 24일(乙丑), 38권 126쪽, '元會者 國穀而該曹(戶曹)會付'
256) 會付라는 말은 會計에 記付되었다는 말이다.(宋贊植, 1965, 「李朝時代 還上取耗補用考」, 『歷史學報』 27, 57쪽)
257) 167쪽 註) 262 참조.

  이처럼 모곡을 원곡에 회록하는 비율이 1/10에 불과하였고, 흉년
이 들면 정퇴하거나 탕감에 포함되었기 때문에 호조곡은 증가하지
못하고 감소하고 있었다. 이에 따라 호조 원회곡을 보충하기 위하
여 새로운 환곡을 창설하였다. 경기와 충청도에서 돈으로 곡물을
마련하여 호조 환곡을 운영하였다.258) 새로 마련된 환곡은 비록
1/2을 분급하고 있었지만 그 모곡을 전부 원곡에 보충하여, 각종의
비용에 사용하고 있었다.259) 그러나 호조곡의 용도가 다양했기 때
문에 환곡의 모곡으로 수요를 충당하지 못하여 원곡은 감축할 수
밖에 없었다. 다음의 〈표 37〉은 1797년 당시의 호조 반분곡의 운영
상태를 나타낸 것이다.

〈표 37〉 1797년 호조 반분질 耗穀 사용 내역 (단위: 石)

지역	분급액	모곡	加入	守令取用	應下假令	別下假令	잔 액
경기	11,476	1,147		34	2,636	528	-2,051
충청	3,676	367		330	3,072	36	-3,072
전라	7,937	793		551	2,613	101	-2,472
경상	68,486	6,677		4,417	3,733	572	-2,046
강원	3,144	314		276	1,971	1,924	-3,857
황해	6,703	548		483	183	221	-339
평안	149,485	14,816	37,069	1,957	54,654	1,684	-6,410
함경	49,049	4,904	12,127	1,982	15,703	5,276	-5,930

出典 : 『穀總編攷』, 石이하는 버림.

  호조 원곡곡의 모곡은 9/10를 각 지역의 수령이 사용하도록 되

---

258) 『穀總編攷』 3, 「京畿道內各樣還穀摠數」, 半分秩 戶曹各年貿穀, ʼ雍正甲
　　寅(1734:영조 10) 乾隆庚戌(1790:정조 14)貿穀 而價錢 自戶曹區劃 以貿
　　取年條仍作穀名 耗條每石 一斗五升式取耗 全耗會錄 每年四分等 磨勘於
　　戶曹ʼ
259) 1797년 당시 元會穀 이외의 호조 半分穀은 경기 各年貿穀, 충청도 己酉
　　貿米, 경상도 鳥嶺山城穀 · 左別餉米, 강원도 鐵原軍餉穀, 황해도 管餉
　　穀, 평안도 田三稅穀 · 巡錢穀, 함경도 月課庫穀 · 別收庫穀 등이 있다.
　　(『穀總編攷』)

어있었다. 위의 표에 의하면 수령이 사용하는 부분이 9/10에 미치지 못하는 지역이 있다. 이런 지역은 전체 호조 반분곡 중에서 元會穀이 차지하는 비율이 적은 지역이다. 또한 분급의 1/10이 모곡으로 기재되지 않은 지역은 山城穀을 포함하고 있는 지역이다. 산성곡은 거리에 따라 모곡의 비율을 감하고 있었다.

위의 표에서 살펴본 바와 같이 전국에서 호조 반분곡의 수입으로는 그 지출을 충당하지 못하고 있었다. 이런 현상은 호조 반분곡의 감소를 초래하였으며, 다시 이를 보충하기 위하여 새로운 환곡을 설치할 수밖에 없었다.

새로운 환곡의 운영방식은 달라질 수밖에 없었다. 기본적으로는 절반을 분급하고 절반을 유치하는 반류반분의 운영형태를 고수하여 호조의 盡分穀을 인정하지 않으려는 노력을 하였으나,260) 결국은 진분곡을 창설할 수밖에 없는 실정이었다.261)

상진곡은 상평청과 진휼청의 환곡을 함께 관리하면서 나타나게 된 명칭인데, 상평청 환곡의 원곡이 호조 원회곡의 모곡을 회록하여 만들어졌으므로 호조곡과 관련이 있다.262) 상진곡은 그 모곡의 4/5는 원곡에 회록하고,263) 1/5은 수령이 사용하였다. 또한 상진곡의 모곡은 특별한 용도가 있는 것이 아니기 때문에 계속 비축되어 그 수는 점차 증가하였다.264) 이처럼 상진곡은 직접 경비에 사용되는 것이 아니라 곡물비축에 목적이 있었다. 이렇게 비축된 상진곡은 흉년시에 무상으로 지급되었다.265) 상진곡을 통하여 재정에 여유를 갖게 되자 호조곡의 감축을 방지하고자, 상진곡을 恤典 · 賞典과 각종의 비용에 충당하기 시작하였다. 그러나 상진곡 운영의 기

---

260) 『正祖實錄』 49, 正祖 22년 8월 12일(癸卯), 47권 101쪽, '上曰 近見分留案 則己酉貿米條 旣曰戶曹穀 而註以盡分取耗云者 大是碍眼 常賑廳則或 有貴賤買賣 而戶曹寧有盡分穀乎 自今以備局句管穀 註之可也'

261) 1797년 당시 강화, 경상도, 강원도, 평안도 등지에서 호조 진분곡을 운영하고 있음을 확인할 수 있으나, 그 액수는 미미하다.(『穀總編攷』 1, 「盡分秩」)

본 목표는 흉년에 대비한 비축곡물의 확보였다.

18세기 들어 상진곡은 호조 원회곡과 마찬가지로 휼전과 각종의 비용에 사용되었을 뿐만 아니라, 그 모곡의 일부를 수령이 取用하

지역	이 름	설치년	액수	용 도
강화	各鎭堡軍餉穀	미 상	3,577	本府 9석, 鎭堡 255석, 64석 鎭卒給料, 29석 陞錄
	司倉租	인조 15	3,925	種子用, 392석 官需
경상	元會租	미 상	167	左水營屬, 1/10본고, 9/10左水營사용
	鳥嶺山城米	미 상	14	平倉, 모곡 전부 회록
	船價米	영조 34	566	좌수영 銀錢布蕩債 급대, 合付元會
	管餉米	정조 20	3,630	壯勇營, 換作 全耗會錄
강원	軍需穀	미 상	3,597	原州·鐵原 將士支放
	橫城軍餉穀	정조 2	4,333	상진곡 4천석, 將士衣料 및 軍物修補
평안	例貿體蔘蠲減條小米	정조 15	9,272	江界, 원곡 1,120석. 大差·信使비용
	兵營句管戶曹穀		6,095	
합계			35,176	

262) 1650년(孝宗 1) 호조곡의 모곡 3/10을 상평청에 회록함으로써 상평청 환곡이 설치되었다. 그러나 삼분모회록법이 상평청 환곡의 지속적인 증가를 가져온 것은 아니었다. 삼분모회록이 시행된지 10여년 만인 1665년(顯宗 6)에 호조곡의 원곡이 3천석 이상인 경우에만 상평청에 회록하도록 하였고, 3천석 이하인 읍에서는 모곡의 1/10만 원곡에 회록하고 나머지 9/10는 수령이 사용하도록 하였다.(1장 2절 참조) 18세기에 들어서 경상도 일부 지역을 제외한 전국 대부분의 곳에서는 호조 원회곡이 3천석에 미달하여(『興地圖書』, 『穀簿合錄』, 『穀總編攷』) 상평청에 모곡을 회록할 수 없었다. 당시에는 이미 상평청이 일정한 원곡을 확보하여 자체 증식의 구조를 지니고 있었다.

263) 『續大典』, 「戶典」, 倉庫, '常平·賑恤廳會付穀 會錄 十五分之十二 平安道全數會錄'

264) 『備邊司謄錄』82, 英祖 3년 12월 26일, 8권 229~230쪽, '還上元會付 乃戶曹所管 而外方祭享等物用下 自然日漸縮少 雖常平·賑恤廳耗穀 無他用處 積年漸多矣'

265) 『承政院日記』880, 英祖 14년 10월 22일, 48권 454쪽, '道內各邑所在 元會付·常賑·統營會外還上各穀 今年耗條 勿論稍實·之次邑所在 一倂取用於灾邑白給賑資事爲請矣 災年許給新耗 皆是流來之規'

고 있었기 때문에 지방관의 입장에서 보면 호조곡과 크게 다를 바가 없었다. 그러므로 『輿地圖書』의 환총 기록에서는 원회·상평청·진휼청 환곡을 三倉會付穀으로 함께 파악하고 있었다.[266)]

지역에 따라서는 상진곡이라 하지 않고 상평청곡·진휼청곡이 분리되어 나타나는 경우도 있다. 황해도·평안도는 상평청곡으로 나타나고, 함경도는 상평청곡과 진휼청곡이 분리되어 나타나고 있다. 결국 황해도와 평안도는 진휼청 환곡이 없어 1770(영조 46)년 상진곡으로 일괄 관리하게 된 이후에도 상평청곡의 명칭이 지속되었다.[267)] 함경도의 경우 상평청 곡물과 진휼청 곡물이 분리되었을 뿐만 이나라, 그 회록률도 구분되었다. 함경도에서 상평청 환곡은 일반적으로 4/5를 회록하고, 1/5은 수령이 취용하였으며, 진휼청 환곡은 전 모곡이 회록되었다. 그러나 지역에 따라 회록률이 다르게 규정되었다.[268)]

상진곡의 원곡 획득방법은 처음에는 호조 원회곡의 모곡을 회록하여 마련하였으나, 평안도의 경우는 각 지역의 이전곡과 첩가곡 등을 회록하였다.

상진곡의 이자를 각 지역에서 사용하는 비율은 호조 원회곡보다 적은 1/5을 사용하였다. 이는 상진곡이 이미 호조곡보다 액수가 크기 때문에 수령이 취용하는 몫을 작게 하려고 한 것으로 생각된다. 상평청 환곡은 청나라 사신 접대 비용을 마련하기 위하여 창설된 것이었으나, 그 후에는 비축곡의 확대라는 목적에 사용되

---

266) 『輿地圖書』 각 지역에서 三倉會付로 함께 취급하는 지역은 충청도, 함경도(3衙門) 등이다.

267) 『經世遺表』 12, 「倉廩之儲」, '御策云 常平賑恤 合爲一廳 五道則同然 獨關西海西關北 尙有常平舊號 海西則賑恤廳又闕焉'

268) 『穀總編攷』 4, 咸鏡道, 常平廳穀, '耗穀 4/5會錄 1/5 守令取用 居山驛 全耗會錄 輸城驛 2/3會錄 1/3 察訪取用 咸興·長津 1/2會錄 1/2守令取用 北堡鎭 1/3會錄 2/3邊將取用'
賑恤廳穀, '全耗會錄 咸興·長津 1/2會錄 1/2守令取用 居山驛 2/3會錄 1/3察訪取用 北堡鎭 1/3會錄 2/3邊將取用'

었다. 그러므로 그 모곡은 각종의 恤典과 유기아 발생시의 비용과 각종 비용에 사용되었다. 각 지역의 상진곡의 사용처를 살펴보면 다음의 〈표 38〉와 같다.

〈표 38〉 1797년 半分 상평청 구관곡의 사용처

지역	상진청구관
경 기	각양 恤典, 遺棄兒·行乞兒 給料, 각종 비용 此外 別恤典, 別賞典, 別役所用會減
충청도	各樣賞典, 遺棄兒 粮料, 設賑時 賑資, 각종 비용
전라도	米 1천석 間年 上納均役廳
경상도	각종 비용
황해도	각종 비용
강원도	각종 비용
함경도	常平廳穀 모곡 4/5 회록, 1/5 守令取用 賑恤廳穀 全耗會錄
평안도	遺棄兒收養 乳女給料, 各鎭罷斂給代 上下
개 성 (盡分)	耗穀 1/2 會錄, 1/2 補用各樣公下
廣 州	飢民賑濟, 각양 恤典, 각종 비용

18세기 중반 이후 환곡의 총액 중에서 호조곡과 상진곡이 차지하는 비중은 절대적이다. 이러한 환곡의 운영은 중앙에 상납되어 중앙에서 집행하는 것이 아니라, 각 지역에서 중앙아문인 호조와 상진청의 곡물을 운영하고, 그 모곡을 지방에서 집행하는 형식이었다.

호조곡과 상진곡은 용도는 기본적으로 각종의 제사비용과 賞格·恤典·支供·廩料 등에 충당되었다.[269] 또한 상진곡과 호조 원회곡, 그리고 비변사구관의 일부 환곡을 제외하고는 그 모곡을 모두 원곡에 첨가하거나, 비용으로 사용하여 수령이 사용할 수 있는 부분은 없었다. 호조 원회곡과 상진곡만이 그 모곡을 일부 수령

---

269) 『純祖實錄』 20, 純祖 17년 5월 18일(辛酉), 48권 117쪽, '至於元會·常賑
　　乃是社稷山川祀享之需　及賞格恤典支供廩料之資'

이 사용할 수 있었고, 또한 원곡에 첨가한 모곡을 각종의 恤典에
사용하였으며, 흉년에는 무상분급하는데 사용되었다. 이러한 점으
로 볼 때 호조곡과 상진곡은 진휼을 목적으로 설치·운영되었음을
확인할 수 있다.

그러나 18세기 들어서 상진곡의 모곡을 恤典이외의 각종의 비용에
사용하면 상진곡의 운영도 변화할 수밖에 없었다. 다음의 〈표 39〉는
1797년 당시의 반분 상진곡의 운영상태를 나타낸 것이다.

〈표 39〉 1797년 반분질 상진곡 耗穀 사용 내역　　　　　　(단위: 石)

도	분급액	모 곡	加 入	守令取用	應下假令	別下假令	잔 액
경기	92,498	9,249		1,749	7,779	1,471	-1,751
충청	127,211	12,721		2,544	19,518	3,721	-13,063
전라	343,377	34,337	253	6,588	18,698	3,456	5,847
경상	345,216	34,006		6,486	9,115	9,150	9,255
강원	25,197	2,519		503	3,844	2,842	-4,671
황해	107,650	10,535		2,075	4,854		3,604
평안	70,848	7,040			2,719	193	4,127
함경	76,577	7,657		614	1,860	214	4,968

出典 : 『穀總編攷』, 石이하는 버림.

1797년 당시 이미 지역에 따라 상진곡이 감축하고 있는 지역도
있었다. 경기·충청·강원도에서 상진곡의 모곡으로 그 지출을 감
당하지 못하고 적자를 기록하고 있다. 이들 지역에서는 결국 상진
곡 원곡을 사용하여 그 지출을 감당할 수밖에 없었다. 그 나머지 5
道에서는 많지는 않지만 상진곡을 증가시키고 있었다. 그러나 흉년
이 들면 상진곡을 무상분급에 사용하였기 때문에 상진곡은 증가할
수 없었다.

17세기 후반 이후에는 조선왕조정부의 재정 확보책으로 환곡은
증가하고 있었다. 이에 따라 호조곡과 상진곡도 본래의 용도 이외
에 군비에 사용되기도 하였다. 이러한 과정에서 호조곡과 상진곡은

기본 원칙인 半留半分의 원칙만으로 운영될 수는 없었다.

결국 조선후기의 환곡운영은 호조곡이나 상진곡이라 할 지라도 그 分留 방식이 일원화되지 못하고 다양성을 띠게 되었다. 그러나 호조곡과 상진곡은 그 대다수가 반류반분의 원칙으로 운영되었으며, 비용 조달을 목적으로 한 일부의 환곡만이 盡分의[270] 형식으로 운영되었다. 이는 양 곡물은 기본적으로 본래의 목적을 수행하게 하면서, 추가로 사용되었던 부분만을 盡分으로 운영하였던 것이다.

비변사는 영조 중엽이후 환곡 관리아문으로 본격적으로 등장하게 되는데 이는 왕조정부에서 재정 집중을 비변사로 하는 과정과 관련이 있다. 이전까지 특별한 관리아문이 없던 전국의 군향곡을 비변사에서 관리하고,[271] 영조대 이후 전국적으로 마련한 진휼관련 환곡을 비변사에서 관리하도록 하여 비변사는 호조 상진곡과 더불어 환곡 관리아문의 3아문으로 등장하게 된다. 그러므로 비변사의 환곡은 그 운영방식이 半分·盡分·二留一分 등 다양하게 나타나고 있다.

이처럼 환곡의 운영이 그 본래 목적인 농민재생산 보호의 기능을 수행하기 위해 왕조정부는 반류반분의 원칙을 고수하려고 노력하였다. 그러므로 흉년이 들었을 때, 분급 곡물이 부족하면, 반분곡에서 추가로 분급하는 加分을 시행하여 환곡의 분급을 확대할 수 있었다. 또한 비용이 부족하여, 애로를 겪을 때 손쉽게 추가 분급

---

270) 1797년 당시의 常賑廳 환곡 중에서 盡分穀은 경기의 勅需米·坡州陵還租, 개성 會付穀, 충청도 水營京賑米·庚戌貿米·義僧給代穀·壯勇營貿鐵租, 전라도 羅里舖穀·庚戌貿米·別會錄穀·乙卯別貿米·別備穀, 경상도 常賑廳穀·保民司米·常平米, 강원도 補蔘穀·黃腸給代穀·砲保給代穀·中營請得米·史庫番僧料條正租·평안도 火稅小米·兵營句管常平廳穀 등 모두 169,613석이었다. 이는 당시 상진곡 2,507,480석의 6.8%에 해당한다.(『穀總編攷』 1, 盡分秩)

271) 『穀總編攷』 3, 「慶尙道內各樣還穀摠數」, 半分秩 統營會付穀, '康熙癸未(1703;숙종 29) 知事金構所啓 各衙門穀物·監營·統營 專其出入 每年終 捧未捧成册 報本司事 定式行會 自此年爲始 磨勘於本司'

할 수 있는 곡물도 半留穀이었다. 각 지역에서 비용을 목적으로 항상 추가로 분급하는 應加分도 半留穀에서 시행하고 있었다.

半留半分穀과 더불어 환곡 운영의 기본을 이루는 것이 환곡을 모두 분급하는 盡分이다. 盡分穀은 주로 지방 감영에서 마련하여 지방재정에 충당하고 있었고 시행 초기부터 모두 분급되었다. 이런 운영방식이 결코 불법적인 것은 아니었다.

감영곡은 '元會'와 대비되어 '別會'라고 불리웠다.[272] 별회는 각 지역의 감·병·수영에서 관리하는 곡물로서[273] 중앙재정과는 관련이 없는 지방재정에 사용되었다.[274] 이처럼 별회는 중앙재정과 관련이 없는 곡물이었기 때문에 중앙에서 어사를 파견하여 곡물을 조사할 때에도 원회부와 상진청곡만을 조사하고, 순·통영구관 곡물은 본영에서 자체적으로 검사하고 있었다.[275] 別會는 임진왜란 이후 명나라 군사의 군향을 조달하고 남은 것으로 설치한 후 지방재정의 중요한 조달원이 되었다.[276]

그러므로 각 지역에서는 자체적으로 환곡을 마련하여 그 모곡을 가지고 지방재정에 보충하여야만 하였다. 별회는 營穀[277], 監營

---

272) 『牧民心書』,「戶典六條」穀簿下, '備局要覽云 … 諸道營門穀 謂之別會盡分';『備邊司謄錄』140, 英祖 37년 7월 28일, 13권 573~575쪽, '別會則 乃是監·兵·水營之私穀 故元無折半定式之事 是其當初立法之意然也 況百年之流來之規'

273) 『顯宗改修實錄』26, 顯宗 13년 10월 24일(乙丑), 38권 126쪽, '別會者 道內各營 私自句管者也'

274) 『備邊司謄錄』157, 英祖 51년 5월 25일, 15권 342쪽, '別會穀 … 專爲營下接濟之需'

275) 『備邊司謄錄』82, 英祖 3년 11월 29일 湖西御史賫去別單, 8권 205~208쪽, '一. 近來各邑還穀反作 … 而只查元會付及常賑廳穀 而至於巡·統營句管穀物 則一付之本官 使之檢察爲白齊'

276) 『備邊司謄錄』84, 英祖 4년 7월 29일, 8권 442~443쪽, '別會還上耗 監司盡用之 若無此 則營門亦無措手之道矣 嶺南別會 比之他道 則最多 … 朴文秀言 耗穀則監營所用 而此則非朝家本意也 大抵壬辰亂後 飛芻輓粟 以待天兵 其餘則仍爲名之曰別會 盡付道臣'

277) 『備邊司謄錄』130, 英祖 32년 3월 13일, 12권 781쪽, '營穀例是監司主管

穀[278] 혹은 營別會라고도 부르고 있었다. 그러나 17세기 후반이후 환곡이 증가함에 따라 18세기에 들어서는 비변사에서 통제하려 하였다.[279]

이처럼 감영곡은 명목상으로는 비변사에서 관리하는 형식을 취하고 있었으나 실제로는 감영에서 모두 분급하여 그 모곡으로 재정에 보충하고 있었기 때문에 그 수는 점차 증가하여 문제가 되고 있었다.[280] 이러한 지방곡은 자체적으로 마련한 것이었기 때문에 감사가 비교적 자유롭게 사용할 수 있었던 것으로 보인다. 법규정상으로 환곡의 분급은 각 읍단위로 분급한다는 규정은 없으나 흉년등과 같은 특별한 경우가 아니면 본관의 민인들에게만 분급하고 있었다.[281]

그러나 영곡은 감사가 자체적으로 마련한 곡물이었기 때문에 다른 지역의 사대부들에게 진휼의 명목으로 분급하는 것을 당연하게 여기고 있었으며,[282] 그 액수는 백여석에 이르기까지 하였다.[283]

聚散者'

278) 『正祖實錄』 27, 正祖 13년 4월 1일(丁亥), 46권 32쪽, '監營穀則自是盡分者也'

279) 『備邊司謄錄』 84, 英祖 4년 7월 29일, 8권 442~443쪽, '別會還上耗 監司盡用之 … 此後別會耗原數 每歲狀報備局 仍令備局句管 曉然知其爲國用似宜矣 故相臣崔錫鼎 曾已變通此事 而其後方伯因循不爲奉行 遂至寢格今若申飭道臣 着實奉行 則庶可爲添補軍餉之地矣 上曰依爲之'
『備邊司謄錄』 96, 英祖 10년 11월 6일, 9권 917쪽, '卽今備局元無文籍之可考 如京外錢穀之數 亦無以知之 … 自今以後 京各司用遺在 每等內入御覽之時 外方還上·軍餉 每等會案上來後 令戶曹·賑廳抄錄其數爻 成册一件 送于備局 恐合事宜矣 上曰 所達是矣 依爲之'

280) 『承政院日記』 1198, 英祖 37년 10월 7일, 67권 87쪽, '營別會之監司遞易時別備 輒不下數萬石 名雖句管於備局 實則自巡營盡分取耗 卽今該道(湖南) 小民之困於四十餘萬石'

281) 『備邊司謄錄』 13, 仁祖 27년 1월 22일, 2권 3~3쪽, '法典則糶糴 別無分別本邑與他邑之法文 而以通行規例言之則分界設官 各治其民 糶糴 似當不出境外 近來年荒 他邑之民 或受他邑之穀者有之 而似非應當之法例矣'

282) 『顯宗實錄』 4, 顯宗 2년 9월 30일(丙午), 36권 311쪽, '營穀乃監司所用或以賙賑流寓士夫者也 移換以用 有何罪乎'

또한 양반사대부들은 수령과의 친분관계를 이용하여 환곡을 분급
받고 지역적인 곡가의 시세차이를 이용하여 가을에 원곡을 갚고
나머지는 개인의 수입으로 하였다. 또한 장례의 비용을 위해 환곡
을 분급받기도 하였다.[284] 이런 환곡을 別還[285]이라고 하는데 왕
조정부에서는 지속적으로 금령을 내리고 있지만 근절되지 않아 많
은 폐단을 야기하고 있었다.[286] 경기도의 경우는 남한산성곡물과
강화도 곡물이 주로 별환으로 지급되었고 충청도에서도 별환의 폐
단이 야기되었다.[287] 이들 지역은 양반사대부가 많이 거주하고 있
는 지역으로 신분적 특권으로 환곡을 손쉽게 분급받아 이익을 취
하고 있었다. 이러한 별환은 제대로 징수되지 않아[288] 포흠으로 귀
결되는 것이 일반적이었다.

지방에서 부족한 재정을 보충하기 위하여 지방곡을 창설하기 시
작하면서부터는 독자적인 지방재원의 확보는 당연한 것으로 여기
게 되었다. 지방 재정의 보충뿐만이 아니라 빈번한 자연재해에 대
비하기 위하여 각 지역에서는 독자적으로 營賑穀이라는[289] 진휼곡

---

283) 『備邊司謄錄』 84, 英祖 4년 7월 29일, 8권 442~443쪽, '別會還上耗 監司
　　盡用之 … 皆不得擅用 以備不虞 而爲監司者 營中需用之外 且擅給親知
　　穀賤時則或多至百餘石 此雖與盡歸私囊者有異 而亦大殷不可矣'
284) 李森, 『白日軒遺集』 3, 「寄庶姪希曄」 癸丑(1733;英祖 9) 11월 23일, 叢
　　刊 192권 62쪽, '葬事已定 … 營還得幾石耶 當此大殺之歲 祭需 不可不從
　　略 而亦不可埋沒 將何以爲之耶'
　　「政要」 1. 糶法, 『朝鮮民政資料 牧民篇』 38쪽, '喪葬外別還 一切防塞'.
285) 『備邊司謄錄』 82, 英祖 3년 10월 22일, 8권 163쪽, '至於士夫·土豪·官
　　吏別受食 知有停捧狀啓 故觀望不納 … 至若別還全石受食者 每皆不納'
　　『備邊司謄錄』 125, 영조 29년 6월 9일, 12권 413쪽, '至於別還 則只給所
　　親 初無限節 故土豪之有勢者 多數受出 至以牟利之計 還穀未捧之弊 多
　　由於此'
286) 『備邊司謄錄』 130, 英祖 32년 1월 12일, 12권 738쪽 ; 『備邊司謄錄』 136,
　　英祖 35년 4월 12일, 13권 235쪽.
287) 『備邊司謄錄』 153, 영조 45년 12월 30일, 14권 899쪽.
288) 李森, 『白日軒遺集』 3, 「寄子希逸」 丙午(1726;英祖 2) 4월 9일, 叢刊
　　192권 61쪽, '吾則雖得還上 立本用之矣 換米太之價 多至百餘金 無以拮据
　　方以爲悶'

을 마련하여야만 하였다. 그러나 營賑穀을 보충하면서 중앙아문의
곡식을 일부 충당하면서 영진곡의 관리를 비변사에서 하였기 때문
에290) 각 지역에서는 다시 賑恤庫穀과 別營賑穀과291) 같은 새로운
환곡을 설치하여야만 하였다.292)

　물론 조선왕조정부에서도 진휼청 환곡이라든가 각 지역에 창고
를 설치하여 곡물을 마련하고 있었지만, 또 한편 지방 자체적으로
진휼곡을 마련하도록 하고 있었다. 이러한 지방곡의 마련은 중앙정
부에서 관여한 것이 아니지만 그 관리는 비변사에서 관할하도록

---

289) 18세기에 각 지역에서는 자체적으로 진휼에 대비하여 營賑穀을 설치하
　　였다. 그후 18세기 중엽에 이르러 영진곡은 비변사가 관리하게 되었다
　　(155쪽 참조).
290) 각종 환곡의 관리는 원곡의 판출과 밀접한 관련을 맺는다. 비록 각 지
　　역에서 마련한 환곡일지라도 후에 중앙아문곡을 보충하면 그 관리를
　　비변사에서 담당하는 것이 일반적인 현상이었다. 지방 환곡의 경우도
　　사정은 동일하다. 각 군현의 비용을 충당하기 위하여 감영에서 재원을
　　출연하여 각 군현에 환곡을 설치하였을 경우에는 당연히 감영에서 관
　　리하였다. 후에 각 군현에서 別備한 곡물로 충당하였을 때는 각 군현에
　　서 관리하게 된다. 그러므로 각 군현의 동일한 명목의 환곡은 감영 구
　　관곡이 있고, 군현 구관곡이 함께 존재하는 구조로 이루어졌다.
291) 각 감영과 수·병영에서는 진휼을 목적으로 賑恤庫穀을 마련하고 있으
　　며, 충청도에서는 別營賑穀이라는 환곡을 운영하고 있었다.(『穀總編攷』)
292) 이러한 환곡은 別備 혹은 自備를 통하여 마련하였다. 17세기 전반까지
　　는 각 지역에서 수령이 자발적으로 곡물과 물자를 마련하는 別備는 포
　　상의 대상이었다. 그리고 그 물자는 중앙에 상납되어 중앙재정의 일부
　　로 사용되곤 하였다. 17세기 후반 이후 재정이 안정되자 각 지역에서는
　　비용조달과 흉년에 대비하기 위하여 別備 혹은 自備를 통하여 환곡을
　　창설하거나 기존의 환곡을 보충하고 있었다. 別備란 본래 수령의 녹봉
　　을 公用에 보태는 것으로 수령 自備와 같은 의미로 사용되었다. 각 지
　　역에서는 지방관이 녹봉의 여유분을 가지고 별도로 錢穀을 비축할 수
　　있었으며, 특히 평안도의 경우는 전세를 중앙에 상납하지 않고 있었으
　　므로 많은 別備를 확보할 수 있었다. 이러한 지방관의 支供은 자체적으
　　로 마련하는 것이었으므로, 본래 조정에 보고하지 않는 것이었다. 그러
　　나 18세기 중엽 이후 조정에 보고하도록 하여 통제를 강화해 나가고
　　있었다.

하여 통제를 강화하고 있었다. 이런 과정 속에서 중앙아문의 환곡
뿐만이 아니고 지방환곡도 증가하기 시작하고 있었다.

이처럼 17 · 18세기의 지방 환곡의 증가는 중앙정부에서 마련한
것이 아니었기 때문에 직접적인 통제는 시행할 수 없었다. 또한 그
용도가 재정보충에 사용되었기 때문에 중앙정부에서 일률적으로
감축할 수 없는 형편이었다. 지방재정에 대한 배려가 없는 상황에
서의 지방환곡의 증가는 당연한 것이었고, 그 폐단이 야기될 수밖
에 없는 상황이었다.

이 시기에 중앙아문의 환곡도 증가하기 시작하였다. 상평청 환곡
과 진휼청 환곡 그리고 첩가미 등이 대표적인 경우이다. 그러나 상평
청 환곡은 대동미처럼 공물가의 지급이라는 분명한 재정상의 용도가
설정된 것은 아니었다. 그러므로 상평청 환곡은 예비곡물의 비축이라
는 점이 강하였으며 이는 빈번한 흉년시의 진자로 사용되었다.[293]
진휼청 환곡과 첩가미 등도 진휼을 목적으로 비축하려는 성격이 강
하였으므로 평상시 고정적으로 재정에 충당된 것은 아니었다.

이런 점으로 미루어볼 때 조선후기의 환곡 증가가 재정충당을
위한 수탈적 기능을 수행했다는 견해는 검토를 요한다. 예비곡물의
비축과 지방재정의 보충이 넓은 의미의 국가재정에 포함된다고 할
수 있으나, 조선시대의 재정원칙인 ‘量入爲出’은 중앙재정만을 설정
한 것으로 지방재정에 대한 고려는 없었다. 지방재정의 문제는 각
수령이 자의적으로 행할 수밖에 없었다. 그러므로 대동법 · 균역법
등의 재정개혁을 실시하여도 그 재정개혁의 목표는 중앙재정의 안
정만을 추구하는 것이었기 때문에 지방에서의 각종 수탈을 구조화
할 수밖에 없었다. 그러므로 환곡에서의 지방곡의 증가는 필연적인
것이었다.

---

293) 『承政院日記』 880, 英祖 14년 10월 22일, 48권 454쪽, ‘道內各邑所在 元
　　會付 · 常賑 · 統營會外還上各穀 今年耗條 勿論稍實 · 之次邑所在 一倂取
　　用於災邑白給賑資事爲請矣 災年許給新耗 皆是流來之規 …永防常賑耗白
　　給矣 以常平之法 常賑新耗則定歇價捧之 使各邑貿取補賑爲宜’

환곡의 운영은 총액의 절반만을 분급하는 '半留半分', 전액을 분급하는 '盡分' 이외에도, 총액을 삼분하여 1분만을 분급하는 '二留一分', '一留二分'·'一留三分' 등과 일정한 기간을 보관하고 모곡을 받지 않고 징수하는 改色, 일정한 수량만을 분급하는 '定式分給' 등 다양한 방법으로 운영되었다. 그러나 半留半分과 盡分의 운영이 환곡의 대다수를 차지하고 있었으며, 기타 방식의 운영은 전체 환곡에서 차지하는 비중은 크지 않았다.[294]

그러나 총액의 절반 이상을 창고에 유치해 두는 '二留一分'의 환곡은 18세기 이후 급격히 증가하는 환곡의 운영 속에서 타지역의 이전을 목적으로 설치된 것으로 일정한 의미를 갖는다. 다음의 〈표 40〉을 통하여 비축 목적이 강조되는 '이류일분'과 개색의 환곡 명색을 통해 18세기 환곡 운영의 실상을 살펴본다.

〈표 40〉 1797년 二留一分穀·改色穀

지역	二留一分穀	改 色
경기		戶曹句管各鎭軍餉 503석
충청	濟民倉穀 7,170석	(비국구관)水營軍餉 1,026석, 安興添餉米 171석, 舟師軍餉米 290석
경상	戶曹元會穀 3,496석, 호조 鳥嶺山城米 20석, 宣惠廳各年移錄穀 150석(全耗會錄), 균역청군작미 762석(全耗), 균역청 別均米 2,303석(全耗), 常賑廳穀 16,095석(4분모), 비국군작미 112석(全耗), 帖價租 12두, 私賑穀 24석, 鳥嶺山城修城米 1,567석, 鳥嶺山城補城米 1,222석(이상 全耗), 浦項倉米 5,718석, 濟民倉穀 49,599석, 右兵營營倉軍餉 3,6815석 監營別會鳥嶺山城穀 652석	戶曹元會金烏山城穀 2,555석, 戶曹元會禿用山城穀 3,386석, 山城山城穀 174석, 天生山城穀 55석, 架山山城穀 3,828석, 藥丸租 157석, 恒留穀 953석, 左水營月課米 802석 監營別會城山山城米 68석, 架山山城醬太 25석(除耗改色)** 統營薰米軍糧穀 2,050석(3년)

---

294) 1797년의 還摠에서 半分穀의 비율이 53%이고, 盡分穀의 비율은 40%로 나타난다.(오일주, 앞의 논문, 91쪽)

전라	備局別檢穀　12,457석,　備局左水營船價米 1,563석(全耗)	戶曹軍餉米　3,651석
강원		戶曹句管三陟鎭營穀　103석,　戶曹越松浦大米　103석
함경	備局句管交濟久置穀　188,335석(半耗)	戶曹句管鄕校補上皮各穀　147석,　官婢免刷米　33석,　堡上穀　200석,　烟臺上米　80석 비국구관　軍餉穀　486석 감영구관　城津月課米　728석(3년 1차)
평안	戶曹句管　慈城倉穀　170석 비국구관　慈城倉穀　44,716석	균역청곡　13,156석 비국구관　私賑穀　69,219석
강화		本府別庫白米　434석(御供次無耗)
광주		本府別庫穀　447석(매년 절반)

出典：『穀總編攷』

　각 지역에서 이류일분곡의 중심을 이루고 있는 것은 흉년시 타
지역으로 이전을 목적으로 설치된 제민창곡, 포항창곡, 교제창곡
등의 창고곡이다. 이들 창고곡은 반류반분의 환곡보다 건실하게 운
영되었다.[295]

　그러나 한 지역의 창고에 다수의 곡물을 비축하고 있었기 때문
에 운반할 때의 폐단이 항상 문제되었다.[296] 그러므로 모든 창고곡
을 1/3 분급하여 운영할 수는 없었다. 1797년(정조 21)의 상황에서
제민창곡은 전라도의 경우 전액 半分하여 운영되고 있는데,[297] 이
는 운반상의 문제로 인해 전라도의 제민창이 폐지된 결과이다.[298]

　경상도의 포항창곡의 경우 1/3 분급곡 이외에 1/2을 분급하는

---

295) 『正祖實錄』 30, 正祖 14년 4월 4일(甲寅), 46권 118쪽.
296) 전라도 濟民倉의 환곡을 분급 받는 民人은 100里를 이동하였기 때문에
　　 많은 폐단이 발생하였다.(『備邊司謄錄』 147, 英祖 41년 4월 3일, 14권
　　 319쪽)
297) 『穀總編攷』 3, 「全羅道內各樣還穀摠數」, 半分秩.
298) 『大典通編』 「戶典」 備荒條, '〈增〉順天 · 羅州濟民倉 今廢　只穀物捧留各
　　 該邑'

포항창곡물과 포항창 新貯 곡물 명색이 존재하였다. 蔚山과 盈德의 포항창곡물은 1/2 분급하고 있었는데, 이는 울산과 영덕이 포항창을 설치할 때 속읍에 포함되지 않고 후에 설치한 것이기 때문에 운반상의 폐단을 우려하여 半分의 형식으로 운영되었다. 浦項倉新貯穀 역시 1743년(영조 19) 감사의 別備로 포항곡을 보충할 때, 운반상의 폐단으로 인하여 半分하였다.[299]

함경도의 교제창곡도 수백리의 운반상의 폐단으로 인하여 1763년(영조 39) 교제곡을 반분하여 절반은 각읍에 유치하여 반류반분으로 운영하고,[300] 절반만 교제창에 유치하여 1/3 분급하는 조치를 취하였다. 교제창에 유치하는 곡물은 운반상의 폐단을 고려하여 그 모곡의 징수를 절반만을 징수하도록 하였다.[301] 이들 창고곡은 타지역의 이전이라는 본래의 목적을 강조하려 하였지만, 운반상의 폐단 때문에 반분의 형식으로 운영하기 하였던 것이다.

이외에도 경상도의 帖價穀·私賑穀 등도 1/3 분급하였는데, 이들 환곡 역시 반분하는 곡식이 있었다.[302] 이처럼 二留一分하는 환곡은 재정보충의 목적보다는 흉년시의 진휼에 대비하기 위한 목적을 강하게 띄고 있었기 때문에 분급을 억제하고 비축에 그 목적을 두고 있었다.

일정한 연한이 지난 후 모곡을 징수하지 않고 새로운 곡물과 교체하는 改色은 대체로 호조와 비변사에서 관할하는 군향곡으로 이루어져 있다. 평안도의 경우 개색 곡물로 私賑穀이 존재하는데 이는 각 군현에서 진휼에 대비하기 위하여 수령이 自備한 곡물로 이루어진 환곡이었다.[303] 이처럼 이류일분과 개색의 곡물은 군향과

---

299) 『穀總編攷』 3,「慶尙道內各樣還穀摠數」, 半分秩.
300) 『備邊司謄錄』 144, 英祖 39년 12월 2일, 14권 45쪽, '今在穀二十四萬石內
    … 十二萬石分置於南關十一邑北關九邑 各倉使之半分半留'
301) 『備邊司謄錄』 144, 英祖 39년 12월 2일, 14권 45쪽, '交濟穀事 … 今在穀
    二十四萬石內 六萬石留置於三本倉 三分一糶糴 而陳穀若捧全耗 則必不
    無民怨 只捧半耗'
302) 『穀總編攷』 3,「慶尙道內各樣還穀摠數」.

흉년시의 진자에 대비하기 위한 것으로서 환곡 본래의 목적에 충실히 운영되었다.

강화와 광주에서는 총액의 일정한 분량만을 분급하는 定式分給이 시행되었는데, 이들 지역은 군사적 요충지로서 항상 비상시에 대비하여 군량을 비축해 두었다. 한 지역에 지나치게 많은 곡물을 분급할 수 없기 때문에 지역의 민호를 고려하여 일정한 액수를 분급하여 군향을 유지하였다.304)

18세기 들어 환곡이 급격히 증가하는 가운데 왕조정부에서는 반류반분·진분과 이류일분, 개색 등 다양한 방식으로 환곡을 운영하였다. 호조곡, 상진곡, 비변사곡은 반류반분으로 운영되어 농량과 賑資에 사용되고 있었다. 그러나 비용 조달을 목적으로 설치된 감영곡과 三司穀을 제외한 중앙아문의 환곡은 진분으로 운영되었다. 또한 지역간의 풍흉의 차이와 비축곡물의 不均 속에서 타 지역에 이전을 목적으로 설치된 각종의 창고곡은 곡물의 부패를 방지하기 위하여 二留一分으로 운영되었으며, 가장 충실히 유지되었다.

이처럼 조선왕조정부는 농민재생산 보장과 재정 충당이라는 이중적인 목표를 달성하기 위하여 다양한 방법으로 환곡을 운영하고 있었다. 또한 半分穀의 경우는 필요에 따라 추가 분급이 이루어지는 加分이 시행되기도 하였으며, 경우에 따라서는 매년 분급하는 應加分이 되기도 하였다. 18세기 후반의 가분의 일상적인 시행과 응가분의 시행은 결국 환곡의 분급률을 확대시키는 결과를 초래하였다.

---

303) 『穀總編攷』 4, 「平安道內各樣還穀摠數」, 改色秩.
304) 『續大典』, 「戶典」, 倉庫, ‘廣州軍餉糶糴 每年限一萬石’ ; 『穀總編攷』 3, 「江華府各樣還穀摠數」, 定式分給秩.

Ⅲ. 환곡 운영의 변화와 폐단의 증가

1. 加分·盡分穀의 증가

조선후기의 환곡은 半留半分과 盡分을 중심으로 운영되었다. 진분곡은 지방재정과 중앙아문의 재원을 조달하기 위하여 운영되었으며, 호조·상진청·비변사의 三司穀은 주로 반류반분으로 운영되었다.

三司穀은 절반을 분급하고 절반을 창고에 유치해 두는 半留半分의 원칙으로 운영되었지만 필요에 따라 절반 留庫穀을 추가로 분급하는 加分을[305] 시행하기도 하였다. 가분은 元穀이 부족할 경우와 흉년으로 농량과 종자를 지급하기 위하여 시행하였다. 이처럼 가분은 규정된 환곡의 분급을 끝내고 추가로 분급하는 것이었다. 그러므로 그 액수는 많지 않지만 加分制를 통하여 환곡의 진휼 기능을 확인할 수 있다.

18세기 환곡의 급증 속에서도 지역간의 편차로 인하여 환곡이 적은 지역에서는 환곡의 증대를 요청하고 있었다. 특히 경기도의 경우는 환곡의 부족으로 인하여 빈번히 가분을 요청하고 있었다.[306]

---

305) 『典律通補』, 「戶典」, '糶糴道臣狀請加分 則分數許之'
　　『萬機要覽』, 「財用編」, 糶糴, '若因種糧之不贍 道臣啓請 則亦許加分 而擅自加分者 從輕重科罪'

306) 『備邊司謄錄』 145, 英祖 40년 4월 20일, 14권 147~148쪽, '京畿監司南泰齊所啓 道內還穀 其數甚少 分排十二巡 每戶每巡 極其零星 而自三月望後 絶巡之邑 亦多有之 … 向來請得加分爲三萬四千餘石 以十一萬六千餘戶之民 一戶所受不過數三斗 … 雖辛巳(1761;英祖 37)·癸未(1763;英祖 39)定之加分後 又請加分 前例可考 今若就留庫中 或折半 或三分之一 特許加分 以紆目前之急 似爲便好'

이러한 상황은 경기도에만 국한되지 않았다. 충청도의 경우에도 곡식이 여유있는 지역은 환곡을 원하는 자는 적으나, 元還이 부족한 8~9 지역에서는 5천석의 가분을 요청하였다.307) 18세기 후반에 경상도에서는 환총이 증가하여 폐단이 발생하였다. 또한 풍년에는 환곡을 원하지 않고, 흉년에만 가분을 요청하고 있었다.308) 18세기 후반 환곡 총액의 증가로 인해 환곡운영에 무리가 따르는 지역도 있었으나 빈번한 자연재해로 인하여 비축곡물을 확보하는 일을 포기할 수는 없는 실정이었다. 또한 지역간의 비축곡물이 균형을 이루지 못하고 곡식이 많은 지역과 적은 지역의 편차가 있었다. 전국에서 가장 많은 환곡은 보유한 경상도에서도 환곡이 적은 지역은 가분을 요청할 수밖에 없었으며, 그 수는 8만석에 이르렀다.309)

이처럼 곡식이 증가하면서도 지역간의 곡식 불균으로 가분을 시행할 수밖에 없는 상황이었다. 이에 대한 근본적인 해결책은 지역간의 곡식 이전이었지만 이 역시 운반상의 폐단과 환곡 모곡의 용도로 인해 적극적으로 시행될 수 없었다. 또한 비축곡물이 증가하여 풍년에는 환곡을 원하지 않는 경우도 있었지만, 흉년에 대비하여 비축곡물을 운영해야만 하는 왕조정부로서는 환곡의 분급을 중지할 수도 없었다.

그러므로 왕조정부에서는 환총이 확대되어, 분급량이 증가하였기 때문에 分留法의 엄수를 강조하였다. 18세기 전반까지는 加分 ·

---

307) 『備邊司謄錄』 162, 正祖 5년 5월 5일, 15권 974쪽.

308) 『備邊司謄錄』 141, 英祖 38년 3월 19일, 13권 676쪽, '備局副提調趙曮所啓 臣旣承嶺南弊瘼之下詢 … 盖還上耗上加耗 七八年間爲甲倍 窮民一戶所受 或至十餘石 多至二十餘石 小民之一年農作 能收二十石者絶罕 而當冬備納 蕩敗家産 流離散亡 專由於糶糴 … 上曰 此則 守令或請加分何也 曮曰 凶年則民或願之 而豊年則民不願之矣 … 嶺南七十一州 還上不足之邑 只爲數三 而八道皆然矣'

309) 『備邊司謄錄』 162, 正祖 5년 4월 19일, 15권 970쪽, '慶尙監司李文源狀啓也 以爲農務政殷 春窮轉甚 民多穀少之處 當分之還 無以排等繼給 留庫中限八萬石 特許加分爲請矣 … 上曰依爲之'

擅分에 대한 처벌규정이 확립되어 있지 않았다.310) 그러나 환곡의
증가와 수령의 임의 분급이 증가하여 폐단이 발생하자 留庫穀을
전부 분급한 자는 定配하고, 절반을 분급한 자는 3년 徒配하고, 그
외는 奪告身의 규정이 확립되었다.311)

그러나 이 규정은 모든 加分에 적용되는 것은 아니었다. 조정의
허가를 얻은 가분은 처벌의 대상이 아니었고, 단지 조정의 허가없
이 수령 자의로 분급한 擅分·私分의 경우만 처벌의 대상이 되었
다.312) 조정의 허가를 얻은 가분은 지역적인 곡물 부족을 해소하기
위한 방편이었으며, 흉년시에 농량과 종자를 대여하는 것이었다.
그러나 수령이 불법적으로 추가 분급해 모곡에서 이익을 취하는
擅分과 개인적인 친분관계로 인하여 시행하는 私分은313) 많은 폐
단을 야기하였다.

천분으로 인한 폐단은 강제분급과 가을에 징수를 못하여 포흠으
로 변하였다가 결국에는 탕감되는 구조를 보이고 있다.314) 이처럼
천분은 농민의 재생산기반의 보호라는 측면과는 상관없이 수령이
모곡의 이익을 위하여 시행하는 것이었기 때문에 강제분급이 이루
어질 수밖에 없었으며, 결국에는 포흠으로 전락하여 탕감되었다.

---

310) 『備邊司謄錄』 102, 英祖 13년 閏9월 17일, 10권 494쪽, '加分·擅分 元無
  本律'
311) 『備邊司謄錄』 102, 英祖 13년 閏9월 17일, 10권 495쪽, '傾庫分給者 …
  定配 折半留庫中 折半分給者 依三年徒配 其外勿論石數 並以奪告身律
  定式施行' : 『續大典』, 「戶典」, 倉庫
312) 『備邊司謄錄』 141, 英祖 38년 4월 3일, 13권 687쪽, '領議政洪(鳳漢)所啓
  還穀乃嗣歲之資 半分半留 法意甚嚴 而近來爲守令者 恬不畏法 任意加分
  … 此後朝家許施者外 擅自加分 如有犯者 道臣毋得掩置 隨現狀聞 重律
  嚴繩事 更爲申飭諸道 何如 上曰 依爲之'
313) 私分은 別還으로 시행되었으며, 조정에서 금하고 있었으나 지속적으로
  문제되었다.
314) 『備邊司謄錄』 151, 英祖 44년 2월 10일, 14권 631쪽, '近來爲守令者 全不
  畏法 任自加分 雖於不願之民 往往傾庫而勒給 及其捧糴之時 若値歉歲
  則太半未捧 仍作舊逋 終歸蕩減而後已 小民之受害 穀物之漸縮 職由於此'

私分 혹은 別還 역시 징수가 제대로 이루어지지 않아 결국에는 포흠으로 변화하여 탕감되는 과정을 반복하고 있었다.315)

정부에서 가분을 시행하는 근본적인 목적인 환곡 본래의 기능인 농민재생산보호를 위한 것이었기 때문에 왕조정부의 허락을 얻지 않고 가분을 하였다 하더라도, 그것이 농민을 위한 것이라면 처벌을 하지 않았다.316) 특히 6월 이후에 시행한 가분은 모곡을 면제해 주는 경우가 종종 있었다.317) 6월에 가분을 하는 이유는 보리 흉년으로 인해 식량을318) 지급하기 위서해거나, 이앙을 못하고 다른 곡물을 심기 위하여 종자를 분급하는 경우가 있었다.319) 이처럼 가분은 그 시행시기가 농사에 기일을 다투는 시기였기 때문에 흉년이 들면 곧바로 가분을 허가하도록 지시하고 있으며,320) 모곡을 면제하기도 하였다.321)

18세기 후반에 들어서는 환총이 급증하였음에도 불구하고 흉년과 지역간의 곡식 비축량의 불균형으로 인하여 가분은 빈번히 시행되고 있었다. 다음의 〈표 41〉은 18세기 후반 정조 초반의 가분 시행을 정리한 것이다.

아래 표에서 살필 수 있는 것은 가분을 요청하는 방식이 일정하지 않다는 점이다. 흉년에는 각 지역의 尤甚 · 之次 · 稍實 등 각 읍

---

315) 『備邊司謄錄』 157, 英祖 51년 1월 6일, 15권 283~284쪽.
316) 『備邊司謄錄』 142, 英祖 38년 10월 1일, 13권 786쪽, '湖南初無加分之朝令 則各邑擅分之數 至於此多 … 上曰 … 六月以後 則容有可恕'
317) 『備邊司謄錄』 140, 英祖 37년 9월 2일, 13권 587쪽, '今番以麥歉 六月以後加分 勿論元還移轉 特爲除耗'
318) 『備邊司謄錄』 162, 正祖 5년 6월 21일, 16권 7쪽.
319) 『備邊司謄錄』 159, 正祖 2년 7월 1일, 15권 620쪽, '以忠州 · 文義 · 天安 · 恩津等四邑 未移秧處 勢將以木麥趁今代播 各邑留庫中 一千三石零 分排加分事爲請矣'
320) 『備邊司謄錄』 117, 英祖 23년 4월 1일, 11권 714쪽, '各道還上加分之請 … 今已節晚 恐有後時之患 此後來到之處 雖或依前報請 依此例 直自備局一體許施'
321) 『正祖實錄』 7, 正祖 3년 2월 25일(庚辰), 45권 95쪽, '除賑邑加分耗穀'

의 농작상황에 따라 留庫穀을 비율을 달리하여 가분하는 경우도
있고, 한편으로는 액수를 지정해 가분을 요청하고 있었다.[322] 경기
도·황해도 등은 액수를 지정하여 가분을 요청하고 있으나, 나머지
지역에서는 대체로 留庫穀의 일정 비율로 가분을 요청하고 있었다.

〈표 41〉 正祖年間 가분 시행 상황

도	정조 1년	정조 2년	정조 3년	정조 4년	정조 5년
경기	30,000	30,000	70,000	20,000	5,000
충청	1/3, 1/4, 1/5 ※	1/3, 1/4, 1/5 1,003	1/2		5,000 7,000
전라	※	1/3, 1/4	1/3, 1/4		39,500
경상		1/3, 1/4, 1/5 1/4	50,000**		80,000
강원	1/2, 1/3, 1/4 1/3, 1/4	1/2, 1/3, 1/4	※		2,400
황해	20,000	30,000	45,500	9,030	
평안	1/3, 1/4, 1/5	1/3, 1/4	1/2, 1/3, 1/4		*
함경	3/4, 2/3, 3/5	50,000	50,000	20,000	**

出典 : 『備邊司謄錄』 각년 加分狀啓
　　※ 加分을 시행하였으나 比率이나 액수가 나타지 않은 경우
　　* 정조 5년 평안도는 德川 가분
　**　정조 5년 함경도는 慶興·慶源의 元穀부족으로 1/2, 1/3 加分
　　　위의 표에서 한 지역에서 2줄로 나타나는 것은 2차례 가분을 시행한 것
　　　이며, 비율로 표시된 것은 尤甚邑·之次邑·稍實邑의 순서이다.

　1781(정조 5)년에는 대부분의 지역에서 액수를 지정하여 가분을
요청하고 있는데, 이는 당시 왕조정부에서 가분에 대한 통제를 강
화하였기 때문이었다. 18세기 후반들어 가분이 일상화되어 빈번한
가분 요청이 있다. 그러나 유고곡의 일정 비율로 요청하였기 때문
에 왕조정부에서는 정확한 액수를 파악하기 힘들었다. 또한 이 기
회를 이용하여 수령이 농간을 부릴 소지를 다분히 포함하고 있었

---

322) 『四政考』, 「還政考」, 加分, '年事失稔 種糧告乏 則就應留中 狀請加分 或
　　　限幾萬幾千石 指數仰請 或不硬定其數 以待畢分 更爲登聞爲辭 或以尤甚
　　　邑留庫幾分一 之次邑幾分一請加 其例不一諸道'

다. 이런 점은 가분 뿐만이 아니라 停退·蕩減도 마찬가지였다. 그러므로 1765년(英祖 41) 가분과 정퇴·탕감을 할 경우 정액을 보고도록 하였으나,323) 제대로 시행되지 않자 1781년 다시 정액 시행을 지시하였다.324)

18세기 후반 들어서 가분이 일상화되면서 매년 일정액을 가분하는 應加分이 나타나고 있었다.325) 균역법 실시 이후 어염선세가 균역청에 이관되자 경상도 포항창의 운영비용을 위하여 매년 2천석의 가분을 요청하였다.326) 특히 정조년간에 들어서 강화, 경상도 우병영 등에 비용 조달을 목적으로 應加分을 시행하고 있었다.327)

이처럼 18세기 후반 들어 지역간의 곡식이 고르게 분포하지 않아 항상적으로 가분이 시행되었으며, 연례적으로 가분하는 것을 應加分이라 하였다. 그후 각 아문에서 비용조달을 위해 매년 일정한 액수를 가분을 하는 것이 관례화되었고, 이것이 응가분의 전형을 이루게 되었다.328) 응가분은 각 아문의 비용조달을 목적으로 한 것이었으며, 半留穀 중에서 시행되었다. 그러므로 半留半分으로 운영

---

323) 『備邊司謄錄』 148, 英祖 41년 10월 14일, 14권 400쪽, '還上之加分·停退·蕩減時 以年條與分數施行者 爲惠不均 生弊亦多 … 中間幻弄之端 自今以後 凡系爲民施恤之際 不得已者外 勿擧年條 勿計分數 直以幾千石·幾萬石 定數擧行之意 定式施行 何如 上曰依爲之'

324) 『備邊司謄錄』 162, 正祖 5년 3월 10일, 15권 950쪽, '自今爲始 道臣必優數狀請 朝家亦準數許施 … 然後更以加分實數 登聞會錄 則民有濟窮之喜 官無抵罪之慮'

325) 『備邊司謄錄』 143, 英祖 39년 3월 24일, 13권 912쪽, '關東加分 連有許施之例 昨年亦許折半 … 上曰 應加分處 五分之一許施' ; 英祖 39년 4월 1일,13권 916쪽, '逐年加分 有請輒許 … 不可不應加分處 依兩南·關東 五分之一例 參量許施'

326) 『備邊司謄錄』 123, 英祖 27년 7월 7일, 12권 176쪽.

327) 『備邊司謄錄』 160, 正祖 3년 11월 25일, 15권 798쪽 ; 正祖 3년 12월 1일, 15권 800~801쪽.

328) 『四政考』 「還政考」 加分, '或因防弊諸加分取耗 歲以爲例 名曰應加分' ; 『備邊司謄錄』 214, 純祖 26년 7월 8일, 「忠淸道暗行御史金正喜別單」, '雖於因支放而應加分 因民食而別加分'

되는 환곡 중에서도 응가분을 시행하는 환곡은 실제로는 모두 분
급하는 盡分의 형태로 운영되었다. 결국 응가분의 실시는 환곡의
분급률을 증가시키는 결과를 초래하였다.

응가분은 半留半分의 환곡 중에서 시행하므로 자연히 비축의 성
격이 강한 환곡 중에서 시행되었다. 또한 각 지역의 상황에 따라
비용조달을 목적으로 하였기 때문에 그 용도 또한 다양하였다.
1797년 당시의 응가분은 21만여 석으로 파악된다. 다음의 표는 응
가분의 액수와 그 사용처를 정리한 것이다.

〈표 42〉 1797년 응가분 액수 (단위 : 石)

구 분	경기도	충청도	경상도	전라도	황해도	평안도	개성	합계
호 조			4,360		39,328	27,154		70,842
상진청	5,000	11,200	15,765		34,348			66,313
비변사			4,000		32,605	6,049	2,180	44,834
균역청	1,000		18,090	6,000				25,090
선혜청				10,000				10,000
합계	6,000	11,200	42,215	16,000	106,281	33,203	2,180	217,079

出典 : 『穀總編攷』

위의 표에서 확인할 수 있는 바와 같이 호조·상진청·비변사의
三司穀이 응가분 액수의 대부분을 차지하고 있었다. 지역별로는 황
해도가 전체 액수의 약 절반 정도를 차지하고 있다. 1797년 당시 황
해도의 환곡 분급액은 62만여 석으로 10만여 석의 응가분이 차지하
는 비율은 17%에 달하고 있었다.[329] 이처럼 황해도 지역에서 응가
분 액수가 많은 것으로 인하여 황해도의 환곡 분급비율도 크게 증
가하였다. 당시의 전국 평균 환곡 분급 비율이 71%인데, 황해도는
86%로 전국 최고의 분급률을 나타내고 있다. 분급률의 확대는 호당
환곡 부담액의 증가를 초래하였다. 당시의 왕조정부에서 파악한 戶

---

329) 1797년 전국 분급률

摠과 환곡 분급액수를 비교하여 산술적으로 산출한 호당 부담액을
살펴보면 전국의 평균 호당 분급액이 약 4석 임에 비하여 황해도는
약 4.6석으로 함경도 다음으로 높은 부담을 지고 있었다.
　이러한 응가분의 모곡의 사용처를 정리한 것이 다음의 〈표 43〉
이다.

〈표 43〉 應加分 耗穀의 사용처

지역	환곡명	설치년	액수(石)	내　역
경기	상진청곡	정조 15	5,000	加平, 400석 作錢 장용영 貿炭
	균역청 보환곡	정조 14	1,000	詳定作錢上納(應下)
개성	비국구관 군향곡	정조 10	180	泰安倉留庫大米 加給 山城僧料
		정조 20	2,000	泰安倉穀捧留平倉 白峙僉使料,軍需
충청	상진곡	정조 13	10,000	兵營割給 築城物力 補用,
		정조 17	1,200	成歡驛 作錢 復戶不足 보충
경상	호조 左別餉穀		250	豆毛・西平 등 5鎭 軍器修補之資
			110	機張縣 義僧番錢給代之資
			4,000	東萊府 運監補縮之米, 合付元會案
	균역청 군작미	정조 13	6,000	移錄惠廳
	균역청 별균미		2,090	義僧番錢 給代
			10,000	移錄惠廳
	상진곡		15,765	各邑 義僧番錢 給代, 諸般應下會減
	비국 右兵營軍餉穀		4,000	運監 補縮之資

지역	분급액	환 총	분급률	戶 摠	戶當分給額
경기	381,215	490,069	78%	113,201	3.367
충청	565,037	764,341	74%	220,693	2.560
전라	1,281,690	1,816,792	71%	316,732	4.046
경상	1,444,154	2,129,834	68%	358,893	4.023
강원	275,292	381,494	72%	80,740	3.409
황해	624,487	726,243	86%	136,199	4.585
평안	1,147,178	1,584,709	72%	299,441	3.831
함경	867,605	1,304,513	67%	121,769	7.125
4都	112,834	182,651	62%	48,571	2.323
합계	6,699,492	9,380,646	71%	1,696,239	3.949

出典 : 『穀總編攷』

도	항목	연도	수량	비고
전라	선혜청 船儲置米	정조 20	10,000	華城 軍器價 2,400석 作錢 후, 充補
	균역청 군작미	정조 11	12,000	移錄 大同儲置
황해	호조 管餉穀	영조 30	16,823	北路酬應 作錢收用
		영조 45	19,629	開市 作錢收用
		정조 9	1,400	慶尙道 義僧番錢 탕감 보충
		정조 13	1,474	平山 民役 방지
	상평청곡	영조 50	32,727	詳定例 作錢 充給各樣支放
		정조 9	763	慶尙道 義僧防番錢 蕩減 후 充補
	비국구관 元賑穀	영조 11	260	延安府 濟民庫 획급 民役 방지
		정조 13	1,242	平山府 民役 방지
		정조 18	14,635	作錢 감영 各樣支放 (정퇴후 문제)
	비국구관 自備穀	정조 18	7,820	감영 지방 보충(정퇴후 문제)
		정조 20	8,064	감영 開市別將 救弊之資
	비국 太白山城軍餉	정조 13	500	平山府 民役 방지
평안	호조구관 군향곡		129	昌城소속 5堡 取耗需用
			125	碧潼소속 5堡 취모수용
		영조 44	5,000	江界府 把粮부족 取耗充補
		영조 45	10,000	兵曹 取耗經用
		정조 13	1,600	熙川 將卒給料
		정조 16	3,300	宣川府 減布 取耗給代
		정조 17	7,000	楚山府 火稅白徵 取耗充給
	비국구관 別軍餉穀	영조 45	5,000	江界 別餉軍官 身役米 보충
	비국구관 兵營餉穀		1,049	東林城 각양 公下不足 충당

출전 : 『穀總編攷』

응가분은 환곡 원곡에서 매년 일정 액수를 추가로 분급하여, 그 모곡을 각기 재정에 충당하는 형태로 이루어졌다. 그러므로 비록 半分秩의 원곡에 속해 있지만 실제로는 새로운 환곡을 창설한 것과 마찬가지 운영구조를 가지고 있었다.

황해도의 경우 호조 管餉穀에서 각종의 비용조달을 위하여 응가분을 실시하고 있는데, 이는 새로운 환곡을 창설하여 운영한 것과 마찬가지였다. 황해도의 경우 각종의 비용조달을 위해 호조 관향곡에서 곡물을 획급하여 사용하였다. 1767(영조 45)년에 開市 비용조달을 위해 관향곡에서 쌀로 1만 8천석을 획급받아 開市條로 이름하고 盡分으로 운영하였다. 1797년 현재 各穀 3만 9천여 석을 진분으로 운영하고 있었지만 이 곡물이 分留法으로는 半分으로 규정되어

있기 때문에 加分은 19,629석으로 기재되었다.330) 결국 開市 비용을
보충하기 위하여 관향곡을 元穀으로한 새로운 환곡을 창설하여 진
분으로 운영한 것이나, 호조 관향곡이 半分으로 운영되었기 때문에
환총 문서에는 半分하는 곡물의 남은 절반을 다시 가분하는 형식으
로 기재하였다. 황해도에서 호조곡·상평청곡 등에서 이러한 경향
이 나타나고 있다. 이처럼 실제로는 새로운 명목의 환곡을 창설하
고도 문서에는 半分秩에서 應加分의 형식으로 기재한 것은 조선왕
조정부가 三司穀을 기본적으로 半留半分의 형식으로 운영하려 했던
의지의 표현이라고 볼 수 있다. 그러므로 조선후기에 수많은 환곡
의 명색이 등장할 수밖에 없는 실정이었다.331)

조선후기의 환곡 폐단 중의 하나가 환곡의 종류가 지나치게 많
다는 것인데,332) 이는 환곡이 재정에 보충되는 한 피할 수 없는 상
황이었다. 각 명색의 환곡은 그 모곡의 용도가 정해져 있었기 때문
에, 새로운 재정 수요가 발생하면 별도의 환곡을 창설하거나, 삼사
곡 중에서 應加分의 형식으로 재원을 조달하였다.

이처럼 18세기 후반 加分과 應加分의 시행이 상례화되어 환곡
분급률은 증가하였다. 그러나 18세기 후반 환곡의 분급률이 증가한
근본적인 이유는 보유 환곡 전체를 분급하는 盡分穀이 증가한 것
에 있었다. 다음의 〈표 44〉는 1797년 당시의 진분곡의 현황을 정리
한 것이다.333)

---

330) 『穀總編攷』 4, 「黃海道內各樣還穀摠數」 半分秩, 管餉穀 各穀三萬九千二
百五十九石十三斗一升七夕, '己丑(1767;英祖 45) 因領議政洪鳳漢所啓 本
道開市物力之 以詳定米上下之規 永爲革罷 劃給管餉穀元數中 折米一萬
八千石分置各邑 名曰開市條 盡分取耗 依詳定例作錢需用 而折半入於應
半分條中 實加分一萬九千六百二十九石十四斗五合三夕'
331) 『正祖實錄』, 43, 正祖 19년 9월 20일(戊辰), 46권 598쪽, '慶尙右道分留
穀摘奸 文備邊郞鄭晚錫啓言 還穀衙門 名目極多 元會穀名 至於八十 常
賑穀名 亦爲十四 同是米豆 何分其某衙 均以租粟 何論其某名也哉'
332) 『備邊司謄錄』 141, 英祖 38년 1월 11일, 13권 647쪽, '右議政尹(東度)所
達 此黃海監司趙榮進狀達也 以爲凡穀物文書名色繁多 去來眩亂 則奸弊
層生 理所必至'

〈표 44〉 1797년 진분곡 (단위: 石)

아문	未詳	1725년 이전	1725년 이후	1776년 이후	합계
京司	134,997	80,834	304,471	911,561	1,431,863
外衙門	1,060,461	336,073	452,187	465,570	2,314,291
합계	1,195458	416,907	756,658	1,377,131	3,746,154

出典 : 『穀總編攷』 1, 「盡分撮要」

  표에 의하면 18세기 말엽에 전체 진분곡은 374만여 석으로 전체 還摠 938만여 석의 약 40%를 점하고 있다. 18세기 전반 영조대에는 비축곡물을 확보하고자 각종의 환곡을 창설하고 있었지만 전국적인 폐단이 발생하고 있지는 않았다. 18세기 후반의 정조대에도 환총은 큰 변화를 보이고 있지 않았지만 각 지역에서 환곡 부담의 과도함을 호소하고 있었다. 이는 18세기 후반 환곡 운영의 문제점은 환총이 지나치게 많은 것에 있는 것이 아니라, 盡分穀의 증가로 인하여 戶當 분급액이 증가한 것에 있었다.

  18세기 후반에 盡分穀이 증가한 원인은 지방 재정에 충당되는 감영곡과 호조·상진청·비변사 등의 三司穀을 제외한 중앙아문에서 환곡을 만들어 盡分으로 운영한 것에 기인하였다. 전체 진분곡 374만여 석 중에서 중앙아문의 진분곡은 143만여석이고, 외아문의 진분곡은 231만여 석이었다.

  외아문은 각 지역의 감영과 병수영, 통영, 四都, 그리고 각 邑과 驛으로 구성되어 있다. 외아문 환곡은 감영곡이 184만여 석으로 전체 외아문 환곡의 약 77%를 차지하고 있었다. 외아문곡은 1724년 이전에 60%가 설치되었다. 외아문곡은 지방의 재정에 충당되고 있었기 때문에 환곡의 모곡이 원곡에 보충되어 지속적으로 증가할 수 있는 환곡은 아니었다. 그 모곡을 대부분 각종의 비용에 충당하고 있었기 때문에 감소하기도 하였다.

---

333) 오일주, 앞의 논문, 90~98쪽에서는 盡分穀에서 대해서 자세히 분석하고 있다.

외아문과 달리 경아문의 진분곡은 1776년(정조 즉위) 이후 급증하였다. 1776년 이후에 설치된 경사곡의 진분곡이 약 64%를 차지하고 있어 정조년간에 중앙아문의 진분곡이 급증하였음을 알 수 있다. 중앙아문 환곡의 창설은 그 원곡이 대부분 기존의 환곡을 이전하여 창설한 것이었다. 대체로 비축의 목적이 강한 상진곡이나 비변사구관곡을 이전하여 새로운 명목의 환곡을 만든 것이었다. 이는 반분곡 이었던 원곡을 떼어서 진분곡으로 운영하는 방식이었다. 그러므로 환총은 급격히 증가하지는 않았지만 당연히 분급률은 증가할 수밖에 없는 구조였다. 이에따라 비축을 목적으로한 삼사곡은 진휼의 용도이외에 타아문의 급대로 인하여 점차 감축하고 있었고, 비용충당을 목적으로 진분하는 환곡은 증가하여 폐단을 야기하고 있었다.

18세기 말엽의 평안도의 환총은 전에 비하여 감축하였으나 진분곡이 증가하여 오히려 民의 부담이 증가하였다.[334] 이를 해결하는 방안은 半留半分하여 분급률을 낮추는 것이었으나 환곡의 모곡이 이미 재정에 사용되고 있었기 때문에 시행되기 어려웠다. 오히려 재정을 보충하기 위하여 새로운 환곡을 창설할 수밖에 없는 상황이었다. 새로운 환곡의 원곡이 되는 환곡은 상대적으로 여유가 있는 환곡으로서 주로 반분하는 환곡이었다. 혹 진분하는 환곡이 있기도 하였는데 이러한 환곡도 그 모곡을 원곡에 보충하여 비축의 성격이 강한 환곡을 전용하여 새로운 환곡을 창설하였다. 결국 새로운 환곡의 창설은 그 원곡을 어느 환곡에서 전용하는가에 따라 관리처가 결정되었다. 또한 환곡의 운영도 본래 환곡의 분급률에 따라 결정

---

334) 『正祖實錄』 正祖 22년 3월 庚辰, 47권 73쪽, '穀數比前若是大縮 而民猶
　　以爲穀多者　無他　專有於盡分穀之多　此盖丙申(1776년:정조　즉위)以後
　　漸漸增多　以至近日　爲弊尤甚 … 此穀雖値儉歲　以其需用之製碏　不得蠲
　　停　如此而民安得不受其弊乎　一言以蔽之曰　盡分穀並爲釐革　一以半分爲
　　式然後　糴弊可以矯捄矣　(鄭)民始　半留半分　豈不好矣　而非但朝家經費專
　　資耗穀　京外各處用度　皆出於此　亦難猝然變通矣　云云'

되었다. 반분하는 환곡을 옮겨오면 반분의 형식으로 운영되었고, 진분하는 환곡을 옮겨올 경우에는 진분의 형식으로 운영되었다. 이에 따라 새로운 환곡이 창설되었을 때 그 운영방식은 반분과 진분의 다양한 방식으로 운영될 수밖에 없었다.[335]

18세기 후반에 재정보충을 위한 환곡이 증가한다는 것은 조선후기의 재정운영에서 환곡이 차지하는 비율이 증가하고 있다는 것이다. 조선왕조의 재정운영이 '量入爲出'과 '經費自辦'의 원칙으로 운영되었다. 이는 중앙재정 위주로 운영되었기 때문에 지방재정에 대한 문제는 고려하지 않았던 것이 일반적이었다. 군향 비축의 경우에는 다른 환곡의 모곡을 이전하는 경우가 종종있으나, 각 지역의 군졸에 대한 급료는 대부분 환곡의 모곡에서 지출되었다. 또한 각 지역의 조세부담의 가중을 혁파하면서, 그것을 대신한 재원을 환곡에서 마련하였다. 경상도의 의승번전탕채 급대와 상정부족의 보충, 평안도의 인삼가 보충 등이 대표적인 경우였다. 이러한 폐단을 제거하기 위하여 환곡의 모곡에서 재원을 염출하는 것은 가장 손쉬운 방안이었다. 조선후기의 부세체제가 전정·군정·환곡의 삼정 체제로 운영되었는데, 田政의 경우 매해의 풍흉에 따라 수입이 일정하지 않았다. 군포의 징수 역시 풍흉에 영향을 받고 있었다. 환곡의 경우에도 풍흉에 따라 정퇴·탕감이 이루어지고 있으나, 환곡은 원곡을 보유하고 있었기 때문에 비축분이 항상 존재하였다. 즉 조선후기의 환곡제도는 비용조달이라는 기능을 수행하고 있었지만, 다른 한편으로는 예비곡의 비축이라는 기능도 수행하고 있었다. 그러므로 새로운 재원이 필요할 경우 예비재정인 환곡이 그 기능을 담당하고 있었다.

또한 흉년이 들었을 때 당연히 진휼의 재원으로 사용되었다. 조선후기의 빈번한 흉년과 과중한 조세 부담속에서도 왕조체제를 유지할 수 있었던 것은 환곡의 운영을 통하여 농민의 재생산구조를

---

335) 3장 1절. 238쪽 〈표 57〉 참조.

일정하게 보호할 수 있었기 때문이었다. 환곡의 총량이 천만석에 이르렀지만 결코 지나치게 많은 액수는 아니었다. 현물재정체제 아래서는 일정량의 비축분이 필요하였다. 그러나 환곡은 재정에도 충당되었기 때문에 재정 충당을 위하여 분급량을 증가시킨 것이 폐단을 야기한 원인이 되었다.

2. 逋欠穀 징수의 强化와 移貿作錢의 弊端

18세기 후반에 이르러 加分이 상례화하고, 盡分穀이 증가함에 따라 전체 환곡의 총량은 천만석 정도를 유지하였지만, 그 분급률은 증가하였다. 그러나 빈번한 자연재해로 인하여 분급한 환곡을 전부 징수하지 못하여 포흠곡은 증가하고 있었다. 이에따라 환곡의 모곡을 재정에 충당하던 각 기관들은 재원확보를 위하여 환곡을 이용한 각종의 牟利행위를 하여, 환곡의 폐단이 심화되었다.

환곡의 운영은 자연재해가 발생하면 큰 타격을 입게 마련이었다. 흉년이 들면 봄에 분급한 환곡의 징수를 연기하였고 각종의 세를 감축하였을 뿐만 아니라 식량이 떨어진 飢民에게는 무상으로 곡물을 지급하였다. 그러므로 다음해 봄에는 비축곡물의 부족으로 인하여, 환곡을 분급하는데 곤란함을 겪을 수밖에 없었다. 이에 대한 해결책으로는 창고에 남겨둔 환곡을 추가로 분급하는 加分을 시행하였으며, 곡물이 부족한 지역에서는 비축곡물을 모두 분급하는 盡分을 시행하여도 분급량을 채울 수 없을 경우에는 다른 지역에서 곡물을 이전해야만 하였다. 따라서 흉년이 발생하였어도 환곡은 일부를 제외하고는 징수할 수밖에 없었다.

그러나 흉년시에 다른 부세의 징수와 함께 환곡까지 징수한다는 것은 상당한 무리가 따를 수밖에 없었다. 그러므로 수령은 왕조정부의 문책을 회피하기 위하여 곡식의 정추를 가리지 않고 그 수량만을 채우고 있었다. 흉년시에 수령이 분급한 환곡의 수량을 채우기 위하여 사용한 방법은 추열한 곡식을 징수한다거나,[336] 빈껍질의 곡식을 징수하여 분급한 수량을 채우고 있었다.[337] 또한 다른 곡물을 징수하는 代捧을 실시함으로써 그 수량을 채워넣고 있었다. 본래 代捧이란 것은 곡물의 비율이 다른 곡물을 징수할 때 準折價로 징수하는 것이었으나, 흉년시에는 분급한 곡식의 숫자를 맞추기 위하여 준절가를 적용하지 않고 곡식의 비율이 다름에도 불구하고 1:1의 교환을 하는 單代捧을[338] 시행하였다.[339] 또한 흉년에 다른 부세를 징수하지 못하자 비축되어 있는 환곡에서 세를 납부하기도 하였다.[340] 이처럼 흉년으로 인해 환곡은 장부상의 액수가 비축된 것은 아니었다.

흉년 이외에도 곡물을 운영하는데 있어서는 필연적으로 곡물이 감소하기 마련이었다. 창고에 곡물을 보관하더라도 쥐나 참새에 의해 소모분이 발생하기 마련이어다. 그러므로 耗穀의 원래 의도는 이러한 소모분을 충당하기 위하여 설치한 것이었다.[341] 그러나 회록법 시행후 모곡을 재정에 보충하기 시작하면서 자연적인 감축분에 대한 보충은 이루어지지 않았다. 따라서 창고에 남아 있는 곡물은 장부에 기재된 것과는 일치하지 않았다. 즉 창고에 보관된 곡식은 각 섬에 그 액수가 정확히 채워져 있는 것이 아니라 부족하기 마련이었다. 본래는 정기적으로 곡식을 검사하여 이것을 보충해야만 하였으나 회록법 시행이후에는 이것을 하지 않았다. 그러므로 조선후기에 환곡이 지역적으로 균등하지 않아 移轉을 시행하고자

---

336) 『正祖實錄』 23, 正祖 11년 5월 4일(庚午)

337) 『備邊司謄錄』, 英祖 16년 8월 5일, 10권 952쪽.

338) 『正祖實錄』 4, 正祖 1년 6월 29일(癸亥), 44권 676쪽, '單代者 以雜穀代
正穀 不以準折也'

339) 『備邊司謄錄』 163, 正祖 5년 11월 5일, 16권 67~68쪽.

340) 『備邊司謄錄』 161, 正祖 4년 2월 6일, 15권 818~819쪽.

341) 『經世遺表』 12, 「倉廩之儲」, '志在補耗則可名曰耗米 … 御策云 露積有雀
耗 庫置有鼠耗者 執其耗縮也'

하였으나 각 지역에서 민폐를 들어 반대하는 이유 중의 하나가 바로 이 점이었다. 환곡을 옮길 때에 운반 상의 폐단도 존재하였지만, 다른 지역으로 곡식을 이전할 때는 다시 개량을 하여 정확한 수량을 운반하여야만 하였기 때문에 곡물이 축날 수밖에 없었다.342) 여기서 부족한 곡물은 다시 해당 지역민에게서 징수하여야만 하였기 때문에 어려움이 발생하였다.

왕조정부에서도 이런 상황을 파악하고 있었으나, 이 점을 개선하려는 노력은 보이고 있지 않고 오히려 용인하는 듯한 태도를 취하고 있었다. 진휼을 시행할 때 환곡에서의 缺縮분을 인정하는 것이 대표적인 사례였다.343) 따라서 환곡의 경우 흉년과 현물 보관상의 문제로 정확한 액수의 환곡이 보관된 것은 아니었다. 결국 환곡 운

---

342) 환곡의 운영에서 장부에 기재된 정확한 액수가 존재하는 것은 아니었다. 회록법 시행 이후 1석에는 15두가 충실히 채워져 있지 않는 경우가 빈번하였다. 그러나 왕조정부에서는 이런 것을 용인하고 있었다. 환곡의 가격이 미 1석당 3냥으로, 전세미 1석 5냥과는 차이가 있다. 물론 곡품의 차이도 있지만 회록법 시행 이후 환곡이 충실히 채워져 있지 않은 점을 용인하고 있다는 반증인 것이다. 민의 입장에서는 1석을 온전히 받지 못한다는 불만이 있을 수 있지만, 환곡 모곡의 이자률로 이를 보충하였다. 당시의 민간 이자율을 長利 혹은 甲利가 일반적이었다. 환곡을 고리대로 보는 경향이 있는데 고리대의 정의를 어떻게 할 것인가를 먼저 살펴보아야 한다. 서길수는 고리대를 사회의 평균이자율보다 높은 것을 고리대라고 하였다.(徐吉洙, 1982, 「朝鮮前期의 貸借關係 및 利子에 관한 研究」, 『國際大學論文集』 10, 3~7쪽) 조선시대의 평균이자율은 50%인 長利였다. 환곡의 모곡 수취율이 10%로 고정되었으므로 규정상으로는 고리대가 아니다. 또한 환곡에서의 각종 부가 징수를 이유로 환곡의 모곡 수취률이 50% 이상으로 보는 견해가 있다. 이는 환곡의 이자률이 사회적 평균이자율보다 낮은 상태였기 때문에 각종의 추가 부담을 감수할 수 있는 여건이었다고 볼수 있다. 결국 조선왕조정부는 환곡의 모곡 수취률을 10%로 고정시켜 놓고 환곡의 운영에서, 일부 부실함을 용인하고 있는 상황이었다고 파악된다.

343) 18세기 후반 경상도에서 진휼을 시행할 때 飢民에게 분급한 곡물중 1석당 1斗의 곡물을 補縮으로 인정하여 賑資에서 감하고 있었다.(『日省錄』 正祖 19년 5월 8일 ; 正祖 22년 5월 7일, 26권 469쪽 ; 正祖 23년 5월, 27권 915쪽)

영의 문제점은 기근이 들었을 때 오히려 환곡을 분급받는 還民이
무상으로 분급받는 飢民보다 불리한 상황에 처하기도 하였다. 환곡
은 매 석이 충실하지 않았고, 흉년이 들면 징수한 곡식이 부실하여
1석을 받으면 절반의 곡식이 나오는 형편이었지만,344) 무상분급되
는 곡물은 정확한 액수를 가지고 지급하기 때문에 還民이 원망하
는 경우도 발생하였다.345)

보관 중인 곡물은 창고 바닥에 떨어져 있는 곡물이 있게 마련인
데 이를 掃穀,346) 혹은 掃庫穀이라347) 하였다. 곡물을 창고에 보관
중에서 이렇게 축나게 마련이었고, 이를 보충하지 않았기 때문에
각 지역에서는 환곡을 징수할 때 소모분을 염려하여 더 징수하는
경우도 있었다. 수령은 환곡의 손실을 염려하려 직접 징수를 담당
하는 監色에게서 징수하였지만, 결국 이는 민간에서 징수할 수밖에
없었다. 이러한 곡식을 剩穀이라 하였다.348)

이처럼 곡식을 취급하면 남거나 모자라는 곡식이 있게 마련인데,
이를 이용하여 지방재정에 충당하기도 하였다. 官餘穀이란 환곡을
징수할 때 斗量하고 남은 것을 官에서 가져다 쓰는 것이며,349) 창
고 조사 후에 남은 곡식, 혹은 창고 곡식이 축날 것을 염려하여 창
고 곡식 중에서 두세말을 덜어 새로운 섬을 만들어 두었다가 창고

---

344) 『正祖實錄』 23, 正祖 11년 4월 29일(丙寅)
345) 『承政院日記』 1446, 正祖 8년 4월 2일, 84권 3쪽, '校理朴濟遠疏曰 … 昨
    年之歉 振古所罕 …還民之饑 殆甚賑民'
346) 『備邊司謄錄』 156, 英祖 50년 8월 4일, 15권 224쪽, '春散之時 謂以掃穀
    庫中遺落者 不爲充補於結民之之物 而盡歸私用'
347) 『正祖實錄』 29, 正祖 14년 3월 14일(甲午), 46권 105쪽, '咸陽郡查正御史
    崔顯重狀啓言 … 庫底漏落腐濕成土者 掃出作石 謂之掃庫'
348) 『備邊司謄錄』 156, 英祖 50년 8월 4일, 15권 224쪽, '秋捧之時 謂以剩穀
    勒捧於監色輩 則所謂監色 亦無出處 徵斂於民間 而應之其數夥然'
349) 『正祖實錄』 4, 正祖 1년 10월 4일(丙申), 44권 697쪽, '昌城府官餘穀名色
    自是謬例 捧糴之後 隨其所捧多少斗量 所餘自官取用 故監色濫捧之弊 自
    不能禁斷 而科外名色之朝家申飭 不啻嚴明 而看作常事 所捧多至百餘石
    極爲可駭 故嚴關永罷'

조사할 경우를 대비하는 것을 反餘穀이라 하였다.[350]

전세와 대동 등도 현물로 운영되었지만 봄·가을에 중앙에 상납하고 있었기 때문에 각지역에 비축해 두는 환곡과는 경우가 달랐다. 각 군현에서 장기간 비축하고 있는 곡물의 운영에서는 필연적으로 농간이 발생할 수밖에 없었다. 더욱이 환곡의 모곡을 재정에 보충한 회록법 시행 이후에는 필연적이었다. 이러한 잉여곡은 적으면 수백석에서 많으면 천여석에 달하였다. 창고 보관 중에 남는 부분은 포흠을 충당하는데 사용되기도 하였지만,[351] 대부분은 수령과 감색의 수입으로 되었다.[352]

이처럼 환곡이 장부상의 기재 액수가 정확히 보관되어 있는 것은 아니었지만, 18세기 후반까지는 어느 정도 비축분의 여유가 있었다. 또한 환곡의 기능상 항상 징수하지 못한 환곡이 있게 마련이었다. 징수하지 못한 환곡은 未捧으로 기록되었다. 18세기 중엽까지 징수하지 못한 미봉곡은 아직 고질적인 폐단으로 등장하고 있는 것은 아니다. 1759년 帳籍을 기준으로 편찬된 『輿地圖書』糶糴條에는 경기도 일부 지역의 未捧 액수가 기재되어 있으며. 환곡을 징수하지 못한 시점이 4년 이내로 나타나 있다.[353] 이는 이시기까지는 아직 고질적인 미봉의 폐단이 등장하지 않았다는 것을 의미한다.

18세기 후반에 전국적인 未捧 상황을 알려주는 자료가 『穀簿合錄』이다. 다음의 〈표 45〉는 1776년의 전국 미봉액과 미봉비율이다.

---

350) 『正祖實錄』 29. 正祖 14년 3월 14일(甲午). 46권 105쪽.
351) 『備邊司謄錄』 20. 顯宗 1년 7월 27일. 2권 622쪽. '上曰 然則欠縮之數幾何 對曰 米太幷各倉所欠 多至三千餘石 而以庫中落板米 聚合作石一千餘石充上'
352) 趙泰億. 『謙齋集』 34. 「請左承旨金德基前持平韓永徽削去仕版啓」. 叢刊 190권 56~57쪽. '親立庫門之前 監掃鼠耗之穀 簸而揚之 作石別置 竟歸私囊' ; 『肅宗實錄』 39. 肅宗 30년 6월 17일(乙酉). 40권 90쪽.
353) 『輿地圖書』에는 경기도 永平·加平·振威·龍仁·衿川의 진휼청곡이 未捧으로 나타나고 있다.

〈표 45〉1776년 전국 未捧 비율

지역	환곡액수	未捧액수	未捧비율
京畿道	517,716	84,344	16%
江華府	47,991		0%
南漢山城	88,311	1,308	1%
開城府	30,717		0%
忠淸道	874,192	159,325	18%
全羅道	1,361,935	272,555	20%
慶尙道	2,740,277	209,813	8%
黃海道	473,015	9,098	2%
江原道	431,847	40,784	9%
平安道	1,402,898	227,763	16%
咸鏡道	797,101	289,962	36%
합계	8,766,012	1,294,968	15%

出典 : 『穀簿合錄』. 石 이하는 버리고 계산하였으므로 각 지역의 총합과 합계가
일치하지는 않는다.

1776년 현재 전국의 미봉액은 129만여 석으로 약 15%의 미봉률
을 기록하고 있다. 지역에 따라 미봉률이 차이를 보이고 있지만 전
라도와 함경도가 높은 비율을 보이고 있다. 전라도의 경우 빈번한
흉년으로 미봉률이 높은 수치를 기록하고 있으며, 함경도의 경우도
民少穀多의 상황속에서 분급한 환곡을 충실히 징수하지 못하여 미
봉률이 높은 수치를 기록하고 있는 것이었다.

18세기 말에 이르러 실질적인 환총이 감소하는데 따른 위기의식
으로 인하여 징수하지 못한 未捧을 停退·仍停·舊還·邑未捧 등
으로 세분하였다. 이전시기까지는 2년간 징수하지 못한 환곡을 舊
還이라고 하였는데,[354] 당해연도에 징수하지 못한 停退와[355] 舊還
이 혼동되었다. 그러므로 별도의 규정을 만들어 1년간 징수를 연기

---

354) 『正祖實錄』 45. 正祖 20년 9월 29일(辛未), 46권 672쪽, '當年之停捧 又
　　間一年未捧 然後始稱舊糴矣'
355) 『萬機要覽』 '歉歲難捧者 許令待明秋納糴 謂之停退 停捧·退限之謂也'

한 停退穀은 당년도에 분급한 新還과 마찬가지로 똑같이 징수하도록하고, 2년간 징수하지 못한 환곡을 舊還으로 정의하였다.356) 이처럼 구환 징수를 위해 정퇴곡을 신환과 마찬가지로 징수하고 구환곡과의 구별을 분명히 하였다. 이 규정은 보다 강화되어 1년 미봉곡은 停退로, 2년 미봉곡은 仍停으로 세분하고, 3년 未捧穀을 舊還으로 정하여 구환의 범위를 축소하였다.357) 停退·仍停·舊還은 왕조정부에서 징수의 연기를 허가한 것이었으나, 마땅히 징수해야할 곡식을 징수하지 못한 것은 邑未捧이라 하였으며, 이는 舊還에 포함되지 않았다.358)

18세기 후반에는 징수하지 못한 환곡이 100만석 이상이 항상 존재하였으며, 많으면 200여만 석까지 이르렀다. 다음의 〈표 46〉은 18세기 후반의 未捧額을 정리한 것이다.

표에 의하면 18세기 후반에 징수하지 못한 환곡은 1백만석 이상으로 나타나고 있다. 또한 변동의 폭이 심하게 나타나고 있다. 1779년 1백만석의 미봉곡이 1780년에는 2백만석으로 증가하였다. 이는 1779년의 흉년으로 징수하지 못한 환곡이 급증하였기 때문이다. 18세기 후반의 미봉곡의 액수는 당시의 농작상황과 밀접한 관련을 맺고 있다. 1백만 석 이상의 未捧곡물이 항상적으로 존재하고 있는 점으로 미루어 보면, 이 액수는 거의 징수할 가능성이 없는 고질적인 포흠곡으로 파악해야 할 것이다.359)

---

356) 『正祖實錄』 47, 正祖 21년 10월 1일(丙申), 47권 46쪽, '備邊司啓言 諸道穀簿中 停退條·舊還條 多不區別 久益紊亂 仍而置之 則不但諸道之眩於擧行 本司亦無以按簿瞭然 請自丙辰(1796:정조 20)以上 無論停退條·未捧條 一並屬之舊還 必待本司稟定行會而收捧 自今年爲始 別爲定式 某年停退者 翌年不待廟堂知委 與新還 一體準捧 如或翌年 仍爲停退 則自明年始屬舊還 而諸道還穀畢捧狀啓 以依定式屬之舊還之意 措辭登聞 允之'

357) 『萬機要覽』 '歉歲難捧者 許令待明秋納糴 謂之停退 停捧·退限之謂也 至明年而又不可捧者 又許停捧謂之仍停 又明年難捧 又停者 謂之舊還'

358) 『四政考』 「還政考」 舊還, '因朝令停退 而過限未捧者爲舊還 停退之外 當捧條未捧者 謂之邑未捧 此則不得入於舊還'

359) 미봉곡의 징수와 새로운 미봉곡의 발생은 계속되었다. 이러한 미봉곡이

〈표 46〉 18세기 후반의 舊還未捧額

연 도	액 수	출　　　전
1770	1,100,000	『비』 154, 英祖 46년 8월 28일, 14권 992쪽
1776	1,294,968	『穀簿合錄』
1779	1,000,000	『비』 160, 正祖 3년 11월 4일, 15권 788쪽
1780	2,000,000	『비』 161, 正祖 4년 9월 10일, 15권 889쪽
1781	1,700,080	『실』 正祖 5년 8월 20일(庚寅),
1784	2,000,000	『승』 1563, 正祖 8년 7월 16일, 84권 257쪽
1785	1,500,000	『승』 1589, 正祖 9년 9월 20일, 85권 313쪽
1787	2,080,000	『비』 171, 正祖 11년 9월 20일, 16권 951쪽
1788	1,550,800	『비』 173, 正祖 12년 10월 7일, 17권 195쪽
1789	1,837,200	『비』 175, 正祖 13년 10월 29일, 17권 428쪽
1790	1,512,980	『비』 177, 正祖 14년 10월 5일, 17권 663쪽
1796	1,188,300	『비』 184, 正祖 20년 9월 27일, 18권 509쪽

* 『비』는 『備邊司謄錄』, 『승』은 『承政院日記』를 나타냄.
　오일주, 앞의 논문, 107쪽을 보충한 것임

　큰 흉년 이후에는 징수하지 못한 환곡을 탕감할 수밖에 없었다.
다음의 〈표 47〉는 18세기 후반의 탕감한 환곡 액수를 정리한 것이다.

〈표 47〉 18세기 후반의 전국적 구환탕감 액수　　　　　(단위: 石)

연 도	액 수	출　　　전
1775	45,000	『비』 157, 英祖 51년 5월 1일, 15권 338쪽
1778	100,000	『비』 正祖 2년 5월 4일.
1782	500,000	『일』 正祖 6년 12월 3일
1783	86,000	『정』 正祖 7년 4월 1일(신유)
1786	200,000	『비』 正祖 10년 7월 4일.
1795	496,422	『일』 正祖 19년 6월 11일.

* 『비』는 『備邊司謄錄』, 『일』은 『日省錄』을 나타냄

　위 표에서 탕감으로 나타난 액수는 전국적인 탕감 액수만을 나
타낸 것으로 지역적으로 탕감한 액수는 표시하지 않았다.[360]

　　항상적으로 1백만석 이상 존재하고 있었다는 것은 당시 환곡의 10% 이
　　상의 환곡이 항상적으로 징수할 수 없는 상태에 있다는 것을 의미한다.
360) 1767년에는 전라도의 舊還 1만 6천석과 제주도의 舊還 2,560석을 탕감
　　하고 있었다.(『備邊司謄錄』, 英祖 41년 閏7월 6일, 14권 400~401쪽)

환곡을 정퇴한 후 수년내에 징수하지 못한 환곡은 환곡을 받은 민인이 유망하거나 사망하여 징수할 곳이 없는 '指徵無處'와 비록 本官에 남아있지만 구걸로 연명하는 존재로서 유망한 것과 다름없는 존재였다. 이러한 환곡을 징수하려 하면 결국은 隣徵·族徵 등의 폐단이 발생하여, 이들마저 유망하게 마련이었다. 그러므로 큰 기근 후에는 환곡 탕감을 할 수밖에 없는 상황이었다. 이는 환곡이 농민재생산보호라는 기능을 수행하기 위하여서는 필수적인 일이었다.

〈표 46〉에 의하면 18세기 후반의 기근과 진휼정책으로 인하여 징수하지 못한 환곡의 총량은 100~200만석에 이르렀으며, 당시의 환총을 1천만 석으로 추정할 때 10~20%에 해당하는 환곡이 장부상에만 존재하는 虛留穀으로 존재하였다. 이 수치는 비록 흉년 후에 대대적인 舊還을 탕감하였지만 여전히 징수하지 못한 환곡이었다. 이처럼 흉년이 들면 당연히 징수해야할 환곡을 징수하지 못하고, 또한 비축곡의 일부를 賑資로 활용해야 했기 때문에 각 지역의 창고에 남아 있는 수량은 많지 않았다. 그러므로 봄에 농량과 종곡을 위하여 환곡을 분급할 때 半分의 규정대로 분급하면 분급량이 턱없이 적어 加分을 요청할 수밖에 없었다. 결국 흉년의 여파는 停退·蕩減으로 이어지고, 加分의 증가라는 구조를 형성하였다.

탕감의 경우 회계장부에서 삭감되지만, 停退는 장부상에 남아 있었다. 결국 이러한 미징수곡의 존재는 문서상의 환곡 분급량을 증가시키고, 창고 유치곡이 감소하는 결과를 초래하여 분급률이 증대하였다.361) 따라서 징수하지 못한 환곡을 탕감하지 않으면 장부상

___

361) 그러나 還摠文書의 분급률이 높다고 해서 모두 일시에 분급된 것은 아니었다. 정퇴곡의 경우 이미 분급되어 징수하지 못한 상황이므로 留庫에 포함되지 않았다. 留庫는 당시 창고에 남아 있는 곡물이며, 분급액에는 未捧穀과 당년 분급곡이 포함되어 있는 것이었다. 이와 같은 입장에서 보면 1797년의 실제 분급률은 71%(2장 1절 註 329)보다 10% 이상 감하여 파악해야 한다. 그러나 민인들은 당년에 받은 환곡과 모곡을 납부하고, 일부 구환을 납부하여야만 하였다.

에서 '耗上加耗'하여 장부상의 환곡 총액이 증가할 수밖에 없었다.

18세기 후반 장부상으로 1천만 석 정도를 유지하고 있던 환곡 총량은 실제로는 停退·구환으로 인하여 감축하고 있었다. 그러므로 조선왕조정부에서는 환곡의 감축을 방지하기 위하여 구환의 징수를 위하여 노력하였다. 그러나 미봉곡의 징수를 위하여 노력하였지만, 많은 양을 일시에 징수할 수는 없었다. 그리고 징수하지 못한 기간이 오래되면 결국 탕감을 할 수밖에 없었다.362) 위의 표에 보이는 대규모의 탕감도 역시 큰 흉년 이후에 나타나고 있다.

이처럼 18세기 후반에 항상적으로 1백만 석 이상의 징수하지 못한 환곡이 존재하였으므로 조선왕조정부는 구환 징수에 상당한 노력을 기울였다.

조선왕조정부에서 구환을 징수하는 원칙적인 방법은 가장 오래된 年條의 舊還을 먼저 징수하는 것이었다.363) 구환을 먼저 징수하는 이유는 탕감을 할 경우 년조가 가장 오래된 것부터 시행하므로 가능하면 환곡의 감축을 방지하고 한 것이었다. 그러나 년조가 오래된 것은 사실상 징수가 불가능 한 것이었으므로 이미 18세기 초반부터 구환의 징수를 가까운 것부터 시행하려고 노력하였다.364)

---

362) 18세기와 19세기 환곡 운영의 차이점은 舊還의 탕감 문제이다. 18세기에는 당시의 현실을 반영하여 대대적인 舊還 탕감이 이루어지고 있었으나, 19세기에는 舊還 탕감이 제대로 이루어지지 않았다. 구환 탕감이 활발히 이루어지지 않는다는 것은 징수할 수 없는 허류곡이 증가하고 있다는 것을 의미한다. 또한 이러한 舊還을 일시에 무리하게 징수하려고 하였기 때문에 19세기 후반의 민의 저항이 빈번하게 일어날 수밖에 없는 상황을 조성한 것이었다.

363) 『正祖實錄』 45, 正祖 20년 9월 27일(己巳), 46권 672쪽, '命諸道舊糶 以四分一爲準 從最久條收捧'

364) 趙泰億, 『謙齋集』 25, 「在鐵原陳民瘼疏」, 叢刊 189권 440~441쪽, '臣旣 准捧新糶之後 卽取最久癸未(1703;숙종 29)條文書 抄出舊糶布未收 則穀物不過爲一百五十石零 … 當初未收者 率是東西漂轉 不尊厥居之類 而到今六七年之間 逃散死亡 居十之七八 虛簿徒存 指徵無處 其中若干生存 亦皆無依丐乞之人 新糶新布 猶未能自辦 必至於侵其隣族 況可以追捧其積逋乎 … 癸未條後 又有丁亥(1707;숙종 33)未收之糶 戊子(1708;숙종

즉 가장 오래된 년조의 환곡이나 군포는 사실상 징수할 수 없는 것
이므로, 징수할 가능성이 높은 가장 최근 년조의 것을 징수하는 것
이 현실적이라는 주장이었다.365) 이는 환곡이나 군포의 포흠이 장
기화하면 결국 징수하지 못하고 탕감으로 귀결되는 현실 속에서
현실적인 방법을 주장한 것이었다. 그러나 조선왕조의 근본적인 입
장은 가장 오래된 舊還부터 징수하는 원칙을 고수하였다.

연조가 오래된 환곡이나 환곡을 분급받은 사람이 유망하거나 사
망하여 징수할 수 없는 '指徵無處'의 舊還의 징수를 강요할 때 수
령이 흔히 사용하는 방법이 남아 있는 사람들에게 징수하는 것이
었다. 우선은 환곡 받은 사람들의 친척이나 이웃에게 징수하는 族
徵·隣徵이 시행되었다.366) 족징의 경우 친족의 범위를 어느 정도
로 설정할 것인가에 대한 논란이 있을 정도로 일반적으로 시행되
었다. 인징·족징으로도 구환을 징수할 수 없을 경우에는 戶數를
따져 포흠곡을 징수하면서 義穀이라 하였다.367) 왕조정부의 입장
에서 포흠과는 상관없는 민인에게서 포흠곡을 징수하는 것은 금지
하고 있었다. 그러나 18세기 들어서도 이러한 경향은 계속되고 있
었으며, 19세기 들어서는 당연한 것으로 인식되었다. 이는 조선왕
조정부가 구환곡을 탕감하는 노력을 하지 않고 구환의 징수를 강
화하고 있었기 때문에 일어난 현상이었다.

18세기 후반에 전체 환총의 10% 이상인 1백만석 이상의 환곡이

---

34)條未收之布 此則年條差近 在簿之類 未至散亡 今若勿拘最久與否 移
捧此年條 則庶有徵捧之望'
365)『備邊司謄錄』148, 英祖 41년 9월 24일, 14권 391쪽, '京畿監司李景祐狀
啓也 以爲本道各邑毋論山野 擧皆稍登 … 本道有乙亥(1755:영조 31)·丙
子(1756:영조 32)·壬午(1762:영조 38)·甲申(1764:영조 40) 四年條舊
逋 … 壬午·甲申條于先徵收 乙亥·丙子條 姑爲停退'
366)『備邊司謄錄』155, 英祖 47년 4월 11일, 15권 61쪽.
367)『孝宗實錄』18, 孝宗 8년 1월 17일(庚申), 36권 75쪽, '憲府啓曰 近以海
西收糴官吏 相繼杖配 而空簿尙多 逋貫日積 海西之民 以此流移 至如絶
戶流亡 無處可徵 而橫及良民 以奪其財 計戶均斂 稱以義穀'

항상적으로 징수하지 못하여 포흠곡으로 남아 있는 현실 속에서 舊還의 징수는 중요한 문제였다. 주기적으로 탕감하여 주기도 하였지만 구환 징수에 보다 많은 노력을 기울이고 있었다. 가분과 정퇴의 경우에도 막연히 가장 오래된 것, 혹은 몇 년조 등으로 탕감을 지시하다가, 구체적인 액수를 지정하여 가분하거나 탕감하도록 하였다.368) 이와 함께 구환의 징수에 있어서도 전체 구환이 얼마인데 그중에서 얼마를 징수하도록 규정하였다.369)

이처럼 18세기 후반에 加分·정퇴·탕감액과 함께 舊還의 징수 액수를 명시하여 시행하도록 한 것은 조선왕조정부가 환곡 운영에서 중앙정부의 통제력을 강화한 것이다. 대체로 구환의 징수는 1/10 정도를 징수하려 하였고, 그 액수를 각 도별로 구분하여 징수하려 하였다. 18세기 후반의 정조 초년에는 매년 11~16만석의 구환을 징수하려고 하였다.

또한 당시 구환 징수를 위해 각 도의 災實分等狀에 구환 징수액수를 명시하였다. 이로서 각 지역에서 구환 징수는 의무가 되었다.370)

그러나 당년에 분급한 新還도 제대로 징수하기 어려운 형편에 구환의 징수가 계획대로 이루어지기는 어려웠다. 따라서 18세기 후반에 이르러서는 다시 구환의 징수 방법을 최근조를 우선적으로 징수하려고 하였다.371) 수령이나 민인의 입장에서는 이 방법이 현실적이고 무리가 없는 방법이었으나, 왕조정부의 입장에서는 환곡의 감축되는 상황 속에서 舊還징수를 최근조부터 하는 것은 년조가 오래된 환곡은 징수할 가능성이 전혀 없어지는 것이므로, 이에 대한 비판이 대두되었다.372) 즉 구환을 최근조부터 징수함에 따라

---

368)『備邊司謄錄』148, 英祖 41년 10월 14일, 14권 400쪽.
369)『備邊司謄錄』154, 英祖 46년 8월 28일, 14권 992~993쪽에서는 각도 舊還 110만석 중에서 금년에 11만석을 징수하도록 지시하고 있다.
370)『備邊司謄錄』157, 英祖 51년 10월 15일, 15권 381쪽.
371)『正祖實錄』29, 正祖 14년 2월 13일(甲子), 46권 90쪽.

민인들이 최구조는 탕감될 것으로 예상하고 납부하지 않는 다는 것이며, 이로 인해 최근에 환총이 크게 감축되었다는 것이다.

이처럼 18세기 말에 이르러 구환의 징수를 강화하고 있었으며, 19세기 들어서는 구환의 범위를 축소하였으며, 각 지역에서 징수해야할 구환을 징수하지 못하였을 경우에는 邑未捧으로 칭하고 구환에 포함시키지 않았다. 이는 구환의 징수를 강화하여, 구환의 범위를 축소시켰을 뿐만 아니라, 실제 징수하지 못한 구환을 왕조정부에서 인정하지 않으려는 태도였다. 이에따라 19세기 들어 장부상의 舊還 액수는 크게 감축되어 나타난다.[373] 그러나 이는 장부상의 액수였고, 실제의 징수하지 못한 구환은 18세기 후반과 큰 차이가 없었을 것으로 추정된다. 결국 조선왕조의 구환 징수 강화의 노력은 19세기 들어 강화되었으며, 이에 짝하여 구환의 탕감도 18세기에 비하여 감축되었다. 이러한 노력은 재정에 충당되고 있던 환곡 총액을 유지하려는 노력이었지만, 실제의 환곡 운영에 있어서는 장부상에만 존재하는 虛留穀의 증가를 가져올 뿐이었다. 18세기에는 폭넓게 구환을 인정하고, 이를 대대적으로 탕감하는 조치를 취하여 환총 감소하더라도, 현실적인 환곡 운영을 하려고 하였지만, 19세기에 들어서는 구환의 범위를 제한하고 탕감을 적게 함으로써 환총을 유지하려 하였으나, 결국 이는 고스란히 민의 부담으로 귀결되어 환곡의 허류화 현상을 가속시켰으며, 폐단을 심화시키는 계기가 되었다.

환곡의 모곡을 재정에 사용하고 있는 한 흉년으로 인하여 징수하지 못한 환곡이 증가할 경우 당장의 재정 문제를 해결하기 위하여서는 변통을 해야만 하였다. 이러한 과정에서 나타난 것이 立本·移貿 등이었다.

---

372) 『正祖實錄』 45, 正祖 20년 9월 27일(己巳), 46권 672쪽.

373) 오일주, 앞의 논문, 107쪽에 의하면 19세기의 舊還未捧額은 1801년 49만여 석, 1802년 315,000석, 1803년 268,000석, 1804년 172,400석, 1805년 128,000석으로 나타나고 있다.

　본래 移貿란 山郡과 沿邑의 곡물이 고르지 않은 폐단을 제거하기 위하여 곡물이 많이 비축된 山郡의 곡물을 沿海邑으로 옮기기 위하여 시행하였는데, 곡물로 옮길 경우 운반 상의 각종 폐단이 발생하였기 때문에 詳定價로 징수하여 옮기는 것이었다.[374] 또한 立本이란 것은 本穀(本錢)을 갖추어 놓는다는 의미로서, 이자와 함께 대여곡을 상환하여 다시 본래의 숫자대로 채워넣는 것을 가리켰다.[375] 이처럼 移貿·立本은 환곡 운영상의 문제점을 해결하기 위하여 시행한 제도였다. 이무·입본은 일종의 料理로서[376] 환곡 분급을 확대하거나, 혹은 흉년시에 賑資를 확보하기 위한 방법으로 사용되었다.[377] 이러한 이무·입본을 그 본래의 목적이 아니라 환곡 운영 담당자들의 이익 확보를 위하여 시행되어 폐단이 증가하기 시작한 것은 18세기 후반의 일이었다. 또한 이무·입본이 대민수탈의 도구로 이용된 원인의 하나는 조선왕조정부에서 이러한 이무·입본을 조장하고 있었다는 점이었다.

　統營穀의 운영에서 이러한 이무·입본이 대민수탈의 도구로 변화하는 과정을 살필 수 있다.[378] 통영곡은 임진왜란 이후에 삼남지역에 설치되어[379] 會付·會外穀으로[380] 운영되었다. 통영곡의 마

---

374) 『日省錄』 純祖 16년 6월 12일, 嶺南暗行御史 李墇 別單 : 장명희, 1997, 「18세기 후반~19세기 중반 還穀 운영의 변화－移貿立本과 耗條 金納化의 성립 배경을 중심으로－」, 부산대학교 석사학위논문, 36쪽.
375) 『肅宗實錄』 60, 肅宗 43년 12월 25일(乙巳) ; 장명희, 앞의 논문, 33쪽.
376) 『正祖實錄』 37, 正祖 17년 6월 14일(乙亥), 46권 393쪽, ‘所謂料理者 不過曰預貿 曰立本’
377) 『松都設賑啓錄』, 鄭亨芝 앞의 논문
378) 移貿立本의 본격적으로 시행되어 폐단이 증가하는 상황을 고찰한 것으로는 장명희(앞의 논문)와 金鉉丘(1989, 「조선후기 統營穀의 운영실태」, 『歷史學報』 124)의 연구가 있다.
379) 『穀總編攷』 3, 「忠淸道內各樣還穀摠數」, 半分秩 統營會付穀, ‘萬曆壬辰 (1592:宣祖 25)以後 以軍粮餘穀劃付元會案 而來歷事實本道無可攷文蹟 自該營全耗取用 每年磨勘於戶曹·統營’
380) 『穀總編攷』 3, 「慶尙道內各樣還穀摠數」, 盡分秩 統營會外穀, ‘崇德癸未 (1643:인조 21) 統制使李顯達啓錄中 兩南所在軍餉米租爲十六萬石 其中

련 방법을 살펴보면 충청도와 전라도의 통영 회부곡은 호조곡(元會案·會付穀)을 이전하여 마련하였으며,[381] 경상도의 경우 屯田의 설치와 貿販, 그리고 鹽場·魚箭을 설치하여 마련하기도 하였다.[382] 會外穀은 충청도의 경우 漁鹽收稅條를 곡물로 바꾸어 마련하였으며,[383] 전라도의 경우 會內穀의 모곡을 옮겨 만들었다.[384]

통영곡의 원곡을 확보하는 과정에서 어염수세조를 곡물로 바꾸는 과정에서 이미 貿販의 폐단이 발생하고 있었다.[385] 임진왜란 이후 설치된 삼남의 통영곡은 17세기에 들어서 꾸준히 증가하여 30만석에 이르렀으며, 18세기 후반에는 한때 40만석에 육박하기도 하였다. 다음의 〈표 48〉은 조선후기의 통영곡의 변화를 정리한 것이다.[386]

아래 표에 나타난 총액은 장부상의 총액으로 실재로 당시에 운영된 환곡의 총량을 나타내는 것은 아니다. 그러나 조선후기의 환곡운영이 그러하였던 것처럼 통영곡 역시 당시 왕조정부에서 파악하고 있었던 총량을 파악하는 것이 중요하다. 당시의 환곡 운영은 총액을 기준으로 그 모곡의 용도를 사용하고 있었기 때문이었다.

   會付者 不可擅用云云 以此推之 三南餉穀中 會付·會外名目 創在於萬曆年間 會錄各邑之時 而此無異於監營之別會 每年盡分取耗 磨勘於本司'

381) 『穀總編攷』 3, 「全羅道內各樣還穀摠數」, 半分秩 統營會內穀, '初以會付穀 移劃 半分 取全耗 耗條會錄於會外 需用於該營將士支放'

382) 『穀總編攷』 3, 「慶尙道內各樣還穀摠數」, 半分秩 統營會付穀, '萬曆庚申(1620;光海君 12) 統制使金禮直啓錄中有曰 當初忠武公李舜臣 就三道沿海 或設屯田 或設貿販 又於空閑浦地 排置鹽場·魚箭 啓聞折受 逐年取利 數萬石穀物 分峙三南 統制使李箕賓與 道臣講究 亂後抛荒之地 募民勸耕 免稅復戶 秋收一半 賴以繼餉'

383) 『穀總編攷』 3, 「忠淸道內各樣還穀摠數」, 盡分秩 統營會外租, '曾以漁鹽收稅條 作穀'

384) 『穀總編攷』 3, 「全羅道內各樣還穀摠數」, 盡分秩 統營會外穀, '以會付穀 耗條 次次會錄'

385) 『備邊司謄錄』 13, 仁祖 27년 2월 8일, 2권 9쪽 ; 『備邊司謄錄』 14, 孝宗 1년 1월 23일, 2권 100쪽.

386) 金鉉丘는 통영곡이 18세기 중반의 30여만석에 달한 것을 신빙하고 있지 않지만,(앞의 논문, 167쪽) 이는 17세기 후반과 18세기 전반의 통영곡의 환총을 확인하지 못하였기 때문이다.

아래 표에 의하면 17세기 전반에 16만석에서 17세기 후반에 이르면 30만석에 이르게 된다. 그러나 실재 운영하는 통영곡은 그 절반 정도에 불과한 것으로 파악된다. 18세기 전반의 경우 총액이 33만석인데 현재 남아있는 곡물은 8만석에 불과한 경우도 있었다. 이는 당시의 전국적인 기근으로 말미암아 징수하지 못한 未捧穀의 다수 존재하였기 때문이었다. 1759년에는 최고치인 49만여 석에 달하였고,[387] 18세기 후반에는 장부상의 액수가 30~40만석에 이르고, 실제 통영곡은 20~30만석 정도가 운영되었다.

〈표 48〉 통영곡 환총의 변화 (단위: 石)

연대	액 수	비 고	출 전
1647	160,000		『비』仁祖 25년 6월 20일
1650	200,000	경상도 20만석, 淸洪道 還米 수만석	『비』孝宗 1년 1월 23일
1653	200,000	元數 20만, 實數 不下 10만석	『비』孝宗 4년 1월 27일
1654	200,000	統營 저장 皮穀	『비』孝宗 5년 8월 4일
1697	300,000		『비』肅宗 5년 9월 2일
1715	300,000	統營 會付穀	『비』肅宗 41년 11월 2일
1733	330,000	本營所管 三道軍餉 本數 33만석, 지금 8만석	『비』英祖 9년 6월 1일
1759	490,590	三南 會付·會外穀 406,718석, 경상도 船·帖價米 등 각곡 83,872석	『興地圖書』
1765	400,000	40만석에서 17만석으로 감축	『비』英祖 41년 6월 21일
1769	306,368	삼남 會內·外穀 242,759석, 경상도 船·帖價米등 각곡 63,609석	『增補文獻備考』 市糴考
1775	400,000	邊備軍餉 40만석, 지금 20만석	『비』英祖 51년 3월 30일
1776	409,826	留庫 317,574석, 未捧 92,252석	『穀簿合錄』

* 『비』는 『備邊司謄錄』. 石이하는 버림

이처럼 통영곡은 그 운영에 있어서 부실하였다. 장부상에 기록된 액수와 실제 운영되는 환곡 사이에는 큰 차이가 존재하고 있었다. 이는 통영곡의 운영에 있어서, 흉년 등으로 인하여 징수하지 못한 舊還을 탕감하지 않은 것에 원인이었다. 또한 환곡 운영에 있어서

---

387) 『興地圖書』慶尙道 統營. 여지도서에는 未捧穀이 나타나 있지 않다.

징수할 가능성이 전혀 없는 환곡이라 할 지라도 통영의 재정과 관
련되었기 때문에 전액의 탕감은 이루어질 수 없었다. 18세기에 들
어서 전국의 환총이 급격히 증가하는 상황 속에서 통영곡도 급격
히 증가하였다. 통영곡이 증가할 수밖에 없는 이유는 통영의 재원
을 환곡 운영에 절대적으로 의존하고 있었기 때문이었다.[388] 17세
기 후반에 통영의 운영 비용이 1만여 석에서,[389] 18세기 후반에는
2만여 석으로[390] 증가하였다. 통영곡의 증가와 함께 통영의 운영비
용은 증가하는데 실제 운영되는 통영곡이 감소하는 것은 통영 재
정의 큰 어려움을 초래하였다.

  18세기 후반의 환총 기록을 이용하여 전국적인 미봉곡의 비율과
통영곡의 미봉 비율을 비교해 통영곡의 운영실태를 파악해 본 것
이 다음의 〈표 49〉이다.

〈표 49〉 1776년 통영곡의 미봉비율

지 역	총 액	미봉액	미봉비율
충 청	27,234	6,038	22%
전 라	161,681	54,095	33%
경 상	214,874	32,118	15%
합 계	403,790	92,252	23%

出典 :『穀簿合錄』

  1776년 전국 각아문 곡물의 미봉비율은 15%로[391] 나타나고 있

---

388)『賦役實摠』을 통하여 18세기 후반의 통영재정을 분석한 결과를 보면
    환곡의 모곡을 통하여 전체 통영 수입의 49.2%를 확보하고 있으며, 이
    액수는 통영 지출의 59%를 점하는 1만 2천여 석의 支放의 비용과 맞
    먹는 액수이다.(金鉉丘, 1989,「조선후기 統營穀의 구조와 전개」,『釜大
    史學』13, 156~159쪽)
389)『備邊司謄錄』14, 孝宗 1년 1월 23일, 2권 100쪽.
390)『備邊司謄錄』187, 正祖 22년 4월 29일, 18권 833쪽 :『正祖實錄』48,
    正祖 22년 4월 27일(辛酉), 47권 83쪽
391)『穀簿合錄』備邊司句管 統營穀

는데, 통영곡은 23%의 미봉비율을 기록하고 있다. 경상도의 통영곡은 15%의 미봉률을 기록하여 전국 평균 미봉률과 일치하지만, 충청도와 전라도는 22%와 33%의 높은 미봉률을 기록하고 있다. 이는 충청도와 전라도의 통영곡 모곡을 경상도의 통영에 옮겨 비용으로 사용하고 있었기 때문에 나타난 결과였다. 18세기 전반까지의 환곡 운영은 각 지역에 환곡을 운영하면서 그 원곡과 모곡을 그 지역에 비축하여 운영하였다. 그러나 통영곡은 통영의 운영 비용에 충당되고 있었으므로 그 모곡을 매년 통영에 이전하여야만 하였다. 그러므로 운반의 비용과 폐단이 발생할 수밖에 없는 상황이었다.

결국 통영까지 먼 거리를 운반하여야만 하는 충청도와 전라도의 통영곡이 부실할 수밖에 없는 것은 당연한 결과였다. 이러한 운반상의 폐단을 제거하기 위하여 시행된 것이 移貿요, 作錢이었다. 환곡의 모조를 직접 경비로 사용하는 통영곡은 경우 다른 환곡보다 이른 시기에 그 폐단이 등장하고 있었다. 통영의 유지를 위해서는 그 모곡을 운반해야만 하였고, 한편으로는 먼 거리를 운반하는 民의 부담을 우려하여, 돈으로 바꾸어 운반하는 방법을 채택할 수밖에 없었다.[392]

그러나 문제는 여기에서 끝나지 않았다. 통영곡의 운영이 부실해지면서 부족한 모곡을 보충하기 위하여 作錢의 과정에서 곡물가가 높은 지역에서 작전을 시행함으로서 각종의 폐단이 발생하였다.[393] 18세기 후반의 1765년(영조 41) 통영의 校卒의 料下를 삼남 會外穀에서 마련하는데 통영곡은 40만석에서 17만석으로 감축하여 어려움을 겪고 있었으며,[394] 이를 해결하기 위하여 통영곡의 징수를 강화하려고 노력하였다. 통영곡 징수의 강화 노력은 수령에 대한 관

---

392) 『備邊司謄錄』 125, 英祖 29년 2월 26일 12권 380쪽 ; 英祖 29년 12월 9일 , 12권 487쪽 ; 『正祖實錄』 6, 정조 2년 11월 20일(丙午), 45권 71쪽.
393) 『備邊司謄錄』 142, 英祖 38년 12월 7일, 13권 845쪽 ; 英祖 39년 1월 24일, 13권 878쪽 ; 英祖 39년 6월 12일, 13권 955쪽.
394) 『備邊司謄錄』 147, 英祖 41년 6월 21일, 14권 352쪽.

리의 강화로 나타났다.

이미 17세기에 중앙아문의 환곡 징수를 규제하기 위하여 제대로 징수하지 못하면 解由에 구애하였는데,395) 이는 중앙아문의 환곡에서만 이루어졌다. 17세기에는 지방환곡의 관리를 중앙에서 파견된 어사가 조사하지 않고, 해당 아문(외아문)에 일임하고 있었다. 그러므로 통영 환곡의 경우도 18세기 중반까지도 통영의 전적인 관리하에 있었다고 이해할 수 있다. 물론 회계장부의 보고는 매년말에 비변사에 보고하도록 하고 있었지만 그것은 형식적인 행위로서, 중앙에서 환곡의 액수를 파악하는데 불과한 것이었다. 그러나 통영곡의 관리가 문제로 대두하자 중앙아문의 환곡과 마찬가지로 징수하지 못한 수령에 대한 처벌을 강화하기 시작한 것이었다.

그러나 다른 환곡에 비하여 운영이 부실한 통영곡의 실상은 규정대로 수령을 처벌하기는 어려웠다. 영조 41년에 통영곡의 해유구애 정식을 마련하였지만 워낙 미징수곡이 많은 상황 속에서 모든 통영곡을 대상으로 수령에 대한 해유구애를 실시할 수는 없는 일이었다. 결국 통영곡의 해유구애 정식은 京上納에 대해서만 실시하도록 하였다.396)

통영곡에 대한 관리를 강화하려고 하였지만, 통영곡의 운영은 개선되지 않고 오히려 그 폐단이 증가하고 있는 상황이었다. 영조 30년에 전라도 모곡의 作錢을 허용한 이후, 이를 본 떠 경상도 山郡 지역에서도 作錢하고 있었다.397) 한번 作錢을 시행한 이후 그 범위가 확대되었다. 작전의 범위가 확대되면서, 그 폐단 또한 지역적으로 확대되는 것은 필연이었다. 운반상의 편이성으로 移貿作錢을 허용하였으나, 여기서도 미봉곡이 발생하여 통영의 재정은 더욱 어려워저만 갔다.398) 미봉곡이 발생할 경우 필수적인 경비인 급료를 지

---

395)『受敎輯錄』「戶典」解由.
396)『備邊司謄錄』157, 英祖 51년 6월 12일, 15권 348쪽.
397)『備邊司謄錄』159, 正祖 2년 10월 12일, 15권 651~652쪽.
398)『備邊司謄錄』159, 正祖 2년 11월 21일, 15권 659~660쪽.

출하기 위하여서는 결국 원곡을 비용에 충당할 수밖에 없으므로 통영곡의 감축은 이루어질 수밖에 없었다.

이무를 통하여 비용을 확보하려 하였고, 이 과정에서 징수하지 못한 환곡으로 인하여 원곡이 감축되는 상황 속에서 이를 보충하기 위하여는 입본에서의 비용확보를 강화하려 하였다. 그러므로 가격이 높은 지역에서 입본을 하거나, 부민에게 강제로 높은 가격에 입본을 시행하여 그 폐단 점차 증가하게 되었다. 그러므로 立本을 제한하려는 노력을 하게되어 정조 초반에 들어서는 전환을 금지하게 하였다.[399]

그러나 폐단이 발생하였다고 해서 錢還을 금지시킨 것은 또다른 폐단을 야기하였다. 본래 통영곡의 錢還을 허가한 것은 전라도의 통영곡 모곡의 운반상의 폐단을 제거하기 위하여 시행한 것인데, 錢還 과정에서의 폐단의 발생으로 이를 금지시킨 것은 본래 전라도의 폐단을 시정하지 못한 결과를 가져왔다. 그러므로 다시 정조 11년에는 전라도에서의 通運을 허락할 수밖에 없었다. 그러나 전라도 모든 지역을 대상으로 한 것이 아니라 400里리에 한정하여 通運을 허락하고 있었다.[400] 또한 운반상의 문제를 해결하기 위하여 山郡의 통영곡을 沿邑으로 이전하는 조치를 취하기도 하였다.[401]

이처럼 운반상의 폐단을 해결하고 통영의 재정을 안정적으로 확보하기 위하여 마련한 방안은 통영의 屯田 확보였다. 통영의 모곡을 이용하여 토지를 매입하여 둔전을 확보하고자 하였다.[402] 그러나 둔전 확보 노력은 제대로 시행되지 못하였다.[403]

이처럼 통영곡의 운영 과정에서 錢還의 폐단과 통영곡의 감축이

---

399) 『正祖實錄』6, 正祖 2년 11월 20일(丙午), 45권 71쪽 ; 7, 正祖 3년 6월 14일(丙寅), 45권 108쪽 ; 16, 正祖 7년 10월 29일(丁亥), 45권 404쪽.
400) 『正祖實錄』48, 正祖 22년 4월 27일(辛酉), 47권 83쪽 ; 7월 23일(乙酉), 47권 98쪽.
401) 『正祖實錄』51, 正祖 23년 2월 20일(戊申), 47권 161쪽.
402) 『穀總編攷』別餉 ; 『正祖實錄』49, 正祖 22년 7월 23일(乙酉), 47권 98쪽.
403) 『正祖實錄』51, 正祖 23년 2월 20일(戊申), 47권 161쪽.

진행되었다. 18세기 말엽의 통영 환곡의 운영실태를 파악한 것이
다음의 〈표 50〉이다.

〈표 50〉 1797년 統營穀 耗穀 수입　　　　　　　　　　　（단위: 石）

지 역	곡물명	분급액	모 곡	용 도
충청도	會付租(半分)	130	13	移錄會外
	會外租(盡分)	13,412	1,341	該營取用
전라도	會內各穀(半分)	11,099	1,109	會外需用
	會外各穀(盡分)	79,286	7,928	支放
경상도	會付各穀(半分)	29,145	2,914	會外需用
	會外各穀(盡分)	101,094	10,109	支放, 公下
합계		234,166	23,414	

出典 :『穀總編攷』, 石 이하는 버림

위의 표에 나타난 통영곡은 실재 분급액수만을 기재한 것이었다.
당시의 통영곡은 27만여 석으로 半分·盡分·改色으로 운영되었
다.404)

위 표는 정조 21년 당시의 상황을 타나낸다. 당시 통영의 모곡이
23,414석으로 당시의 통영 운영비용이 많은 것으로 나타난다. 그러
나 이는 산술적인 수치이고, 이 액수에는 미봉액이 포함되지 않은
것이었다. 또한 운반상의 비용도 포함된 것이 아니어서 실제 액수
는 이에 미치지 못한다고 보아야만 한다. 그러므로 정조 22년 이후
의 통영곡 폐단 감축의 문제는 계속나타나고 있다.

이처럼 통영곡의 운영에서 살펴본 바 처럼 환곡 운영에서 錢還

---

404) 1797년 통영곡의 현황은 다음과 같다. (단위: 石)

分留	충청도	전라도	경상도	합계	비율
半分	261	22,199	58,290	80,750	29%
盡分	13,412	79,286	101,094	193,792	70%
改色			2,050	2,050	1%
合	13,673	101,485	161,434	276,592	100%

出典 :『穀總編攷』, 石 이하는 버림, 비율에서는 반올림 해서 % 계산

·移貿의 폐단이 등장한 것은 환곡의 모곡을 직접 경비에 사용하면서 야기되었다. 특히 지방아문의 재원을 중앙에서 마련해주지 못하는 상황 속에서 錢還을 허락하였다. 이는 당시의 환곡 운영 과정에서 재정보충의 목적이라는 점이 어떤 점인가 하는 것을 이해할 수 있는 단서가 된다. 원곡의 절반만을 분급하는 半留半分穀은 창고에 留庫穀이 있지만, 盡分穀은 모두를 분급하여 비용에 충당하고 있었다. 비용에 충당하더라도 동일지역(도)에서는 큰 무리가 없지만 도를 넘어서는 과정에서는 운반상의 폐단이 발생할 수밖에 없었다. 그러므로 정부에서는 이무전환 등을 허락할 수밖에 없었다. 그러나 이러한 상행위를 허락한 이후 각 아문에서는 가격 차이를 이용하여 비용을 확보하려고 노력하였다. 그러므로 18세기 후반에 이르러서는 통영을 중심으로 이무·전환의 폐단이 발생하게 되었다. 통영 뿐만이 아니라, 다른 아문에서도 통영을 前例로 삼아 錢還을 시행하게 되었다. 그러므로 18세기 후반의 이무·작전 등은 구조화되어 환곡 운영의 폐단을 초래하였다.

이처럼 이무작전의 사례에서 보이는 것 처럼 환곡운영상의 폐단이 구조화되는 시기는 18세기 후반의 일이었다. 그 출발도 재정운영의 원리에서 출발하였다. 지방재정에 대한 지원을 할 수 없었던 중앙정부는 지방 아문의 재원확보를 용이하게 하기 위하여 이무작전을 허락하지만 이는 환곡 폐단의 구조적 모순을 허용한 것이었다. 물론 18세기 후반에 이르기까지 삼사곡을 중심으로한 중앙아문의 환곡 운영은 半留를 강조한 운영이었다. 그러나 지방재정에 대한 지원을 보조할 수 없었기 때문에 전환을 허락하여 환곡 폐단의 길을 열어주었다. 18세기 후반에 이르기가지 왕조정부의 환곡운영은 중앙아문과 지방아문의 환곡으로 이중적으로 운영되었다. 중앙아문 중 三司穀은 비축을 강조하고, 지방아문은 재정충당을 허용하였다.

이에따라 전환의 폐단이 극심해지고, 또한 18세기 후반의 재정부족으로 인하여 중앙정부은 삼사곡을 제외한 환곡 운영을 지방환곡과 마찬가지로 盡分을 허용하고, 모조의 작전을 시행하게 되었다. 즉 중앙아문의 진분곡의 운영은 직접경비에 충당하기 시작한 것이었다.

그러나 환곡 운영 중에서 삼사곡을 중심으로 본래의 기능을 유지하려는 노력을 포기한 것은 아니었으므로 삼사곡은 감축할 수밖에 없었고, 진분곡은 증가하고 있었다. 그러므로 18세기 후반에 들어 전국적인 환곡의 폐단이 구조화되는 것이다. 또한 환곡의 징수를 강화는 속에서 舊還의 범위를 엄격히 적용함에 따라 허류곡이 증가할 수밖에 없었다.

제3장

19세기 前半 賑恤施行의 縮小와 還穀 機能의 變化

Ⅰ. 賑恤施行의 縮小

1. 19세기 前半의 賑恤實態

18세기 후반 환곡 총액이 약 천만석에 도달한 이후 19세기 초반까지 그 액수가 유지되었다. 그러나 19세기 초반의 극심한 자연재해로 인하여[1] 조선왕조정부에서는 대대적인 진휼정책을 시행할 수밖에 없었고, 그 결과 환곡은 크게 감축하였다.[2]

19세기 기근의 상황은 왕조정부에서 지급한 급재결의 액수로 추정할 수 있다.[3] 19세기 급재결의 변동을 나타낸 것이 다음의 〈그림 3〉이다.

---

1) 19세기 초반의 시기가 전세계적으로 '소빙기'라는 관점에서 조선의 농업 문제를 고찰한 연구가 있다. 이 연구에 의하면 1807~1816년간의 평균기온은 '1770~1989년'의 기간 중에서 가장 한냉하였고, 이러한 저온현상은 곧 바로 작물의 성장에 직접적인 영향을 미쳤다고 파악하였다.(이호철 · 박근필, 1997, 「19세기초 조선의 기후변동과 농업위기」, 『朝鮮時代史學報』2) 이런 분석은 19세기 초반 조선왕조정부의 급재결 지급액과 진휼정책의 시행 결과와 일치하고 있다.
2) 이 시기의 환곡 감축은 진휼 시행 뿐 아니라, 환곡 이자의 재정 전용 결과이다. 흉년으로 인한 환곡 징수의 연기와 탕감 등으로 비용조달을 목적으로 설치된 각종의 환곡은 원곡을 비용에 충당할 수밖에 없었다.(2절 참조)
3) 〈별표 2〉 및 2장 1절 참조.

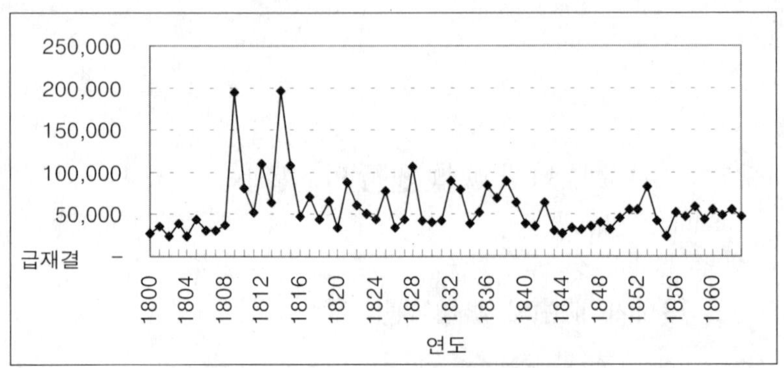

〈그림 3〉 19세기 급재결의 변화

出典 : 〈별표 2〉

〈그림 3〉에 의하면 1800~1808년까지의 9년간은 대체로 급재결이 4만결 이하로 풍년이 들었음을 알 수 있다. 그후 1809~1815년까지 7년간은 급재결이 급상승하여 흉년이 계속되었음을 알 수 있다. 특히 1809년과 1814년의 급재결은 20만결에 달하고 있었다.[4] 이런 수치는 18세기의 1731~1732년과 1762년의 흉년에 버금가는 것이었다.[5] 그후 1821년과 1828년에 흉년이 들었고, 1832~1838년까지 집중적으로 흉년이 들었다. 1840년 이후는 1853년을[6] 제외하고는 6만결 이하의 급재결을 나타내고 있다.

〈그림 3〉의 급재결은 전국의 급재결을 파악한 것이기 때문에 주로 토지 면적이 많은 삼남 지역의 급재결의 변동을 반영하고 있다. 따라서 경기·강원과 북부지역의 흉년은 〈그림 3〉을 통해서는 정

---

4) 1814년과 1809년의 급재결은 19세기에 들어 가장 높은 급재결을 나타내고 있다. 『度支田賦考』에 의하면 1809년의 전국 급재결은 194,382결로 이중에서 삼남의 급재결은 175,127결이었고, 1814년의 전국 급재결은 195,777결로 이중에서 삼남의 급재결은 172,479결을 기록하고 있어, 삼남 지역에 극심한 흉년이 들었음을 알 수 있다.

5) 2장 1절 〈그림 1〉 참조

6) 〈별표 2〉에 의하면 1853년의 전국 급재결 82,221결 중 경상도의 급재결이 44,400석으로 기록되어 있는 것으로 보아 경상도에서 극심한 흉년이 발생하였음을 알 수 있다.

확히 파악할 수 없다. 급재결이 적은 수치로 나타나는 1811년에도 경기·황해·평안도에 흉년이 들었으며, 1829년에는 함경도에 흉년이 들었다.[7]

흉년은 갑작스럽게 찾아오는 것이 아니었기 때문에 그에 대한 대비를 할 수 있었다. 봄 가뭄으로 이앙을 하지 못하였을 경우 다른 곡물을 대신 파종하는 노력을 하였으며, 대체로 6월 이후에는 그 해의 농작상황을 파악할 수 있었다. 농작상황이 흉년임이 판명되면 우선 각종 세의 징수와 환곡의 징수를 연기하고, 다음 해에 기민에게 무상으로 지급할 곡물을 마련하는 조치를 취하고 있었다.

흉년이 든 다음해 1월부터는 국가 보유곡물을 사용하여 월 3회 飢民에게 무상으로 곡물을 지급하는 公賑과 수령이 마련한 곡물로 월 3회 무상분급하는 私賑, 그리고 수령이 마련한 곡물로 賑式의 규정을 따르지 못하고 형편에 따라 지급하는 救急을 시행하였다.[8] 다음의 〈표 51〉은 19세기 前半의 진휼 상황을 지역별, 연대별로 정리한 것이다. 〈그림 4〉는 19세기의 진휼사업의 결과를 전국 합계의 연인원 기민수를 표시한 것이다.

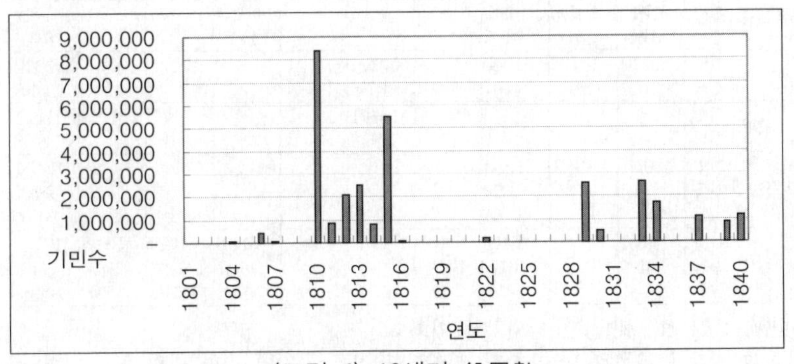

〈그림 4〉 19세기 飢民數

出典 : 〈표 51〉

---

7) 다음의 〈표 51〉 참조
8) 2장 1절 賑恤規定의 確立 참조.

〈표 51〉 19세기 전반의 진휼기록

연도		경기	4都	충청	전라	경상	강원	황해	평안	함경	합계
1804	기민	33978						56495			90473
	진곡	3170						2670			5840
1806	기민				456241						456241
	진곡				25250						25250
1807	기민					89030					89030
	진곡					6360					6360
1810	기민	387889	207274	1311959	4764457	1729660					8401239
	진곡	33473	12422	105325	252145	136810					540175
	錢		2709								2709
1811	기민				760680					70764	831444
	진곡				49467					2399	51866
1812	기민	75587					177278	521762	896779	408853	2080259
	진곡	6620					15700	36620	36580	17120	112640
1813	기민		20255	187845	694737	920806	124816	309945	236583		2494987
	진곡		625	17296	45008	75371	10240	12058	8530		169128
1814	기민	40715		168179		566088	20000				794982
	진곡	3708		28904		43462	13764				89838
1815	기민		146510	535783	2263425	2533828	52244				5531790
	진곡		5787	57933	168054	209188	4364				445326
1816	기민					90739					90739
	진곡					8179					8179
1822	기민	49179					16812		56731	51634	174356
	진곡	6379					2843		1997	1391	12610
1829	기민			337537	678328	1520663				58666	2595194
	진곡			29498	50376	123274				1914	205062
1830	기민									496358	496358
	진곡									14672	14672
1833	기민	827837	484566	864215				482274			2658829
	진곡	55357	15990	64215				24771			160333
1834	기민	294432	229691	681405		519694					1725222
	진곡	24782	15983	44594		44746					130105
1837	기민					1114971					1114971
	진곡					139618					139618
1839	기민	299748		584983							884731
	진곡	23493		74994							98487
	錢			54000							54000
1840	기민	66880		31411				351488	644224	73315	1167318
	진곡	4067		10500				18447	30213	5874	69101
	錢							48471	120848	12000	181319

出典 : 『朝鮮王朝實錄』 각년 畢賑기록
賑穀은 米와 各穀의 단순 합계. 1840년 충청도의 기민 수는 飢戶 임.

　위의 〈표 51〉이 19세기 실시된 진휼정책의 모든 부분을 포함하
는 수치는 아니나[9] 대체적인 추세는 파악할 수 있다. 19세기의 급

재결을 나타낸 〈그림 3〉과 진휼사업의 시행 결과 무상으로 곡물을 지급한 기민의 연인원 총수의 기록인 〈그림 4〉는 대체로 비슷한 경향을 보인다. 그러나 급재결이 적은 1800~1808년간에도 1804년[10]·1806년[11]·1807년에[12] 진휼을 시행하고 있었다. 이는 일부 지역에서 진휼을 시행한 것이며, 국가의 곡물을 사용하지 않는 救急을[13] 시행한 것으로 큰 기근은 아니었다.

〈그림 4〉에서 나타난 바와 같이 1809년은 극심한 흉년이 든 시기였다. 특히 전라도 지역은 가장 심한 피해 대상지였다.[14] 전라도의 실태분석을 통하여 환곡과 무상 분급하는 賑資와의 관계를 살펴본다. 1809년의 흉년으로 이듬해인 1810년에 시행한 진휼정책으로 〈표 51〉에 나타난 바와 같이 연인원 476만여 명의 기민에게[15]

---

9) 〈표 51〉에는 나타나 있지 않지만 1819년 충청도와 1825년 경기·충청·四都에 賑資를 획급한 기록이 나타나고 있다. 그러나 飢民 수는 파악할 수 없다.(『純祖實錄』 22, 純祖 19년 12월 20일(戊申), 48권 159쪽 ; 純祖 25년 10월 30일(癸未), 48권 255쪽)

10) 이 해에는 경기도 5읍과 황해도 延安·白川에서 진휼을 시행하였다.(『純祖實錄』 6, 純祖 4년 6월 13일(庚午), 47권 482쪽)

11) 이 해 전라도 27읍에서 진휼을 시행하고, 13읍에서 救急을 시행하였다.(『純祖實錄』 9, 純祖 6년 5월 14일(辛酉), 47권 549쪽)

12) 이해 경상도 27읍에서 救急을 시행하였다.(『純祖實錄』 10, 純祖 7년 5월 20일(辛酉), 47권 579쪽)

13) 1807년 경상도에서는 慶州 등 20읍에서 3월에 진휼을 시행하거나 월 1회의 곡물을 지급하는 救急을 시행하였다. 구급에 사용된 6,360석의 곡물도 감영 別備穀과 各營邑鎭 自備穀으로 충당하였다.(『日省錄』 183, 純祖 7년 5월 20일, 34권 97~99쪽)

14) 1809년의 흉년으로 전라도 90개 지역에서 公賑을 실시하고 1개 지역에서 私賑을 실시하였다. 이에 대한 기록이 『湖南賑飢錄』(奎古 4259-43)으로 남아 있다. 이 시기의 진휼정책에 대해서는 吉野誠의 연구를 참조 할 것.(1983, 「李朝後期の朝鮮における救荒政策」, 『東海大學紀要』 39)

15) 이해 전라도의 91개 지역에서는 1월부터 4월간 월 3회의 진휼을 시행하였고, 別巡 1회를 포함하여 총 13회의 진휼시행이 있었다. 이외에 1809년 12월에 감영과 각 읍에서 곡물을 마련하여 시행한 3차례 歲前救急의 시행에서 나타난 기민은 포함하지 않았다.(『湖南賑飢錄』)

25만여 석의 곡물을 무상으로 지급하였다. 전라도의 賑資 내역과 지출을 정리한 것이 다음의 〈표 52〉이다.

〈표 52〉 1810년 전라도 賑資 내역 　　　　　　　　　　　　(단위: 石)

賑資확보액		지출 및 잔액
朝家劃給賑資各穀	193,210	
內下錢椒木作米	4,200	
進上停封價米	1,019	
進上添價除留錢作米	1,528	
帖文發賣價米各穀	11,427	分給各穀　252,145
營別備米各穀	9,340	餘穀　　　16,528 （還會錄）
各營邑鎭牧場自備穀	17,417	
富民願納米各穀	30,530	
合各穀	268,674	

出典 : 『湖南賑飢錄』, 「別編」. 石 이하는 버림.

위의 표에서 확인한 바와 같이 전라도에서는 26만여 석의 賑資穀을 확보하였다. 이중 조선왕조에서 환곡의 무상분급을 허락한 액수가 19만여 석으로 절대 다수를 차지하고 있다. 특히 전라도 자체의 환곡이 175,000석으로 나타난다.[16] 이중에서 구체적인 환곡 명색을 파악할 수 있는 액수는 145,000석으로,[17] 이를 정리한 것이 다음의 〈표 53〉이다.

다음 표에서 살핀 것처럼 상진곡이 8만석으로 가장 높은 비율을 점하고 있으며, 진휼을 목적으로 설치된 각종의 환곡이 무상분급의 재원으로 활용되고 있음을 알 수있다. 이처럼 환곡은 흉년시에 무상분급에 사용되었기 때문에 감축될 수밖에 없었다.[18] 1809년의

---

16) 1809년 11월 21일에 125,000석의 賑資를 획급하고, 11월 23일 2만석을 加劃하였으며, 다음해 1월 2일에 3만석을 추가하였다.(『備邊司謄錄』 純祖 9년 11월 21일 ; 11월 23일 : 순조 10년 1월 2일)

17) 1810년 1월 2일에 획급한 3만석의 내역은 확인할 수 없으나, 앞서 2차례 획급한 賑資와 마찬가지로 진휼용 환곡을 획급한 것으로 파악할 수 있다.(『備邊司謄錄』 純祖 10년 1월 2일)

18) 1810년 사용된 전라도의 환곡과 1807년의 환곡 총액을 비교한 것이 다음

흉년은 전라도 뿐만 아니라 경기·충청·경상도에도 심한 피해를
초래하였다. 이들 지역에서 무상으로 분급한 賑資도 진휼을 목적으
로 설치된 각종의 환곡으로 충당하였다.[19]

〈표 53〉 1810년 전라도 환곡에서 賑資 사용액 　　　　　（단위: 石）

구 분	米	租	太	各穀	合各穀
常 賑 穀	2,000	55,000	3,000	20,000	80,000
私 備 穀		13,000	10,000	2,000	25,000
軍 作 米	2,000				2,000
補 還 米	3,000				3,000
船儲置米	30,000				30,000
別 檢 穀		3,000			3,000
休 番 穀		2,000			2,000
합 계	37,000	73,000	13,000	22,000	145,000

出典 :『湖南賑飢錄』；吉野誠, 앞의 논문 65쪽 참조.

　　1809년부터 1815년까지 7년간 계속적으로 각 지역에서 設賑이
시행되고 있다. 7년간 사용된 진곡의 양은 1810년 약 54만 석, 1811
년 약 5만 석, 1812년 약 11만 석, 1813년 약 17만 석, 1814년 약 9
만 석, 1815년 약 45만 석, 1816 년 약 9천 석 등 모두 141만 7천여
석이 진곡으로 사용되고 있다. 흉년시에 기민에게 무상으로 지급된

의 표이다.(단위: 石)

구 분	1807년 총액	1810년 사용
常 賑 穀	780,397	80,000
私 備 穀	63,449	25,000
軍 作 米	7,319	2,000
補 還 米	10,465	3,000
船儲置米	130,147	30,000
別 檢 穀	13,860	3,000
休 番 穀	22,606	2,000

19) 충청도는 41,500석의 賑資가 획급되었는데 營賑穀·北穀·嶺南穀·補還
　　穀 등의 환곡이 사용되었으며, 경기도의 42,400석의 賑資로 常賑穀·營
　　賑穀·別倉穀·壬戌穀 등이 사용되었다.(『湖南賑飢錄』)

곡물은 18세기와 마찬가지로 환곡과 공명첩의 발급, 營邑自備穀[20] 그리고 富民願納穀으로[21] 마련되었다. 이중에서 가장 큰 비중을 차지하는 것은 환곡이었다. 기근이 발생하였을 경우에는 무상분급 이외에 당년도에 분급한 환곡의 징수를 연기한 것이 증가하며, 舊還은 징수할 수 없었기 때문에 곡식의 감축은 더욱 심화되었다. 이처럼 기근의 여파는 진자곡의 劃給으로만 끝나는 것이 아니라 정퇴와 舊還의 적체 현상을 초래하는 것이었으므로 환곡의 감소는 필연적이었다.

1817년부터 加分의 액수가 고정되고 그 耗穀을 지방관청의 경비로 충당하는 것도 기근으로 인한 환곡의 감소와 밀접한 연관을 갖는 것이다.[22] 결과적으로 1809년부터 1815년까지 7년간의 집중적인 기근은 환총의 감소를 초래하여 중앙정부 및 지방관청의 재정을 악화시키고 환곡의 진휼 기능을 변질시키는 계기가 되었다.

환곡이 감소되는 상황 속에서 흉년은 계속되었다. 특히 1832~1838년의 집중적인 흉년은 환곡 총액을 감소시켜 진휼시에 무상으로 분급하는 賑資 구성의 변화를 보이고 있었다. 1832년의 흉년으

---

20) 自備穀의 마련은 흉년을 대비한 수령의 주요한 업무였다. 국가보유곡물을 사용하는 公賑에 포함되지 않을 경우, 각 지역에서는 자체적으로 마련한 自備穀으로 私賑을 하여야 했으며, 公賑에 포함되었다고 하더라도 歲前에 실시하는 救急의 자원은 自備穀에서 마련하여야만 하였다. 1833년 충청도 지역에서 마련한 자비곡 상황을 살펴보면 公州 租 558석, 粥米 81석, 禮山 租 344석, 粥米 25석, 扶餘 357석, 粥米 27석, 石城 粥米 10석, 瑞山 租 170석, 魯城 租 86석, 粥米 4석, 定山 租 100석, 恩津 租 50석으로 나타난다.(「公忠道公賑各邑守令自備成册」奎 16942)

21) 1833년 충청도의 富民願納 액수를 살펴보면 대체로 곡물 1천석 이상, 錢 1천냥 이상을 납부하고 있다. 또한 願納人들은 그 先代부터 흉년에 賑資를 납부한 사람들로서 嘉善·前五衛將 등의 직역을 가지고 있었다. 이들은 경제력을 바탕으로 신분을 상승시켜 나가는 존재로 파악할 수 있다. 槐山의 과부 高召史의 경우 媤曾祖가 가난하여 驛屬에 투속하였는데 그 아들의 驛役을 면제받기 위하여 전재산을 털어 租 200석을 납부하였다. (「公忠道各邑補賑人等居住職役姓名及所納錢穀數爻成册」奎 16938)

22) 3장 2절 加分의 停止 참조.

로 1833년 1월부터 황해도에서는 13읍에서 公賑을, 2읍에서 私賑을, 7읍에서 救急을 시행하고 있었다. 公私賑邑에서는 월 3회, 救急邑에서는 월 2회 곡물을 지급하였다.[23] 1833년 황해도의 진휼사업으로 12회에 걸쳐 연인원 482,274口에게 23,323석을 지급하였고, 1832년 12월에 시행한 歲前救急 1,447석을 지급하였다.[24] 1833년 황해도의 賑資구성을 정리한 것이 다음의 〈표 54〉이다.

아래 표에 나타난 바와 같이 환곡을 통하여 마련한 액수는 關西小米 · 湖南正租 · 本道各穀 등으로 전체 賑資의 45%를 차지하고 있어 가장 높은 수치를 기록하고 있다. 그러나 절반 이상의 곡물을 환곡이 아닌 다른 부분이 차지하고 있다는 점은 당시 환곡의 비축량이 감소하였다는 것을 의미한다. 그리고 補用庫의 錢을 賑資로 사용하는 것은 또다른 문제를 야기할 수 있었다. 공명첩과 부민원납을 통하여 확보한 액수가 전체 賑資의 26%를 차지하고 있는데, 이는 民人의 부담이었다. 결국 19세기 들어서 환곡의 감축으로 인하여 부민수탈이 강화되는 현상을 반영한 것으로 파악된다.

〈표 54〉 1833년 황해도의 賑資 (단위: 石)

賑　　資		支　　出	
關西小米	4,000		
湖南正租	4,549		
本道各穀折米	5,000		
內下銀 · 白礬 · 丹木代錢作穀	424		
正朝方物停封代錢作穀	95		
空名帖發賣價作穀	2,784	分賑各穀	23,323
補用庫錢作穀	5,444	歲前救急各穀	1,447
臣營自備各穀	1,088	餘穀	5,157(還爲會錄)
各邑鎭自備各穀	1,432		
民人願納各穀	3,535		
民人願納錢作穀	1,484		
合各穀	29,839		

出典 : 「黃海道監營狀啓謄錄」, 『各司謄錄』22권 182~183쪽. 石이하는 버림.

---

23) 「黃海道監營狀啓謄錄」 (奎 15107), 純祖 33년 1월 2일, 『各司謄錄』 22, 88~89쪽.

24) 「黃海道監營狀啓謄錄」, 純祖 33년 5월 14일, 『各司謄錄』22권, 182~183쪽.

1837년 충청도의 진휼사업도[25] 동일한 현상을 보이고 있다. 당시 충청도에서는 公賑·私賑·救急을 시행하였다. 公賑지역에서 확보한 賑資는 營賑穀·均役廳穀·元賑穀 등의 환곡 3천석이었고, 私賑과 救急을 실시한 지역에서는 24,579석을 확보하였다. 私賑·救急에서 확보한 진자는 營邑自備穀과 願納穀으로 公穀을 사용하지 않았다. 이는 환곡의 감소를 최소화하기 위하여 公賑邑을 축소하고 각 지역의 수령에게 진휼의 책임을 전가한 것이다. 결국 각 지역에서는 自備穀과 원납을 통하여 곡물을 마련하여야 하였으며, 이는 부민수탈로 전가될 수밖에 없었다. 이처럼 진휼의 시행으로 인한 환곡의 감축은 환곡운영의 변화를 초래하고 있었다. 당년도에 분급한 환곡의 징수를 연기하는 停退의 시행을 1840년부터 정지한 것이다.[26]

〈표 55〉는 1840년 이후의 진휼기록을 정리한 것이다.[27] 〈표 55〉에 의하면 1840년 이후에도 진휼사업이 시행되고 있음을 알 수 있지만[28] 이전의 진휼시행과는 현저한 차이를 나타내고 있다. 첫째 진휼곡의 감소현상이 나타나고 있다. 1840년 이전에는 10만 석 이상을 賑穀으로 사용한 사례가 빈번히 나타나는데 1840년 이후에는

---

25) 『憲宗實錄』 憲宗 5년에는 畢賑기록이 나타나지 않지만 「忠淸道監營狀啓謄錄」을 통하여 公賑 12巡 33,665口의 진휼을 시행하고, 私賑·救急을 시행하였음을 확인할 수 있다.(「忠淸道監營狀啓謄錄」, 憲宗 3년 5월 10일, 『各司謄錄』 6권 463~464쪽)

26) 3장 2절 還穀 停退의 制限(252쪽) 참조

27) 1840년 이후 『朝鮮王朝實錄』에서는 畢賑의 기록이 나타나지 않는다. 이는 진휼을 시행하지 않은 것이 아니라 기록방식의 변화 때문인 듯하다. 급재결은 1840년 이후에는 19세기 전반에 비하여 큰 액수가 나타나지는 않는다. 그러나 북부지역에서는 흉년이 일어났으며, 이에 대해 賑資를 마련하고 있었다.

28) 흉년이 들었을 때 국가에서 직접 곡물을 무상으로 분급하는 진휼정책은 부모에게서 버림받은 10세 이하의 遺棄兒·行乞兒에게도 시행되었다. 특히 평안도 지역에서 1821~1866년간 시행한 유기아에 대한 진휼정책은 다음 논문에 잘 나타나 있다.(邊柱承, 1998, 「朝鮮後期 遺棄兒·行乞兒 대책과 그 효과」, 『韓國史學報』 3·4)

단 한차례만 10만 석 이상의 진곡을 劃給하고 있다.[29] 둘째 진휼곡으로 劃給되는 곡물이 대체로 해당도의 곡식으로 충당되고 있는 점이다.

〈표 55〉 1840년 이후의 진휼 기록

연도	지역	賑資	出典
1845년	평안	錢 3만냥 12,000石	『비』 憲宗 11년 12월 3일 『비』 憲宗 11년 12월 5일
1846년	함경	절미 2,500石	『비』 憲宗 12년 11월 21일
1851년	전라	절미 1,500石	『비』 哲宗 2년 12월 30일
	황해	절미 8,000石, 錢 10,000냥, 공명첩 300장	『비』 哲宗 2년 9월 17일
	평안	35,000石, 錢 30,000냥	『비』 哲宗 2년 閏8월 22일
	함경	절미 4,000석	『비』 哲宗 2년 9월 22일
1852년	전라	절미 3,000石, 錢 9,000냥	『비』 哲宗 3년 12월 16일
1853년	경기	절미 500石	『비』 哲宗 4년 11월 11일
	경상	40,000石, 120,000石	『비』 哲宗 4년 10월 14일, 『비』 哲宗 4년 11월 19일
1854년	전라	절미 3,000石	『비』 哲宗 5년 3월 4일
1861년	4都	절미 500石	『비』 哲宗 12년 2월 12일
	함경	절미 1,500石	『비』 哲宗 12년 1월 15일

『비』는 『備邊司謄錄』

1840년 이전에는 진곡이 해당 도의 곡물뿐만 아니라 다른 도의 곡물을 移劃하는 경우가 빈번히 나타나고 있는데 이 시기에는 1845년 평안도 기근시 황해도 곡식 7천 석 移劃,[30] 1851년 평안도 기근시 他道穀 35,000 석 移劃,[31] 1853년 경상도 기근시 他道穀 4만 석 移劃[32] 등으로 다른지역의 곡식을 移劃하는 사례가 현저히 줄고 있으며 그 액수도 적은 양에 불과하다. 진자로 他道穀을 移劃하

---

29) 『備邊司謄錄』 240, 哲宗 4년 10월 14일, 11월 9일의 기록에 의하면 경상도에 총 160,000석의 진곡이 획급되었다.
30) 『備邊司謄錄』 232, 憲宗 11년 12월 5일.
31) 『備邊司謄錄』 238, 哲宗 2년 閏8월 22일.
32) 『備邊司謄錄』 240, 哲宗 4년 10월 14일

는 사례가 감소하면서 중앙 上納分을 진자로 劃給하는 경우는 늘
어나고 있다.[33] 타도로부터 획급되는 진자곡의 양이 현저히 감소
하는 것은 전국적인 還摠의 감소로 인한 각 지방의 재정부족 현상
과 밀접한 관련을 맺는 것이다.

요컨대 〈표 51〉, 〈표 55〉에서 보이는 것처럼 1840년을 고비로 진
휼정책의 변화를 찾을 수 있다. 진휼정책의 변화는 환총의 감소로
인해 국가재정이 축소되고, 지방재정이 악화되는 상황에서 진곡으
로 사용되어질 환곡의 감소와 밀접한 연관이 있는 것이었다. 진휼
과 재정충당의 목적으로 시행되었던 조선후기의 환곡제도는 환곡
의 감소로 인하여 진휼기능이 축소되었을 뿐만 아니라 악화된 재
정문제를 해결하기 위하여 환곡을 통한 수탈이 증가하여 각종의
폐단이 발생하게 되었다. 또한 賑資로 중앙 상납분을 전용한 기록
은 1830년대 후반 이후에 급증하고 있다. 이점은 환곡 총량의 감소
로 인해 전반적인 곡물 부족현상을 반영한다고 볼 수 있다. 京司上
納錢을 진자로 劃給하는 것은 目前의 飢民을 위해서는 어쩔 수 없
는 일이었지만 경사의 각 아문은 새로운 경비부족 문제를 안게되
었다.

이처럼 환총이 감소하고 있는 상황에서는 기근이 들면 진곡과
환곡을 함께 분급해야 하기 때문에 지방재정의 부담은 더욱 가중
되었다. 지방재정의 악화로 인해 기근시에는 진곡과 환곡 이외에
부족한 경비를 요구하는 사례도 나타나고 있다.[34] 진곡과 환곡
분급이 정부의 기본적인 진휼정책이었다. 設賑을 실시할 정도는 아
니지만 농작상황이 불량하여 해당도의 곡물로는 확대된 환곡 분급

---

33) 『備邊司謄錄』 238, 哲宗 2년 9월 19일 기록에 의하면 황해도에서 진자로
　　본도 각아문 회록곡과 南道穀, 京司上納錢을 요구하고 있으나 타도에서
　　移劃은 허가하지 않고 있다.
34) 『備邊司謄錄』 213, 純祖 25년 11월 20일 기록에 의하면 경기도에 12,000
　　석을 移劃하여 還賑에 보충하고 當年의 需用에 給代해야야 한다고 기록
　　하고 있다.

을 하지 못할 경우에는 환곡의 보충을 위해 他道穀의 移劃을 요청하고 있다.[35]

강원도는 전국에서 곡총이 가장 적어 평년에도 환곡 분급시에 어려움이 있었으므로, 기근이 든 해에는 더욱 심한 곤란을 겪을 수밖에 없었다. 더욱이 전국적으로 곡총이 점차 감축해 가는 상황에서 환곡이 적은 도에서는 지방재정의 악화와 진휼기능의 축소는 더욱 심해질 수밖에 없는 상황이었다.[36]

기근이 발생하였을 때의 진휼정책이 1840년 이후로 축소되고 있는 것과 마찬가지로 設賑時의 환곡 이전 요청도 1840년 이후에는 거의 나타나지 않는다. 이러한 과정은 환총 감소가 전국적으로 이루어지고 있는 상황속에서 각 도의 보유 곡물이 축소되었기 때문에 다른 지역에 이전할 여력을 상실해 가는 과정을 반영하고 있다.

2. 還穀의 減少

19세기 초반의 연속적인 흉년으로 인하여 많은 양의 환곡이 기민에게 무상으로 분급되어 감소하고 있음을 살펴보았다. 그러나 흉년의 여파는 무상분급으로 인한 환곡의 감소에 그치는 것은 아니었다. 흉년으로 인해 징수하지 못한 환곡이 다수 존재하였다.

본래 환곡의 징수는 봄에 대여한 全數를 징수하는 것이 원칙이

---

35) 『備邊司謄錄』 221, 純祖 33년 12월 29일, '本道還摠 自來不敷 常年排巡 每患苟艱 而嶺西諸邑 連値兼荒 … 勸耕也專賴於公穀 而以若常時不能均 排之摠 且無道內從便裒益之策 … 南關久置穀中各穀三千石 特爲許劃 俾 得及時取用 分排添還之地'

36) 강원도 이외에 기근이 발생하였을 때 진곡과 환곡을 함께 요청한 도는 경기도, 충청도, 함경도 등을 들 수 있다. 이중 경기·충청도는 곡총이 적었기 때문에 지방재정의 악화를 초래하여 상진곡의 보충을 지속적으로 요구하였으며, 기근이 든 해에는 다른 지역의 곡식을 이전하여 환곡을 분급하고 있다.

었다.[37) 그러나 흉년이 들면 1년간 징수가 연기되는 停退가 시행되기도 하였으며, 정퇴한 다음 해에도 다시 연기하는 仍停, 3년이상 연기하는 舊還이 시행되기도 하였다. 이러한 미징수곡은 중앙정부에서 징수의 연기를 허가한 것인 반면, 각 邑에서 마땅히 징수해야 할 환곡을 징수하지 못한 것은 邑未捧으로 처리되었다.[38) 읍미봉의 경우 각 읍에서 추가로 징수의 연기를 허가 받지 않으면 문서상에만 존재하는 환곡으로 이자에 이자가 더해져 급격히 증가할 수밖에 없었다. 각 지역의 수령은 환곡의 징수를 책임지고 있었는데, 징수하지 못한 환곡을 징수하였다고 보고하여 당장의 책임을 회피하고 있었다. 이런 환곡은 다음해 봄에 다시 분급한 것으로 보고하여 문서상으로만 분급과 징수가 이루어지고 있었다. 이런 행위를 反作이라 하였다.[39) 反作에 대한 처벌은 이미 17세기부터 시행되고 있었으나[40) 근절되지 않았다. 수령의 번질 행위는 이자에 이자가 추가되어 그 규모가 수습이 불가능할 정도로 증가한 후에야 비로소 그에 대한 해결 방안을 강구하게 된다. 창고조사 결과 문서상에만 존재하는 허류곡임이 드러났을 때 이를 反逋로 파악하고, 탕감을 하거나 징수를 논의하게 된다.

이처럼 흉년으로 인해 당년에 분급한 환곡과 舊還의 징수 연기 그리고 왕조정부에서 징수할 것을 지시하였으나 징수하지 못한 포흠곡을[41) 몇 해에 걸쳐 분할 징수하는 排捧 등은 각 도에서 항상

---

37) 『萬機要覽』,「財用編」, 糶糴, ‘秋成而斂 謂之糴 十月開倉 歲前封倉 卽常
    法 違者有罪 東北兩西 以其多田早熟 雖八九月 亦許從便開倉 過歲未準捧
    者 科罪’
38) 2장 200쪽 참조.
39) 閔維重, 『文貞公遺稿』「以論啓箚與乞遞疏」(1659,孝宗10년), 叢刊 137권
    228~9쪽, ‘所謂反作者 各官以未捧散在民間者 混稱已捧 反其文簿 故所出
    之耗 … 會付中未捧之穀 各官每平私自添耗 而該曹之所不知者 此眞所謂
    憑公營私者也’;『備邊司謄錄』82, 英祖 3년 9월 15일, 8권 123쪽.
40) 『受敎輯錄』,「戶典」, 還上, ‘還上反作守令 限年定配’崇德丁丑承傳(1637;
    仁祖 15)
41) 왕조정부에서 징수의 연기를 허락한 停退·仍停·舊還 이외는 모두 징

적으로 발생하고 있었으며, 이러한 상황은 정상적인 환곡 운영의 어려움을 가중시켰다.

또한 당년도에 분급한 환곡을 징수하더라도 각종의 징수하지 못한 환곡을 함께 징수하기에는 민의 부담이 너무 커 실시할 수 없었다. 이렇게 해서 발생된 舊還은 최근 條부터 부분적으로 풍년이 든 해에 징수하였기 때문에[42] 평년에는 年條가 오래된 미징수 환곡은 징수가 연기되곤 하였다. 이처럼 장기간 징수하지 못한 곡식은 비록 풍년이 들더라도 사실상 징수가 불가능하였고, 따라서 정부에서도 이런 것은 依例 정퇴할 수밖에 없었다. 이때문에 장부상에는 미징수분으로 계속 남아있으나 징수대상자가 없어져 더 이상 환곡을 징수할 수없는 '流來反逋'의 악순환이 나타났다.

전라도 高敞縣의 사례는 流來反逋의 악순환을 전형적으로 보여주고 있다. 1809년(순조 9)에 고창현의 流來反逋 11,030 석의 처리방안으로 5년간 이자를 제하고 元穀만 징수하도록 하고 있다.[43] 이러한 流來反逋는 고창현 자체의 문제뿐만 아니라 포흠곡의 句管衙門과 밀접한 연관을 갖는다.[44] 그러나 流來反逋는 이미 징수할 대

수하여야 하였으나 각 지역에서 징수하지 못한 邑未捧 존재하고 있었다. 邑未捧에는 수령이 징수하지 못하고 징수했다고 보고하는 反作이 포함되었다. 이처럼 장부상에만 존재하는 虛留穀은 이자에 이자를 더하여 문서상의 환곡이 증가하게 되는 폐단을 야기하였다. 각 지역에서 환곡을 조사할 때 虛留穀이 발각되어 逋欠穀으로 등재되곤 하였다. 이러한 逋欠穀도 舊還으로 이해되는 경우도 있었다.

42) 18세기에는 年條가 오래된 환곡부터 징수하는 것이 일반적이었으나, 18세기 후반부터 最近條부터 징수하기도 하였으며(2장 3절 203~206쪽 참조), 19세기에는 最近條를 우선 징수하고 있었다.(『備邊司謄錄』194, 純祖 3년 9월 25일, '司啓辭 諸道舊還未捧 至於二十六萬八千餘石 先自近年條 溯而上之 每年督捧 自是近例')

43) 『備邊司謄錄』199, 純祖 9년 7월 5일
고창현의 포흠곡은 이미 1779년에 '指徵無處'로 보고되고 있으며, 1800년에는 流來反逋 2,700 여석, 1802년에는 8,800석의 포흠곡이 보고되고 있다.『備邊司謄錄』193, 純祖 2년 5월 5일, 純祖 2년 5월 9일.

44) 『備邊司謄錄』196, 純祖 5년 5월 23일, '所啓 頃因統制使柳孝源捧未捧狀

상이 없기 때문에 완전 탕감을 하지 않는 이상 계속 포흠곡으로 남을 수밖에 없으며 이러한 殘餘穀에 다시 이자가 가산되기 때문에 탕감후 일시 감소한 포흠곡은 다시 증가하기 시작한다. 고창현의 경우에도 1802년 舊還을 일부 탕감하였지만 1805년에는 다시 舊還이 4,800석에 이르고 있으며, 여기에 이자가 계속 부과되어 1809년에는 11,030석이나 되었다. 이처럼 징수할 대상이 사라진 포흠곡은 징수 자체도 문제지만 이자의 계속적인 증가도 커다란 문제였기 때문에 1809년에는 이자를 제하고 5년간에 걸쳐 분할 징수를 하는 排捧을 실시하려고 하였다.

그러나 1809년은 전국적 기근이 발생하였으며 전라도는 가장 심한 피해 대상지였다.[45] 이러한 전라도의 피해상황은 당년도에 분급한 환곡의 징수를 연기한 액수를 통하여 단적으로 파악할 수 있다. 이 해 전라도에서는 120만 석의 환곡을 분급하였으나 80만 석의 환곡의 징수를 유예하고 있었다. 즉 분급 환곡의 2/3가 징수되지 못한 것이었다.[46] 이처럼 당해년도 환곡의 상당 부분을 징수하지 못하는 상황에서 오래도록 징수하지 못한 환곡은 징수할 수 없었다. 그후 몇년간 전라도에서는 계속 흉년이 들어[47] 당년도에 분급한 환곡의 징수 연기가 계속되었다. 이 때문에 1809년의 징수하지 못한 환곡은 1811년 가을까지 33만여 석에 달하였으며[48] 다음

啓 高敞縣舊還未捧中 統穀獨逋委折 關問該道後 稟處之意 …… 該縣穀簿中統穀元摠 幾居折半 壬戌蕩減時 統穀則一不擧論 出於重軍餉之意 而見今舊還餘在四千八百餘石內 統穀三千九百餘石'

45) 『度支田賦考』에 의하면 1809년 전국의 급재결수는 194,382結이며 전라도의 급재결은 92,980결로 전국 급재결수의 약 절반을 전라도가 차지하고 있다.

46) 『承政院日記』, 純祖 10년 1월 14일, '湖南常年分還爲一百二十餘萬石 而昨冬停退爲八十餘萬石'

47) 『度支田賦考』 급재결에 의하면 전라도는 1810년 43,532 결, 1812년 40,094 결, 1814년 67,979 결, 1815년 46,000 결로 급재결이 4만 결이상으로 나타나고 있으며 국가에서는 진휼정책(設賑)을 실시하고 있다.

48) 『備邊司謄錄』 201, 純祖 11년 10월 1일, '己巳停還 摠一道爲三十三萬餘石'

해인 1812년에도 완전히 징수를 못하여 구환에 포함되고 있었다.[49] 이처럼 거듭되는 흉년 속에서 高敞의 流來反逋는 계속하여 징수가 연기되고 있으며 監司나 중앙정부도 이를 강요할 수 없었다.

그후 매년 전라도의 災實分等狀에서는 高敞의 己巳反作의 停退 요구가 나타났다. 이 정퇴 요구는 1862년(철종 13) 三政釐整 논의 이후에야 사라진다.[50] 이처럼 50여년간 여러번 풍년도 들었지만 미징수 환곡을 해소하려는 시도는 보이지 않는다. 이것은 잦은 新還의 停退와 舊還의 징수 문제 속에서 年條가 오래되고 징수대상이 사라진 高敞의 流來反逋는 신경쓸 여력이 없었기 때문에 의례적으로 停退되고 있었다.[51]

이러한 장기간의 未徵收穀에 대해 중앙정부는 사실상 징수를 포기한 상태에 있었고 이는 환곡 총액의 실질적 감소를 초래하였다. 이러한 미징수 환곡의 존재는 실제 분급하는 환곡을 감소시켰을 뿐만 아니라 창고에 남겨두는 환곡을 현저히 감소시켰다.[52]

흉년으로 인한 미징수 환곡의 지속적 증가와 중간관리층의 부정 이외에도 환곡의 감축은 이루어지고 있었다. 이는 환곡의 이자를 재정에 충당하고 있었기 때문에 나타난 현상이었다. 특히 호조 원

---

49) 『備邊司謄錄』202, 純祖 12년 10월 2일.

50) 매년 전라도 災實分等狀啓에서는 '高敞 己巳反作 停退'의 기록이 나타나고 있으며 1862년(철종 13)의 재실분등장계에서야 사라진다.

51) 이외에도 황해도의 연안,해주 등 5邑의 '辛未停退條仍停', 함경도 茂山,甲山의 排捧條, 경기도 포천의 民庫貸下還穀 등은 장기간 未徵收穀으로 남아 있었다. 18세기에는 이러한 포흠곡은 주기적으로 탕감해 주고 있었으나, 19세기에 들어서는 탕감해 주지 않고 단지 징수를 연기해 주고 있을 뿐이었다. 이는 결국 환곡의 虛留化를 촉진하고 있었다.

52) 1837년 현재 충청도의 환곡 총액은 602,252석으로 이중 징수하지 못한 환곡이 舊還 80,809석, 丙申(1835년)停退 108,596석으로 환곡 총액에서 차지하는 비율이 31.4%에 이르고 있었다. 징수하지 못한 환곡을 제외한 412,845석이 실제 환곡으로 이중에서 266,645석을 분급하고, 146,198석을 창고에 남겨두고 있었다. 이를 전체 환곡 총액에서 비율을 산출하면 분급률은 44.3%, 留庫率은 24.3%에 해당한다.(『各衙門成冊』 (閏古 5120-77), 『各司謄錄』 48, 461~493쪽)

회곡과 상진곡의 감축은 심각했다.

앞에서 살펴 본 바처럼 호조 원회곡과 상진곡은 휼전과 제사의 비용 그리고 각종의 비용에 사용되고 있었다.[53] 그러나 고정 지출 이외에 추가적인 재정부담을 요구받고 있었다. 18세기에의 경우 호조의 재정이 부족하면 상진곡을 전용하였다. 그러나 상진곡의 감축으로 이것이 불가능해지자[54] 호조의 재정은 더욱 곤란해져 갔다. 호조곡의 보충이 이루어지지 않으면 호조곡의 감소는 불가피했다. 18세기 호조 元會穀은 30만 석 정도였다.[55] 황해·평안·함경도는 전세와[56] 군향을[57] 호조 원회곡의 용도에 사용하고 있었기 때문에 호조 원회곡을 유지할 수 있었다. 나머지 5道에서는 1년의 원회곡 모조가 800여석에 불과하였다.[58] 그러므로 상진곡을 옮겨와 호

---

53) 『純祖實錄』 20, 純祖 17년 5월 18일(辛酉), 48권 117쪽, '至於元會·常賑 乃是社稷山川祀享之需 及賞格恤典支供廩料之資' ; 2장 1절 환곡제의 운영 참조

54) 『備邊司謄錄』 184, 正祖 20년 7월 14일, 18권 459~460쪽, '惟常平·賑恤 廳穀摠 而壬子乙亥四年之間 所減殆近半百萬石云 … 從今以後 給代二字 營閫無敢仰請 廟堂亦無得許施之意 嚴明定式 衙門移錄及各年停減 除非萬 不得已 則無得擧論於常賑穀'

55) 『備邊司謄錄』 190, 正祖 24년 閏4월 24일, 19권 194쪽, '諸道所在戶曹元會 穀合爲三十餘萬石'

56) 평안도와 함경도에서는 전세를 중앙에 상납하지 않고(『續大典』, 「戶典」, 收稅, '凡一結收田稅四斗 三手米二斗二升 〈細註〉西北稅穀 並留本道 毋得 擅自轉移') 환곡을 만들어 운영하였다. 평안도는 호조구관의 田三稅穀으로, 함경도는 호조구관의 別收庫穀의 이름으로 운영하였다.(『穀總編攷』)

57) 황해도는 호조구관의 管餉穀을 운영하면서 호조 軍資倉穀과 마찬가지로 각종 휼전과 제사비용 그리고 비용에 사용하고 있었다.(『穀總編攷』 4, 「黃海道內各樣還穀摠數」, '戶曹管餉穀 … 名曰管餉穀 半留半分 每石取耗 一斗五升 本營(監營) 中軍·檢律·審藥·譯學·啓差管餉屯別將·及五山 城僧將·色吏等放料 各祭享所需 與京司卜定雜物價 及各樣恤典 與軍資倉 穀 互相放下')

58) 1797년 호조 원회곡의 모곡액수는 다음과 같다.(『穀總編攷』)

지역	경기	충청	전라	경상	강원	황해	평안	함경
모곡	1,147	367	793	6,677	314	548	14,816	4,904

조 원회곡의 용도에 사용하는 것을 금지한 이후, 부족한 비용은 타 아문의 곡물을 이전하여 사용할 수밖에 없었다. 그러나 타아문에서 못할 경우에는 결국 원회곡에서 추가로 지출할 수밖에 없었다. 이런 것을 加下라고 한다.[59] 1800년 호조의 加下 액수를 정리한 것이 다음의 〈표 56〉이다.

〈표 56〉 1800년 호조 加下 액수 (단위: 石)

경기	충청	전라	경상	강원	합계
5,900	4,600	9,900	0	常賑穀移轉	20,400

出典 : 『承政院日記』 1821, 正祖 24년 閏4월 24일, 96권 696쪽.

표에 의하면 경기·충청·전라도에서 2만여 석을 추가로 지출하고 있었다. 경상도의 경우 加下米가 없으나 곤궁한 상황이었고, 강원도의 경우 加下米를 상진곡에서 사용하고 있는 형편이었다. 결국 호조 원회곡의 소멸을 막기 위하여서는 금지했던 상진곡을 이전할 수밖에 없었다. 그러나 모든 지역의 상진곡이 여유가 있는 것은 아니었다. 경상도·전라도의 상진곡은 어느 정도 여유가 있었지만, 경기·충청·강원도는 상진곡이 감소하고 있는 지역이었다.[60] 그러므로 경기·충청·강원 3도의 호조 원회곡의 소멸을 막기 위해서는 다른 대책이 필요하였다. 3도의 호조 원회곡을 유지하기 위하여 새로운 환곡을 창설할 수밖에 없었다. 다음의 표는 호조 원회곡을 보충하기 위하여 창설한 비변사 별회곡의 내역이다.

---

59) 『承政院日記』 1821, 正祖 24년 閏4월 24일, 96권 696쪽, '(領議政李)秉模曰 頃因戶曹判書李在學所啓 詳考穀簿後 草記稟處事 蒙允 … 而兩西北關 則例以軍餉田稅 推移取用 固當仍舊施行 其餘五道 則元會之一年耗條 只爲八百餘石 而一自常賑穀不許移錄之後 各樣公用 每以他衙門穀 推移取用 又不得會減於穀主衙門 以致加下之夥多'

60) 1797년의 경기, 충청, 강원도 지역은 상진곡 모곡 수입보다, 지출이 더 많아 적자를 기록하고 있는 지역이었다.(『穀總便攷』, 2장 3절 〈표 39〉참조)

〈표 57〉 1800년 備邊司句管別會穀의 창설 내역

지역	환곡명	액 수	분급액
경기	戶曹庚戌貿租(半)	11,500	5,750
	備局營賑穀(盡)	25,000	25,000
	(경상)備局右兵營穀(半)	27,000	13,500
	(충청)戶曹己酉貿米(半)	12,000	6,000
	합계	75,500	50,250
충청	戶曹己酉貿米(半)	3,000	1,500
	備局北穀(盡)	25,000	25,000
	備局嶺南穀(盡)	2,500	2,500
	합계	30,500	29,000
강원	備局句管穀(半)	6,200	3,100
	嶺南右兵營穀(半)	42,000	21,000
	합계	48,200	24,100
3道	합계	154,200	103,350

出典 : 『承政院日記』1821, 正祖 24년 閏4월 24일, 96권 696쪽.

비변사구관 별회곡은 호조 환곡과 비변사구관곡을 이전하여 새로운 환곡을 창설한 것이다. 비록 비변사구관이지만 이 환곡의 기능은 호조 원회곡의 용도 부족을 보충하는 것이었다. 그 운영도 별회곡으로 이전되기 前의 운영방식 그대로 운영되어 半分·盡分의 방식으로 운영되었다. 이와 함께 호조 원회곡의 감축을 방지하려는 방안이 모색되었다. 이제까지 恤典의 지급은 元會·常賑穀에서 지급되었던 것을, 이후부터는 휼전의 지급은 상진곡에서만 하도록 하였다.[61] 이러한 노력의 결과로 19세기 초반까지 호조 원회곡은 현상유지를 할 수 있었다.[62]

---

61) 『承政院日記』1821, 正祖 24년 閏4월 24일, 96권 696쪽, '都合折米九萬一百八十六石 特爲除出 劃付三道 名之曰備局句管別會穀 自備局句管 而半分條 則依前半分 盡分條 則依前盡分 歲末磨勘於本司 會案成册一件 依元會穀例 自各邑分四等修送戶曹 待各邑請報 以其耗條 從略移劃 使之支用 每於歲初 通計一年移劃之數 枚報本司 各樣恤典之 或用元會 或用常賑 道各異例 自今爲始 凡係恤典 竝以賑廳穀會減'

그러나 1809~1814년의 극심한 자연재해는 환곡의 감축을 초래하였으며, 재정운영에 지장을 가져왔다. 이후의 전국의 호조곡은 존폐의 위기에 놓이게 되었다.

아래 표에 의하면 호조곡의 총액이 19세기 초반에 비하여 급격히 감소한 것을 확인할 수 있다. 환곡 총액은 감소하였는데 그 모곡의 용도는 줄어들지 않았다.

〈표 58〉 1817년 호조곡 현황

지 역	加下	時在實數	用下	元穀使用	소멸시기
경 기	3,450	11,300	1,400	700	
충 청		11,300	1,900		9년
전 라	20,700	4,000	1,800		소멸
경 상		64,700	6,600		10년 내
강 원		23,200	1,700	700	
황 해	2,600	2,400	1,000		2년 내
합 계	26,750	116,900	14,400		

出典 :『承政院日記』2083, 純祖 17년 5월 18일, 108권 309쪽.
元會 중에서 경기·충청·강원도눈 元會와 別會의 합계이며, 황해도는 元會와 군향임.

호조 원회곡의 모곡으로 그 지출을 감당하지 못할 경우에는 타

---

62) 1800년과 1807년의 호조원회곡과 비변사 별회곡은 25만여 석과 15만여 석을 유지하고 있었다.

19세기 초반 비국별회곡

구분	1800년			1807년		
	합계	半分	盡分	합계	半分	盡分
경기	75,500	50,500	25,000	86,501	55,278	31,223
충청	30,500	3,000	27,500	53,134	3,525	49,609
강원	48,200	48,200		11,229	11,229	
합계	154,200	101,700	52,500	150,864	70,032	80,832

出典 : 1800년『承政院日記』1821, 正祖 24년 閏4월 24일, 96권 696쪽; 1807년『萬機要覽』. 충청도는 京畿割付備局別會穀 3,337석은 제외된 수치임.

아문곡을 이전하여 사용하였으며, 그것이 여의치 않을 경우에는 元
穀을 비용에 충당할 수밖에 없었다. 경기도와 강원도가 바로 이에
해당한다. 이미 1800년에 경기·충청·강원도는 호조 원회곡의 감
축을 방지하고자 비변사 별회곡을 창설하여 운영하였음에도 불구
하고, 19세기 초반의 자연재해로 인하여 다시 호조 원회곡이 급격
히 감소한 상황을 알 수 있다. 다른 지역에서도 호조 원회곡이 감
축하여 전국적으로 10년 이내에 호조 원회곡이 소멸될 지경에 이
른 것이다. 정부는 1800년에 호조곡의 감소를 방지하고자 비변사
별회곡이라는 새로운 환곡을 창설하여 운영하였지만, 1817년에 이
르러서는 호조 원회곡 감소를 방지할 만한 구체적 방안을 제시하
시 못하였다. 정부의 대책이란 고작 비용을 절약할 것을 강조하는
정도에 불과했다.

　19세기 초반의 기근은 호조 원회곡 뿐만이 아니라 상진곡의 감
축도 함께 초래하였다. 다음이 〈표 59〉는 1817년 상진곡의 상황을
정리한 것이다.

〈표 59〉 1817년 상진곡 현황

구 분	加下	時在實數	用下	소멸시기
경 기	5,700	17,830	3,000	7년 내
충 청		15,170	9,600	2년 내
전 라		105,980	15,000	9년 내
경 상		87,100	12,700	8년 내
강 원		3,070	2,600	2년 내
황 해		12,820	2,100	7년내
합 계		241,970	45,000	

出典 : 『承政院日記』 2083, 純祖 17년 5월 18일, 108권 309쪽.
『備邊司謄錄』 206, 純祖 17년 9월 18일, 21권 44~45쪽에는 경기도 작년 겨울 마
감한 常賑穀 實摠 16,492석, 각읍 加下 11,421석으로 나타난다. 公忠道는 常賑穀
13,500석, 詳定不足과 各樣應下 15,000석으로 나타나고 있다.

　위의 표에서 나타난 바와 같이 상진곡 총액과 모곡의 사용액을

살펴보면 전국적으로 모곡으로는 그 지출을 감당하지 못하고 있는 상황을 알 수 있다. 20년 전인 1797년의 상진곡 현황과 비교하여도 상진곡이 심각한 지경에 이른 것을 알 수 있다.[63] 1797년에는 경기·충청·강원도를 제외한 지역에서는 상진곡의 모곡으로 그 지출을 충당하고 여유가 있었다. 그러나 1817년에 이르러서는 전국적으로 상진곡의 모곡으로 그 지출을 감당하지 못하여 9년 이내에 상진곡이 고갈될 상황에 처한 것이다.

대표적인 진휼곡인 상진곡은 이미 1776년에서 1807년까지 30여 년간 약 350만석에서 250만석으로 현저히 감소하고 있었다.[64] 이러한 상진곡의 감소는 그 이자를 경비에 사용하던 지방아문에서는 매년 경비를 지출하기 위해서 상진곡의 보충을 요구하지 않을 수 없었다.[65]

특히 충청도의 경우는 상진곡에서 비용을 충당하는 부분이 많았기 때문에[66] 상진곡의 감축은 심각한 재정난을 초래하여 연례적으로 일만석 이상을 상진곡으로 移劃할 것을 요청하고 있다.[67] 충청도 이외에도 경기도,[68] 황해도[69] 등도 상진곡의 부족을 보충하기 위하여 다른 곡물 이전을 요청하고 있었다. 상진곡의 부족에 따라 그 보충을 요구한 경기, 충청, 황해도는 모두 환곡이 적은 도였

---

63) 1797년 상진곡 모곡과 사용액   (단위: 石)

지역	경기도	충청도	전라도	경상도	강원도	황해도	평안도	함경도
모곡	9,249	12,721	34,337	34,006	2,519	10,535	7,040	7,657
잔액	-1,751	-13,063	5,847	9,255	-4,671	3,604	4,127	4,968

出典 : 『穀總編攷』

64) 2장 2절 〈표 16〉 참조.

65) 『備邊司謄錄』 199, 純祖 9년 1월 12일, ‘司啓曰 卽見公忠監司鄭晩錫報本司辭緣 則以爲常賑穀 每年應下 其數果然 而見今所存 … 本道所在嶺南米·北穀米·補還米·庚戌米·加錄軍作米·乙巳貿米等穀中 限二萬石 移作常賑米爲辭矣 常賑各穀年年用下元數漸縮 今以見摠 較之於十數年前 所減已不帝過半’

66) 1797년 당시의 충청도에서 비용조달을 목적으로 盡分으로 운영된 常賑廳句管의 환곡은 다음과 같다.

다.[70] 결국 환곡의 감소는 지방재정이라는 측면에서 볼 때 곡총이 적은 도에서 더 많은 피해를 입고 있었다.[71]

환곡은 본래 농민재생산 기반을 보호하기 위한 것이었고 이 때문에 半留半分으로 운영하였던 호조 원회곡과 상진곡은 이처럼 19세기 초반에 급격히 감소하였다. 이를 정리한 것이 다음의 〈표 60〉이다.

환곡명	창설년대	액수	내역
水營京賑米	영조 17년	811	全耗會錄
庚戌貿米	정조 14년	6,931	全耗會錄 혹 本色,作錢上納
義僧給代穀	정조 9년	8,006	義僧防番 1/2 減한 후 給代
壯勇營貿鐵租	정조 15년	8,000	延豊縣 作錢貿鐵 上送壯勇營

出典 : 『穀總編攷』. 石이하는 버림.

67) 『備邊司謄錄』204, 純祖 14년 閏2월 5일, '忠淸監司 … 常賑穀每年應用極多 … 道內補還·嶺南·北穀·元山·均廳軍作等穀中 折米限一萬石 移作常賑穀爲辭矣 本道年例應下 專資常賑各穀 而比年停減 元摠大縮 自當年用而排比爲難 … 合折米一萬石 依所報　竝許移作常軫穀 使之取用何如 答曰允'
『備邊司謄錄』209, 純祖 20년 5월 8일 ; 211, 純祖 23년 6월 25일 ; 212책, 純祖 24년 1월 18일.

68) 『備邊司謄錄』213, 純祖 25년 5월 27일, '京畿監司 … 常賑穀除其各年停退及未捧 則夏穀外 見今所存之皮雜穀 不過四千餘石 而每年應下與支放洽爲四千餘石 明年之內 其將竝與穀名而無之 若得貿租限三萬石代錢 使之作穀盡分取耗 自今秋辦得三千包耗條　則庶爲塗抹需用 請令廟堂稟旨分付矣'
『備邊司謄錄』216, 純祖 28년 3월 1일.

69) 『備邊司謄錄』214, 純祖 26년 1월 21일.

70) 환총이 가장 많은 해로 기록된 1807년의 경우 경기도 719,290석, 충청도 866,130석, 황해도 375,200석으로 170만석 이상인 전라, 경상도에 비해 큰 차이를 보인다. (오일주, 1992, 「조선후기의 재정구조의 변동과 환곡의 부세화」,『實學思想硏究』3, 82쪽)

71) 곡총이 많은 전라, 경상도에서도 상진곡 부족의 보충을 요구하고 있지만 환총의 감소가 심각해지고 폐단이 강화되는 1850년 이후에 나타나고 있다.

〈표 60〉 18세기말·19세기초의 6道 元會·常賑穀의 변동　　（단위: 石）

구분	원회			상진곡		
	1797년	1807년	1817년	1797년	1807년	1817년
경기	11,476	90,091	11,300	92,498	107,892	11,300
충청	3,674	60,900	11,300	127,211	120,847	15,170
전라	7,937	14,720	4,000	343,377	780,397	105,980
경상	68,486	124,855	64,700	345,216	477,086	87,100
강원	3,144	13,154	23,200	25,197	33,735	3,070
황해	6,703	14,717	2,400	107,650	124,326	12,820
합계	101,420	318,437	116,900	1,041,149	1,644,283	235,440

出典 : 1797년『穀總編攷』, 1807년『萬機要覽』, 1817년『承政院日記』2083, 純祖 17년 5월 18일, 108권 309쪽. ; 元會 중에서 경기·호서·강원은 元會와 別會의 합계이며, 황해도는 元會와 군향 임.

　이처럼 19세기 초반에 호조 원회곡이 31만여 석에서 11만여 석으로, 상진곡이 164만여 석에서 23만여 석의 큰 폭으로 감소한 것은 자연재해 때문이었다. 자연재해의 영향은 진휼을 목적으로 설치된 환곡 이외에도 재정보충을 하던 환곡에도 영향을 끼쳤다. 19세기 초반 자연재해 이후에 비용조달을 목적으로 설치된 환곡의 감소 상황을 알 수 있는 것이 다음의 〈표 61〉이다.

　다음 표에서 살펴본 바와 같이 비용 조달을 목적으로 설치된 환곡도 19세기 초반에 급격히 감소하고 있었다. 비록 삼사곡 이외에는 停退·蕩減을 억제하려고 하였으나, 극심한 기근 속에서는 탕감할 수밖에 없었다. 이처럼 큰 흉년의 전국적인 환곡의 감소를 초래하였으며, 10여년 전에 비하여 환곡이 절반이나 감축되었다고 할 정도였다.[72]

---

72)『備邊司謄錄』207, 純祖 18년 4월 5일, 21권 98쪽, '糶糴之半留半分 自是
　　經法 而近來還穀停退與未捧居多 實捧磨勘之數 或未滿元數之折半 甚者爲
　　三分一四分一 又就其捧上磨勘之實數中 爲半分 故經用之耗條大縮 漸漸犯
　　用元穀 比之十餘年穀簿都數 董爲其半'

〈표 61〉19세기 재정충당을 위한 환곡의 감축 사례　　　　　　(단위: 石)

지역	환곡명	용도	원곡감축	1816년	소멸시기
경상	射軍木代米	균역청 年例作錢 미 400석		100	금년
강원	月課穀	義僧給代 및 軍器價本 미 400		500	내년
	監營米	支放 570석, 半分耗부족 割取元穀	450	2,500	5년 후
	帖別備穀	詳定不足給代 折米 3천석, 半分耗 부족 割取元穀	2,300	16,000	6년 후
평안	管理營米	年例作錢 2천석, 盡分耗부족 割取元穀	1,290	7,100	4년 후
	監營儲留米	各鎭火稅給代 및 江界 蔘價補給 840석, 盡分耗不足 割取元穀	400	4,000	7년 내
	當峨城穀	城堞補修·給料, 훈련도감작전 1,218석, 耗不足 割取元穀	470	10,406	9년 후
	換銀米	1천냥 작전 내탕고 상납1천석, 盡分耗부족 割取元穀	7,000	9,280	
경상	右兵營別餉米	매년 800석 作錢, 盡分耗부족 割取元穀	140	6,570	
전라	巡營米	급료 11,200석, 盡分耗부족 割取元穀	900	103,000	

出典 :『承政院日記』2083, 純祖 17년 5월 18일, 108권 308～309쪽.

　흉년으로 인한 환곡의 감소는 환곡제의 운영에도 영향을 미치고 있었다. 1809년 전라도의 장부상의 환곡 총액은 200만석으로 1807년과[73] 비슷한 수치를 기록하고 있다. 그러나 이는 장부상의 수치이고 各樣雜頉과 여름곡식(夏穀)을 분급한 것이 27만석으로 이를 제외하면 170만석이었다. 이 가운데 창고에 유치한 50여만 석을 제외한 숫자가 1809년에 분급한 환곡의 實數였다. 이해의 흉년으로 30여만 석의 환곡을 징수를 연기하고 84만 석을 징수하려 하였다.[74] 그러나 84만석은 전부 징수하지 못하고,[75] 36만여 석만을 징

---

73) 1807년 전라도의 환곡 총액은 2,089,579석으로 나타난다.(『萬機要覽』)
74)『湖南賑飢錄』, 己巳(1809;純祖 9) 11월 22일에 제시된 수치는 개략적인 것이고 11월 1일에는 穀簿 1,753,500석, 時留 574,500석, 秋捧條 1,179,00석으로 나타난다.
75) 당시의 흉년으로 징수 연기의 액수를 30만석으로 예상하고 87만석을 징수하려 하였으나, 11월 초에 이미 징수 예상액의 절반 정도만 징수할 수

수하였다.[76) 이는 분급한 환곡의 31.6%만을 징수한 것이었다.

그러므로 1810년 초의 전라도 실제 환곡 보유량은 창고 留庫穀과 1809년에 징수한 것을 합하여 租로 환산한 액수가 1,259,840여 석에 불과하였다. 1년전의 175만여 석과 비교하면 50여만 석의 환곡이 감소한 양이었다. 1810년 전라도의 實保有 환곡 125만여 석이 모두 환곡으로 분급할 수 있는 수량은 아니었다. 창고에 30만 석 정도를 비축해야 하였으며,[77) 기민에게 무상으로 분급하는 賑資 19만여 석을[78) 제외한 76만여 석을 306,126戸에게 분급하여야만 하였다.[79) 기민에게 무상분급이 이루어지고 있는 상황을 감안해도 평상시의 전라도 환곡 분급량이 120~130만 석인 것에[80) 비하면 상당히 부족한 액수였다.

이 문제를 해결하는 방안은 다른 지역에서 곡물을 옮겨와 전라도의 환곡으로 분급하는 것이었다. 당시 전라도에서는 미로 환산해 10만석의 곡물을 옮겨줄 것을 요청하여 경상도에서 5만석, 제주도에서 1만석, 평안도에서 56,912석의 곡물을 전라도로 이전하도록 하였다.[81)

흉년으로 부족한 환곡을 타지역에서 이전하더라도 재정상의 문제는 여전히 남아 있었다. 흉년으로 징수를 연기한 환곡의 수량이 많기 때문에 그 이자를 재정에 충당하는 각 아문의 비용이 부족하여 그에 대한 대책을 마련하여야만 하였다. 당시 전라도 감영에서는 환곡의 징수 연기로 인하여 재정 부족액이 3천석에 이르렀다.

있으리란 것을 예상하고 있었다.(『湖南賑飢錄』 己巳 11월 1일)

76) 1809년의 환곡분급과 징수 상황을 최종적으로 정리하면 己未新還各穀 1,155,300석 內 停退 291,455석, 未捧停退 498,696석, 징수 365,149석으로 나타난다.(『湖南賑飢錄』 庚午 3월 3일)

77) 『湖南賑飢錄』, 己巳 11월 1일.

78) 1810년 전라도의 진휼사업에서 확보한 賑穀은 286,674석으로 이중에서 朝家劃給賑資各穀은 193,210석으로 나타난다.(『湖南賑飢錄』, 「別編」)

79) 『湖南賑飢錄』 庚午(1810;純祖 10) 1월 15일.

80) 『湖南賑飢錄』, 己巳 11월 1일.

81) 『湖南賑飢錄』 己巳 11월 23일 ; 庚午 1월 2일 ; 庚午 1월 15일.

이를 해결하기 위하여 상대적으로 여유가 있는 환곡을 끌어다 쓸
수밖에 없었으므로, 전라도의 守城穀[82] 4만석 중에서 3천석을 감
영의 비용에 충당하도록 하였다. 守城穀 역시 그 이자의 사용처가
있으므로 수성곡을 보충하기 위하여 半分穀의 일부를 加分하여 수
성곡을 보충하도록 하였다.[83]

충청도에서도 원곡을 보충하기 위하여 본래 半留半分하던 곡물
을 전부 분급하거나 2/3를 분급하도록 하였다.[84]

이처럼 극심한 자연재해로 인하여 환곡은 감소하였고, 이를 보충
하기 위하여 규정된 분급비율이외에 추가로 분급하는 加分을 하거
나 보유량 전부를 분급하는 盡分을 시행하여 환곡의 비축분은 감
소하고 있었다.

이외에도 비용에 사용되는 곡물을 賑資로 활용하였기 때문에 새
로운 환곡을 창설하여 보충하기도 하였다. 전라도의 1809년 진자로
균역청구관의 補還穀이 사용되었으므로, 이를 보충하기 위하여 돈
으로 곡식을 바꾸어 균역청 환곡을 만들 것을 지시하였다.[85]

이처럼 19세기 전반의 1809~1815년과, 1832~1838년간의 집중적
인 자연재해는 환곡의 감소를 초래하였다. 1837년 충청도의 장부상
의 환곡 총액은 60여만 석으로 1807년에 비하여[86] 26만여 석이 감
축하였다. 그러나 이 수치는 舊還과 1836년에 징수하지 못한 환곡
을 포함한 수치이므로 이를 제외한 환곡은 장부상의 총액의 68.6%

---

82) 1734년(英祖 10)에 全州築城 後에 창설한 半留半分穀으로, 그 이자를 監
　　色·四色守門將·兵卒 등의 朔料에 사용한다. 비변사 구관곡이다.(『穀總
　　編攷』)
83) 『湖南賑飢錄』 庚午 2월 22일.
84) 『湖南賑飢錄』 己巳 11월 23일.
85) 『湖南賑飢錄』 己巳 11월 25일.
　　흉년시에는 징수하지 못하는 환곡이 증가하고, 또한 진자로 사용되고 있
　　었기 때문에 곡물이 부족하였다. 그러므로 돈으로 곡식을 바꾸어 환곡을
　　창설하는 사례가 빈번하였다. 이러한 환곡은 창설 당시의 연도를 붙인
　　貿穀으로 기록되었다.
86) 1807년의 충청도 還摠은 866,136석으로 나타난다.(『萬機要覽』)

에 불과한 41만여 석이었다.[87)]

1837년은 충청도에서 전년의 흉년으로 진휼사업을 실시한 해였
다.[88)] 그러므로 징수하지 못한 액수가 10만여 석에 달하였다.[89)] 이
처럼 1830년대 후반 들어 징수하지 못한 환곡의 비율이 전체 환곡
의 31.4%로 18세기 후반의 10~20%에 비하여[90)] 크게 증가하고 있
었다. 이러한 현상은 장부상의 환곡 총액의 감소와 동시에 나타나
는 현상이므로 창고에 비축해 두는 곡물의 감소를 의미하였다. 결
국 환곡의 비축기능은 1830년대 들어 점차 감소하고 있다는 것을
의미한다.

이러한 현상은 1850년에 들어 더욱 심화되었다. 1850년 후반의
경기·경상·강원·함경도의 환곡 총액을 확인할 수 있는 자료가
있다. 이들 지역을 중심으로 환곡의 감소 상황을 정리한 것이 다음
의 〈표 62〉이다.

〈표 62〉 19세기 경기·경상·강원·함경도의 각아문 환총 변동

구분	1807년	1859년	비고
호 조	573,602	432,272	75.4%
상진청	932,528	267,451	28.7%
비변사	1,292,276	1,004,228	77.7%
선혜청	224,044	291,969	130.3%
균역청	408,944	361,583	88.4%
京各司	5,529	74,441	1346.4%
감 영	1,149,397	991,825	86.3%
兵水營	70,282	105,491	150.0%
統 營	96,247	200,824	208.7%
四 都	43,513	73,075	167.9%
합 계	4,796,380	3,803,114	79.3%

出典 : 오일주, 앞의 논문 104쪽에서 1859년의 환총을 확인할 수 있는 지역만
재정리한 것임. * 비고는 1807년을 기준으로 1859년의 환총을 파악한 것임.

---

87) 「各衙門成冊」, 『各司謄錄』 48권, 461~493쪽.
88) 「忠淸道監營狀啓謄錄」, 憲宗 3년 5월 10일, 『各司謄錄』 6권, 463~464쪽.
89) 당시 충청도의 停退는 28,128석이나, 이외에도 80,468석을 징수하지 못하
여 未捧으로 기록하고 있었다.
90) 2장 3절 참조

위의 표에서 나타나는 환곡의 총액은 장부상의 환곡으로 실재 보유하고 있는 환곡은 아니었다. 1859년의 4道 환곡 총액은 1807년에 비하여 약 21%가 감소하였다. 전체적으로 환곡은 감소하고 있지만 모든 환곡이 감소하고 있는 것은 아니었다. 비용충당을 목적으로 설치된 일부 환곡은 증가하고 있었다. 특히 京各司의 환곡은 5천여 석에서 7만 4천여 석으로 급증하고 있었다. 선혜청 · 兵水營 · 統營 · 四都의 환곡도 증가하고 있다.

반면에 감소하고 있는 환곡은 주로 진휼을 위하여 설치한 환곡들이었다. 특히 상진곡은 93만여 석에서 26만여 석으로 크게 감축하여, 1807년에 비하면 28.7%에 불과한 수치를 나타내고 있다. 이외에도 호조곡과 비변사구관곡도 20% 이상의 감축을 보이고 있었다. 비변사곡은 군향곡과 각종 진휼을 위해 설치한 환곡으로 구성되어 있는데, 특히 진휼을 위하여 설치된 환곡이 다수 감축하였다.91)

이처럼 진휼을 목적으로 설치된 환곡이 크게 감소하고 비용충당을 목적으로 설치된 환곡이 증가하고 있다는 점은 환곡의 기능이 변질되었음을 알 수 있다. 또한 비축 곡물이 감소하여 흉년시에 국가적인 진휼사업을 제대로 시행할 수 없는 상황에 이른 것이었다.

위의 표에 나타난 환곡의 총액은 장부상의 총액이므로 실재 액

---

91) 19세기 호조 · 상진청 · 비변사의 三司穀의 감축은 다음과 같다.

환곡명		경기도	경상도	강원도	함경도
호 조	1807년	100,325	265,559	25,857	181,861
	1859년	24,171	232,351	19,787	155,963
	비 고	24.1%	87.5%	76.5%	85.8%
상진청	1807년	137,320	512,658	90,714	191,836
	1859년	65,271	76,210	5,861	120,109
	비 고	47.6%	14.9%	6.5%	62.6%
비변사	1807년	26,416	422,929	138,010	704,921
	1859년	66,674	372,783	85,356	479,415
	비 고	252.4%	88.1%	61.9%	68.0%

出典 : 〈표 62〉과 동일. 비고는 1807년을 기준으로 1859년의 환총을 파악한 것임.

수를 반영하는 것은 아니다. 실재 환곡의 액수를 파악하면 보유한 환곡은 더욱 큰 폭으로 감소한다. 1859년 경기도의 장부상 환곡 총액은 49만여 석으로[92] 1807년에 비하면[93] 큰 차이는 없다. 그러나 이는 장부상의 액수이고 각종의 징수하지 못한 환곡을 제외하고 실재 보유하고 있는 환곡은 미로 환산하여 14만 여석으로 장부상 액수의 55%에 불과하였다.[94]

1859년 당시 경기도의 미징수 환곡의 내역을 정리한 것이 다음의 〈표 63〉이다.

경기도의 미징수 환곡은 크게 왕조정부에서 징수를 연기해 준 舊還과 실제 미징수 환곡을 보고하지 않았다가 발각된 反逋로 구분된다. 舊還은 공식적으로 징수를 유예한 것으로 대체로 풍년이 들었을 때 징수하도록 하였다. 그러나 이런한 구환은 실제 징수할 수 없는 것이었기 때문에 계속 구환으로 장부상에만 존재하는 환곡이었다. 18세기의 경우 이러한 환곡을 주기적으로 탕감하고 있었으나 19세기에 들어서는 환곡이 감소하는 상황속에서 극히 일부만을 탕감하고 있었다. 反逋의 경우는 이자를 제하고 몇 년간에 걸쳐서 분할 징수하는 排捧을 시행하고 있었다. 그러나 이 경우도 흉년이 들면 시행할 수 없는 상황이었다. 1859년 경기도에서는 舊還 2,502석을 탕감하고, 反逋 중에서 10,329석을 징수하였지만, 아직도 舊還과 反逋를 합하여 미로 환산하여 10만여 석의 환곡이 장부상에만 존재하는 환곡으로 남아 있었다.

---

92) 1858·1859년 경기도 환곡 상황은 「京畿還餉己未歲末案」(奎 16050)을 통하여 파악할 수 있다. 이 자료는 먼저 환곡의 총액을 기록하고, 각 아문별 환곡의 수량을 기록하고 있다. 1859년 총액 기록에서는 432,514석으로 기록되어 있으나, 아문별 환곡을 합산하면 493,352석으로 약 6만석의 차이를 보이고 있다.

93) 1807년의 경기도 還摠은 517,499석으로 파악된다.(『萬機要覽』)

94) 「京畿還餉己未歲末案」에는 1859년 경기도 還摠이 各穀 493,352석으로 이것을 미로 환산하면 254,739석으로 나타난다. 이중에서 實時在 141,150석, 포흠액 113,589석으로 포흠 비율은 45%이다.

<표 63> 1859년 경기도 미징수 환곡 내역

구 분	米환산	
各衙門流貸	4,877	
巡營鑄所入	5,158	
陰竹辛丑未捧	20,355	逋吏李基天仍未捧
砥平流逋未捧	5,269	逋吏方福恒等仍未捧
抱川流逋待年豊收捧	4,860	仍未捧
驪州流逋待年豊收捧	7,652	仍未捧
高陽流逋待年豊收捧	1,503	仍未捧
麻田流逋待年豊收捧	4,266	仍未捧
楊州流逋待年豊收捧	53	仍未捧
坡州流逋待年豊收捧	8,397	仍未捧
長湍流逋己未蕩減	2,502	
積城流逋待年豊收捧	4,700	仍未捧
陽智流逋己未未捧	1,488	仍未捧
驪州辛丑反逋	5,148	1,710석 己未除耗捧上, 3,438석 仍未捧
抱川癸丑反逋	2,726	554석 己未除耗捧上, 2,172석 仍未捧
高陽乙卯反逋	328	己未除耗畢捧
麻田丙辰反逋	2,823	403석 己未除耗捧上, 2,420석 仍未捧
楊州丁巳反逋	1,547	260석 己未除耗捧上, 1,287석 仍未捧
坡州己未反逋	8,397	1,200석 己未除耗捧上, 7,197석 仍未捧
長湍己未反逋	9,321	3,107석 己未除耗捧上, 6,214석 仍未捧
積城己未反逋	5,900	1,967석 己未除耗捧上, 3,933석 仍未捧
陽智己未流逋	3,200	800석 己未除耗捧上, 2,400석 仍未捧
합 계	110,463	各年舊還 71,080석, 各年反逋 29,061석, 탕감 2,502석, 反逋徵收 10,329석

出典 :「京畿還餉己未歲末案」

　이미 19세기에 들어서 환곡의 총량은 감소하고, 창고에 유치해 둔 환곡이 적어 환곡의 비축기능이 현저히 감소하고 상황 속에서 포흠곡의 징수는 커다란 부담으로 작용하였다. 1859년 경기도에 분급한 환곡은 미로 환산하여 123,870석으로 여기에 1/10의 이자를 추가하여 납부하였다. 이외에도 분급한 환곡의 약 8%에 해당하는 10만여 석의 反逋穀을 납부하였다. 이러한 反逋를 무리하게 징수할 경우 민의 반발은 심해질 수밖에 없었다. 19세기 중반 이후의 환곡의 폐단은 환곡 분급의 과다함에 있는 것이 아니라,[95] 포흠곡의 징수를 가혹하게 하는 것에 그 근본적인 원인이 있었다. 이는 환곡 이자를 재정에 충당하고 있었던 것에 기인하고 있다.

19세기의 환곡 운영은 18세기와는 달리 미징수곡에 대한 규정을 엄격히 적용하여 왕조정부에서 징수를 연기해 주는 舊還의 액수를 감소시켰다. 그러나 이런 정책은 명목상의 환곡 총액을 유지할 뿐 실제 각 지역에서는 징수하지 못한 환곡이 다수 존재하였다. 또한 19세기 전반기에 집중적으로 발생한 자연재해로 인하여 많은 양의 환곡이 賑資로 소비되어 환곡은 감축하였고 징수하지 못한 환곡은 증가하여 장부상에만 존재하는 虛留穀의 비율은 급격히 증가하였다. 18세기 후반의 환곡 상황과 전국적인 농민봉기가 발생한 1862년의 환곡 상황을 비교한 것이 다음의 〈표 64〉다.

〈표 64〉 18세기 후반과 19세기 후반의 虛留穀 비율

지 역	1776년	1862년
경기도	16.2%	92.7%
충청도	18.4%	96.2%
전라도	20.3%	54.4%
경상도	7.7%	58.2%
강원도	9.7%	50.0%
황해도	2.0%	9.6%
평안도	16.9%	63.8%
함경도	36.4%	18.9%
전 국	14.9%	54.4%

出典 : 1776년『穀簿合錄』, 1862년『釐整廳謄錄』. 1776년은 各道 감영곡 누락, 경기도에서 四都는 제외; 오일주, 앞의 논문, 108쪽에서 재인용.

---

95) 오일주는 '1860년경의 환총은 1807년에 비하여 折米로 약 10% 이상 감소함에도 불구하고, 분급률이 높아짐에 따라서 실제 분급된 환곡은 전국적으로 약 30만석 이상이 증가했다. … 국가의 모곡수입은 증가하였고, 따라서 民의 부담은 늘어났다'과 파악하고 있다.(앞의 논문 101쪽) 그러나 이는 장부상의 기록일 뿐이며, 실제 분급된 양은 아니었다. 오일주가 제시한 바와 같이 1862년 전국의 허류곡 비율이 54.4%에 달하였으며, 이는 장부상의 환총일 뿐이었다. 민의 부담의 증가는 포흠곡의 징수에 따른 것이지 분급 환곡이 증가한 것은 아니었다.

위의 표에 나타나는 바와 같이 1862년 환곡의 실재 보유량은 장부상 액수의 절반에도 미치지 못하였다. 결국 이러한 포흠곡을 무리하게 징수하려는 시도는 民의 저항을 유발하였다. 1860년대 농민의 저항은 19세기 환곡운영의 모순에도 그 한 원인이 있었던 것이다. 요컨데, 19세기 전반의 집중적인 자연재해로 인하여 환곡은 감소하고 징수하지 못한 포흠곡은 증가하고 있었지만, 舊還에 대한 탕감은 제대로 시행하지 않았다. 이로 인하여 진휼을 목적으로 설치된 환곡은 급격히 감소하였으며, 비용조달을 위한 환곡도 일부가 감소하고 있었다. 그러나 미징수 환곡을 제대로 징수할 수없으면서도 탕감을 하지 않고 징수하려 한 정책은 환곡을 수탈적 도구로 변화시켰으며, 민의 반발을 야기할 수밖에 없었다.

Ⅱ. 還穀 賑恤機能의 變化

1. 還穀 停退의 制限

19세기 들어 환곡의 감소로 인하여 조선왕조정부가 환곡의 징수를 강화하는 과정에서 장부상에만 존재하는 虛留穀이 증가하여 실재 보유 곡물의 감소를 초래하였다. 이와 함께 공식적으로 환곡 징수를 연기하여 주던 停退마저 제대로 시행하지 않고 환곡의 징수를 강화하려 하였다. 이러한 환곡 정퇴의 억제는 환곡의 진휼기능이 축소되어 가는 과정인 것이다.

흉년은 물론 평년에도 정퇴가 이루어지고 있기 때문에 停退穀은 항상적으로 발생하고 있었으며, 이는 환곡 총량을 감소시켜 그 해에 분급한 新還 정퇴의 변화를 초래하고 있었다. 다음 〈표 65〉은 각 도의 新還정퇴와 분급한 곡식으로 징수가 어려울 경우 다른 곡식을 징수하는 代捧의 기록을 정리한 것이다.

〈표 65〉 19세기 新還停退 및 代捧의 변화

연도	경기		충청		전라		경상		강원		황해		평안		함경	
	정퇴	代捧	停退	代捧	停退	代捧	停退	代捧	停退	代捧	停退	代捧	停退	代捧	停退	代捧
1832	O	O	O	O	X	O	X	O		O	O	O		O		O
1833	□	O	□	O		O	O							O		O
1834						O								O		O
1835	O	O	O	O		O					X	O			O	O
1836		O	O				O	O	O			O		O	O	O
1837				O		O						O		O	O	O
1838	O	O	O	O	X	O		X	O	O		O		O	X	O
1839	O	O				O			O	O	O	O		O	O	O
1840			X													
1841												O				
1843												O		O		O
1844												O		O		O
1845						O							O	O	X	□
1846												O			O	O
1847						O						O			O	O
1848																
1849															O	O
1850						O									O	O
1851	X		X								X	O		O	X	O
1852			X									O				O
1853			X		X		O	O	X			O				
1854			X		X*							O				
1855												O				
1856			X				X					O				
1857			X		X*		O					X				
1858							X					O				
1859							X					O				
1860							X					O			□	□

出典 : 『備邊司謄錄』 각년 災實分等狀啓
O : 요청하여 허가, X : 요청하였으나 不許, □ : 재실분등장에서 불허하였으나 다시 재요청하여 허가, X* : 재실분등장에서 요청하지 않고, 狀啓에서 요청하였으나 不許

전라도의 경우 純祖 년간(1800-1834)까지는 新還 정퇴를 요청하면 그 비율을 조정하여 허가하는 것이 일반적이었으나[96] 憲宗 년간(1835-1849)에 들어서는 新還의 정퇴를 일체 허가하지 않았다. 1832, 1838, 1848, 1852, 1853, 1854, 1857년에 정퇴를 요청하였으나 모두 허가하지 않았다.[97] 전라도의 경우 1832년 이후 정퇴가 안되었을 뿐만 아니라 新還 정퇴를 요청한 기록도 현저히 감소하고 있음을 알 수 있다.

경상도의 경우는 1836년 新還 정퇴[98] 이후 거의 정퇴를 요청한 기록이 없다가 1853, 1856, 1857, 1860, 1861년에 정퇴를 요청한 기록이 있으나 예외적으로 1853, 1857년에만 정퇴를 허가하고 있다.[99] 1853년(철종 4) 경상도의 給災結數는 19세기 이래 가장 높은 액수를 보이고 있으며,[100] 1857년(철종 8)에도 尤甚邑 중 진주, 하

---

96) 『備邊司謄錄』 219, 純祖 31년 10월 9일, 「全羅監司朴永元災實分等狀啓」, '珍島海南置之最尤甚 順川等十三邑置之尤甚 扶安等二十邑置之之次 茂朱等十九邑置之稍實 … 其一 當年新還餉 最尤甚珍島全一邑 及海南濱海各面尤甚災戶 限折半 … 停退并待明秋還捧事也 其一 珍島等八邑所在 戊子停退還穀之昨年仍停條 并全數仍停事也 … 其一 各年舊還中 己巳未捧 庚午壬申停退條 毋論四等邑 依己例仍停 辛巳壬午丙戌條 及高敞己巳反作條 亦爲仍停事也'

97) 『備邊司謄錄』 220, 純祖 32년 10월 9일 ; 226, 憲宗 4년 10월 14일 ; 235, 憲宗 14년 10월 22일 ; 239, 哲宗 3년 10월 17일 ; 240, 哲宗 4년 10월 13일 ; 241, 哲宗 5년 9월 10일 ; 244, 哲宗 8년 10월 12일.

98) 『備邊司謄錄』 225, 憲宗 2년 10월 5일
『憲宗實錄』 4, 憲宗 3년 7월 丙子條의 畢賑기록에 의하면 憲宗 2년 가을부터 憲宗 3년 여름까지의 진휼 기록이 飢民 1,114,971口, 賑資 各穀 139,618石으로 나타나고 있다. 1830년 이후의 정퇴 기록은 設賑기록과 대체로 일치하고 있다.

99) 『備邊司謄錄』 240, 哲宗 4년 9월 27일 ; 243, 哲宗 7년 10월 4일 ; 244, 哲宗 8년 11월 3일 ; 247, 哲宗 11년 10월 22일 ; 248, 哲宗 12년 10월 29일.

100) 『度支田賦考』 結數表에 의하면 1853년 전국 급재결수가 82,221 결, 경상도 급재결수 44,400 결로 전국 총액의 절반을 넘고 있다. 이 해 가을 진휼곡으로 도합 160,000 석을 획급하고 있어 심한 기근이 발생하였음을 알 수 있다.(『備邊司謄錄』 240, 哲宗 4년 10월 14일 ; 哲宗 4년 11월 19일)

동의 尤甚面 水災戶의 新還 정퇴를 허가하고 있으나 이 역시 尤甚 10읍 전체적인 정퇴가 아니라 수재호에 한하여 정퇴를 허가하고 있다. 그러나 1859년(철종 10), 1861년(철종 12)에는 비록 수재호일지라도 정퇴를 허가하지 않고 있다.

충청도의 경우 1838년(憲宗 4) 정퇴를 허가한 후[101] 1840, 1853, 1854, 1856, 1857년에 新還 정퇴를 요청하였으나 허가하지 않고 있다.[102] 충청도 역시 1840년 이후에는 정퇴 요청이 현저히 감소하고 있으며 정부에서는 이것조차 허가하지 않고 있다.

평안도의 경우는 다른 道와 달리 1820년대 이후에는 新還의 정퇴 요청이 거의 없다. 정퇴 요청은 없지만 분급 받은 곡식이 아닌 다른 곡식으로 대납하는 代捧을 자주 요청하였다.[103] 그 후 1845년 20여년만에 龜城의 新還 정퇴와 代捧을 허가한 이후[104] 1852년 이외에는 대봉을 요청하지도 않았다.[105]

함경도의 경우는 평안도와 비슷하게 代捧의 기록이 많은 편이다. 그러나 함경도는 다른 道와는 달리 가장 늦게까지 新還 정퇴의 기

---

101) 『備邊司謄錄』 226, 憲宗 4년 10월 6일
102) 『備邊司謄錄』 228, 憲宗 6년 10월 28일; 228, 哲宗 4년 10월 6일; 241, 哲宗 5년 10월 4일; 243, 哲宗 7년 10월 14일; 244, 哲宗 8년 9월 27일
103) 『續大典』, 「戶典」, 倉庫, '還上各穀 遇災年代捧 觀察使啓聞乃施 待年還 作本色 大小米相代 而小米代大米則除耗'
　　 『四政考』, 「荒政大槪」, 蠲停, '新還則營門先請代捧 不敢直請蠲減 蓋還上 體重 無論蠲與停 欲其具出於上道理爲然故也'
　　 代捧은 곡물 징수부담을 덜 수 있기 때문에 정퇴와 더불어 많이 요청되었다. 代捧時에 單代捧이 금지되고 있으나 大小米相代도 엄밀히 따지면 單代捧이 된다. 『牧民心書』, 「賑荒六條」, 設施에 '凡準折之法 租二斗五升當米一斗 麥亦如之 粟亦如之'로 기록되고 있어 粟(小米), 麥, 租는 같은 비율을 갖는 곡식임을 알 수 있다. 또한 小米를 大米대신 납부할 때는 耗穀을 제하게 되기 때문에 납부자에게 더욱 이익이 된다.
104) 『備邊司謄錄』 232, 憲宗 11년 10월 23일 ; 憲宗 11년 12월 5일
　　 이 해 평안도 진자로 京司上納錢 30,000 兩과 各穀 12,000 石을 획급하였다.
105) 『備邊司謄錄』 239, 哲宗 3년 9월 15일

록이 나타나고 있다.[106] 1835, 1836, 1837, 1839, 1846, 1849, 1850, 1860년에 정퇴를 허가하고 있으며[107] 정퇴를 요청하였으나 허가하지 않은 경우는 1838, 1845, 1851년뿐이었다.[108] 1860년(철종 11)의 경우는 이해 9월에 明川 등의 읍에 화재가 발생한 후에 수재가 겹쳐서 수천 호의 피해가 발생하였다.[109] 이러한 상황에서 정퇴를 요청하였으나 허가하지 않다가 다시 요청을 하자 허가하고 있다.[110] 1860년의 예외가 있으나 함경도에서는 1850년 이후 환곡 정퇴의 변화가 일어나고 있다.

황해도의 경우도 평안·함경도처럼 환곡의 정퇴 요청보다는 代捧요청이 빈번하였다. 1830년대 이후의 정퇴 요청은 1835, 1839, 1851년에 정퇴 요청을 하였으나 1839년(헌종 5)에만 정퇴를 허가하였다.[111] 1851년에는 災實分等狀에서 정퇴 요청을 거절하자 다시 정퇴 요청을 하지만 허가하지 않고있다.[112]

강원도의 경우는 정퇴, 代捧의 요청이 드물게 나타나고 있으며 1840년 이후로는 환곡의 정퇴, 代捧, 舊還, 未捧 등의 환곡 관계 기록이 災實分等狀에 거의 나타나지 않는다. 1839, 1853, 1858년 정퇴

---

106) 환총관계 기록에 의하면 함경도는 전국에서 가장 충실하게 환곡을 운영하고 있다. 1862년 전국 虛留穀의 비율이 54.4% 인데 함경도는 18.9% 였으며, 허류곡에서 정부가 환곡징수를 연기해 준 舊還은 77.8%로 기록상으로 보자면 白徵의 피해를 가장 적게 받고 新還의 정퇴는 타도와 달리 1850년까지 지속할 수 있었다.

107)『備邊司謄錄』223, 憲宗 元年 10월 4일 ; 224, 憲宗 2년 10월 5일 ; 225, 憲宗 3년 11월 4일 ; 227, 憲宗 5년 9월 16일 ; 233, 憲宗 12년 9월 27일 ; 236, 哲宗 즉위년 10월 2일 ; 237, 哲宗 원년 11월 4일 ; 247, 哲宗 11년 9월 25일.

108)『備邊司謄錄』226, 憲宗 4년 10월 12일 ; 232, 憲宗 11년 10월 23일 ; 238, 哲宗 2년 9월 16일.

109)『備邊司謄錄』247, 哲宗 11년 9월 9일.

110)『備邊司謄錄』247, 哲宗 11년 11월 4일.

111)『備邊司謄錄』223, 憲宗 元年 9월 26일 ; 227, 憲宗 5년 9월 23일 ; 238, 哲宗 2년 9월 17일

112)『備邊司謄錄』238, 哲宗 2년 9월 27일.

요청이 있었으나 1839년(憲宗 5)에만 정퇴를 허가하고 있어 강원도의 경우도 1840년을 기준으로 환곡 정퇴의 변화를 파악할수 있다.[113]

경기도의 還餉은 山城穀의 문제가 큰 비중을 차지하고 있다. 북한산성곡과 대흥·임진·장산성향곡의 본읍 유치가 가장 큰 문제였다. 新還의 정퇴에 있어서는 다른 도와 비슷하게 1840년 이후에는 환곡 정퇴의 요청이 거의 나타나지 않는다. 다만 예외적으로 1851년(철종 2)에 新還 정퇴를 요청하였으나 허가하지 않고 있다.[114]

이처럼 함경도를 제외한 전국의 新還 정퇴는 1840년을 기준으로 뚜렷한 변화를 보이고 있다. 신환의 정퇴는 1835년(憲宗 1)에서 1840년(憲宗 6)사이에 실시된 진휼정책과 밀접한 관련을 맺는 것으로 파악할 수 있다.[115] 6년간의 계속적인 진휼정책 시행 후 1840년에는 8도가 대체로 풍년이 들자 환곡의 부가 징수를 지시하고 있다.

근래 조적의 폐단이 심하다. 흉년에는 백성들이 납부하지 못하여 虛誣未捧, 除耗仍停, 小詳定 등 許多名色의 폐단이 있었다. 금년에는 다행히 8도에 고르게 풍년이 들어 곡가가 뛰지 않으니 이같은 시기에 조금 더 징수하는 것이 점차 釐正하는 방법이 된다. 諸道에 伸飭하고 내년 봄 備郎을 파견하여 조사하여야 한다.[116]

물론 이러한 지시가 어느 정도로 철저히 시행되었는가는 의문이지만 연이은 각 도의 진휼시행으로 인하여 환곡이 虛穀化하여 감축되고 있으며 폐단이 증가하는 상황을 파악할 수는 있다.

1830년대 후반 이후 新還 정퇴를 억제하려는 노력은 1840년 이후에는 전국적으로 신환 정퇴의 중지로 나타난다. 그리고 정퇴의

---

113) 『備邊司謄錄』 227, 憲宗 5년 10월 7일 ; 240, 哲宗 4년 10월 8일 ; 245, 哲宗 9년 10월 11일
114) 『備邊司謄錄』 238, 哲宗 2년 9월 28일.
115) 정부의 진휼정책 문제는 222쪽 〈표 51〉 참조.
116) 『備邊司謄錄』 228, 憲宗 6년 10월 20일.

중지로 인해 對民收奪的 양상이 강화되었다. 따라서 환곡 징수의 어려움으로 인한 신환 정퇴의 중지는 더 이상 환곡에서 진휼의 기능을 고려하기 보다는 재정보충을 위한 환곡 총량의 감소를 방지하려 한 것이었다. 이것은 재정기능과 진휼기능의 양면성을 가지고 있었던 조선후기의 환곡제도가 1840년을 전후하여 진휼기능을 거의 상실하고 재정기능 위주로 운영되기에 이른 것임을 뜻한다.

2. 加分의 停止

환곡에서 진휼기능의 변화과정은 환총의 감소를 방지하려한 新還 정퇴의 중지 이외에 加分制의 변화를 통해서도 파악할 수 있다. 이미 분급된 환곡의 부족을 보충해 주기 위해 추가로 환곡을 분급해 주는 加分은 보유 환곡 전부를 분급하는 盡分과 함께 18세기 후반부터 환곡 폐단의 주요 원인으로 지목되고 있다.

그러나 이러한 폐단이 전국적으로 심각한 문제로 제기되는 것은 19세기 이후로 파악된다. 통계적으로 뚜렷이 나타나는 19세기 加分制는 가분의 시행 목적의 변화를 보이고 있으며, 이것은 곧 환곡의 재정기능이 강화되고 진휼기능은 축소되는 과정으로 이해할 수 있다. 이처럼 환곡제도는 각종의 포흠곡으로 인한 환곡의 감소뿐만 아니라 그 진휼적 성격으로 말미암아 환총의 감소 원인이 되었으며, 이는 다시 환곡 진휼기능의 축소를 초래하였다.

환곡의 총량은 1807년 약 천만석을 정점으로 하여 그후 점차 감축되어 1862년에는 약 500만 석으로 축소되었다.117) 이러한 환곡 총량의 감소추세에 따라 규정된 分留法만118) 가지고는 춘궁기, 절

---

117) 오일주는 萬機要覽, 靑邱圖, 厘整廳謄錄 등을 이용해 19세기 환총 기록을 다음과 같이 정리하고 있다. 1807년 9,995,599석, 1828년 7,987,440석, 1862년 5,074,244석(오일주, 앞의 논문, 82쪽 〈표 12〉)
118) 『萬機要覽』,「財用篇」3, 糶糴, '折半留庫折半分給即常法 亦有二留一分

량기의 농민에게 종자와 농량을 충분히 분급하지 못하고, 지방아문의 재정난도 타개하지 못하였으므로 19세기에 들어서는 항상적으로 加分이 시행되지 않을 수 없었다.

법전상에 규정된 가분 조항에는[119] 種糧이 부족한 때로 한정하고 있지만 19세기에 들어서 가분은 항상적으로 시행되고 있었으며, 종량이외에도 지방아문이 경비부족을 충당하기 위해 가분을 시행하고 있다. 이러한 가분 시행 목적의 변화는 19세기 환곡제도의 변화와도 밀접한 관련을 맺는 것이다.

加分은 각 도의 監司가 가분의 액수를 정하여 보고하기도 하고, 액수를 정하지 않고 留庫穀의 비율로 요청하기도 하며, 가분을 시행한 후에 보고하기도 한다.[120] 그러나 19세기에 들어서 액수를 정하여 가분을 요청하도록 하고 있으며 막연히 가분을 요청하면 감사를 문책하고 있다.[121]

각 지방에서 가분을 요청하는 시기는 대체로 3월에서 5월에 집중되어 있다. 이것은 보리고개인 絶糧期를 극복하기 위해서이며 種穀을 마련하기 위한 방법이기도 하였다. 가분은 절량기나 농절기에 농민의 생존과 농업 재생산을 위하여 요청되었다. 정부에서는 감사의 가분 요청에 대해 대부분 그 액수 모두를 허가하고 있었다.[122]

　　者 有一留二分者 有盡分者 有全有者 有限年改色者'
119) 『典律通補』, 「戶典」, 糶糴, '道臣狀請加分 則分數許之'
　　　『萬機要覽』, 「財用篇」, 糶糴, '若因種糧之不贍 道臣啓請 則亦許加分 而
　　　擅自加分者 從輕重科罪'
120) 『四政考』, 「還政考」, 加分, '年事失稔 種糧告乏 則就應留中 狀請加分 或
　　　限幾萬幾千石 指數仰請 或不硬定其數 以待畢分 更爲登聞爲辭 或以尤甚
　　　邑留庫幾分一 之次邑幾分一請加 其例不一諸道'
121) 『備邊司謄錄』 194, 純祖 3년 4월 1일, '司啓卽見平安監司金文淳狀啓 …
　　　各邑鎭餉還留庫中 特許加分事 請令廟堂稟旨分付矣 … 今此狀辭之泛言
　　　量宜 殊涉不審 所當問其石數後 覆啓 而如是之際 節序漸晩 民事可悶 雖
　　　姑依施 而該道臣推考警責 後勿援例之意 更加申飭 加分穀數 必須精約磨
　　　鍊 畢分後使之狀聞何如 答曰允'
122) 감사가 가분을 요청하면 비변사에서는 감사의 요청대로 허가해 달라는

이는 환곡분급의 증가로 인한 폐단을 염려하면서도 농민의 빈궁한 사정을 고려하여 가분을 허가할 수밖에 없었기 때문이다.

　가분은 당장의 꼭 필요한 액수만을 요청하고 있었기 때문에 한 번 가분을 한 후에 부족한 경우가 발생하면 다시 가분을 요청하여 허가를 얻고 있다. 전라도에서는 1804년 5월, 6월, 8월, 10월에 2번 등 총 다섯 차례에 걸쳐 8만여 석을 가분하고 있으며,123) 충청도의 경우는 1814년까지 1년 평균 2회의 가분을 시행하고 있었다.

　비록 가분이 전체 還摠에서 차지하고 있는 비율은 적지만124) 가분의 분급시기가 매우 빈궁한 시기였으며 또한 이미 分留法대로 환곡의 분급을 끝냈거나 분급을 시행하며 부족한 액수를 요청하는 것이었기 때문에 가분의 역할은 무시할 수 없는 것이다.

　〈표 66〉는 1801년부터 가분이 중지되기 전인 1853년까지 비변사등록에 나타난 가분의 기록이다. 환곡 分留法 이외의 고정된 액수를 매년 加分하여 그 耗條를 지방아문의 경비로 사용한 것을 應加分이라고 한다.125) 비변사등록의 기록에서는 응가분의 액수가 구체적으로 나타나는 경우가 드물기 때문에 〈표 66〉에서는 응가분을 제외한 가분 액수만을 통계처리 하였다.

　'依狀請特爲許施何如'라는 문구를 상투적으로 사용하여 왕의 허가를 얻고 있다. 이처럼 가분은 감사의 요청이 거의 관철되고 있었다.

123) 1804년 전라도에서는 5월 16일 25,000석, 6월 1일 20,000석, 8월 5일 20,000석, 10월 3일 14,300석, 10월 21일 1,600석 등 총 80,900석을 가분하고 있다(『備邊司謄錄』195, 純祖 4년 5월 16일; 6월 1일; 8월 5일; 10월 3일; 10월 21일).

124) 오일주, 앞의 논문 35쪽. 1797년 환총 9,380,653석 중에서 應加分穀은 217,081석으로 전체의 2.3%에 해당한다. 응가분과 가분의 액수를 합하여도 그 총액이 환총에서 차지하는 비율은 크게 높아지지 않는다. 〈표 66〉 참조

125) 『四政考』, 「還政考」, 加分, '或因防弊諸加分取耗 歲以爲例 名曰應加分' 『備邊司謄錄』 214, 純祖 26년 7월 8일, 「忠淸右道暗行御史金正喜別單」, '雖於因支放而應加分 因民食而別加分'

<표 66> 19세기 加分 시행 상황　　　　　　　　　　（단위: 石）

연도	경기	충청	전라	경상	강원	황해	평안	함경	4都	합계
1801	9000	13000								22000
1802	9000	10000			34000					53000
1803	10500	10000			33000					53500
1804	12600	9000	80900				7790		8315	118605
1805	13000	23500	40000		32000	20500	29223		6450	164673
1806	2300	8000			24000		10180			44480
1807	7000	8000	45000	1000	25000	5000	14100	4000	3865	112965
1809	5800	18000	58000	6650	27000		13051		9675	138176
1810	12000	32172			33000	6000	20000	4000	30939	238148
1811	4230	13000	53000		43000	17000	55130	10000	22182	217542
1812		10000	25000		20000	28847		15000	12400	111247
1813	21900	10800	30000		40000	3500		8000	16900	131100
1814	28000	13000	30000		37000	25000		30000	22756	185756
1816	15000	14000	20000		23000	15000	1138	30000	12403	130541
1817	2000				20000	13638	1900	20000	4071	61609
1818	2000	4000	3790		20000	13480		3000	9359	55629
1819	3000	17500	10000		20000		3367	3000	9709	66576
1820	3000	3000			20000	13500	1000	3000	10881	54381
1822	3000	9000	10000		20000	14100	16865	20000	15467	108432
1823	3000	4000	10000		20000	14000		20000	14332	85332
1824	2000	3000	10000			14000		3000		32000
1825	2000	2000	10000		20000	14000			3451	51451
1826		3000			20000	14000			10880	47880
1827	2000	1000	10000		20000	14000		3000	8700	61700
1828	2000		10000		20000	14000		10000	1100	57100
1829	3348	3000	10000		20000	14000		20000	14501	84849
1830	2000	12000		10000	20000	14000			8338	66338
1831		3000			20000	17000		10000	8768	58768
1832		3000			20000	14000		3000	4524	44524
1833		4000				14000			24491	42491
1834		4000				14000			806	18806
1835		4000				14000	5000	3000	8000	34000
1836		4000				14000	4049	9000	8869	39918
1837		4000				14000		99000	9050	126050
1838		4000				14000	455	9000	8721	36176
1839		4000				14000		7000	15445	40445
1840		4000				14000		7000	15746	40746
1841		4000				14000		5000	4226	27226

1843		4000				14000		5000	10741	33741
1844		4000				14000		5000	10423	33423
1845		4000				14000		3000	5872	26872
1846		4000				14000		3000	8355	29355
1847		4000				14000		8000		26000
1848		4000				14000		3000	9045	30045
1849		4000				14000	10000		10229	38229
1850		4000				14000			6817	24817
1851		4000				14000			6527	24527
1852		4000				14000			11421	29421
1853		4000				14000			13051	31051

出典 : 『備邊司謄錄』 各年 加分狀啓

　경상도의 경우는 다른 지역과는 달리 가분을 요청한 기록이 드물다. 이것은 경상도에서는 매년 고정 액수를 가분하는 應加分의 액수가 88,250석으로[126) 다른 지역보다 월등히 높게 나타나고 있었기 때문이다.[127) 또한 19세기 초반 경상도의 가분 액수는 年間 10만 석 정도로 파악되고 있으며, 그 가운데 응가분이 88,000석 이상으로 가분 액수의 대부분을 차지하고 있어 응가분 이외의 가분 요청은 좀처럼 허가하지 않고 있다.[128)

　應加分은 구체적 액수를 표시하는 경우는 드물고 단지 應加分외

---

126) 『備邊司謄錄』 196, 純祖 5년 3월 4일.

127) 19세기에 비변사등록에서 구체적으로 應加分의 액수가 파악되는 지역은 충청도 折米 1,200석 혹은 各穀 2,000여 석, 평안도 34,600석, 전라도 折米 7,000석으로 나타나고 있다.(『備邊司謄錄』 200, 純祖 10년 6월 14일 ; 203, 純祖 13년 6월 17일 ; 純祖 13년 1월 3일 ; 217책 純祖 29년 7월 5일)

128) 『備邊司謄錄』 198, 純祖 7년 6월 26일, '卽見慶尙監司尹先顔報本司辭緣 則本道米還中 除出元加分 數甚不敷 更添萬石加分 則恐多弊端 而本道每年狀請加分 皮各穀之數 不下十萬石內外 … 加分事置之'
元加分은 應加分과 같은 의미로 파악할 수 있다. 이 기록에 의하면 응가분이외에도 가분이 실시되고 있는 것을 알 수 있는데 비변사등록의 가분장계에는 나타나고 있지 않으므로 분석하지 못하였다. 〈표 66〉의 가분 통계는 이러한 점에서 가분의 액수를 총괄하지 못하고 제한된 의미를 갖는다.

몇 석이라고 가분을 요청하고 있었기 때문에 지속적으로 應加分이 시행되었는가는 정확히 파악할 수 없다.[129) 단지 충청도의 경우는 매년 가분을 요청할 때 應加分외 몇 석이라고 요청하다가[130) 가분의 액수가 4,000석으로 고정되는 해인 1833년(純祖 33) 이후 가분 요청 장계에서 應加分이라는 표현이 사라지고 있어서 가분의 변화가 일어나고 있는 1830년대 이후에 應加分도 변화를 보이고 있는 것으로 파악할 수 있다.

이처럼 통계적으로 나타난 19세기 전반의 加分制는 1830년을 전후로 한정된 지역에서 매년 일정한 액수를 가분하고 있음을 보여주고 있다. 1830年代에는 加分制의 변화뿐만 아니라 吏鄕들의 積逋를 收充하기 위해 減價作還制가 1831년을 전후로 하여 새로이 도입되었으며, 부세수취에서도 都結이 전국 도처에서 빈번하게 논란되기에 이르렀다.[131) 또한 1830년대 후반에 이르면 조선왕조의 '量入爲出'의 재정원칙이 변화하고 있었다.[132) 이처럼 1830년대에는 부세수취, 재정문제뿐만 아니라 환곡의 운영도 변화를 보이고 있다. 이러한 변화는 환곡의 진휼기능과도 밀접한 관련을 맺는다. 그

---

129) 평안도의 경우 年例應加分이 34,640 석이었으나 각 읍의 平倉留庫가 많지 않아 13,790 석을 가분하지 못하고 있다. 이처럼 應加分은 分留式처럼 고정화 되었기 때문에 정퇴 등에 포함되었을 가능성도 있으며 응가분 액수 전부를 분급한 것은 아니다.(『備邊司謄錄』 203, 純祖 13년 8월 16일)

130) 『備邊司謄錄』 201, 純祖 11년 3월 24일, '以爲道內穀簿 自來不敷 昨年稽事 亦免歉 應分之數 末由排巡 應加分外 各樣還軍餉留庫中 限七千石 特令加分'

131) 韓相權, 1989, 「18·19세기 還穀紊亂과 茶山의 改革論」, 『國史館論叢』 9: 安秉旭, 1989, 「19세기 賦稅의 都結化와 封建的 收取體制의 해체」, 『國史館論叢』 7.

132) 박석윤·박석인, 1988, 「朝鮮後期 財政의 變化時點에 관한 考察」, 『東方學志』 60.
1819~1838년간은 조선왕조의 재정원칙인 '量入爲出'이 지켜질 수 없는 상황이었으며, 이에따라 새로운 재정원칙이 자리잡아 가는 移行期로 파악하고 있다. 또한 1838년을 조선왕조 재정의 변화시점으로 주목하고 있다.

러나 1840년까지 新還의 정퇴가 이루어지는 것을 볼 때 1830~1840년의 기간은 환곡제도가 진휼의 기능은 축소되고 부세기능 위주로만 이행해가는 과도기로 파악할 수 있다.

환곡에서 진휼기능의 약화 현상은 加分制의 변화를 통해서도 나타나고 있다. 19세기 들어서 매년 불규칙하게 나타나던 가분의 액수가 고정되었으며 가분이 특정 지역에서만 시행되는 변화를 보인다. 이것은 가분의 시행 목적이 변화되고 있으며 환곡 총액의 감소 문제와 결부되어 나타나고 있다.

가분의 목적은 크게 농민 진휼을 목적으로 한 가분과 비용충당을 목적으로 한 가분으로 구분할 수 있다. 농민 진휼을 목적으로 하고 있는 가분은 대체로 농량과 종자의 분급 부족을 이유로 들고 있다.[133] 특히 극심한 기근이 발생하였을 경우 그 여파는 당년에 끝나는 것이 아니라 몇 년 간을 지속하고 있다. 1809년 전라도에서는 당시 분급한 환곡 120여만 석중 2/3인 80여만석을 정퇴하였다.[134] 정퇴곡 80여만석을 일시에 징수할 수는 없었기 때문에 다음 해인 1810년 전라감사는 정퇴곡의 5년간 分納을 요구하고 있다.[135] 이러한 상황에서도 새로운 환곡을 분급하기 위하여 가분을 요청하고 있다.

자연재해로 인한 정퇴곡의 증가는 환곡 총량의 감축을 필연적으로 동반하고 있으며 기근이 발생하는 해일수록 가분의 수가 증가하는 악순환은 계속되었다. 계속되는 정퇴로 인한 환곡의 감소와 이에 따른 가분곡의 증가는 결국 환곡 分留法을 유지하지 못하고 보유 환곡의 전량을 분급하는 盡分化의 과정을 촉진 하고 있는 것이다. 기근이 들면 新還의 정퇴와 각종 稅가 탕감되고 있지만 보다

---

133) 『備邊司謄錄』 195, 純祖 4년 8월 5일, '又所啓 此全羅監司鄭大容狀啓也 以爲目今穀價騰踊 無異慘兼 方當鋤役 農粮告乏 邑報鎭牒逐日踏至'
134) 『承政院日記』, 純祖 10년 1월 14일
135) 『純祖實錄』 13, 純祖 10년 10월 庚寅, '全羅監司李相璜 陳疏請施災民寬 紓之政 … 五日停退還穀 限五年排定分數 次次辦納 俾紓民力'

더 급한 것은 당장의 생존을 위해 식량을 지급하는 것이었다. 극심한 기근이 들면 정부는 보유양곡을 농민에게 무상으로 지급하는 設賑을 실시하였으며 이러한 양곡은 환곡에서 충당되기도 하였다. 이처럼 환곡을 賑資로 사용한 후에는 분급할 환곡의 부족으로 加分을 할 수밖에 없는 악순환이 계속되었다.[136]

1809년 전국적 기근의 여파는 還摠의 감소와 가분의 증가를 초래했다. 특히 강원도는 전국에서 환곡의 총액이 가장 적은 도로서[137] 평상시에도 환곡 분급량만을 가지고는 분급할 수 없었기 때문에 매년 2만석 이상을 가분하고 있다.[138]

한편 비용충당을 목적으로 가분을 요청한 사례는 1810년대 기록에서는 드물게 나타나고 있지만 1820년대 이후에는 지속적으로 나타나고 있다. 그 대표적인 예로 강원도와 황해도를 들 수 있다. 강원도는 1817년부터 매년 20,000 석을 고정적으로 가분하고 있는데 1826년 가분장계에 詳定을 보충하기 위하여 가분한다고 기록하고 있으며,[139] 황해도의 경우도 1817년을 시작으로 대략 14,000 석을 고정적으로 가분하다가 1827년의 가분장계에서 경비부족을 이유로 가분을 요청하고 있다.[140] 이러한 가분의 목적은 이후의 가분장계

---

136) 『備邊司謄錄』 202, 純祖 12년 3월 16일, '司啓曰 卽見咸鏡監司金覆永狀啓 則以爲春窮轉甚 民勢已竭 倉儲半歸賑資 還戶視 前倍加 今若以應分之數 萬無及麥秋塗抹之勢'

137) 19세기 강원도의 환총 기록은 1807년 753,024석, 1828년 375,200석, 1862년 432,183석으로 전국에서 가장 낮은 수치를 기록하고 있다.(오일주, 앞의 논문, 82쪽)

138) 〈표 66〉에 의하면 1803년부터 1832년까지 최하 20,000석에서 최고 43,000석을 매해 가분하고 있다.

139) 『備邊司謄錄』 214, 純祖 26년 2월 17일, '江原監司 … 道內各衙門應留各穀中 限二萬石 依近例特許加分 以補詳定不足事 … 詳定則當有添補 農糧則每患艱乏 本道加分 已成年例 今亦依狀請施行何如 答曰允'

140) 『備邊司謄錄』 215, 純祖 27년 4월 28일, '黃海監司 … 本營支放穀 停退蕩減條給代 每以加分耗請得取用 且昨年本道穡事 畓農雖曰免歉 田種擧皆失稔 當此窮節農糧艱乏 道內會付穀應留中 各穀限一萬四千石 特許加分事'

에 계속하여 나타나고 있다. 이밖에 강화,141) 전라도,142) 경상도,143) 평안도144) 등에서 비용을 목적으로 가분을 하고 있다.

감사의 장계 내용만으로 가분 변화상황을 밝히는 것은 실제의 상황과 거리가 있을 수 있으므로 가분의 이자를 어디에 사용하였는가를 밝히는 것이 더욱 정확한 분석이 될 것이다. 각 지방아문의 句管穀 耗條는 해당 아문의 경비로 사용되고 있었다. 그러나 가분은 중앙정부의 허가를 얻어야 시행이 가능하였던 만큼 비록 지방아문곡을 가분하였더라도 그 加分耗條를 마음대로 처리하지는 못하였다.145)

한편 각 지방아문의 곡식을 가분하였을 때에는 의례적으로 지방아문에 劃給되는 것이 관례였으나 반드시 중앙정부의 허가를 얻도록 하고 있다. 이것은 가분을 시행할 때에 반드시 정부의 허가를 얻어 시행하고 있는 것과 같은 맥락으로 가분으로 인한 부정이 발생할 경우를 방지하기 위해서였다. 실제로 가분의 이자를 정부의 허가없이 사용하였다가 적발당하는 경우가 나타나고 있다.146)

加分耗 즉 加分의 이자는 대체로 각 지방에 다시 劃給되는 것이 일반적인 예이지만 호조에 移劃되기도 하였고,147) 다른 지역에 移劃

---

141) 『備邊司謄錄』 212, 純祖 24년 3월 23일
142) 『備邊司謄錄』 217, 純祖 29년 7월 5일
143) 『備邊司謄錄』 218, 純祖 30년 4월 20일
144) 『備邊司謄錄』 221, 純祖 33년 4월 14일
145) 『備邊司謄錄』 201, 純祖 11년 4월 1일, '司啓卽見 開城留守南公轍狀啓 則以爲本府穀摠 自來不敷 而農節漸晩 種糧櫃乏 各倉各鎭各穀 限三千五百石 特許加分事'
　　　『備邊司謄錄』 201, 純祖 11년 11월 18일, '司啓曰 卽見開城留守柳相祚狀啓 則以爲本營支放 自來不足 目下經用 尤爲窮急 今年加分耗 各穀三百石 依例劃給事'
146) 『純祖實錄』 11, 8년 9월 庚午, '平安道暗行御史徐能輔書啓 … 監司趙得永 … 昨年加分耗一千三百餘石竝歸私囊'
　　　『純祖實錄』 25, 22년 9월 辛丑, '鏡道暗行御史趙寅永書啓 … 前監司鄭尙愚 … 己卯庚辰加分耗 合折米五千九百九十三石 則雖或有營用之謬例 而不爲會錄 自歸法外'

되기도 하였으며,[148] 賑資에 보충되기도 하였다.[149] 그러나 이러한 사례는 일부에 불과하고 대다수는 각 지방의 경비에 충당되었다.

황해도의 경우 1817년 이후 대략 14,000 석을 매년 가분하고 있었는데, 1827년부터는 가분장계에 詳定不足을 이유로 가분하였다. 그러나 가분의 이자를 지방재정으로 劃給해 달라는 요구는 그 이전부터 계속되어왔다.

황해감사 … 本營 支放穀은 정퇴에 포함된 것이 많으니 不足耗條는 加分 耗條 1,385 석으로 例에따라 劃給하기를 요청합니다. 該營 支放 不足條는 매번 加分耗로 劃給하는 것이 辛未(1811)이후 恒例가 되었습니다.[150]

황해도의 경우는 1811년부터 지방재정을 加分耗로 충당하고 있음을 알 수 있다. 1811년 이후 감영의 가분 이유는 비용 충당에 목적이 있었음에도 불구하고 가분을 요청할 때에는 농량과 종자의 분급을 이유로 내세우고 있다. 그러나 1811년은 전국적 기근이 발생한 직후이고 이해 가을에 황해도에서 진휼사업이 시행되었다.[151] 그러므로 1811년 당시에는 가분을 시행함으로써 농민 진휼의 기능과 비용충당이라는 두가지 문제를 모두 해결할 수 있었다. 이러한 관점에서 본다면 가분의 액수가 고정되는 1817년부터를 전적으로 비용을 마련하기 위하여 가분을 시행하였다고 볼 수 있다.

강원도 역시 1826년에 詳定不足을 표면적인 이유로 가분을 시행하고 있지만 실제로는 이전부터 가분의 이자를 비용에 충당하고

---

147) 『備邊司謄錄』210, 純祖 22년 12월 1일.

148) 『備邊司謄錄』217, 純祖 29년 7월 5일 기록에 의하면 전라도에서 應加分 折米 7,000 석을 年例 取耗하여 華城 및 兵營에 획송하고 있다.

149) 『備邊司謄錄』200, 純祖 10년 5월 26일

150) 『備邊司謄錄』212, 純祖 24년 閏7월 15일

151) 황해도는 1811년 가을부터 1813년 여름까지 設賑을 실시하여 1812년 飢民 521,762 口, 賑穀 36,620 石, 1813년 飢民 309,945 口, 賑穀 12,058 石으로 나타나고 있다.(『純祖實錄』16, 純祖 12년 7월 庚子 :『純祖實錄』17, 純祖 13년 5월 乙未)

있었다.152) 강원도의 경우도 황해도처럼 가분의 액수가 20,000 석으로 고정되는 1817년부터 가분의 이자를 비용에 충당한 것으로 파악할 수 있다.

전라도는 1819년 이후에 가분 액수가 10,000 석으로 고정되어 나타나고 있으며 경기도는 1817년부터 2·3천석으로, 충청도는 1820년부터 3·4석으로 가분의 액수가 고정되어 나타나고 있다. 1817년부터 1820년사이에 가분의 기록이 나타나고 있지않은 경상도와 함경, 평안도를 제외한 전국의 지역의 가분 액수가 고정되어 나타나고 있는 것에서 加分制의 성격이 비용충당을 위한 목적으로 변화하는 과정을 파악할 수 있다.

또한 1809년부터 1815년까지 7년간 각 지역에서 계속적으로 設賑이 시행되고 있었으며 賑穀으로 141만석 이상의 곡식이 사용되었다.153) 연이은 진휼정책의 시행으로 환곡은 감축하였으며, 환곡의 감축은 중앙, 지방재정의 부족과 직결되는 것이었다. 그러므로 지방아문에서는 비용을 충당하기 위하여 매년 일정 액수를 가분하게 되는 것이다. 이처럼 매년 일정한 액수를 가분하여 지방재정에 충당하게 되면서 가분은 應加分으로 변화하고 있다. 1829년 전라도의 가분 요청에 비변사에서는 가분이 應式이 되어 매번 가분을 청하는 것이 번거로우니 이후에는 곧바로 가분하고 단지 分留磨勘후 보고하라고 지시하고 있다.154) 1829년 이후에는 전라도에서는 가분을 요청하는 기록은 보이지 않고 있어 應加分으로 변화한 것을 확실히 파악할 수 있다.155)

---

152) 『備邊司謄錄』 210, 純祖 22년 5월 25일, ‘江原監司 … 每年加分耗 各穀限二千石 取補詳定 永爲定式 … 今則道內穀摠 旣無他移補者 而每年詳定 亦不可無中排比 以本道加分耗 依所請許令取補’

153) 〈표 51〉 참조.

154) 『備邊司謄錄』 217, 純祖 29년 7월 5일, ‘雖曰加分 已成應式 每請稟處 還涉煩屑 此後則直爲加分 只令分留磨勘中懸錄事 分付何如 答曰允’

155) 『各司謄錄』 18, 「全羅監司啓錄」 2, 道光二十五年八月初五日(1845), ‘謹啓爲相考事 道內各營邑鎭驛牧場取在 各樣還穀應分條 畢分形止 今纔報來

加分制는 1833년 이후 일부지역에서만 시행되는 변화를 보인다. 충청, 황해도, 수원을 제외한 대부분의 지역에서는 환곡 가분이 거의 시행되고 있지않다. 평안도와 함경도에서는 가분이 시행되고 있었으나 가분이 시행된 해에는 대부분 設賑이 시행되고 있어 농민 진휼정책으로 가분이 시행되고 있는 것이었다.

이처럼 가분이 일부 지역에서만 시행되고 있는 것은 환곡 총량의 감소와 관련이 있다. 각종 정퇴, 탕감과 진휼정책의 시행등으로 인한 곡총의 감소는 환곡 분급액을 축소시켜 가분을 항상적으로 시행하게 하였다. 환곡 元數의 감소와 이로 인한 가분의 증가 현상은 환곡의 耗條를 경비에 사용하고 있다는 점에서 그 근본적인 문제를 찾을 수 있다. 이점은 조선왕조 정부의 재정정책과 밀접한 연관을 맺는다. 당시 상품화폐경제의 발달을 국가재정의 재원으로 충당하지 못하고 전결세, 대동, 환곡, 군포의 수입이 국가재정의 대부분을 차지하고 있는 것에서 그 단적인 예를 찾을 수 있다.[156] 지방 아문의 경비는 매년 일정하게 지출되어야 하는 상황에서 원곡 감축으로 인한 수입 감소는 어떠한 방법을 쓰더라도 부족액을 충당해야 하기 때문에 환곡을 둘러싼 각종의 폐단이 발생하게 된 것이다.

한편 19세기에 들어 전국적, 연례적으로 시행되던 가분은 還摠의 감소와 허곡화 현상 그리고 각종 폐단에 따라 가분 중지의 조치를 초래하였다. 즉 곡총의 점진적인 감소는 가분을 시행할 여분의 곡식조차 유지할 수 없는 상황에 이른 것이다.

> 매년 각 도의 가분 요청은 모두 排巡不足 種糧不敷를 칭한다. 辛酉(1801) 이후 50년간 分糶元數는 지난 시기와 비교하면 증가하였고 留庫는 감축 하였다. 또 가분이 해마다 연례가 되어 會錄實數와 儲置가 고갈되었다. 加作이

> 乙仍于 分留實數 衙門區別開錄成册 分作兩券 並與應加分一萬石 別件成册 上送于備邊司爲白乎㫆 緣由謹具啓聞'

156) 조선후기의 재정에서 환곡, 대동을 포함한 結稅, 身役이 98%에 달하며 工業稅 등의 諸稅는 2%에 불과하다.(金玉根, 1984, 『朝鮮王朝財政史研究』, 48~49)

逋欠을 이루고 加分으로 창고를 비우니 籌司의 會案이 虛簿가 된 것은 이같은 이유이며, 水旱에 속수무책이다. 加作을 방지하여 포흠을 방지하고 가분의 청이 절도가 있으면 항상 비축이 있어 많은 폐의 근원이 사라진다. 금년부터 夏·秋 各穀에 관계없이 전처럼 함부로 청하는 것을 금지한다.157)

이처럼 1853년 정부에서 가분의 중지를 지시한 근본적 이유는 포흠과 가분으로 인한 비축곡의 감소가 극심하였기 때문이다. 당시 정부에서는 포흠의 대표적인 예로 加作을 지목하고 있는데, 가작이란 환곡을 作錢하는 과정에서 규정량 이상을 作錢하는 것을 의미한다.158) 가작이 시행되는 근본적인 이유는 환곡의 정퇴, 未捧 등으로 포흠이 증가하고 이러한 포흠곡을 담당하여야할 계층이 '指徵無處'化되었기 때문이다. 즉 항상적으로 포흠이 증가하고 있는 폐단을 제거하기 위하여 포흠곡의 일부는 탕감하고, 일부는 作錢하여 타지역으로 옮기는 과정에서 加作이 발생하고 있는 것이다. 징수대상이 사라진 포흠곡을 作錢 하는 과정에서 詳定價보다 낮은 가격으로 作錢하고 있었기 때문에 小詳定, 小小詳定159) 등이 시행될 수밖에 없었으며 이런 과정은 환총의 감축을 초래하고 있었다.

포흠으로 인한 환곡의 감축은 환곡 이자수입의 감소를 초래하여 중앙, 지방재정의 부족을 초래하였으며 지방아문에서는 가분을 하여 그 이자를 비용에 충당하고 있었다. 그러나 환곡의 포흠이 지속적으로 발생하고 있었으므로 가분으로 인한 應留穀의 감축이외에도 가분으로 분급한 환곡이 포흠으로 변화할 가능성이 다분히 있었다. 따라서 가분을 적극적인 폐단으로 인식하지는 않았지만 금지할 것을 지시하고 있는 것이다. 이러한 가분의 중지는 당시 환곡

---

157) 『備邊司謄錄』 241, 哲宗 5년 2월 15일.
158) 『備邊司謄錄』 203, 純祖 13년 5월 25일, '京司外邑 未有元定作錢之穀 則
自該道藉此爲托 加元數作錢取利 是謂加作也 假使元數爲萬石 則不計某
穀 直以二萬石三萬石 混入於作錢之中 而其所作錢 亦有無限手法'
『顧問備略』, 糶糴
159) 『備邊司謄錄』 225, 憲宗 3년 4월 11일, '所爲小詳定者 始則猶爲半石之價
今則爲三之一'

문제의 심각함을 단적으로 나타내 주는 한 징표이며 정부에서는 일종의 위기의식을 표현한 것이라 하겠다.

新還 정퇴의 경우 災實分等狀에서 정퇴가 허가되지 않으면 다시 장계를 올려 정퇴를 요청하였으며, 新還 정퇴가 중지된 1840년 이후에도 이례적으로 정퇴를 허용한 경우가 있었다. 그러나 가분의 경우는 정부의 가분 중지 지시가 내린 이후 재차 가분을 요청하는 경우는 거의 나타나고 있지 않다.160) 이러한 점은 당시 시행되고 있던 가분의 성격이 농민 진휼이라는 성격에서 변화하여 지방아문의 재정적 목적에 의하여 시행되고 있다는 것을 증명한다.

요컨대 19세기에 들어서 항상적으로 시행되던 가분은 초기에는 농민 진휼이라는 본래의 목적으로 시행되었다. 그러나 還摠의 감소 추세 속에서 19세기 중엽에 이르면, 가분의 주목적은 농민 진휼보다는 지방아문의 경비보충의 목적으로 변화되고 있었다. 그런데 가분의 변화는 환곡 포흠으로 인한 虛穀化 현상의 증대로 결국에는 중지될 수밖에 없었다. 이것은 당시 환곡의 폐단이 심화되는 결과를 반영한 것이며 19세기 초기에 충실히 시행되던 환곡의 본래 목적인 농민 진휼의 기능이 변질되어가는 과정인 것이다.

3. 還穀의 虛留化와 弊端의 深化

환곡의 기능 변화는 환곡 총량의 감소와 밀접한 관련을 맺고 있으며, 결과적으로 진휼정책의 축소를 가져왔다. 19세기 환곡 총량의

---

160) 哲宗 7년 수원에서 南漢餉租 13,370 석의 가분을 요청하고 있다. 1854년 가분 금지 이후 盡分을 하여 支放不足에 보충하고 分留法을 지키지 못하고 加作, 加分 등의 폐가 발생하니 가분을 요청하다고 보고하여 정부의 허가를 얻고 있다. 가분을 일시에 금지하고 그에 대한 給代策을 마련하지 않아 지방재정이 곤란한 상황에 처한 것을 알 수 있다.(『備邊司謄錄』 43책, 哲宗 7년 8월 21일)

감소는 중앙정부, 지방아문의 재정난을 야기하고 있으며 동시에 비황곡물의 부족을 초래하고 있었다. 따라서 還摠의 감소는 필연적으로 진휼정책의 축소를 초래하였을 뿐만 아니라 재정보충의 목적 위주로 환곡제도가 시행되어 환곡의 폐단이 전국적으로 심화되었다.

還摠의 감소 원인은 각종의 포흠이 발생할 수밖에 없었던 환곡제도 자체의 모순과 정부의 진휼정책과도 밀접한 관련을 갖고 있다는 것을 살펴보았다. 그런데 환곡의 설치 목적이 진휼정책의 일환이었기 때문에 항상적으로 원곡의 감축이 문제가 되고 있었다. 이러한 元穀의 감축에 대응하여 환곡의 징수 규정을 조선전기부터 규정하고 있다.[161]

법전상의 기록에는 환곡 징수문제는 守令의 책임으로 규정되어 있다. 1698년에 편찬된 『受敎輯錄』에는 환곡을 제대로 징수하지 못한 수령은 祿捧과 解由에 구애되는 규정이 있으며[162] 이러한 규정은 1865년에 편찬된 『大典會通』까지 전승되고 있다. 이 규정이외에 신체적 처벌 규정도 마련하여 환곡 징수 책임을 강화하고 있다. 『新補受敎輯錄』에서는 환곡을 기준대로 수납하지 못한 수령의 처벌에 관한 규정을 들고 있는데, 수납성적이 가장 끝이면 杖刑(決杖)에 처하고 끝에서 두번째인 자는 推考하고 있다.[163] 軍餉의 경우는 한단계 높은 규정을 적용하여 가장 마지막에 수납한 수령은 잡아다 심문[拿問]하고 끝에서 두번째인 자는 장형에 처하고 세번째인 자는 推考한다고 규정하고 있다.[164] 그 후 이 규정은 『續大典』에 그대로 전재되고 있으며 1786년에 편찬된 『大典通編』에서는 처벌규정이 더욱 강화되어 환곡 수납성적이 가장 끝인 수령은 군

---

161) 『大典續錄』, 「戶典」, 雜令, '往年未收還上 以元數十分爲率 逐年三分 漸次收納 守令遞代時 依數收納者 方許解由 其專不收納者罷黜'
162) 『受敎輯錄』, 「戶典」, 解由, '還上等內未捧 三十分之一越祿一等 二十分之一越祿二等 十分之一越祿四等 十分之二越祿五等 十分之三越祿七等 未捧千石以上者 以分數計之 則雖應爲越祿 四五等 亦越六等'
163) 『新補受敎輯錄』, 「戶典」, 還上, '還上居末決杖 居二推考 居三勿論'
164) 『新補受敎輯錄』, 「兵典」, 軍需, '軍餉居末守令拿問 居二決棍 居三推考'

향곡 처벌 규정과 같이 잡아다 심문한다고 규정하고 있다.[165]

이처럼 환곡을 징수하지 못한 수령의 처벌이 강화되고 있는 것은 그만큼 환곡징수가 원활히 이루어지지 못하고있는 것을 반영한 것이다.[166] 환곡의 감소는 지방재정을 악화시키고 있으며 환곡의 징수가 미진할 때에는 수령의 지위까지 위협받게 되는 것이다. 환곡의 징수가 끝나는 12월부터 다음해 4·5월 사이에는 감사가 환곡을 제대로 징수하지 못한 수령의 처벌을 요청하고 있으며 수령 자신이 스스로 처벌을 요구하기도 하였다.[167]

포흠곡의 발생은 항상적으로 발생할 수밖에 없는 상황이었으며, 포흠곡은 대개 환곡 부담자가 流離하거나 사망하여 징수할 대상이 사라진 경우가 대다수였다. 징수대상이 없는 포흠곡이지만 耗穀은 매년 증가하여 포흠곡의 총량은 증가하기만 하였다. 환곡 징수에 관한 규정이 강화되고있는 상황에서 포흠곡의 증가는 수령의 지위를 위협하였으므로 변칙적인 방법으로 포흠곡을 대납할 수밖에 없었다. 지방관아의 비용으로 대납하기도 하였으며 전세와 대동 등 국가의 正稅로써 포흠곡을 대납하기도 하였다.[168] 또한 토지에서 돈으로 징수할 것을 요청하기도 하였다.[169] 이러한 변칙적인 방법

---

165) 『大典通編』,「戶典」, 倉庫, '還上未準捧居末者拿問 若邊地守令則依前決杖'
166) 법전의 환곡 징수 규정은 18세기 후반 이후 강화되고 있으며, 그 규정은 19세기 들어서도 동일하다. 그러나 19세기초까지 빈번하게 시행되던 환곡 逋欠에 대한 탕감이 잘 나타나지 않는다. 19세기 들어서 환곡폐단의 주요 문제의 하나는 증가하는 포흠곡의 징수문제였다. 이러한 포흠곡의 처리문제에서 환곡폐단의 심각성을 알 수 있다.
167) 『備邊司謄錄』193, 純祖 2년 4월 10일, '卽見平安監司金勉柱前統制使李仁秀捧未捧狀啓 則平安道舊還全未捧 及舊軍餉未準捧 渭原郡守李宗爀 統營舊還未準捧 高敞縣監吳亨喆云矣 全未捧 及未準捧守令 竝依事目勘處何如 上曰依爲之'
168) 『備邊司謄錄』239, 哲宗 3년 1월 10일, '司啓曰 頃因京畿監司所報 驪州流絶逋六萬三千二百餘石零 限十年排捧之意 … 本州田稅與大同特許限十年代錢上納 以爲補逋事'
169) 『備邊司謄錄』246, 哲宗 10년 6월 19일 ; 哲宗 10년 10월 29일 ; 248, 哲宗 12년 2월 19일 ; 哲宗 12년 3월 10일.

은 악화되어가는 중앙, 지방의 재정문제를 더욱 곤란하게 하는 요
인이 되었다.

還摠의 감소가 현저히 나타나는 1840년을 전후로 한 시기의 각
지방에서는 포흠곡의 일부는 탕감하고 일부는 減價作錢하는 현상
이 전시기에 비하여 상당히 빈번히 나타나고 있다. 이러한 상황에
서『牧民心書』에서는 감사의 환곡 부정 사례로 지적하고 있는 移
貿나 作錢은 단순히 개인적인 私利를 채우기 위한 것이 아니라 근
원적인 농민의 빈곤 때문에 감축할 수밖에 없는 양곡 비축을 유지
하기 위한 수령들의 유일한 방법으로 사용되고 있었다.170) 立本171)
역시 포흠을 보충하기 위한 방법으로 사용되고 있었다.172)

환곡의 징수 책임이 수령에게 있고 그에 대한 처벌이 강화되고

포흠곡을 징수하기 위하여 토지에서 돈으로 징수하는 結斂, 都結은 환
총의 감축으로 정부가 환곡징수를 강화하자 '指徵無處'의 포흠곡의 징
수를 위한 방편으로 사용되었다. 도결의 징수는 환곡의 진휼기능은 소
멸하고 잡세의 역할을 담당하게 된 것을 의미한다. 정부에서는 도결을
금하고 있었지만 지방 수령은 일종의 관행으로 시행하고 있었다. 안병
욱은 "도결은 租庸調 체제라는 중세적인 부세수취 구조가 토지를 매개
로 일원화된 의미를 가졌다"고 파악하고 있다. 또한 순조 초년 무렵에
서 사례를 검증할 수 있었던 도결은 1830년 경에는 전국 도처에서 빈
번히 논란되기에 이르렀으며, 고위 관료에 의해서 도결이 본격 거론된
때는 헌종 4년이라고 설명하고 있다. 이후 도결은 철종조인 19세기 중
엽에는 거의 전국적 현상으로 굳어진 것으로 파악하고 있다.(안병욱,
앞의 논문. 高錫珪, 1989,「19세기 전반 鄕村社會勢力間 對立의 推移-慶
尙道 英陽縣을 중심으로-」,『國史館論叢』8)

170) Palais, Politics and Policy in Traditional Korea, Harvard University
Press Cambridge,Massachusetts and London, England, 1975, p.142.

171) '立本'이란 本穀(本錢)을 갖추어 놓는다는 의미로서, 이자와 함께 대여
곡을 상환하여 다시 본래의 숫자대로 채워넣는 것을 가리켰다.(장명희,
「18세기 후반 ～ 19세기 중반 還穀 운영의 변화」-移貿立本과 耗條 金納
化의 성립 배경을 중심으로-, 부산대학교 석사학위논문, 1997.2, 33쪽:
『肅宗實錄』肅宗 43년 12월 25일,『英祖實錄』英祖 8년 5월 29일)

172)『備邊司謄錄』225, 憲宗 3년 12월 10일, '所啓 糶糴本爲民而設 而今反爲
礪民之資 加分爲其取耗 而害歸於民 立本爲其充逋 而害歸於民'

있는 상황에서 수령은 각종의 변칙적인 방법으로 환곡 징수를 하고있으며 이것은 다시 환곡의 감소를 초래하고 있는 것이었다. 중앙정부에서는 이러한 곡물 감축을 염려하여 舊還에 대해서는 일정기간을 정하여 분할 징수하는 排捧의 금지 지시를 1837년에 내리고 있다.[173] 중앙정부의 排捧금지 지시는 당시의 곡물감소 현상을 의미하고 있으며 지방수령에게는 포흠곡을 징수하기 위하여 포흠곡과는 관련이 없는 농민들에게서 수탈할 수 밖에 없는 상황을 초래하고 있다.

환곡 총량이 감소되고 환곡징수에 대한 수령의 처벌이 강화되자 환곡은 본래의 진휼적 기능은 점차 사라지고 농민에게 크나큰 부담으로 변화하였으며 이에 대항하여 환곡을 분급받지 않는 頉戶가 증가하였다.

1840년 황해도 還摠은 각곡 467,270석으로 折米로는 327,730여석이고 戶摠 126,413 戶였다. 이가운데 公私各項雜頉을 제외하면 每戶 받는 환곡이 평균 4석이나 각 읍의 곡식이 균등하지않아 많이 받는 호는 6・7・8 석이 되었다.[174] 당시 황해도에서는 전체 호총 가운데서 환곡을 분급받지 않는 호의 비율인 탈환율이 7.6%였으며 분급받는 환곡은 4석에서 8석에 달하였다.[175] 1840년에는 탈환율이 비교적 적은 7.6%로 나타나고 있으나 1852년에는 탈환율이 현저히 증가하고 있다. 1852년 황해도의 戶摠은 135,000여호이며 還摠은 580,000여석으로 호총과 환총이 증가하고 있다. 그러나 탈환율은 엄청나게 증가하여 1/2이 탈환하고 있어 1호의 1년 농사 수확으로도 분급받은 환곡을 감당하지 못하고 있는 실정이었다.[176] 탈환호

---

173) 『備邊司謄錄』 225, 憲宗 3년 3월 11일.
174) 『備邊司謄錄』 228, 憲宗 6년 12월 29일.
175) 467,270(환총) ÷ 4(매호평균분급수) = 116,817.5(受還戶)
　　　126,413(호총) － 116,817.5(수환호) = 9595.5 (탈환호)
　　　9595.5 (탈환호) ÷ 126,413 (호총) = 0.076 (탈환율) 7.6%
176) 『備邊司謄錄』 239, 哲宗 3년 7월 21일.

의 현저한 증가는 환곡이 진휼의 기능을 상실해 가는 과정에서 포흠곡의 징수를 농민에게 떠넘긴 결과인 것이다.

극단적인 사례로 1850년 경상도에서는 환곡 분급의 과다로 1호 혹은 1夫가 받는 환곡이 100 석에 달하였으며 함경도에서도 환곡 분급이 너무 많기 때문에 문제가 되고 있다.177) 이러한 과도한 환곡 분급은 도내 곡총이 100만 석 이상인 도에서 일어나고 있다. 이처럼 많은 환곡이 실제로 분급되었다고는 볼 수 없고 각종의 포흠곡의 부담을 농민에게 전가한 것으로 파악된다.

19세기 들어서 還摠은 각종의 원인으로 인해 감소하고 있었으며, 1840년을 전후한 상황에서 환곡은 본래의 목적인 진휼기능은 점차 소멸되고 재정상의 목적위주로 운영되었다. 이에따라 환곡의 폐단은 전국적으로 강화되어 나타났으며, 이제 환곡은 수탈적 기능위주로 변질되어 가고 있었다.

---

177) 『備邊司謄錄』 237, 哲宗 1년 4월 11일.

　　조선시대의 환곡제도는 본래 농민의 재생산기반을 보호하기 위
한 제도로서 출발하였다. 그러나 17세기 전반 환곡 이자의 일부를
재정에 충당하고 있었기 때문에 환곡제도가 진휼정책의 財源으로
만 활용된 것은 아니었다. 조선후기의 환곡제도는 재정보충과 흉년
에 대비한 곡물의 비축이라는 양 기능을 수행하고 있었던 것이었
다. 본고에서는 환곡제도가 '재정보충'과 '농민구휼'이라는 이중적인
목적을 가지고 운영되었다는 사실과 시대에 따라 양면 중에서 어
느 측면이 강조되는가의 변화를 고찰함으로서 조선후기의 환곡제
의 의미를 고찰하고자 하였다.

　　17세기 후반 조선왕조의 진휼정책의 가장 큰 특징으로는 진휼을
담당하는 부서가 상설화되었고, 이들이 환곡을 운영하게 됨으로서
재정아문으로 등장하게 된다는 점에 있다. 상평청은 '權設'기관으로
치폐를 거듭하다가 1648(仁祖 26)년에 이르러 상설기관으로 변모
하였다. 그후 1650(孝宗 1)년 청의 사신접대를 위하여 3분모를 상
평청에서 회록하여 사신접대 비용으로 사용하도록 결정되었다. 상
평청에 三分耗를 회록한 일은 두가지의 커다란 의미를 갖는다. 즉
상평청이 당시 환곡의 대부분이었던 호조구관곡의 耗穀 중 3/10을

매년 會錄하게 됨으로써 상평청이 재정아문으로 등장하는 계기가 된 것이며, 이후 호조에서는 환곡 모곡의 1/10을 다시 회록함으로써 호조구관곡의 회록률이 4/10로 증가하는 계기가 된 점이다. 또한 진휼청도 17세기 후반 복설되어 활발한 활동을 하는 과정에서 독자적인 환곡을 마련하여 재정아문으로 등장하고 있었다.

이처럼 17세기 후반 상평청·진휼청은 상설되어 독자적인 환곡을 운영하기 시작하였으며, 그 이자의 4/5를 원곡에 보충함으로써 자체 증식의 구조를 지니고 있었다. 이는 18세기 환곡이 급격히 증가할 수 있는 원인이 되었다.

한편 17세기 후반의 조선왕조에서는 비축곡물을 확보하기 위하여 공명첩을 활용하고 있었다. 조선왕조정부에서 곡물을 모집하는 납속책으로서는 공명첩의 발급, 勸分의 시행 혹은 願納의 장려 등이 있었다. 권분이나 원납의 시행은 형식적으로 民의 자발적 참여를 유도하고 그에 대한 포상으로 직첩의 지급이나 實職의 제수 등이 이루어지고 있었으나, 공명첩은 대량으로 싼 가격에 공명첩을 발급하여 곡물을 모집하는 제도였다. 그러므로 공명첩에 대한 왕조정부의 인식은 국가 재정을 소비하지 않고 재정을 확보할 수 있는 방법으로 인식하고 있었다. 공명첩을 발급하여 마련한 곡물은 모두 무상분급하는 것이 아니라 그 절반을 비축해 두고자 하였다. 그러므로 17세기 후반 이후 帖價穀이라는 새로운 환곡이 등장하게 되었다. 이외에도 1704년(숙종 30)에는 이제까지 권장 사항이었던 自備穀의 마련을 일종의 의무사항으로 변화시키고 있었다. 그후 1735년(英祖 12)에 다시 한번 자비곡을 설치하라는 강력한 지시가 하달되었고, 수령에 대한 통제를 강화하기 위하여 다음해에는 자비곡의 상벌기준을 제정하였다. 이처럼 17세기 후반에서 18세기 초반의 기간에서 왕조정부는 상평청·진휼청 환곡을 운영하였으며, 帖價穀·自備穀을 설치하였다. 이에따라 移貿·料辦 등의 행위로 말미암아 그 폐단이 발생하기도 하였지만, 왕조정부로서는 비축곡물의 확보에 더 힘을 기울였기 때문에 자비곡의 확보노력은 지속될 수밖에 없었다.

17세기 후반부터 새로운 환곡을 창설하여 비축곡물을 확보하려는 노력은 18세기에도 계속되었다. 이렇게 비축된 곡물은 빈번히 발생하는 자연재해시의 무상분급의 재원으로 활용되었다. 비축곡물의 확보가 이루어진 18세기에는 진휼정책도 활발히 시행되었다. 18세기 후반 진휼정책에서 중요한 변화는 진휼방식이 확립되고 있었다는 점이다. 환곡을 분급받는 還民과 진휼곡을 무상으로 분급받는 賑民은 기본적으로 토지소유 여부를 기준으로 하였고, 家坐成册에 나타난 생활정도에 따라 구분하였다. 또한 乾粮 지급액도 18세기 후반에 이르면 성인 남자 1일 지급액이 米 5合으로 고정된다. 이처럼 기민에게 무상으로 곡물을 분급하는 양이 나이와 性別에 따라 米 5, 4, 3升으로 고정되어 10일 1회꼴로 1달에 3회 분급하는 제도가 확립되었다. 이 제도가 확립되면서 흉년이 든 당해연도에 抄飢를 하여 다음해에 設賑을 하였을 때 소요되는 곡물의 수량을 대체적으로 파악할 수 있었다. 즉 賑資의 양을 미리 파악하여 그에 대한 대비를 할 수 있게 되는 것이었다.

또한 18세기 후반 조선왕조의 진휼정책에 대한 관심이 고조되고 있는 속에서 진휼곡물의 무상분급 제도가 보다 구체적으로 구분되어 추진되고 있었다. 즉 진휼곡물의 무상분급은 公賑, 私賑, 救急으로 구분되어 시행되고 있었다. 公穀을 사용하면 公賑이라 하고, 守令이 自備하여 賑給하면 私賑이라 하고, 진휼할 인구가 적어서 공곡을 소비하지 않으면 救急이라고 하였다. 公賑과 私賑의 구분은 관 주도의 진휼사업에서 사용되는 곡물에 公穀을 사용하였는가의 여부로 구분하고 있지만, 민간차원에서 개인이 진휼사업을 시행하는 것도 私賑이라 하였다.

조선후기에 빈번히 발생하였던 자연재해의 규모를 파악하기 위하여서는 기근이 들었을 때 전세를 면제하는 급재결의 수치를 확인하는 것이 도움이 된다. 급재결의 지급상황를 통해서 18세기 중반부터 19세기까지 자연재해의 강도를 계량화할 수 있다. 급재결을 통하여 18세기의 자연재해를 살펴보면 18세기 전반이 후반보다 큰 피해를 입고 있으나, 자연재해에 대처한 왕조정부의 기록은 18세기 후반 정조대에 집중적으로 남아있다.

17세기 후반에 이어 18세기 전반에도 자연재해에 대비하기 위하여 새로운 환곡이 다수 설치되고 있었다. 흉년을 대비하기 위하여 평상시에 곡물을 비축하자는 논의 속에서 등장한 것이 軍作米였다. 군작미는 軍布납부 대상자에게서 군포대신 쌀을 징수하여 곡물을 비축한 것이었다. 군작미는 풍년이 들었을 때 곡물을 비축하기 위하여 새로운 환곡으로 탄생하였으며, 영조년간에 최소 3만석에서 11만여 석에 이르기까지 7차례에 걸쳐 보충되었다.

진휼사업에서 상평청·진휼청 곡물이 함께 거론되는 경우가 빈번해지자 1770(英祖 46)년에는 지돈녕 鄭弘淳의 청에 의해 양청의 곡물은 공식적으로 상진곡으로 통합하여 관리하게 되었다.

18세기 전반 비축곡물을 확보하기 위한 노력이 진행되었으나 지역간의 곡물비축이 균일하지 않았기 때문에 흉년시에 다른 지역에 이전할 것을 목적으로한 창고곡을 설치하였다. 왕조정부에서는 濟州로 이전을 위하여 전라도에 羅里浦倉을, 함경도로 곡물을 이전하기 위하여 1732년(英祖 8)에 경상도 延日에 浦項倉을 설치하었다. 1737년(英祖 13)에는 함경도 北關의 구제를 위해 德源에 元山倉을 설치하였다. 이후 1742년(英祖 18)에 영남 이전곡을 중심으로 德源 元山倉, 咸興 雲田倉, 利城 者外倉의 함경도 남관의 交濟 3本倉 체제가 성립하었다. 이외에도 1762년(英祖 38)에 발생한 흉년을 계기로 삼남지역에 濟民倉을 설치하였다.

이처럼 18세기 전반에는 흉년에 대비한 각종의 환곡이 설치되어 환곡은 증가하고 있었다. 그러나 흉년을 대비한 환곡 이외에도 지방재정을 보충하기 위한 監營穀, 統營穀 등도 증가하고 있었으며,

18세기 후반에 이르러서는 중앙아문에서 재정보충을 위한 환곡을 운영하게 되었다.

18세기 환곡은 중앙아문곡인 호조곡, 상진곡, 비변사 곡물 등과 지방곡인, 감영곡과 통영, 병·수영 곡물 등이 있었다. 균역법의 시행 이후 균역청도 환곡을 운영하게 되었다. 균역청의 환곡 운영은 호조,상진청, 비변사 이외에 중앙아문이 환곡을 운영하는 계기가 되었다. 그후 정조년간에 들어서 균역청 이외에 장용영을 신설하면서 그 비용을 충당하기 위하여 환곡을 설치하였고, 이어서 총융청, 사복시, 주자소, 수어청, 병조, 형조, 한성부 등이 비용 조달을 목적으로 환곡을 설치하여 운영하였다. 균역청과 선혜청을 제외한 각 아문의 환곡 운영은 비용 조달을 목적으로 설치되었기 때문의 전부를 분급하는 盡分의 형식으로 운영되었다. 균역청과 장용영을 제외한 각 아문의 환곡 총량은 그 수가 많은 것은 아니나, 중앙아문에서 재정보충을 위한 환곡을 설치하였고, 그 시기가 정조년간에 주로 이루어진다는 점에서 18세기 말에 이르면 재정보충을 목적으로 한 환곡의 설치가 활발히 이루어지고 있음을 알 수 있다.

조선왕조정부에서 비축곡물의 확보와 재정충당을 위해 노력한 결과 18세기 초에 5백만석이었던 환곡이 18세기 중반에 이르면 8·9백만석으로 증가하였다. 18세기 후반의 還摠 기록에서 두드러지게 나타나는 점은 곡물의 명색이 다양해지고 있다는 점이다. 17세기 전반까지 호조곡과 통영곡 등의 군향곡의 명색만 있었는데 17세기 후반 상평청·진휼청 환곡이 창설된 이후 호조와 함께 三衙門穀으로 환곡운영의 중심을 이루게 되었다. 그후 18세기에 들어서 비변사구관의 다양한 환곡 명색이 등장하게 되는데 이들은 진휼에 주로 사용되는 자원으로서 재해에 대비하기 위한 곡물이었다. 결국 17세기 후반에서 18세기 전반에 이르는 시기의 환곡 증가는 재정보충이라는 측면을 무시할 수는 없지만, 다른 한편으로 빈번한 자연재해에 대비하여 곡물을 비축하기 위한 것임을 알 수 있다.

한편 18세기 후반에 이르면 9백여만 석의 還摠은 큰 변동이 없는데 중앙아문에서 비용조달을 목적으로 운영하는 환곡이 설치되기 시작한다. 이시기에는 常賑穀을 비롯해 진휼을 목적으로 설치된 환곡은 감소하고 있었다. 18세기 후반에는 진휼용 환곡이 감소하고 있지만 재정충당을 목적으로한 환곡이 증가하고 있어서 전체 환곡의 총량은 큰 변동이 없는 시기였다.

18세기 들어서 환곡이 급증하고, 그 운영목적이 각기 달랐기 때문에 환곡의 운영방식도 다양해 질 수밖에 없었다. 18세기 전반기에 환곡의 중심을 이루는 곡물은 호조곡과 상평청·진휼청 곡물이었으며, 이들 곡물은 절반만을 분급하는 '半留半分'으로 운영되었다. 호조곡은 군자곡, 倉元穀, 혹은 元會穀으로 불려졌으며, 지방에서 제사 비용 및 각종의 恤典과 제반 비용에 사용되었다. 상진곡은 호조 원회곡과 마찬가지로 휼전과 각종의 비용에 사용되었을 뿐만 아니라, 그 이자의 일부를 수령이 取用하고 있었기 때문에 지방관의 입장에서 보면 호조곡과 크게 다를 바가 없었다.

半留半分穀과 더불어 환곡 운영의 기본을 이루는 것이 보유한 곡물 전부를 분급하는 盡分穀이다. 盡分穀은 주로 지방 감영에서 마련하여, 재정에 충당하고 있었으므로, 시행 초기부터 모두 분급되었으며, 결코 불법적인 방식은 아니었다. 감영곡은 '元會'와 대비되어 '別會'라고 불리웠다. 별회는 각 지역의 감·병·수영에서 관리하는 곡물로서 중앙재정과는 관련이 없는 지방재정에 사용되었다. 이처럼 별회는 중앙재정과 관련이 없는 곡물이었기 때문에 중앙에서 어사를 파견하여 곡물을 조사할 때에도 원회부와 상진청곡만을 조사하고, 순·통영구관 곡물은 본영에서 자체적으로 검사하고 있었다. 別會는 임진왜란 이후 명나라 군사의 군향을 조달하고 남은 것으로 설치한 후 지방재정의 중요한 조달원이 되었다.

이처럼 지방 환곡은 중앙정부에서 마련한 것이 아니었고, 또한 그 용도가 재정보충에 사용되었기 때문에 중앙정부에서 일률적으로 감축할 수 없는 형편이었다. 지방재정에 대한 배려가 없는 상황에서의 지방환곡의 증가는 당연한 것이었고 이 과정에서 환곡의 증가와 그 폐단이 야기될 수밖에 없는 상황이었다.

이외에도, 환곡은 총액을 삼분하여 1분만을 분급하는 '二留一分' 등 다양한 방법으로 운영되었다. 보유한 곡물의 1/3만 분급하는 환곡은 주로 제민창곡, 포항창곡, 교제창곡 등의 창고곡이었다. 18세기 이후 급격히 증가하는 환곡의 운영 속에서 타지역의 이전을 목적으로 설치된 창고곡은 반류반분의 환곡보다 건실하게 운영되었다.

18세기의 환곡은 다양한 방식으로 운영되었으나, 재정에 보충하는 환곡이 증가하면 환곡의 분급률을 확대해 나갔다. 18세기 후반 환곡의 분급률이 확대되었는데, 그 원인의 하나는 加分의 시행이었다. 가분은 半留半分穀 중에서 왕조정부의 승인을 얻어 창고에 남은 환곡을 추가로 분급하는 것을 말한다. 흉년이 들었을 때 환곡 분급을 확대하기 위하여 가분이 시행되었으며, 특히 보리 흉년이 들어 6월달에 가분하는 경우에는 모곡을 면제해 주기도 하였다. 그러나 왕조정부의 허락을 얻지 않고 수령이 임의로 분급하는 擅分·私分은 처벌의 대상이 되었다. 흉년시에 농량이나 종자를 확보하기 위하여 가분을 시행하는 경우 이외에 비용 충당을 목적으로 가분하는 경우도 있었는데 이를 應加分이라 하였다.

加分·應加分의 시행과 함께 18세기 후반에 설치된 환곡에서 盡分穀이 급격히 증가하고 있었다. 중앙아문 진분곡의 경우 영조년간에 증가하기 시작하여, 정조년간에 급증하고 있었다. 특히 정조년간에는 중앙아문의 진분곡이 외아문곡의 약 2배 정도 설치되었다. 이는 중앙아문에서 비용조달을 목적으로 환곡을 새로이 설치하여 운영한 결과였다. 호조곡, 상진곡 그리고 비변사곡은 감소의 추세를 보이고 있는데 반하여, 균역청, 장용영 등의 중앙아문 환곡은 새로 설치되어 진분의 형식으로 운영되었다. 이는 정조년간의 환곡 운영은 비축보다는 비용 충당의 목적에 치중하고 있음을 알 수 있다. 이에 따라 환총은 감소하였으나 진분곡이 늘어나 폐단이 증가하였다. 그러나 환곡의 모곡을 재정에 충당하고 있었기 때문에 폐단을 시정할 수도 없는 실정이었다.

진분곡의 증가와 함께 징수하지 못한 逋欠穀이 증가하였다. 18세기 후반에는 장부상의 환곡 총액의 10~20% 정도를 징수하지 못하고 있었다. 환곡이 진휼의 기능을 수행하는 한 징수하지 못한 환곡이 존재하는 것은 당연하였다. 舊還의 액수가 증가하는 시기는 흉년의 시기와 일치한다. 舊還 징수를 위하여 매년 일정한 비율을 정하여 징수하도록 하였지만, 제대로 징수할 수 없었다. 이 과정에서 왕조정부는 1년간 징수를 연기한 停退와 舊還을 구분하게 되었다. 특히 조정의 정퇴 액수 이외에 각 읍에서 징수하지 못한 것은 邑未捧이라 하여 구환에 포함시키지 않았다. 구환의 적용을 엄격하게 함으로써 왕조정부에서 파악하는 구환의 수는 감축되었지만 실재 각 지역에서 징수하지 못한 환곡이 감소되는 것은 아니었다. 그러므로 19세기 들어서 전국적으로 환곡이 장부상에만 존재하는 虛留化 현상을 보이고 있는 것이다.

18세기 환곡이 급증하고, 특히 18세기 후반에 이르러서는 재정충당을 환곡이 증가하면서 각종 폐단이 구조화되었다. 삼남지역에서 지역간의 가격차이를 이용한 移貿作錢이 대표적인 사례였다. 18세기 후반 이후 삼남에 분포한 統營穀에서 운반과 비용상의 문제로 폐단이 발생하자, 왕조정부는 삼남 지역의 통영곡 모곡의 移貿作錢을 허용하였다. 그후 다른 환곡에서도 지역간의 가격차이를 이용한 이무작전이 성행하여 폐단이 되었다. 이 과정에서 규정된 액수보다 더 많은 환곡을 作錢하는 加作이 시행되기도 하였다. 이외에도 봄과 가을의 가격차이를 이용하여, 봄에 헐값의 돈을 분급하고 가을에는 그 값에 해당되는 곡물을 징수하는 錢還이 시행되기도 하였다. 이처럼 移貿作錢과 錢還은 지역과 계절의 곡가 차이를 이용하여 환곡에서 막대한 이익을 취하고 있었다. 그러나 移貿作錢과 錢

還은 18세기 후반 정조대 이후에 집중적으로 행하여졌다. 즉 환곡의 재정기능이 강화되었던 시기에 三司穀을 제외한 중앙아문곡과 지방 환곡을 중심으로 이루어졌던 것이다.

19세기 초반의 극심한 자연재해는 환곡의 감소를 초래하였으며, 환곡의 이자를 사용하는 각 아문의 재정을 어렵게 하였다. 이로 인해 진휼정책의 축소를 가져왔으며, 한편으로는 재정충당을 위하여 환곡의 징수를 강화해 나갔다. 조선왕조에서 진휼을 시행한 결과를 검토해 보면 1840년을 고비로 진휼정책의 변화를 찾을 수 있다. 진휼정책의 변화는 환총의 감소로 인해 국가재정이 축소되고, 지방재정이 악화되는 상황에서 진곡으로 사용되어질 환곡의 감소와 밀접한 연관을 맺는 것이다. 진휼과 재정충당의 목적으로 시행되었던 조선후기의 환곡제도는 환총의 감소로 인하여 진휼기능이 축소되었을 뿐만 아니라 目前의 재정문제를 해결하기 위하여 환곡에서의 착취현상이 증가하여 각종의 폐단이 발생하게 되었다. 또한 19세기에는 逋欠穀에 대한 탕감이 제대로 이루어지지 않았기 때문에 1862년에는 장부상의 還摠의 약 54%가 징수하지 못한 환곡으로 파악되었다.

19세기 들어 환곡의 감소 추세 속에서 재정충당을 위하여 환곡의 징수를 강화하고 있었다. 환곡 징수의 강화는 환곡의 징수를 연기해 주지 않으려는 방향으로 나타났다. 1830년대 후반 이후 당년도에 분급한 新還 停退를 억제하려는 노력은 1840년 이후에는 전국적으로 新還 정퇴의 중지로 나타난다. 그리고 정퇴의 중지로 인해 對民收奪的 양상이 강화되었다. 따라서 환곡 징수의 어려움으로 인한 신환 정퇴의 중지는 더 이상 환곡에서 진휼의 기능을 고려하기 보다는 재정보충을 위한 환곡 총량의 감소를 방지하려 한 것이었다. 이것은 재정기능과 진휼기능의 양면성을 가지고 있었던 조선후기의 환곡제도가 1840년을 전후하여 진휼기능을 거의 상실하고 재정기능 위주로 운영되기에 이른 것임을 뜻한다.

한편 19세기 加分制는 가분의 시행 목적의 변화를 보이고 있으며, 이것은 곧 환곡의 두 기능중 재정기능이 강화되고 진휼기능은 축소되는 과정으로 이해할 수 있다. 농민 진휼을 목적으로 하고 있는 가분은 대체로 농량과 종자의 분급 부족을 이유로 들고 있었다. 자연재해로 인한 정퇴곡의 증가는 환곡 총량의 감축을 필연적으로 동반하고 있으며 기근이 발생하는 해일수록 가분의 수가 증가하는 악순환은 계속되었다. 계속되는 정퇴로 인한 환곡의 감소와 이에 따른 가분곡의 증가는 결국 환곡 分留法을 유지하지 못하고 보유 환곡의 전량을 분급하는 盡分化의 과정을 촉진 하고 있는 것이다. 한편 비용 충당을 목적으로 가분하는 사례도 1810년 후반부터 등장하고 있다. 이에 따라 각지역의 가분 액수가 고정되어 나타나고 있다. 加分制는 1833년 이후 일부지역에서만 시행되는 변화를 보인다. 충청, 황해도, 수원을 제외한 대부분의 지역에서는 환곡 가분이 거의 시행되고 않았다. 19세기에 들어 전국적, 연례적으로 시행되던 가분은 還摠의 감소와 허곡화 현상 그리고 각종 폐단에 따라 가분을 중지하려 하였다. 즉 곡총의 점진적인 감소는 가분을 시행할 여분의 곡식조차 유지할 수 없는 상황에 이른 것이다.

還摠의 감소가 현저히 나타나는 1840년을 전후로 한 시기의 각 지방에서는 포흠곡의 일부는 탕감하고 일부는 減價作錢하는 현상이 전시기에 비하여 상당히 빈번히 나타나고 있다. 이를 기회로 移貿作錢, 立本 등의 폐단이 급격히 증가하였다.

환곡의 징수 책임이 수령에게 있고 그에 대한 처벌이 강화되고 있는 상황에서 수령은 각종의 변칙적인 방법으로 환곡 징수를 하고있으며 이것은 다시 환곡의 감소를 초래하고 있는 것이었다. 왕조정부에서는 이러한 곡물 감축을 염려하여 舊還에 대해서는 일정 기간을 정하여 분할 징수하는 排捧의 금지 지시를 1837년에 내리고 있다. 중앙정부의 排捧금지 지시는 당시의 곡물감소 현상을 의미하고 있으며 지방수령에게는 포흠곡을 징수하기 위하여 포흠곡과는 관련이 없는 농민들에게서 수탈할 수 밖에 없는 상황을 초래하고 있다. 환곡 총량이 감소되고 환곡징수에 대한 수령의 처벌이 강화되자 환곡은 본래의 진휼 기능은 점차 사라지고 농민에게 크나큰 부담으로 변화하였으며 이에 대항하여 환곡을 분급받지 않는 頉戶가 증가하였다.

이처럼 17세기 후반 이후 '재정보충'과 '농민진휼'의 기능을 수행하였던 환곡제도는 조선왕조의 체제유지에 기여하였다. 특히 17세기 후반에서 18세기 전반의 기간의 곡물비축을 통해서 18세기 전 기간에 걸쳐 활발한 진휼사업을 시행할 수 있었다. 그러나 비축곡물의 증가로 인해 현물을 유지해야만 하는 왕조정부로서는 그 부담을 民에게 전가하였다. 또한 환곡의 이자를 재정에 보충하는 부분이 증가하면 환곡제도는 크게 변질되어 갔다. 조선후기의 빈번한 자연재해로 인한 곡물의 감축과 재정보충의 부분이 증가하면서 환곡제도는 재정보충을 위주로 운영되기 시작하였다. 그 시기는 대략 1840년 경으로 파악할 수 있다. 특히 19세기에 들어서서 환곡의 징수를 강화함에 따라 환곡은 농민에게 커다란 부담으로 작용하였다.

조선후기의 체제 안정에 기여하였던 환곡제도가 1840년을 기점으로 농민재생산 기반의 보호라는 기능을 제대로 수행하지 못하고, 도리어 수탈적 기능으로 전락하여 民의 저항을 초래하게 된 것이었다. 중세현물경제체제를 유지하는데 일조를 하였던 환곡제도는 이러한 운영상의 모순으로 인하여 도리어 체제안정을 위협하는 제도로 변질된 것이었다.

별 표

〈별표 1〉 현종년간의 진휼시행 상황

연도	지역	기민	비고	출전
1659 현종 즉위	서울		상평청 3~5월 設粥	『현개』 현종 즉위년 5월 丁亥
1659	평안		안주 등 25읍 3~5월 진휼	上同
1659	충청		기민 진자 중 상평청 米·租 2,780석 견감	『실』 현종 즉위년 6월 甲午
1660 현종 1년	평안	12,210	평안도 기민수, 유민 793명. 3~6월 진휼, 진자 6,020석	『실』 현종 1년 6월 己酉
1660	경기	410	개성 기민수, 4~6월 진휼	上同
1661 현종 2년	서울	163	상평청 設粥	『현개』 현종 2년 2월 辛丑
1661	경상	47,500	전염병자 47,500여 인, 사망 938명.	『실』 현종 2년 5월 己未
1661	서울	3,000	상평청 2월 21일부터 設粥. 양반 6백여 인 건량 지급. 동서활인서 병자 470여 인	『실』 현종 2년 5월 丙子
1662 현종 3년	경상	22,629	33읍 기민. 26읍 전염병자 3,642명, 사망 53인	『실』 현종 3년 2월 己酉
1662	전라	142	아사자. 전염병 사망 998인, 전염병자 6,147명	『실』 현종 3년 2월 辛酉
1662	경상	82,253	기민수. 전염병자 12,710인, 사망자 297인	『실』 현종 3년 2월 癸亥
1662	서울	2,000	상평청 2월 10일부터 현재까지 設粥. 士族 양식 지급, 서활인서 병자 양식 지급	『현개』 현종 3년 5월 癸未
1662	서울	2,300	진휼청 設粥. 士族 및 老病者 6백 명, 동활인서 병자 1,090명 양식 지급	上同
1662	경상	2,000	진휼 사망자	『실』 현종 3년 6월 丙寅
1664 현종 5년	경상	74,105	기민수. 전염병자 1,529명 건량 지급	『실』 현종 5년 3월 戊辰
1664	경상	113,438	기민수. 設粥 50일. 전염병자 4,284명 건량 지급	『실』 현종 5년 3월 辛巳
1664	전라	20,000	기민수	『현개』 현종 5년 3월 癸未
1644	전라	15,000	기민수	『현개』 현종 5년 4월 乙卯
1644	함경	11,843	기민수. 전염병 사망자 65인	『실』 현종 5년 5월 甲子

연도	지역	수	내용	출전
1666 현종 7	서울	300	상평청 設粥. 士夫 건량 지급. 동서활인서 병막 건량	『현개』 현종 7년 3월 丁亥
1666	서울	300	상평청 3월부터 設粥. 士夫 건량 지급 포함 안된 수	『현개』 현종 7년 6월 庚戌
1667 현종 8	함경	11,300	기민수. 건량 지급	『현개』 현종 8년 5월 辛酉
1668 현종 9	경기	2,800	2월 1일 設粥 1,524명. 활인서 出幕병자 건량 지급	『현개』 현종 9년 2월 辛未
1668	서울	8,000	상평청·선혜청 2월부터 진휼	『현개』 현종 9년 5월 癸亥
1668	평안	38,340	기민수. 전후 진구한 곡물 11,300여 석	『실』 현종 9년 7월 戊戌
1671 현종 12	경상	5,100	기민수. 전염병 사망자 2백여 인	『실』 현종 12년 1월 乙卯
1671	서울	10,000	선혜청·한성부·훈련원 設粥 첫날 6천여 인	『실』 현종 12년 1월 戊辰
1671	경상	11,553	기민수	『실』 현종 12년 1월 辛未
1671	경상	23,553	기민수	『실』 현종 12년 2월 乙酉
1671	함경	4,869	기민수	上同
1671	전라	239	기민 사망자. 전염병 사망자 1,752인	上同
1671	충청	69	옥천 기민 사망자	『실』 현종 12년 2월 癸巳
1671	경상	38,967	기민수. 餓死·病死 3백인	『실』 현종 12년 2월 乙未
1671	전라	80	열흘동안 기민 사망자	『실』 현종 12년 2월 庚子
1671	강원	9,490	기민수. 전염병 사망 119명	上同
1671	함경	5	회령 기민 사망자	上同
1671	경기	100,067	1월 이후 設粥	『실』 현종 12년 2월 壬寅
1671	황해	15,500	기민수. 전염병 사망 40인	『실』 현종 12년 2월 丁未
1671	평안	33	기민 사망	『실』 현종 12년 2월 戊申
1671	경상	74,850	기민수. 사망 90여 인	『실』 현종 12년 2월 辛亥
1671	서울	20,000	진휼청 2월 設粥. 사망 60인	上同
1671	경상	98,360	기민수. 사망 140여 인	『실』 현종 12년 3월 乙卯
1671	서울	6,070	상평청 월초 진구. 1월 20일 이후 사망 50여 인	『실』 현종 12년 3월 丁巳
1671	함경	21,370	기민수	『실』 현종 12년 3월 辛酉
1671	전라	133,590	기민수. 기민 사망 140여 인. 전염병 사망 1,730인	上同
1671	충청	66,420	기민수	『실』 현종 12년 3월 乙丑
1671	함경	21,370	기민수. 기민 사망 다수	『실』 현종 12년 3월 丁卯

1671	경상	115,670	기민수	上同
1671	경기	45,600	2월 15일 이후 기민수. 전염병 사망 80인	『실』 현종 12년 3월 戊辰
1671	서울	150	기민 사망자	『실』 현종 12년 3월 辛巳
1671	서울	23,000	3곳 設粥 기민 1만여 인, 7·8천 인, 5·6천 인. 이 달 사망 5백여 인	『실』 현종 12년 4월 庚戌
1671	경상	200,000	設粥 기민수	上同
1671	전라	180,000	기민수. 각도 餓死·病死 1만	上同
1671	서울	32,040	3곳 진휼 중 서울 백성 19,570인	『실』 현종 12년 5월 乙丑
1671	경상	242,500	기민수. 전염병 사망 590인	『실』 현종 12년 5월 己巳
1671	전라	212,300	기민수. 전염병 사망 2,080인	上同
1671	서울	200	홍제원 병자	『실』 현종 12년 5월 甲戌
1671	서울	3,120	5월 기민 사망자(병사자 포함)	『실』 현종 12년 5월 己卯
1671	전국	13,420	上同	上同
1671	서울	1,460	6월 기민 사망자(병사자 포함)	『실』 현종 12년 6월 己酉
1671	전국	17,490	上同	上同
1671	서울	550	기민 사망자(병사자 포함)	『실』 현종 12년 7월 壬申
1671	경상	3,650	上同	上同
1671	전국	6,400	上同	上同
1671	전라	725	6월기민 사망자. 전염병 사망자 3,534명	『실』 현종 12년 7월 甲戌
1671	경상	132,897	기민수. 사망자 372명	『실』 현종 12년 7월 丁丑
1671	서울	95	7월 21~29일 기민 사망자. 병사자 41인	『실』 현종 12년 8월 辛巳
1671	강원	137	기민 사망(病死 포함)	『실』 현종 12년 8월 甲申
1671	경상	163,149	7월 29일~8월 초 設粥 기민수. 사망자 557명	『실』 현종 12년 8월 戊子
1671	함경	227	기민 사망. 전염병 사망자 94명	『실』 현종 12년 8월 己丑
1671	강원	74	기민 사망. 전염병 사망자 336명	上同
1671	서울	83	8월 1~10일 기민 사망(病死 포함)	『실』 현종 12년 8월 癸巳

연도	지역	수	비고	출전
1671	전라	2,279	7월 기민 사망. 전염병자 11,281명, 사망자 2,743명	『실』현종 12년 8월 丁酉
1671	서울	250	8월 기민 사망(病死 포함)	『실』현종 12년 8월 戊申
1671	전국	15,830	上同	上同
1672 현종 13	서울		진휼청이 東郊와 造紙署에서 設粥	『현개』현종 13년 3월 丁巳
1672	함경	110	기민 사망	『실』현종 13년 3월 戊午
1672	서울	4,300	상평청·진휼청 設粥 적을 때 2천여 명	『실』현종 13년 3월 乙亥
1672	함경	700	2월 이후 기민 사망(病死 포함)	上同
1672	황해	470	上同	上同
1672	평안	400	上同	上同
1672	경기	300	上同	上同
1672	충청	260	上同	上同
1672	경상	500	上同	上同
1672	강원	100	上同	上同
1672	경상	330,000	기민수	『실』현종 13년 4월 丙子
1672	서울	14	6월 기민 사망. 전염병 사망 12명	『실』현종 13년 6월 癸卯
1672	평안	50	6월 기민 사망. 전염병 사망자 1,260명	上同
1672	서울	7,000	3월~5월 30일 設粥. 東郊 기민 2,700~4,000명, 北郊 기민 2천~3천명	『현개』현종 13년 12월 辛未
1674 현종 15	경상	38,720	기민수	『실』현종 15년 6월 己未

별표 293

〈별표 2〉 조선후기 급재결의 변동

연도	연도	경기	충청	전라	경상	황해	강원	함경	평안	합계
1724	영조 즉위년		11,600	14,000						
1725	영조 1		41,640	3,890	59,255					104,785
1726	영조 2			3,890						
1727	영조 3			8,897	38,097					
1731	영조 7	11,094	44,225	60,000	78,219		872			194,410
1732	영조 8	13,426	40,108	77,517	55,649	40,108	990			227,798
1733	영조 9		21,074	50,025	38,261	1,043	8,094			118,497
1734	영조10						1,234			
1735	영조11					3,859				
1736	영조12					7,777				
1737	영조13	12,650	42,087	80,977	46,084	5,849				187,647
1738	영조14	8,287	35,006	59,832	44,213	3,600				150,938
1739	영조15					4,312				
1741	영조17	3,760		25,460	22,087	4,635				55,942
1742	영조18	7,237			6,168					
1743	영조19	12,100	24,850	3,740	38,260					78,950
1744	영조20	1,607	12,142	11,833	9,296	5,257	438		911	41,484
1745	영조21	2,296	14,885	25,522	32,140	3,147	1,291		258	79,539
1746	영조22	5,399	12,940	17,735	9,631	5,263	906		2,130	54,004
1747	영조23	6,522	17,254	14,724	16,779	5,566	790		941	62,576
1748	영조24	1,742	5,397	10,284	11,448	3,662	384		719	33,636
1749	영조25	946	3,664	7,727	6,370	4,700	800		2,035	26,242
1750	영조26	1,245	4,399	9,163	9,870	7,720	900		2,661	35,958
1751	영조27	2,285	4,807	15,972	8,324	4,000	660		2,570	38,618
1752	영조28	2,623	7,420	7,519	8,000	3,494	318		804	30,178
1753	영조29	13,044	18,861	8,279	11,000	10,959	832		544	63,519
1754	영조30	3,973	10,277	8,398	9,360	2,483	698		2,892	38,081
1755	영조31	8,482	29,483	29,965	45,883	2,730	1,343		2,017	119,903
1756	영조32	8,430	21,084	16,752	20,002	1,336	1,046		869	69,519
1757	영조33	4,732	10,503	13,916	3,648	1,482	116		2,702	37,098
1758	영조34	5,445	9,570	12,633	6,525	3,019	333		2,058	39,583
1759	영조35	8,737	14,420	19,535	14,488	7,001	421		1,215	65,817
1760	영조36	10,251	12,670	10,660	4,415	3,377	556		644	42,573
1761	영조37	2,830	15,589	27,297	25,707	4,700	656		900	77,679

〈별표 2〉 조선후기 급재결의 변동

연도	왕대									
1762	영조38	9,462	42,650	97,963	44,140	3,043	416		2,001	199,676
1763	영조39	5,013	14,597	24,702	13,715	1,813	1,089	527	1,314	62,770
1764	영조40	9,480	26,080	28,425	19,322	6,480	470	80	707	91,044
1765	영조41	2,000	11,700	23,911	14,306	1,500	330		899	54,646
1766	영조42	2,000	5,600	9,423	4,180	1,500	300		2,828	25,841
1767	영조43	4,500	12,500	9,160	10,500	3,700	410		1,888	42,658
1768	영조44	6,040	13,400	27,000	30,298	4,800	1,307		1,305	84,150
1769	영조45	1,600	9,600	18,500	16,400	2,600	430		1,368	50,498
1770	영조46	1,600	10,000	6,700	6,147	2,700	580		4,026	31,753
1771	영조47	2,050	12,600	22,000	24,000	3,700	580		2,531	67,461
1772	영조48	7,370	10,000	9,702	6,400	5,200	560		967	40,179
1773	영조49	4,800	24,000	45,233	20,033	3,800	450		720	99,036
1774	영조50	2,400	12,660	14,232	12,254	3,000	600		659	45,805
1775	영조51	5,500	17,650	18,900	21,700	5,200	1,286		3,082	73,318
1776	영조52	2,349	9,730	6,600	10,246	4,760	1,115		1,829	36,629
1777	정조 1	8,000	24,600	13,700	17,360	5,600	1,359		131	70,750
1778	정조 2	5,736	22,574	14,330	39,300	6,471	1,554		2,314	92,279
1779	정조 3	800	820	2,100	5,793	1,333	150			10,996
1780	정조 4	1,198	1,076	4,878	3,862	1,330	188			12,522
1781	정조 5	1,596	4,436	19,760	29,852	3,000	686	1,269	1,805	62,648
1782	정조 6	13,746	22,179	17,580	17,978	3,031	897		222	75,633
1783	정조 7	11,479	26,673	40,413	15,176	3,670	3,350		1,054	101,815
1784	정조 8	1,899	4,861	314	3,787	1,420	1,160		450	13,891
1785	정조 9	1,944	4,933	3,890	4,877	4,680	797		402	21,523
1786	정조10	11,131	15,838	35,769	31,900	2,300	1,989	993	785	110,405
1787	정조11	5,989	12,915	8,897	10,000	2,964	949		388	42,102
1788	정조12	2,361	4,000	5,027	6,879	1,790	1,055		1,557	22,669
1789	정조13	2,817	5,756	8,687	8,382	4,353	1,035		3,205	34,235
1790	정조14	2,639	2,576	7,985	3,762	3,500	349		347	21,158
1791	정조15	4,908	8,786	9,088	17,308	4,653	872		1,129	46,744
1792	정조16	5,934	19,786	20,766	48,376	2,650	970		977	99,459
1793	정조17	2,907	5,070	5,863	7,632	7,900	350		759	30,481
1794	정조18	7,353	28,868	43,558	36,278	4,264	925		933	122,179
1795	정조19	5,981	225,500	9,673	9,765	4,785	173		666	56,543

1796	정조20	1,462	3,800	5,727	4,921	1,300	158	883	18,251
1797	정조21	2,390	6,353	18,100	26,928	2,548	308	486	38,862
1798	정조22	6,448	27,686	30,419	31,255	1,557	700	283	98,348
1799	정조23	1,373	4,787	8,000	6,918	661	192	128	22,059
1800	정조24	1,590	9,317	8,092	5,623	1,220	467	242	26,551
1801	순조 1	1,417	4,368	13,375	14,617	986	581	234	35,578
1802	순조 2	1,591	6,479	10,807	2,086	1,387	379	567	23,296
1803	순조 3	6,548	13,714	8,324	2,486	6,344	247	373	38,036
1804	순조 4	2,736	6,418	5,321	1,897	5,270	258	1,451	23,351
1805	순조 5	1,759	7,814	23,764	8,638	1,787	183	124	44,069
1806	순조 6	2,052	6,385	9,827	9,083	3,121	146	272	30,886
1807	순조 7	3,381	5,500	11,840	3,751	5,000	143	280	29,895
1808	순조 8	4,258	9,887	11,840	8,381	2,364	173	283	37,186
1809	순조 9	14,416	42,751	92,980	39,096	4,395	453	291	194,382
1810	순조10	5,069	13,000	43,531	14,427	3,000	289	1,015	80,331
1811	순조11	6,240	9,500	18,651	2,995	9,900	450	4,433	52,169
1812	순조12	5,452	19,845	40,094	24,068	10,060	284	10,574	110,377
1813	순조13	5,126	19,000	18,000	13,500	4,772	770	2,114	64,282
1814	순조14	15,936	33,500	67,979	71,000	3,400	600	3,362	195,777
1815	순조15	6,879	15,256	46,000	30,717	5,500	271	2,863	107,486
1816	순조16	4,099	8,000	24,512	4,540	3,150	350	2,062	46,713
1817	순조17	4,654	15,000	27,500	17,764	4,500	400	1,257	71,075
1818	순조18	3,455	8,000	20,000	5,300	5,100	91	2,203	44,149
1819	순조19	4,863	27,000	20,000	7,721	3,800	348	1,604	65,336
1820	순조20	2,568	8,390	17,056	2,785	2,056	127	1,487	33,469
1821	순조21	7,074	14,000	43,368	13,000	6,600	230	3,314	87,786
1822	순조22	8,699	14,200	24,000	8,418	4,300	50	1,377	61,044
1823	순조23	5,032	12,500	21,023	7,000	3,100	34	1,238	49,927
1824	순조24	3,882	8,600	22,472	4,324	2,614	39	1,238	43,169
1825	순조25	16,925	29,693	20,938	2,900	4,900	400	1,107	76,863
1826	순조26	3,425	8,400	14,500	3,730	2,120	175	1,589	33,939
1827	순조27	4,076	14,049	17,000	3,900	3,300	75	1,636	44,036
1828	순조28	4,833	21,941	39,322	36,665	2,900	50	941	106,652
1829	순조29	4,142	11,896	18,936	3,554	2,998	30	1,414	42,970
1830	순조30	3,975	10,188	19,150	3,917	2,300	44	907	40,481

1831	순조31	3,303	8,702	21,838	4,843	1,991	11	1,174	41,862
1832	순조32	17,260	29,000	22,500	8,568	10,800	189	1,053	89,370
1833	순조33	12,509	22,000	24,400	15,000	4,181	199	915	79,204
1834	순조34	4,039	6,700	20,800	4,400	1,600	93	1,180	38,812
1835	헌종 1	7,506	13,648	21,626	3,168	5,000	412	960	52,320
1836	헌종 2	5,630	18,200	30,872	26,502	1,687	700	1,885	84,776
1837	헌종 3	5,741	11,800	34,000	13,000	3,500	180	1,185	69,406
1838	헌종 4	17,433	30,000	26,900	9,500	4,000	570	1,065	89,468
1839	헌종 5	7,788	15,500	23,800	8,200	6,000	550	1,810	63,648
1840	헌종 6	4,416	11,000	16,686	4,000	2,000	100	1,070	39,272
1841	헌종 7	2,593	6,400	18,300	4,600	1,828	100	1,197	35,018
1842	헌종 8	9,467	15,500	26,800	6,200	4,700	130	1,197	63,994
1843	헌종 9	3,792	7,500	11,507	2,293	3,900	130	1,559	30,681
1844	헌종10	3,103	5,800	12,000	2,188	2,400	84	1,332	26,907
1845	헌종11	3,074	6,900	15,800	2,027	2,600	83	3,439	33,923
1846	헌종12	4,368	6,900	11,600	1,648	4,800	120	1,819	31,255
1847	헌종13	5,781	9,000	14,300	3,500	2,300	150	1,080	36,111
1848	헌종14	7,956	9,300	12,786	1,848	6,700	151	1,270	40,011
1849	헌종15	3,651	8,300	14,146	2,244	2,465	72	1,079	31,957
1850	철종 1	6,404	13,500	18,600	2,615	3,800	125	1,191	46,235
1851	철종 2	8,590	16,200	17,132	3,827	7,800	134	2,635	56,318
1852	철종 3	6,893	13,519	26,400	4,299	3,600	91	1,322	56,124
1853	철종 4	3,587	8,200	33,300	44,400	1,650	90	994	82,221
1854	철종 5	3,913	10,200	22,300	4,300	1,750	110		42,573
1855	철종 6	3,459	5,050	12,050	2,613	1,100	37		24,309
1856	철종 7	5,080	10,300	13,400	16,736	4,900	117	2,220	52,753
1857	철종 8	4,733	12,300	19,500	8,400	1,330	130	1,257	47,650
1858	철종 9	5,536	17,100	26,400	7,800	2,250	330		59,416
1859	철종10	4,703	12,953	18,700	2,303	3,300	87	1,257	43,303
1860	철종11	7,091	17,500	20,600	3,928	5,200	136	993	55,448
1861	철종12	4,152	15,100	22,300	3,300	3,350	58		48,260
1862	철종13	4,532	18,400	23,500	9,803	250	80		56,565
1863	철종14	5,608	13,200	22,200	1,200	4,200	350		46,758

환곡 용어 및 용례 사전

가분(加分) 중앙의 승인하에 留庫穀의 일부를 分給하는 것. 즉 흉년이 심한 경우와 같이 특별한 상황에서 각 지방에서 가지고 있는 환곡의 원래 정해져 있는 유고곡의 비율을 줄이고 分給穀의 비율을 늘리는 것을 말함. 【용례】① 道臣狀請加分 則分數許之(『典律通補』戶典 糴糶) ② 若因種糧之不贍 道臣啓請 則亦許加分 而擅自加分者 從輕重科罪(『萬機要覽』財用編 糴糶) ③ 年事失稔 種糧告乏 則就應留中 狀請加分 或限幾萬幾千石 指數仰請 或不硬定其數 以待畢分 更爲登聞爲辭 或以尤甚邑留庫幾分一 之次邑幾分一請加 其例不一諸道(『四政考』, 「還政考」, 加分)

가작(加作) 원래 作錢해야 하는 수보다 穀數를 임의로 더 늘려 작전하는 것. 작전하는 환곡량이 많으면 많을수록 그만큼 화폐수입은 증가하기 때문에 감사와 수령에 의해 널리 행해졌음. 즉 時價에 따른 작전과 관련된 환곡의 營利化가 加作을 야기하였음. 그리고 가작한 곡물수효를 채워 넣기 위해서는 반드시 移貿立本이 뒤따랐음. 【용례】① 京司外邑 未有元定作錢之穀 則自該道藉此爲托 加元數作錢取利 是謂加作也 假使元數爲萬石 則不計某穀 直以二萬石三萬石 混入於作錢之中 而其所作錢 亦有無限手法 (『備邊司謄錄』203책, 純祖 13년 5월 25일, 20권)

감영곡(監營穀) ⇨ 영곡(營穀)

거급(擧給) 환곡을 나누어 주는 방식의 하나. 원래 환곡 분급은 환곡을 받기 원하는 자들을 뽑아 식구를 계산하고 곡식을 헤아려 한 달에 3번 돌아가게 하였음. 그러나 盡分穀이 점점 많아지면서, 해당 지역의 모든 民戶를 대·중·소로 안배하여, 희망 여부에 상관없이 대·중·소에 따라 일정한 양을 무조건 나누어 주던 방식을 말함.【용례】① 前道臣閔鍾顯在任時該府尹李基讓牒呈則還分之法 他邑則一從戶數 稱以大中小 雖有分排之法 至於本府 則只抄願受者 計口量穀 一朔三巡 初無大中小 排戶之法 近以盡分穀之漸多 刱出大中小排給之規 此所謂擧給之弊也 今欲釐正者 但在大中小 勒排之弊 復存願受戶計口之法 而今此關辭中 無論願受不願受 通融分給 似未詳本府還分之法 若又分排於不願之戶 則擧給之弊 依舊自在 恐非釐革之意 (『正祖實錄』 권52, 正祖 23년 10월 庚寅, 210쪽) ② 又問擧給爲何事 則輒對以還穀漸多排戶勒分謂之擧給 而逐年增加 民不能堪 民訴日至十百爲羣 (『正祖實錄』 권48, 正祖 22년 3월 辛卯, 47책 75쪽)

결환(結還) 사람이 아닌 田結을 기준으로 환곡을 부과하는 방식으로, 分給·收納의 기구로서 전세수취 조직인 「作夫制」가 이용되고 있었음. 結還은 還總의 증가로 還民의 부담이 증가하면서 巡還, 統還의 방법으로는 환곡의 수납이 어려워지자 환곡 수납의 안정적인 확보를 위해 사용된 방법이었음.【용례】① 欲防難捧之患 而於是有結還之法 (『朝鮮民政資料』 「居官大要」 分糶 99, 281쪽) ② 又有結還 貧者無結 理當無還 (『承政院日記』 1802책, 正祖 22년 12월 16일, 95권) ③ 還上之穀 以結分排 而受還之戶 歲費數石 是還上亦結役也' (『日省錄』 466권, 純祖 22년 7월 19일, 44책 全羅左道暗行御史沈英錫進書啓別單) ④ 種子還上分以八結別爲分給爲白齊 (『備邊司謄錄』 36책, 肅宗 8년 1월 23일, 3권 477쪽 「諸道荒政事目」)

관여곡(官餘穀) 환곡을 거둬들일 때 정해진 액수보다 많이 거둬들인 곡식. 즉 斗量하고도 남아도는 곡식임. 이것을 다시 민에게 돌려주지 않고 官에서 가져다 썼기 때문에 監官과 色

吏들이 이익을 취하기 위해 액수 외에 과다하게 거두는 폐단이 있었음. 【용례】昌城府官餘穀名色 自是謬例 捧糶之後 隨其所捧多少斗量 所餘自官取用 故監色濫捧之弊 自不能禁斷 而科外名色之朝家申飭 不啻嚴明 而看作常事 所捧多至百餘石 極爲可駭 故嚴關永罷 (『正祖實錄』권4, 正祖 1년 10월 丙申, 44책 697쪽)

관포(官逋) 관청에서 필요한 公私의 경비를 미리 환곡에서 지급하고는 가을에 가서 그 수효를 환곡의 貸與 대장에 함께 올려서 받아들이던 것. 【용례】① (全羅道觀察使權)襀曰 關西列鎭之罷歛給代 寔出恤弊 保民之特恩盛意 而自前各鎭公私用 每以還穀預下 及夫秋成 以其數竝付於糶案 而收捧者 已成謬例 今此朝家所給 卽壬子耗條之 當排用於癸丑者 而罷歛 則自壬子爲始 預用之還穀 若欲盡捧 則自歸歛民之科 不得不以所劃耗條 引用充報 故癸丑一年之用 便同烏有 (『正祖實錄』권37, 正祖 17

년 1월 丁酉, 46책 371쪽) ② 毋論公用私用 爲守令者 擅用惟正之供 創出官逋之名 (『備邊司謄錄』139책, 英祖 36년 12월 8일, ·13권 488쪽)

구환(舊還) 묵은 환곡, 즉 2년 이상 거두지 못한 환곡을 말함. 흉년이 들면 그해 거두어야 하는 환곡을 거두지 않고 다음 해에 거두게 하는데 이것은 '停退'라고 함. 그런데 그 다음 해에도 거두지 못하면 이것을 舊還이라고 함. 【용례】① 歉歲難捧者 許令待明秋納糶 謂之停退 停捧·退限之謂也 至明年而又不可捧者 又許停捧謂之仍停 又明年難捧 又停者 謂之舊還 (『萬機要覽』) ② 因朝令停退 而過限未捧者爲舊還 停退之外 當捧條未捧者 謂之邑未捧 此則不得入於舊還 (『四政考』「還政考」舊還) ③ 備邊司啓言 諸道穀簿中停退條舊還條 多不久別 久益紊亂 仍而置之 則不但諸道之眩於擧行 本司亦無以按簿暸然 請自丙辰以上 無論停退條未捧條 一幷屬之舊還 必待本司稟定行會

而受捧 自今年爲始別爲定式 某年停退者 翌年不待廟堂知委 與新還一體準捧 如或翌年仍爲停退 則自明年始屬舊還 而諸道還穀畢捧 狀啓以依定式 屬之舊還之意 措辭登聞 允之 (『正祖實錄』권47, 正祖 21년 10월 丙申, 47책 46쪽) ④ 藥房提調 沈頤之曰 當年之停捧 又間一年未捧 然後始稱舊羅矣 (『正祖實錄』권45, 正祖 20년 9월 辛未, 46책 672쪽)

권분(勸分) 흉년에 부유한 자에게 私的으로 賑恤에 필요한 곡식의 일부를 부담하도록 권하던 일. 정부에서는 勸分의 대가로 爵賞하기도 하였으나, 지방관들은 권분을 빌미로 饒戶富民을 侵奪하였음. 【용례】 盖勸分者 富而好施者 軫恤窮民 隨力接濟之謂 而今則稍有富名者 則官家或勒令督納 亦一弊端 似聞今則湖中諸處 多以勸分爲事 (『備邊司謄錄』130책, 英祖 32년 1월 3일, 12권 716쪽)

늑분(勒分) 각 지역에 할당된 환곡을 민이 원하든 원하지 않든 간에 戶 혹은 結단위로 강제 分給하는 것.

단대봉(單代捧) 雜穀으로 正穀을 대신하게 하면서 準折하지 않고, 잡곡과 米의 교환 비율을 1:1로 하는 것. 【용례】 單代者 以雜穀代正穀 不以準折也 (『正祖實錄』권4, 正祖 1년 6월 癸亥, 44권 676쪽)

반여곡(反餘穀) 매 분기마다 反庫할 때 남은 곡식. 【용례】 每年每等 例有反庫 而穀之剩者 謂之反餘穀 或因文書之失察 或因色庫輩 新舊傳掌時 慮有入庫穀數之虧欠 就其年久不完石中 每石除出數三斗作石 預置庫中 及其反閱 有縮則補 無縮則爲剩者也 (『正祖實錄』권29, 正祖 14년 3월 甲午, 46책 105쪽)

반작(번질:反作) 臥還의 하나. 겨울이 되어 곡식을 거둘 때 기한인 연말까지 거두지 못한 곡식을 다 거둔 것으로 거짓 문서를 작성하여 監司에게 보고하고, 이를 채우기 위해 그 다음에 봄에는 곡식을 나누어 주지도 않으면서 곡식을 분급한 것으로 거짓 문서를 작성하여 감사에게 보고하는 것. 【용례】① 反作 法外稱貸之需 及其催科之時 百計推托 不卽準納 歲末磨勘 終歸未捧(『備邊司謄錄』161책, 正祖 4년 1월 17일, 15권 810쪽) ② 所謂反作者 各官以未捧 散在民間者 混稱已捧 反其文簿 故所出之耗 … 會付中未捧之穀 各官每平私自添耗 而該曹之所不知者 此眞所謂憑公營私者也(閔維重,『文貞公遺稿』「以論啓箚與乞遞疏」(1659, 孝宗10년?) 叢刊 137권 228-9쪽) ③ 金海府戊午條 統營還穀五百餘石 本邑則以未捧磨勘 而該營則以已捧還錄 尙今虛留 仍成反作事(『備邊司謄錄』161책, 正祖 4년 12월 23일, 15권 916쪽) ④ 此所謂反作 而元不捧上之穀 乃以新分給樣 作爲虛錄 故今秋則將與新分給 一體督捧 而其實當初受食者 皆已流亡 勢將徵出於替 當呈訴之一揆 當此凶歲 勒徵於初不受食之人(『備邊司謄錄』82책, 英祖 3년 9월 15일, 8권 123쪽) ⑤ '以未準捧之穀 仍作還分(『萬機要覽』)

방환(防還) 結還에서 吏胥輩들에 의해 자행되던 폐단의 하나. 防還은 가을에 환곡을 거두어 들일 때에 吏胥들이 未捧된 穀을 사사로이 料理하고 舊還이란 명목으로 만들어 두었다가 다음해 봄에는 原摠이라 하면서 다시 每結當 환곡을 분배하여 耗穀의 이익을 취하던 방식을 말함. 【용례】廢戶還而行結還 始緣倉吏之偸換 以致穀品之麤劣 再因結民之厭苦 遂啓防還之弊習 於歲未捧 別立舊還 翌春新排 又依元摠 每結分排 殆過數十包矣 到今矯捄之道 最是減摠 爲急務 而殖耗爲切悶(『備邊司謄錄』241책, 哲宗 5년 12월 21일, 24권 736쪽)

백급(白給) 흉년시에 곡식을 주고서 갚을 것을 묻지 않는 것. 【용례】以賑恤廳穀一千石 白給濟州三邑饑民 黃海道賑救穀中 白給者 九百三十餘石 亦令蠲

減　與之而不責報曰白給(『肅宗實錄』권5, 肅宗 2년 9월 己酉, 38책 337쪽)

별가분(別加分)【용례】慶尙前監司 閔百祥狀達也浦項倉 … 自今年糶糴 依節目 只定以萬石取耗會錄 而留庫中數千石 亦別爲加分 年年取耗 以爲無料者 給料之需 (『備邊司謄錄』 123책, 英祖 27년 7월 7일, 12권 176쪽)
⇨ 응가분(應加分)

별모(別耗) 환곡을 받아가지 않은 집에서 받아들인 無名의 耗穀.【용례】別耗云者　即不受還之戶徵捧無名之耗也 (『純祖實錄』권28, 純祖 27년 3월 乙巳, 48책 281쪽)

별비(別備) 지방 관청에서 公私의 경비를 충당하기 위해 별도로 재정을 마련하여 민간에 나누어주고 거둬들이던 것.【용례】① 領議政金所啓 外營邑公私需用排朔與否　本非上聞於朝家者…關西卽國之重藩　而本營無排朔之規…輒皆犯用於原記簿中　及至秋捧　始爲充報…自新捧計朔分排　永作一定之法云　而請放本營前前備中許貸支用之穀 今後每年別備時加錄萬兩　以爲限年還報之地矣 (『備邊司謄錄』 154책, 英祖 46년 6월 15일, 14권 963~964쪽) ② 敎曰 別備云者　以私捧補公用也　禁御兩營所捧米木錢布　無非惠均廳之移劃與給代也 米保布保也 則公貨 非私剩 則餘當盡錄別備之稱　甚爲無謂 (『正祖實錄』권35, 正祖 16년 8월 壬申, 46권 322쪽) ③ 平安監司李台重上書書略　曰本營錢布繁殖　素稱我國第一　朝廷以是尤重 其選 向前受任諸臣 亦皆才猷優　如用度有節多積剩餘　遂有別備之目　雖其多少豊約　人人各殊 而別備二字 牢定謄錄 朝家取以爲用有　若常貢正賦在載 金石之典者　然以臣拙計短策 雖欲竭力效能　實莫之及　而區區平日之見 (『英祖實錄』권82, 英祖 30년 12월 辛未, 43책 552쪽) ④ 前靈光郡守柳碩　通政階碩守靈光 沉酗廢事 肆行貪饕 郡境多產魚鹽 碩括取其稅 遍給民戶 使貿穀以納　號其穀爲別備　其在民家

未收者 數其戶口 勒定石數 錄之官簿 以無爲有 (『仁祖實錄』 권46 23년 10월 戊戌, 35책 246쪽) ⑤ 靈光郡守柳碩 別備米與黃豆各千餘石 租亦數千石 令其道方伯盡數輸送京師(『仁祖實錄』 권46 仁祖 23년 8월 丁未, 239쪽)

별환(別還) 土豪, 양반, 營邸吏들이 환곡의 분급 규정에 의해 환곡을 받지 않고 수령이나 감사와의 친분 관계를 빌미로 환곡을 따로 받았던 것. 別還의 주된 대상은 향촌내 세력있는 자들로서 많은 양의 환곡을 받아내어 牟利의 수단으로 사용하였음. 심한 경우 이들은 환곡을 상환하지 않아서 환곡의 難捧, 未捧의 폐단을 초래하였으며, 환곡을 상환할 시기에 도망함으로서 里徵·族徵의 폐단을 야기하기도 하였음. 【용례】① 至於士夫·土豪·官吏別受食 知有停捧狀啓 故觀望不納…至若別還全石受食者 每皆不納 (『備邊司謄錄』 82책, 英祖 3년 10월 22일, 8권 163쪽) ② 外邑別還本有朝禁 頃年特教申飭 … 因其

守令之顔私浪費 此類雖此於阿亦云重矣 阿則不過求譽 (『備邊司謄錄』 154책, 英祖 46년 3월 20일, 14권 931쪽) ③ 至於別還則只給所親 初無限節 故土豪之有勢者 多數受出 至以牟利之計還穀未捧之弊 多由於此 (『備邊司謄錄』 125책, 英祖 29년 6월 9일, 12권 413쪽) ④ 喪葬外別還一切防塞 (「政要」 1. 糶法,『朝鮮民政資料 牧民篇』p.38)

별회(別會) 道內의 各營이 私的으로 句管하던 곡식을 말함. 營穀 참조. 【용례】①備局要覽云 … 諸道營門穀 謂之別會盡分 (『牧民心書』,「戶典六條」穀簿下) ② 嶺南穀物 素稱殷富 非他道比 雖以監司別會耗穀言之一年所用 殆過五六萬石矣 (『備邊司謄錄』 83책, 英祖 4년 4월 26일, 8권 359쪽) ③ 別會還上耗監司盡用之 若無此 則營門亦無措手之道矣 嶺南別會 比之他道則最多…朴文秀言 耗穀則監營所用 而此則非朝家本意也 大抵壬辰亂後 飛蒭輓粟 以待天兵 其餘則仍爲名之曰別會簿 盡付道

臣 其時不知兵亂 又在何時 故不問其出入 以爲軍餉別會穀 例有上下記一合一夕 皆不得擅用 以備不虞 而爲監司者 營中需用之外 且擅給親知 穀賤時則或多至百餘石 此雖與盡歸私囊者有異 而亦大殷不可矣 臣待罪嶺伯時 以應入之物 周急親知 而不用此穀 其時量田時 略有所用 而其餘尙有三萬餘石矣 若儲蓄不用 則足可以備師旅之用 此後別會耗原數 每歲狀報備局 仍令備局句管 曉然知其爲國用 似宜矣 故相臣崔錫鼎 曾已變通此事 而其後方伯因循不爲奉行 遂至寢格 今若申飭道臣 着實奉行 則庶可爲添補軍餉之地矣 上曰依爲之 (『備邊司謄錄』84책, 英祖 4년 7월 29일, 8권 442~443쪽) ④ 本府有別會錄米者 盖守臣推其稟餘如外邑自備之類 而其數之多寡 視居官之久連 若滿瓜而歸者小不下二百餘石 臣意則自今爲始 臣每月朔 割出十餘斛米 以作勸武之賞 朝家無所費 而戎武 當一新矣 (『正祖實錄』권7, 正祖 3년 3월 壬辰, 45책 102쪽) ⑤ 別會則乃是監·兵·水營之私穀

故元無折半定式之事 是其當初立法之意然也 況百年流來之規 (『備邊司謄錄』140책, 英祖 37년 7월 28일, 13권 574쪽) ⑥ 本道 自前奴婢每口 後木半疋 計口收捧 依本曹定式 上納後餘數 則自本道稱以別會而取用 (『英祖實錄』권22, 英祖 5년 6월 甲申, 42책 134쪽) ⑦ 黃海監司洪述海所報 則以爲本營別會穀 十分之一蕩減之代 以賑穀五千石移劃事 爲請矣 當初別會設置 專爲營下接濟之需 (『備邊司謄錄』157책, 英祖 51년 5월 25일, 15권 342쪽)

불원정채(不願情債) 환곡과 관련된 폐단의 하나. 환곡으로 분급되는 곡식의 질이 나빠서 백성들이 환곡을 받지 않기 위해 바치던 뇌물. 倉色輩들은 환곡을 받지 않으려는 사람한테 값을 정해놓고 뇌물을 받아냈음. 【용례】故民多不願 不願者則稍實之民也 倉色輩定價受賂 殆同列肆罔利 各倉每至千餘金 不願戶所當受之還 則非但吏輩之假戶自食 末乃添給於殘獨之

戶　故一戶所受　或至四五十石之
多　如是而吏與民　安得無逋　至於
虛穀　此亦非睌已久　戊戌壬癸之
凶　隨其年事之豊歉　而或優或劣
丙午之歉　挽近所無　弊又生矣
(『正祖實錄』 권29, 正祖 14년 3
월 甲午, 46책 105~106쪽)

상환가감(相換加減) 어느 지
역은 穀總이 많고 다른 지역은
作錢이 많을 때 衙門에서 장부
상으로만 穀總과 作錢 비율을
맞추던 것.【용례】所以穀賤之
邑　還摠漸增　高價之邑　作錢過半
畢竟衙門　磨勘之際　穀名無以會
減　不得已有換名　步穀之流例　此
所謂相換加減也　(『日省錄』 15
권, 哲宗 1년 4월 15일, 57책 622
쪽　慶尙左道暗行御史金世鎬以
書啓別單啓)

선환(船還) 統營에서 소속된
각배에 나누어주던 환곡. 1石당
3斗의 이자를 거두었음.【용례】
統制使　刱出新規　分給還穀於營
下各船　名之曰船還　每石捧耗三
斗 (『備邊司謄錄』 122책, 英祖
27년 2월 26일, 12권 124쪽)

세식(歲食) 연말에 나누어
주던 환곡. 연초의 환곡 분급은
英祖 중엽만 하여도 공식화되지
않았고, 정부의 특별지시에 의
해서 실시되었는데 차츰 관례화
되어 '歲食巡'이란 명칭이 생겨
나게 되었음.【용례】① 臨歲分
還 俗所謂歲食…越此歲時　須各
판拔例　即爲開倉分還　一以爲紆
力　一以資歲食 (『正祖實錄』 권
36, 正祖 16년 12월 辛巳, 46책
368쪽) ② 歲前還分救急事…不
可輕議爲言　而民間形勢如是危急
歲末分糴　已有他道近例　而昨年
本道　亦已行之　則況當今年無前
大凶　何可拘於常規 (『備邊司謄
錄』109책, 英祖 17년 12월 20일,
11권 204쪽) ③ 本郡還上之不足
旣無歲前開倉之朝令　故一倂防塞
(『嘉林報草』, 己未 正月 初2일,
地方史資料叢書 2, 630쪽) ④ 名
以歲食巡　精抄最貧窮者　歲前分
給 (『四政考』「還政考」 分給,
『朝鮮民政資料叢書』 4~5쪽)

소고곡(掃庫穀) 창고 바닥에
흘려서 썩고 축축해져 흙처럼

되어버린 것을 쓸어내다가 섬을 만든 것. 이것은 원래 色庫에게 주기도 하고, 賑恤廳에 넘겨주기도 하였음. 그러나 점차 고을 수령들이 이것을 명목으로 좋은 품질의 곡식을 횡령하는 수단이 되었음.【용례】又其庫底漏落腐濕成土者 掃出作石 謂之掃庫 謬例已多年矣　然在前則或給色庫 或付補賑廳 而若其守令犯手 石數夥然 七八年間 轉成尤甚 名曰反餘掃庫 而其所取用 在於精實穀 年年如是 如此不法之吏 合置重典(『正祖實錄』 권29, 正祖 14년 3월 甲午, 46책 105쪽)

⇨ 소곡(掃穀)

소곡(掃穀)【용례】① 親立庫門之前 監掃鼠耗之穀 簸而揚之 作石別置 竟歸私囊(趙泰億, 『謙齋集』 34, 「請左承旨金德基前持平韓永徽削去仕版啓」, 叢刊 190권 56~57쪽 ;『肅宗實錄』 권39, 肅宗 30년 6월 乙酉, 40책 90쪽) ② 春散之時 謂以掃穀 庫中遺落者 不爲充補於結民之物 而盡歸私用(『備邊司謄錄』 156책, 英祖 50년 8월 4일, 15권 224쪽)

⇨ 소고곡(掃庫穀)

소상정(小詳定)【용례】所爲小詳定者 始則猶爲半石之價 今則爲三之一(『備邊司謄錄』 225책, 憲宗 3년 4월 11일, 22권 8484쪽)

영곡(營穀) 各營에서 주관하던 환곡으로 盡分穀임.【용례】① 當停退之時 營穀則勿爲擧論 便成謬例(『正祖實錄』 권48, 正祖 22년 6월 丙午, 47책 91쪽) ② 曾聞巡營用耗之規 邑無定處 隨其市直 捨賤從貴 統營又如此 故一年二年　以致此多彼少之患…所謂營穀皆是盡分條　方其分還後 沿邑留庫之 枵然有乖備不虞之意(『正祖實錄』 권25, 正祖 12년 6월 癸丑, 45책 708쪽) ③ 營穀 例是監司主管聚散者 而忠淸監司趙明鼎爲慮賑資之不足 因各邑請報劃給營穀　使之折半則補賑(『備邊司謄錄』 130책, 英祖 32년 3월 13일, 12권 781쪽) ④ 營穀 乃監司所用 或以周賑流寓士夫者也 移換以用 有何罪乎(『顯宗實錄』 권4, 顯宗 2

년 9월 丙辰, 36책 311쪽)

영별회(營別會)【용례】蓋湖南營別會之　監司遞易時別備　輒不下數萬石　名雖句管於備局　實則自巡營盡分取耗　卽今該道 小民之困於四十餘萬石　（『承政院日記』1198책, 英祖 37년 10월 7일, 67권 87쪽）

⇨ 영곡(營穀)

와모(臥耗)　어떤 지역의 환곡 총액이 많아 1戶가 받아야 하는 환곡이 너무 많을 때, 民들에게 元穀을 분급하지 않고 단지 當年의 耗條만을 납부하도록 해주는 것.**【용례】**每當分糶之時　民人輩輒訴本官　請勿分給元穀　只令備納當年之耗　各邑守令心知其不可　而目見民間難支支勢　或有不得已許之者　以此名之曰臥耗　（金壽恒,『文谷集』卷16,「北道掌試時民瘼書啓」　총간 133권.328쪽）

요리(料理)　料辦, 또는 料販이라고도 하며 軍官·書員·官奴 등의 관속이나, 상인 등을

이용한 貿易을 들 수 있음. 부정의 조건도 여기서 마련되고 있었음.**【용례】**所謂料理者　不過曰預貿　曰立本　（『正祖實錄』권37, 正祖 17년 6월 乙亥, 46권 397쪽）

우모(又耗)　耗穀을 받은 뒤에 더 받은 모곡.**【용례】**又耗云者卽應耗後加捧之耗也　（『純祖實錄』권28, 순조 27년 3월 乙巳, 48책 281쪽）

원회(元會)　호조에서 관리하는 환곡으로 총액의 절반만 분급하고, 1/10의 이자를 징수함. 징수한 이자의 1/10은 元穀에 충당하여 祭祀費用과 恤典 등에 지출되었으며, 9/10는 守令이 사용함. 軍資穀, 倉元會, 戶曹穀 등으로 불림.**【용례】** ① 此所謂軍資穀也　或稱元會穀　或稱倉元會　或稱戶曹穀　其實一也（『萬機要覽』「財用編」糶糴）　② 備局要覽云 京衙門穀　謂之元會　半留半分　（『牧民心書』,「戶典六條」穀簿下）　③ 元會者　國穀而該曹會付者也　（『顯宗改修實錄』 권

26, 顯宗 13년 10월 乙丑, 38책 126쪽) ④ 至於元會常賑 乃是社稷山川祀享之需 及賞格恤典 支供廩料之資 (『純祖實錄』 권20, 純祖 17년 5월 辛酉, 48책 117쪽)

원회부(元會付) 【용례】還上元會付 乃戶曹所管 而外方祭享等雜物等 用下夥然 日漸縮少 雖常平廳・賑恤廳耗穀 無他用處 積年漸多矣 (『備邊司謄錄』 82책, 英祖 3년 12월 26일, 8권 229쪽)

⇨ 원회(元會)

원회부곡(元會付穀) 【용례】元會穀則折半分留 (『正祖實錄』 권27, 正祖 13년 4월 丁亥, 46책 32쪽)

⇨ 원회(元會)

응가분(應加分) 환곡 分留法 이외의 고정된 액수를 매년 加分하여 그 耗條를 지방아문의 경비로 사용한 것. 【용례】① 關東 加分 連有許施之例 昨年亦許折半 … 上曰 應加分處五分之一許施 (『備邊司謄錄』 143책, 英祖 39년 3월 24일, 13권 912쪽) ② 或因防弊諸加分取耗 歲以爲例 名曰應加分 (『四政考』「還政考」加分) ③ 雖於因支放而應加分 因民食而別加分 (『備邊司謄錄』214책, 純祖 26년 7월 8일, 21권 768쪽)

의곡(義穀) 환곡을 받은 사람이 遊亡하여 징수하지 못한 환곡을 남아 있는 사람들에게 戶當 분배하여 징수한 곡식. 【용례】憲府啓曰 近以海西收糴官吏 相繼杖配 而空簿尙多 逋貫日積 海西之民 以此流移 至如絶戶流亡 無處可徵 而橫及良民 以奪其財 計戶均斂 稱以義穀 (『孝宗實錄』 권18, 孝宗 8년 1월 庚申, 36책 75쪽)

이무(移貿) 원래는 다른 읍의 환곡을 作錢하여 移轉함을 의미함. 그러나 점차 지역간의 穀價 차을 이용한 수탈방법으로 변해 각종 逋欠의 원인이 됨. 【용례】 還穀移貿 蓋爲其山峙沿穀枌之患 所以有裒多益寡之

政 而山沿之間 道路遙遠 不可以
本穀轉輸 故不得已代錢 捧以詳
定 貿以詳定 (『日省錄』 378권,
純祖 16년 6월 12일, 40책 806
쪽, 嶺南暗行御史李㙆關北暗行
御史鄭基善進書啓別單)

입본(立本) 立本이란 本穀
(本錢)을 갖추어 놓는다는 의미
로서, 이자와 함께 貸與穀을 상
환하여 다시 본래의 숫자대로
채워넣는 것으로 이 과정에 많
은 부정이 있었음. 【용례】 ①
請先以此米一千四百石及曾前所
貸安興米一千石料理用之於城役
入本還報爲軍餉事實便當宜許之
(『肅宗實錄』 권60, 肅宗 43년 12
월 乙巳, 40책 689쪽) ② 守令之
犯用倉穀者 每於春初分糶時 以
廉價俵錢 及至秋糴 並耗收米 曰
立本 (『英祖實錄』 권31, 英祖 8
년 5월 乙酉, 42책 305쪽)

잉곡(剩穀) 환곡 징수시에 환
곡이 부족할 것을 염려하여 監
色에게 추가로 징수한 것이나,
결국 民의 부담으로 됨. 【용
례】秋捧之時 謂以剩穀 勒捧於

監色輩 則所謂監色 亦無出處 徵
斂於民間 而應之其數尠然 (『備
邊司謄錄』 156책, 英祖 50년 8월
4일, 15권 224쪽)

자비곡(自備穀) 수령이 자신
의 노력으로 마련하여 진휼에
사용하던 곡식. 본래 捐廩補賑
함이 원칙이었으나, 주로 料理
를 통하여 마련했음. 【용례】 ①
從前災歲賑邑守令 每以自備穀
多寡 衒能而徵賞 苟非勒賣鄉任
便是反弄國穀 貪官汚吏 彙綠箕
斂 以爲潤囊之資 豈不大可寒心
哉 痛革自備穀論賞之法 無使虛
張穀數 希功望賞 則亦爲養廉恥
之一端也 (『正祖實錄』 권40, 正
祖 18년 7월 戊申, 46책 491쪽)
② 近來各道設賑時 別令各官私
備穀物 私備之穀 當問所出 若是
官需餘米 屯田穀物 倉穀官耗等
物 則豈不甚善哉 各邑之出此補
賑者幾希 而各務興販取利 巧者
多設利端 潛奪民財 拙者箕斂虐
取 騷動小民 若又不足 則多張虛
數 馳報營門 以要功賞 其爲弊端
不可勝言(朴泰輔,『定齋集』7,「
湖南廉察啓本別單十一條」 丁卯

(1687년;肅宗 13) 6월 29일, 叢刊 168권 148쪽) ③ 辛亥(1731년: 英祖 7) 5월 … 發賣還穀 立本取利 謂之自備 以自備多少 褒啓論賞 以此還穀日縮 自備穀漸多 以爲白給 若値連凶 何以繼之 (尹淳, 『白下集』, 「行狀」, 192권 358~376쪽) ④ 啓曰 即見慶尙監司李聃命上送 道內留在穀物都成册 則各邑皆有私備穀物 而晋州 以道內雄府大都 物力最優 而無一石私備 … 晋州牧使任堂 姑先從重推考何如 答曰允 (『備邊司謄錄』45책, 肅宗 17년 2월 19일, 4권 357쪽)

작환(作還) 結稅官用 각 항의 未收를 還錢을 取用하여 보충하던 것 말함. 【용례】 (『日省錄』81권 哲宗 5년 8월 21일, 60책 81쪽 慶尙右道暗行御史李錘淳進書啓別單) 一列邑還弊也 其弊有四 曰錢還 曰作還 曰移還 曰營邑摠不相準也 作還者 或結稅 官用各項未收者 取用還錢 而充補其數

재성(裁省) 흉년 등의 이유로 거두어야 할 세금의 임무를 감면해주는 것. 조선 전기에는 백성들의 상납액수를 곧바로 감면해주는 방식이었지만, 후기에는 백성에게 감면해주는 액수만큼 관아에서 용도를 줄여 그 나머지로 裁減된 부세만큼 상환하도록 바뀌었음. 【용례】 今之所謂裁省 異於古之所謂裁省 古所謂裁省者 使民不納而已也 今之裁省 則國無儲蓄 出於無術 只省各司之用度 以其所餘 以爲減賦之償 (『顯宗改修實錄』 권9, 현종 4년 10월 丙午, 37책 346쪽)

저치미(儲置米) 조선후기 大同法 시행 이후 새로 생겨난 것으로, 大同米 속에서 會減한 5분의 1을 列邑에다 두어 뜻밖의 일에 대비했고 나머지 대동미는 京倉에 두어 經常적으로 쓰는 비용에 보충했다. 그러나 후기로 갈수록 교묘하게 名色을 만들어 많은 폐단을 일으켰음. 【용례】① 諸道儲置 其數甚多 而本無糶糴之規 (『備邊司謄錄』137책, 英祖 35년 11월 3일, 13권 332쪽) ② 大同上納本意 以

某貢物 當下幾石 總計一年應入
數上納 其餘竝留置本道 名曰儲
置 以備水旱救民之資 (『備邊司
謄錄』94책, 英祖 9년 12월 23
일, 9권 710쪽) ③ 儲置中間所
設名色 而大同中 會減五分之一
置於列邑 以備不虞 四分置之京
倉 以補經用 盖出於儲十年之穀
資一日用之意 而近來巧作名色
攅那幻弄之弊 不可勝言矣 (『正
祖實錄』권5, 正祖 2년 윤 6월
甲子, 45책 31쪽) ④ 其儲米 則
旣有六升加升 及六升色落 又有
情米散穀之名 粒米狼戾 賤如塵
土 除却色落情米 而只以散穀言
之 百石加入 幾近十石 故各邑色
吏 必濫收於窮民 民安得不窮 此
萊府之內監外監色庫輩 侵漁者
退鄕校隷 固不足責 而爲官長者
豈可使幕裨討索奸吏浚民之物乎
(『正祖實錄』권49, 正祖 22년 10
월 壬寅, 47책 116쪽)

전병선저치 (戰兵船儲置)

【용례】船儲置設置節目至嚴
故前後雖値大歉 元無未捧之事
一自乙丙以後 始有未捧之擧 此
或前則穀旣無多 易於充數 後則

次次數多 難以備充而然耶 (『備
邊司謄錄』147책, 英祖 41년 4월
3일, 14권 318~319쪽)
　　⇨ 전병선저치미(戰兵船
儲置米)

전병선저치미 (戰兵船儲置米)

해안에 있는 여러 읍들의 大同
儲置米 가운데 변란에 대비하기
위해 軍糧米로 남겨 놓은 것.
그런데 수령들이 改色을 핑계로
모두 분급해서 이자를 취하는
방편으로 이용되어 많은 폐단을
낳았음. 【용례】①　湖南各邑還
上儲置名號 還錄還上 以除混雜
亂捧之患事…還上儲置乃是諸道
所牙者 而則本道戰兵船儲置條
也 曾在己酉年 朝家爲軺造船時
徵斂海民之弊 (『備邊司謄錄』
146책, 英祖 40년 8월 21일, 14
권 197쪽) ② (左議政) 柳尙運
曰 沿海列邑大同儲置米中 有戰
船待變粮 常留船所 而船所去官
家稍遠 故守令不能致察 每年稱
以改色 代將輩任自分給 無一石
留儲者亦多云 今宜申飭各道水
使 元定之數 常留船所 而以新捧
儲置米 三年一次改色宜矣 上可

之 左尹李世選曰 待變粮其數雖
多 米則甚少 脫有緩急 何以爲用
乎 各邑所置者 從其元數之多寡
限三之一 作米藏置 似可矣 (柳)
尙運請令戶曹及常平·賑恤等廳
考其都數稟定 允之(『肅宗實錄』
권28, 肅宗 21년 6월 癸丑, 39책
385쪽)

전환(錢還) 봄에 환곡을 분
급할 때 헐값의 돈을 분급하고
는 가을에 받을 때면 그 값에
해당하는 現物을 받아들이거나
직접 그 값의 돈을 수납하는 것
을 말함. 이는 봄에 곡물의 1석
가가 얼마든지 간에 1~2냥을
제외한 나머지 錢貨를 대여하고
가을에는 1석미를 받는 방식으
로 債錢의 형태와 유사한 방식
으로 행해졌음. 이것은 화폐경
제의 발달 뿐 아니라 곡물 시장
의 형성을 배경으로 형성될 수
있었음. 그리고 錢還은 英祖 후
반 統營穀의 운영과정에서 발생
하여 正祖 初에 확산됨. 【용
례】① 惠堂鄭弘淳曰 還穀之弊
大臣旣發端矣 還穀本爲窮民種
粮之資 近來窮民 春而所受旣少

秋而所納夥多 此所以有錢還之
稱 而始發於今湖南御史書啓
(『英祖實錄』 권126, 英祖 51년
12월 戊午, 44책 513쪽) ② 略
陳錢還之弊 而第不矯其本 則無
以去其弊 苟究其本 則由於營貿
米名色 大抵營穀取用之耗 其數
不些 而每當春夏之時 定價發賣
無論一石之幾許 每石除出二兩
或一兩零 分給民間 而秋成之後
準捧一石米 此貿米之爲錢還張
本 而雖甲利毒債 無以加此(『備
邊司謄錄』157책, 英祖 51년 1월
24일, 15권 294쪽)

절미(折米) 다른 곡식이나
돈 등을 쌀로 환산하는 것.【용
례】① 本州米 例多以皮穀俵散
換折稱米 故還穀之名總稱折米
(『正祖實錄』 권48, 正祖 22년 3
월 辛卯, 47책 75쪽) ② 西路自
有折米之法 正穀多以代穀 收捧
庫儲者 米穀絶少 俱是唐稷耳牟
之屬 (『備邊司謄錄』 112책, 英
祖 19년 4월 21일, 11권 373~
374쪽)

정퇴(停退) 흉년 등의 이유

로 그 해에 거두어야 할 환곡 수납을 1년 연기해 주는 것. 그 다음 해에 또 그 환곡을 거두지 못하면, 그것은 정퇴가 아닌 舊還이라고 불렀음.【용례】① 停退之意 本爲歉年 難於準捧也 第彼窮民 方輪新糴 力綿於竝及 旣稱舊還 視同於科外 準捧之難 甚於新還 歲又不登 次次仍停 則轉成舊遠 頻頻蕩減 外邑公儲 因此虛縮(『正祖實錄』 권51, 正祖 23년 2월 壬子, 47책 163쪽) ② 歉歲難捧者 許令待明秋納糴 謂之停退 停捧·退限之謂也 (『萬機要覽』)

천분(擅分) 중앙의 승인을 받지 않고 감사, 수령 등이 遺庫穀의 일부 또는 전부를 분급하는 것.

토식(土式) 호조에서 쌀과 잡곡의 교환 비율을 규정한 戶式에 반대되는 말로, 각 지방에서 관례에 따라 쌀로 折價하던 방식을 말함. 호식에 따르면 조·보리는 각각 2석, 기장·귀보리·메밀은 3석을 田米 1석으로 만들었음.【용례】① 所謂土式者 卽各邑本土謬式 田米一石 代粟麥各二石 稷及耳牟木米各三石者也 (『純祖實錄』 권23, 純祖 20년 7월 丁丑, 48책 164쪽) ② 其一角穀折米之際 有戶式土式名色 而北關之民 不知戶式 狃於土式 若欲强用戶式 則吏奸易售 反有添弊之慮 著爲定式 北關各邑 斷以土式施行事也 丙子回啓時 因俗制宜云者 實爲不易之論 自今爲始 北關則只行土式 更勿以戶式參用 如有南北換穀之時 勿以準折相換 必以本色相代之意 定式施行 (『純祖實錄』 권25, 純祖 22년 12월 癸亥, 48책 213쪽)

통환(統還) 還穀분급 대상인 還戶를 作統함으로서 統을 단위로 분급하고 수납하는 방식. 이는 주로 富戶와 兩班勢家의 頃還防止를 도모하고 貧民에게 편중되는 부담을 줄여서 均分하기 위해 마련된 것임.【용례】① 糶糴之法 有結還·有統還 統還卽還戶也 (『朝鮮民政資料』 「追錄」 糶糴(1), 215쪽) ② 民戶附

近作統擇定統首分糶以統捧糴以統 (『朝鮮民政資料』「政要 1」 34-35쪽)

허록(虛錄) 환곡을 제대로 거두지 않았으면서도 허위로 거두었다고 기록하는 것. 또는 처음 逋欠하기 시작한 수령을 가리키는 것이기도 함. 【용례】 ① 未準捧 而詐稱準捧 (『萬機要覽』) ② 大典倉庫條有曰 虛錄守令 徒三年定配 又五年禁錮 掩置之守令徒配 勿揀赦典 盖虛錄云者 即指始逋作俑之守令也 近來掩逋守令之 與始逋同勘 未免有混淆之嘆 自令以後 始逋 則一依本律 竝施配錮 其襲謬掩置者 若無任內身犯 則只勘以徒配 著爲定制 (『憲宗實錄』 권3 憲宗 2년 4월 壬申, 48책 444쪽)

호식(戶式) 호조에서 규정한 곡물에 대한 쌀의 折價 방식. 즉 조·보리는 2석 7두 5승(升), 기장·귀보리·메밀은 3석 11두零을 각각 田米 1석으로 만들었음. 이와는 달리 각 지방에서는 土式에 의해 절가하였음. 【용례】

所謂戶式者 即戶曹元作穀式例 粟麥每二石七斗五升 稷耳牟木米三石十一斗零 各作田米一石者也 (『純祖實錄』 권23, 純祖 20년 7월 丁丑, 48책 163~164쪽)

회록(會錄) 원래의 會計외에 별도로 비치하던 것으로 ‘加錄會計’, ‘施行會計’는 뜻을 가진 會計用語. 다시 말해 會計帳簿인 〈會案〉에 記錄되는 것이 會錄임. 그러므로 戶曹의 會案뿐만 아니라 다른 衙門의 會案에 記錄되는 것도 會錄이며, 또 그 對象도 耗穀만이 아니고, 다른 어떤 것도 될 수 있음. 會錄된 것은 國家財政의 一部이므로 國家의 公用에 支出되었고, 다시 會案에서 削減하는 것을 會減이라고 하였음. 【용례】 ① 全羅左水使白善男 自備軍器·軍粮 牒報備局 備局請令戶兵曹會錄 上特命加資 諫院以爲別備論賞 昏朝弊政 不可踵行於今日 請還收成命 上從之 給馬一匹 以賞之 (『仁祖實錄』 권31, 仁祖 13년 9월 丁卯, 34책 611쪽) ② 黃海·平安·咸鏡等三道賦稅 會錄于

本道 而不上納 (『仁祖實錄』41, 仁祖 18년 12월 丁未) ③ 會錄 者 元會計之外 別備之謂也 (『仁祖實錄』권24, 9년 6월 丁卯, 34책 434쪽) ④ 還穀之有耗 本爲雀鼠耗而 取於民什一 以補其縮之謂也 後遂有會錄之法 而十分其耗 公用其一 謂之會錄 其九付之本邑 此所謂軍資穀也 至孝宗庚寅年 因持平金應祖疏 刱常平穀 五分四會錄 以爲公用 其後會錄之法漸增 至有全耗會錄之式 (『萬機要覽』「財用編」三, 糶糴)

회안(會案) 중앙이나 지방의 모든 관청의 재정 사무를 정리한 회계 장부. 【용례】命行會計法於五軍門及宣惠廳 … 顧今經費 可謂哀痛 周禮稱王無會計 有司有會 內而度支·騎曹 外而各道 俱有會計 惟五軍門 中間創設 故無此例 今後則一遵戶兵曹例 修入會案 惠廳國之所重 而其所會計 不過葉單入啓 仍作休紙 此後亦依戶兵曹例 修案以入 (『英祖實錄』권69, 英祖 25년 4월 丙申, 43책 340~341쪽)

회외(會外) 회계에 들지 않은 곡식. 보통은 회계에 들지않은 耗穀을 말하지만, 꼭 모곡만을 의미하지는 않음. 【용례】① 此爲會外之物 專是本官之私用 (閔維重,『文貞公遺稿』6,「慶尙右道御史時別單」,(1659;효종 10) 叢刊 137권 165쪽) ② 各營各邑 或有會外穀用耗之規 (趙文命,『鶴巖集』3,「論事宜兼辭戶曹參判疏」, 丁未(1727년;英祖 3) 9월, 叢刊 192권 492쪽)

휼전(恤典) 조정에서 백성에게 구휼의 恩典을 베푸는 것. 처음에는 공무로 인해 죽은 경우 곡물을 지급하였는데, 후기로 갈수록 公私의 구별이 없어졌음. 즉 호랑이에게 물려 죽거나, 물에 빠지거나 화재로 죽은 자 등에게도 휼전을 시행했음. 또 휼전을 통해 지급한 액수도 곡물 몇 말에서 3석으로 상향 지급하게 되었음. 【용례】左副承旨沈梓曰恤典擧行 雖是聖世之美事 而之於爲虎嚙死者 渡水溺死者 壓死燒死者 一一啓聞 皆蒙恤典 無

乃煩冗乎　積曰古之恤典　皆是以
公事見死者也　今之恤典　不論公
私　一人被死　輒給三石之穀　吏胥
之用奸　亦不可不慮也　上曰　前見
恤典　皆二升斗給之　今則每以三
石依例書啓　　古豈若是卿言是矣
(『顯宗改修實錄』 권23, 顯宗 12
년 2월 癸卯, 38책 53쪽)

參 考 文 獻

1.資料

1) 年代記類
『朝鮮王朝實錄』『備邊司謄錄』『日省錄』『承政院日記』

2) 法典類
『經國大典』『大典後續錄』『續大典』『大典通編』『大典會通』
『受敎輯錄』『新補受敎輯錄』『典錄通考』『典律通補』『決訟類
聚補』『度支田賦考』『度支志』『萬機要覽』『增補文獻備考』

3) 還穀關係資料
『穀簿合錄』『穀總編攷』『軍國摠目』「京畿還餉己未歲末案」(奎
16050)『慶尙道還餉己未歲末成冊』『各衙門成冊』「忠淸道監營狀
啓謄錄」「黃海道監營狀啓謄錄」『輿地圖書』

4) 賑恤關係資料
『松都設賑啓錄』『賑恤謄錄』『湖南賑飢錄』『惠政年表』『惠政要
覽』『八道賑穀假令』『公忠道公賑各邑守令自備成冊』『公忠道各邑
補賑人等居住職役姓名及所納錢穀數爻成冊』『繡衣錄』『四政考』
「八道御史賚去節目」

5) 文集類
金鎭圭,『竹泉集』. 金錫胄,『息庵遺稿』. 金應祖,『鶴沙集』. 南九萬,
『藥泉集』. 閔維重,『文貞公遺稿』. 閔鼎重,『老峯集』. 朴世采,『南
溪集』. 朴泰輔,『定齋集』. 宋浚吉,『同春堂集』. 宋徵殷,『約軒集』.
申敏一,『化堂集』. 申益愰,『克齋集』. 尹淳,『白下集』. 李景奭,『白

軒集』. 李敬輿, 『白江集』. 李森, 『白日軒遺集』. 李光庭, 『訥隱集』.
李翔, 『打愚遺稿』. 李宜顯, 『陶谷集』. 李頤命, 『疎齋集』. 趙錫胤,
『樂靜集』. 趙泰億, 『謙齋集』. 洪宇遠, 『南坡集』. 黃翼再, 『華齋集』

6) 기타

『顧問備略』『烏山文牒』「嘉林報草」『牧民心書』『公移占錄』「均
役事目」『經世遺表』「政要」「全羅監司啓錄」「黃海監司啓錄」

2. 論著

1) 著書

具玩會, 1992, 『朝鮮後期의 守令制運營과 郡縣支配의 性格』, 경북
　　　대학교 사학과 박사학위논문
金玉根, 1984, 『朝鮮王朝財政史研究』
金玉根, 1988, 『朝鮮王朝財政史研究 Ⅲ』.
金鉉丘, 1994, 『朝鮮後期 統制營의 財政運營에 관한 研究』, 釜山
　　　大學校 사학과 박사학위논문.
金勳埴, 1993, 『朝鮮初期 義倉制度研究』, 서울대학교 국사학과 박
　　　사학위논문.
邊柱承, 1997, 『朝鮮後期 流民研究』, 고려대학교 사학과 박사학위
　　　논문.
徐漢敎, 1995, 『朝鮮後期 納粟制度의 運營과 納粟人의 實態』, 慶
　　　北大 박사학위논문.
宋讚燮, 1992, 『19세기 還穀制 改革의 推移』, 서울대학교 국사학
　　　과 박사학위논문
李泰鎭, 1985, 『朝鮮後期의 政治와 軍營制의 變遷』
鄭允炯, 1985, 『朝鮮王朝 後期의 財政개혁과 還上問題』서울대학

교 경제학과 박사학위논문

鄭亨芝, 1993, 『朝鮮後期 賑恤政策 硏究』, 이화여자대학교 사학과
　　박사학위논문

Palais, 1975, Politics and Policy in Traditional Korea, Harvard
　　University Press Cambridge, Massachusetts and London,
　　England.

2) 論文

姜德雨, 1997, 「16세기 救濟施策에 대한 一考」, 『仁荷史學』 5.

高錫珪, 1989, 「19세기 전반 鄕村社會勢力間 對立의 推移-慶尙道
　　英陽縣을 중심으로-」, 『國史館論叢』 8

金武鎭, 1993, 「조선사회의 遺棄兒 收養에 관하여」, 『啓明史學』 4.

金友哲, 1991, 「均役法施行 前後의 私募屬硏究」, 『忠北史學』 4.

金峻憲, 1962, 「李朝後期에 있어서 糶糴制度의 經濟的位置」-糶糴
　　穀의 機能을 中心 으로 해서-」, 『靑丘大學論文集』 5.

金昊種, 1994, 「17세기 賑恤廳과 賑恤政策에 관한 연구」, 『國史
　　館論叢』 57.

文勇植, 1990, 「19세기 前半 還穀 賑恤機能의 變化過程」, 『釜山
　　史學』 19

文勇植, 1995, 「18세기 후반 진휼사업과 賑資 확보책」, 『史叢』 44

문용식, 1996, 「18세기 軍作米의 설치와 운영」, 『全州史學』 4

文勇植, 1997, 「朝鮮後期 常賑穀의 設置」, 『史叢』 46.

박석윤 · 박석인, 1988, 「朝鮮後期 財政의 變化時點에 관한 考察」,
　　『東方學志』 60.

朴廣成, 1973, 「朝鮮後期의 還穀制度에 대하여」, 『仁川敎育大學
　　論文集』 7-1.

朴星來, 1996, 「論壇Ⅰ 李泰鎭교수 "소빙기(1500-1750)의 천체
　　현상적 원인-《조선 왕조실록》의 관련 기록 분석"」, 『歷
　　史學報』 49

白鍾基, 1979,「李朝後期에 있어서의 還政(穀)의 惡弊에 관한 小考」,『人文科學』8.

邊柱承, 1996,「숙종 23년 都城流丐 栗島收容策의 시행과 그 결과」,『全州史學』4.

邊柱承, 1998,「朝鮮後期 遺棄兒·行乞兒 대책과 그 효과」,『韓國史學報』3·4합집.

徐吉洙, 1982,「朝鮮前期의 貸借關係 및 利子에 관한 研究」,『國際大學論文集』10

徐吉洙, 1978,「還穀利子의 變遷過程」,『國際大學術論叢』2.

徐漢敎, 1990,「17·8세기 納粟策의 實施와 그 成果」,『歷史敎育論集』15.

徐漢敎, 1992,「英·正祖代 納粟制度의 實施와 納粟富民層의 存在」,『朝鮮史研究』1.

徐漢敎, 1993,「朝鮮 顯宗·肅宗代의 納粟制度와 그 기능」,『大丘史學』45.

徐漢敎, 1993,「朝鮮 仁祖·孝宗代의 納粟制度와 그 기능」,『歷史敎育論集』18.

宋讚燮, 1985,「17·18세기 新田開墾의 확대와 經營形態」,『韓國史論』12

宋讚燮, 1992,「19세기 還穀運營의 變化와 還耗의 賦稅化」,『外大史學』4.

宋贊植, 1965,「李朝時代 還上取耗補用考」,『歷史學報』27.

愼鏞廈, 1981,「丁若鏞의 還上制度改革思想」,『社會科學과 政策研究』3-2.

安秉旭, 1989,「19세기 賦稅의 都結化와 封建的 收取體制의 해체」,『國史館論叢』7.

梁晋碩, 1989,「18·19세기 還穀에 관한 研究」,『韓國史論』21.

오일주, 1984,「朝鮮後期 國家財政과 還穀의 賦稅的 機能의 强化」, 연세대학교 석사학위논문

오일주, 1992,「조선후기의 재정구조의 변동과 환곡의 부세화」,
『實學思想硏究』3

柳承宙, 1976,「朝鮮後期 貢人에 관한 一硏究-三南月課火藥契人
의 受價製納實態를 中心으로-」,『歷史學報』71

柳承宙, 1981,「朝鮮後期의 月課銃藥丸 硏究」,『韓國史論』9, 國史
編纂委員會

李相協, 1994,「朝鮮前期 漢城府의 賑濟場에 대한 考察」,『鄕土
서울』54.

李正守, 1994,「朝鮮前期 常平倉의 展開와 機能-物價變動과 관련
하여-」,『釜山史學』27,

이태진, 1996,「'小氷期'(1500~1750년)의 天體 現象的인 원인-
『朝鮮王朝實錄』의 관 련 기록 분석」,『國史館論叢』72.

이호철·박근필, 1997,「19세기 초 조선의 기후변동과 농업위기」,
『朝鮮時代史學報』3.

장명희, 1997,「18세기 후반 ~ 19세기 중반 還穀 운영의 변화-
移貿立本과 耗條金納化의 성립 배경을 중심으로-」, 부산
대학교 석사학위논문.

鄭德基, 1965,「李朝後期의 糶糴(還上)制度 論考-還穀紊亂을 中
心으로-」,『忠南大 大學院論文集』1.

鄭演植, 1987,「조선후기 부세제도 연구현황」,『韓國中世史會 解
體期의 諸問題(下)』 257~258쪽

鄭亨芝, 1992,「朝鮮後期 賑給運營에 대하여」,『梨大史苑』26.

鄭亨芝, 1993,「朝鮮後期 賑資調達策」,『이화사학연구』, 20·21합
집.

鄭亨芝, 1995,「조선후기 交濟倉의 설치와 운영-18세기 羅里浦倉
사례를 중심으로」,『梨大史苑』28.

정형지, 1997,「숙종대 진휼정책의 성격」,『역사와 현실』25

鄭亨芝, 1997,「朝鮮後期 浦項倉의 設置와 運營」,『오산전문대학
산업기술 연구소보』3.

趙　珖, 1982,「19世紀 民亂의 社會的 背景」,『19世紀 韓國 傳統
　　社會의 變貌와 民衆意識』

조원래, 1985,「18世紀初 順天府의 地方行政動態」,『南道文化研
　　究』1.

金鉉丘, 1989,「朝鮮後期 統營穀의 운영실태」,『歷史學報』124.

金鉉丘, 1989,「朝鮮後期 統營穀의 구조와 전개」,『釜大史學』13.

金鉉丘, 1990,「朝鮮後期 地方官倉의 운영사례」,『釜大史學』14.

梁晋碩, 1989,「18·19세기 還穀에 관한 연구」,『韓國史論』19.

韓相權, 1989,「18·19세기 還穀紊亂과 茶山의 改革論」,『國史館
　　論叢』9.

韓榮國, 1991,「朝鮮後期 收取制度와 그 研究」,『朝鮮後期 社會
　　經濟史研究入門』255쪽.

吉野誠, 1983,「李朝後期の朝鮮における救荒政策」,『東海大學紀
　　要』39.

찾아보기

<저자소개>

문용식 文勇植

인천 출생
고려대학교 사학과 졸업
고려대학교 대학원 석사·박사과정 졸업(문학박사)
경기도사편찬위원회 상임위원
현재 안양과학대학 강사

고려사학회 연구총서④

朝鮮後期 賑政과 還穀運營

2000년 12월 20일　초판인쇄
2001년　1월　5일　초판발행

저　　　자 : 文　勇　植
발 행 인 : 韓　政　熙
발 행 처 : 景仁文化社
서울시　麻浦區　麻浦洞 324 - 3
電話 : 718 - 4831~2, 팩스 : 703 - 9711
E-mail : kyunginp@chollian.net
登錄番號 : 제10 - 18號(1973. 11. 8)

ISBN : 89-499-0110-2 93910　　　　　　　정가 : 18,000원
* 파본 및 훼손된 책은 교환해 드립니다.